Kunst-Reiseführer in der Reihe DuMont Dokumente

Zur schnellen Orientierung – die wichtigsten Orte und Sehenswürdigkeiten der Insel Rhodos auf einen Blick:

(Auszug aus dem ausführlichen Ortsregister S. 348–351)

In der vorderen Umschlagklappe: Übersichtskarte der Insel Rhodos

In der hinteren Umschlagklappe: Stadtplan der Altstadt (Ritterstadt) von Rhodos

Klaus Gallas

Rhodos

Eine der sonnenreichsten Inseln des Mittelmeeres –
ihre Geschichte, Kultur und Landschaft

DuMont Buchverlag Köln

Umschlagvorderseite: *Dorf, Akropolis und Johanniterfestung von Líndos*
Umschlagrückseite: *Sotíros Christú-Kapelle außerhalb von Líndos*
Umschlagklappe vorn: *Moní Tharí, ›Christus und die Samariterin‹, 1620*
Frontispiz S. 2: *Rhodos, der Mandraki-Hafen während der Belagerung von 1480. Miniatur des Chevalier Caoursin*

2. Auflage 1985

Satz und Druck: Rasch, Bramsche
Buchbinderische Verarbeitung: Boss-Druck, Kleve

Printed in Germany ISBN 3-7701-1227-X

Inhalt

Vorwort

Rhodos ist seit Jahrzehnten eines der beliebtesten Reiseziele der griechischen Inselwelt. Das außerordentlich milde Klima der größten Insel des Dodekanes, die trotzdem überschaubare Ausdehnung der Insel mit ihren reizvollen Wandermöglichkeiten und den vielen Kunstwerken aus der mykenischen, besonders aber aus der griechischen und byzantinischen Epoche sind für den Besucher besonders anziehend. Aber auch die mal herbe, mal liebliche Landschaft der sonnenreichsten Insel in der Ägäis mit ihrer vielseitigen, teils einzigartigen Flora wird ihn nicht nur im Frühjahr, sondern auch während der Blütenpracht im Herbst faszinieren.

Dieser Kunst-Reiseführer möchte bei den Vorbereitungen einer Rhodosreise und für den Inselaufenthalt selbst nützliche Informationen geben, zugleich aber auch Erinnerungen an den Urlaub auf Rhodos vertiefen helfen.

Zur Schreibweise der griechischen Namen sei darauf hingewiesen, daß die heutigen Orts- und Kirchennamen entsprechend ihrer neugriechischen Aussprache transkribiert worden sind; die ikonographischen Namen hingegen wurden der internationalen Kunstgeschichtsschreibweise angepaßt, so daß z. B. eine dem hl. Georg geweihte Kirche Ajios Jeórjios heißt, der Heilige selbst jedoch Hagios Georgios.

Dank sage ich an dieser Stelle all denen, die mir bei meinen Recherchen auf Rhodos behilflich waren und mir bei der Beschäftigung mit dem Thema viele nützliche Informationen gegeben haben. Vor allem sei Herrn Prof. Lic. Dr. Klaus Wessel (München) gedankt, der mir Datierungsvorschläge und stilistische Kriterien zu den teilweise noch nicht veröffentlichten byzantinischen Fresken von Rhodos zur Verfügung stellte. Ebenso gilt mein Dank Herrn Dr. Ilías Kóllias und Herrn Dr. Ioánnis Volanákis vom Amt für byzantinische Denkmalspflege des Dodekanes in Rhodos, die mir freundlicherweise neueste Grabungsberichte zugänglich machten und für die Fotografiergenehmigung der byzantinischen Kunstschätze der Insel Rhodos sorgten; ferner danke ich Herrn Spyrós Kátechis, Direktor des EOT-Büros in Rhodos.

München, Mai 1984 K. G.

Mythologie

Die griechischen Götter und ihre Geschichten, die Mythen, besitzen für nicht wenige in unserer hochtechnisierten Welt einen fast unwiderstehlichen Zauber – in den Mythen sind die Götter und Heroen der Griechen bis heute lebendig geblieben. Überall in der griechischen Kunst begegnen wir Darstellungen mythologischen Inhalts, und folgerichtig gehört denn auch die Beschäftigung mit der griechischen Mythologie zur beliebtesten Lektüre von Bildungsreisenden, die Rhodos, das griechische Festland, die Ägäischen Inseln oder überhaupt Landschaftsräume des Mittelmeeres, die je unter griechischem Einfluß gestanden haben, bereisen wollen. Im griechischen Sprachgebrauch sind ›Mythen‹ ganz einfach ›Worte‹, vornehmlich Erzählungen und Schöpfungen der menschlichen Phantasie, die sehr verschiedenartige Gegenstände behandeln können.

Im Mythos findet eine Konzentration aufs Wesentliche des Vergangenen statt, eine Typisierung, vielleicht sogar, wie Jung und Kerényi annehmen, Idealisierung im Sinne einer Rückführung menschlichen und göttlichen Handelns auf tiefenpsychologische Urbilder. Also bezieht sich Mythos zwar auf Vergangenes, aber nicht, um zu beschreiben, was wirklich ist, sondern um der Gegenwart Sinn zu geben, ewige Wahrheiten und menschliches Schicksal überhaupt auszudrücken.

In den Mythen wird berichtet: vom Ursprung und der Verteilung der Welt, von der Schöpfung und dem Wesen des Menschen, von der Entstehung und Eigenart der Naturerscheinungen und dem rhythmischen Wechsel der Jahreszeiten, von dem Licht und der Finsternis, dem Guten und Bösen, von der Urgeschichte der Welt, der Menschheit und deren letzter Bestimmung, von anderen ›Welten‹, wie denen der Götter und der Toten, von den persönlichen Beziehungen zwischen Göttern und Menschen, insbesondere von den Heroen; – letztlich damit aber auch von der ›Geschichte‹ der Griechen und ihrer antiken Welt.

Endlich: Mythen wurden – nicht nur bei den Griechen! – auch erzählt und schriftlich überliefert, um sowohl traditionelle Bräuche und gesellschaftliche Institutionen als auch Namen von Personen und Örtlichkeiten ›geschichtlich‹ abzuleiten und zu rechtfertigen. Bis Heinrich Schliemann in der 2. Hälfte des 19. Jahrhunderts nach archäologischen Studien mit seinen Ausgrabungen begann, hielten die Fachgelehrten der Altertumswissenschaft seiner Zeit diese ›geschichtlichen‹ Teile des griechischen Mythos für wenig ergiebiges Quellenmaterial, um damit die Ur- und Frühgeschichte der Griechen und ihrer antiken Welt wissenschaftlich erforschen zu können.

Erst als es Schliemann – den Mythos buchstäblich beim Wort nehmend – gelungen war, Troja, Mykene und Tiryns an das Tageslicht zu heben, begann die Fachwelt danach zu fragen, welchen Aussagewert z. B. Homers ›Ilias‹ und ›Odyssee‹ für die Ur- und Frühgeschichte der ägäischen Welt im Sinne moderner Geschichtswissenschaft wohl hätten.

Selbstverständlich mußte – und muß – bei der Interpretation solcher ›Quellen‹ streng vermieden werden, sie allzu unkritisch als Geschichtsschreibung zu werten. Versuche, die Mythen in Geschichte zu verwandeln, deren Aussichtslosigkeit man z. B. aus dem Vergleich der Nibelungensage mit der Geschichte veranschaulichen kann, können nur diskreditieren; die geschichtliche Grundlage ist unter dem frei rankenden Beiwerk der Märchen und Legenden völlig verhüllt worden, und es ist ein vergebliches Beginnen, geschichtliche Einzelheiten erkennen zu wollen, wenn eine geschichtliche Überlieferung fehlt, durch welche diese kontrolliert werden können.[1]

Als Erzählungen einer schöpferischen Fantasie haben Mythen also nichts mit Geschichtsschreibung im modernen Sinne gemein, auch wenn sich in ihren Erzählungen religiöse Bräuche, kultische Riten, Gesellschaftsstrukturen wie Matriarchat und Patriarchat sowie geschichtliche Ereignisse widerspiegeln. Aber Mythen wurden in der Antike, speziell während der hellenistischen und römischen Epoche, auch politisch mißbraucht! Da für die Griechen all die Götter- und Heldengeschichten – von altersher mündlich überliefert, anfangs nur von fahrenden Sängern weitergegeben – authentische älteste Geschichte waren, die man nicht selten bei politischen Streitigkeiten als Legitimation seiner Position durch deren Rückführung auf die ›historischen Wurzeln‹ heranzog, versuchte man, sie für sich günstig umzugestalten. Man erfand immer neue Mythen, selbstverständlich mit politischer Färbung, und veränderte die alten Überlieferungen im Sinne von historischen Fälschungen, so daß sich heute in den Mythen unendlich viele Widersprüche offenbaren, die der Mythenforscher nur schwer zu enträtseln vermag.

Wichtigste Stütze sind dem Mythenforscher heute neben echten historischen Quellen, die aber höchst selten sind und immer die Urzeit der Mythenentstehung unberücksichtigt lassen, archäologische Befunde, die seit Schliemann und den begeisterten, ja nicht selten zu gutgläubigen Pionieren der Archäologie durch verfeinerte und kritischere wissenschaftliche Methoden an Aussagekraft bedeutend gewonnen haben.[2]

Doch lassen wir die Quellen selber sprechen; hören wir, was u. a. Homers Epos ›Ilias‹ (um 800 v. Chr. entstanden), die älteste uns bekannte schriftliche Überlieferung der Griechen (wenn auch nur in einer kaiserzeitlichen Fassung erhalten), die ›Oden‹ Pindars (518–446 v. Chr.) und die Berichte des Pausanias, der zwischen 160 und 180 n. Chr. den ersten ›Reiseführer Griechenlands‹ verfaßte, über die Insel Rhodos zu erzählen haben, inwieweit sie sich widersprechen und in welchen Fällen die eine oder andere Version der mythischen Schilderung sich durch archäologische Ergebnisse untermauern läßt.

Die Insel Rhodos in Homers ›Ilias‹

Und Tlepolemos, der Heraklide, der tüchtige und große,
Führte aus Rhodos neun Schiffe der stolzen Rhodier,
Die Rhodos rings bewohnten, dreifach aufgeteilt:
Lindos, Ialysos und die weißschimmernde Kameiros.
Von denen war Tlepolemos, der speerberühmte, der Anführer,
Den Astyocheia geboren hatte der Gewalt des Herakles –
Die hatte er mitgeführt aus Ephyra von dem Fluß Selleeis,
Nachdem er viele Städte zerstört von zeusgenährten rüstigen Männern.
Doch Tlepolemos, als er nun aufgenährt war in dem gutgezimmerten Haus,
Tötete alsbald seines Vaters eigenen Mutterbruder,
Den schon alten Likymnios, den Sproß des Ares.
Und schnell zimmerte er Schiffe, und als er viel Volk versammelt,
Ging er und floh über das Meer, denn ihn bedrohten die anderen
Söhne und Sohnessöhne der Gewalt des Herakles.
Doch er kam nach Rhodos, umgetrieben, Schmerzen leidend.
Und dreifach siedelten sie dort nach Stämmen und wurden geliebt
Von Zeus, der über Götter und Menschen gebietet.
Und ihnen schüttete unsäglichen Reichtum herab Kronion.

(Ilias, II, 653–670)

Aus dieser Stelle der Ilias lassen sich für die Insel Rhodos drei wesentliche Erkenntnisse gewinnen:

1. Rhodos war bereits in der vorhomerischen Zeit in drei Gebiete (γυλάι) aufgeteilt, die nach ihren jeweiligen Fürstenresidenzen (Hauptstädten) Líndos, Iálysos und Kamíros benannt waren. Alle drei Städte konnten auf der Insel archäologisch lokalisiert und in der

Stater-Münze aus Líndos: Delphin mit der Inschrift ΛΙΝΔΟΝ *(›Lindon‹), um 560–520 v. Chr.*

Stater-Münze aus Iálysos: Adlerkopf mit der Inschrift ΙΑΛΥΣΙΟΝ *(›Ialysion‹), um 500–480 v. Chr.*

Stater-Münze aus Kamíros: Feigenblatt, um 550–500 v. Chr.

urbanen Siedlungsstruktur ihrer Spätzeit aufgedeckt werden. Die Souveränität der drei ›Städte‹ dokumentiert sich seit dem 6./5. Jahrhundert v. Chr. auch in Münzfunden, da in jedem Herrschaftsbereich eine eigene Lokalprägung existierte.

2. Die Insel muß schon damals sehr reich und wohlhabend gewesen sein, was allein schon darin zum Ausdruck kommt, daß – nach Homer! – Rhodos für den Kampf um Troja neun Schiffe stellte.

3. Die frühen Griechen glaubten daran, daß Rhodos vom Festland aus, durch Tlepolemos aus Tiryns, kolonisiert worden sei.

Eine Kolonisation im Sinne einer ersten Besiedlung bzw. Landnahme der Insel Rhodos von der Argolis aus ist damit an dieser Stelle natürlich nicht gemeint. Vielmehr scheint Rhodos bereits während der minoischen Epoche von Kreta aus stark beeinflußt gewesen zu sein, möglicherweise auch kolonisatorisch. Solches läßt sich zumindest aus einem Bericht bei Pausanias (III, 19,9 f.) im Zusammenhang mit archäologischen Funden auf Rhodos, die von dem minoischen Kreta stammen, so interpretieren. Da heißt es nämlich eigenartigerweise über die schöne Helena, daß sie nach ihrer Rückkehr von Troja auf Rhodos Zuflucht gesucht haben soll, die ihr jedoch von Polyxo, der Witwe des in Troja gefallenen Tlepolemos, verwehrt worden sei; man habe Helena vielmehr an einem Baum erhängt.[2] Und tatsächlich läßt sich auf der Insel ein Helena Dendrítis-Baumkult (δένδϱον = Baum) nachweisen! Damit gehört die Tochter des Zeus gemeinsam mit Ariadne, der Tochter des Minos von Kreta, zu den frühgriechischen Vegetationsgöttinnen, deren gemeinsamer Ursprung im minoischen Baumkultus zu suchen ist, welcher mittlerweile durch viele Baumkult-Darstellungen auf Goldringen, Siegeln und Gemmen der minoischen Epoche belegt ist.

Althaimenes von Kreta auf Rhodos

Ein weiterer, wenn auch sehr zweifelhafter Bericht über eine Kolonisation der Insel Rhodos von Kreta aus findet sich bei Apollodor aus dem 2. Jahrhundert v. Chr. Eine Erzählung, die mit sehr viel Skepsis betrachtet werden muß, da sie zur Diadochenzeit entstanden ist und in mehreren Versionen existiert. Von Bedeutung ist aber, daß sowohl die in diesem Mythos erwähnte Ortschaft Kritinía als auch das Zeus-Attáwiros-Heiligtum lokalisiert werden konnten. Vielleicht läßt sich ihr minoischer Ursprung einst durch archäologische Grabungsergebnisse bestätigen!

Von Katreus, dem Sohne des Minos, stammten Aërope, Klymene, Apemosyne und ein Sohn Althaimenes. Als er (Katreus) das Orakel über den Ausgang seines Lebens befragte, gab ihm der Gott zur Antwort, er werde durch eines seiner Kinder den Tod finden. Katreus verheimlichte den Spruch, aber Althaimenes hörte doch davon, und aus Furcht, er möchte selbst der Mörder seines Vaters werden, verließ er Kreta mit seiner Schwester Apemosyne, hielt auf Rhodos zu und nannte den Platz, wo er landete, Kretinia. Als er dann den Berg bestieg, der den Namen Atabyrion trug, und die Inseln ringsum übersah, erblickte er auch Kreta, und der heimischen Götter gedenkend, errichtete er einen Altar des Atabyrischen

Zeus... Später, als ihn das Alter überkam, hegte Katreus den Wunsch, die Herrschaft seinem Sohn Althaimenes zu übergeben, und begab sich deswegen nach Rhodos. Nach der Landung an einer unwirtlichen Stelle der Insel wurde er von Hirten verfolgt, die der Meinung waren, es mit einem Überfall von Räubern zu tun zu haben und wegen des Hundegebells nicht hören konnten, als er ihnen den Sachverhalt erklären wollte, sondern weiter mit Steinen warfen, bis dann Althaimenes hinzukam und Katreus, ohne ihn zu erkennen, durch Speerwurf tötete. Als er dann sah, was er angerichtet hatte, wurde er auf sein Gebet hin von einem Erdspalt verschlungen. *(Apollodor III, 12f. und 15f.; L. Mader)*

Pindars 7. olympische Ode für Diagoras von Rhodos

(Aufgeführt in Iálysos im Jahre 464 v. Chr.)

Damals als Hephaistos' Kunst mit
Ehernem Beile dem Vater
an die Stirne schlug. Da fuhr Athena heraus
und es wollt' lang nicht verhal-
len ihr Hochruf, so daß der
Himmel sich entsetzte und die Mutter Erde
Dann gebot der Quell des Lichts, der
Gott, des Hyperion* Sohn,
Wohl zu achten auf die nächste Schuldigkeit
Seinem Geschlecht;

Der Göttin sollten sie zuerst
erbaun den erhobnen Altar,
ihr stiften den heiligen Dienst,
Daß sie den Vater** erfreuten
und die lanzenschwingende Maid***. Denn auch wer
Die Voraussicht ehrt, gewinnet
Freude sich wohl und Gedeihen.

Doch, es schleichet oft die unver-
mutete Wolke heran

Des Vergessens, reißt des Handelns graden Weg
Vom Willen los.
So zogen auch sie ohne Keim

* *Helios' Vater* ** *Zeus* *** *Athena*

der lodernden Flamme hinauf;
die heilige Stätte der Burg*
Gründeten glutlose Opfer.
Aber Zeus fuhr her im lichtgelben Gewölk
Und regnete Gold die Fülle,
und die Helläugige** selbst ließ

Mehr sie in jeglicher Kunst sein
durch ihrer Hände Geschick als Menschen sonst.
Bilder trugen ihre Pfade
Lebenden, Wandelnden gleich, und ihr Ruhm
ward unermeßlich. Dem Erfah-
renen mischt in die höchste
Meisterschaft nie sich der Trug.
Und nun heißt es in den alten
Mären, vor Zeiten, als Zeus und
die Unsterblichen sich in die Erde geteilt,
Habe keiner in der wo-
genden See Rhodos gesehn,
Denn die salz'gen Tiefen hätten sie geborgen.

Da er fern war, wies dem Helios
keiner das gültige Los;
So geschah's, daß ohne Teil an Eignem blieb
Der lautre Gott.
Er mahnt'; von neuem losen woll-
te Zeus. Doch er ließ es nicht zu.
Denn drinnen im schäumenden Meer
Säh'n seine Augen, so sagt' er,
eine Erde wachsen vom Grunde herauf,
Vielen Menschen gut zur Nahrung,
wohltätig auch für die Herden.

Und sogleich die Schicksalsgöttin***,
die mit dem goldenen Reif,
Hieß er ausstrecken die Hand, den großen Eid
Der Götter nicht
Beiseite schwören, nein, mit Zeus
Gewährung ihm nicken, es wer-

* *Akropolis von Lindos,* ** *Athena,* *** *Lachesis*

de sein für die kommende Zeit
Die in den lichten Bereich Ge-
hobne. Selbst den steilsten der Wünsche erklomm
Die Erfüllung, und sie wurden
wahr. Aus der Salzflut erblüht' das

Eiland und ist zu eigen
dem, der die sengenden Strahlen zeuget, dem
Herrn des glutatmenden Gespanns.
Dort ward mit Rhodos er eins, und durch ihn
Kamen ans Licht, welchen der fä-
higste Sinn unter allen
dazumal Lebenden ward:
Sieben Knaben, deren einer*
Kameiros' Erstgeburt zeugt', I-
alysos auch und Lindos. Des Vaters Gefild
Ward in Dritteile zerlegt,
daß gesondert jeder nun
Wohnt' in seiner Stadt. Die tragen ihre Namen.

In der 7. olympischen Ode trägt Pindar mehrere mythologische und historische Berichte seiner Zeit über die Insel zusammen. Geschickt setzt er dichterisch Tlepolemos und die ältesten Geschehnisse auf der Insel an den Anfang, um dann von der engen Verbundenheit der Göttin Athena mit der Insel und der Begründung eines Opferkultes für die Göttin auf Rhodos zu berichten und endet dann mit dem Schöpfungsmythos: der Aufteilung der antiken Welt durch den Göttervater Zeus.

Helios erhält die Insel Rhodos

Aus dem Schöpfungsmythos von Pindar erfahren wir erstmals, daß Helios sozusagen der Schutzpatron der Insel Rhodos war. Er heiratet die rhodische Nymphe Rhode, Tochter des Poseidon und der Halia (in anderen Mythen ist Amphitrite als Mutter erwähnt) und zeugt mit ihr sieben Söhne und eine Tochter, Elektra. Sie alle waren des Himmels und der Seefahrt kundig; vier der Söhne erschlugen jedoch ihren Bruder Tenages, den sie wohl seiner hochgepriesenen Klugheit und Geschicklichkeit wegen beneideten, woraufhin sie nach der Freveltat von Rhodos fliehen mußten (und andere Länder kolonisierten!): Aktis nach Ägypten, wo er Heliopolis gründete und den Ägyptern den Lauf der Gestirne lehrte; Kandalos nach Kos,

* *Kerkaphos*

Makar nach Lesbos (der schon bei Homer erwähnt wird, nicht aber im Zusammenhang mit seiner rhodischen Abstammung, s. Ilias XXIV, 544) und Triopas nach Karien. Auf Rhodos zurück blieben Ochimos und Kerkaphos, die *Achaia,* das spätere *Iálysos* gründeten. Kerkaphos heiratete später Kydippe, die Tochter des Bruders und der Nymphe Hegetoria, mit der er die drei Stadtgründer der Insel Rhodos zeugte: Líndos, Iálysos und Kamíros.

Helios hatte unter den griechischen Göttern eine schwierige Sonderstellung; er war teilweise von der Gunst anderer Gottheiten abhängig und hatte keinen Sitz im Pantheon. Dennoch wurde Helios seit altersher mit den gewichtigsten griechischen Gottheiten, dem Gottvater Zeus und der Erdgöttin Ge, bei Schwuropfern, der Geburt und dem Tod angerufen, wie uns Homer in seiner Ilias berichtet, wobei er aber keinerlei Andeutungen über Helios' Stammsitz auf Rhodos macht:

> Laut jetzt fleht Agamemnon empor, mit erhobenen Händen:
> Vater Zeus, ruhmwürdig und hehr, du Herrscher von Ida!
> *Helios* auch, der alles vernimmt und alles umschauet!
> Auch ihr Ström', und die Erd', und ihr drunten die Geister
> Toter Menschen bestraft, wer hier Meineide geschworen!
> Seid uns Zeugen ihr all', und bewahrt die Schwüre des Bundes!
>
> *(Ilias III, 275–280; W. Schadewaldt)*

Als Alles-Sehender und Alles-Hörender, der vom Sonnenaufgang bis zum Sonnenuntergang die antike Welt unter sich hatte, war Helios der Zeuge aller Winkelzüge und jeder guten Tat. Aber, möglicherweise geht die Zurückhaltung der griechischen Gottheiten Helios gegenüber auf eine gewisse Fremdartigkeit zurück, da er wohl ein eingewanderter Gott der Frühzeit war; wie sonst konnte man ihn bei der Verteilung der Welt einfach vergessen.

So gab es in Griechenland mit Ausnahme auf Rhodos nirgends einen bedeutenden Helioskult, wohl aber in Heliopolis/Ägypten und in anderen Landschaftsräumen der damaligen antiken Welt. Die Griechen bezeichneten den Helioskult sogar als barbarisch und lehnten ihn damit ab (s. Platon: Kratylos, 397 C). Auf Rhodos gelangte der Helioskult aber erst seit der Stadtgründung von Rhodos (s. S. 95) im Jahre 408 v. Chr. zu größter Bedeutung. Helios

Tetradrachme aus Rhodos: Helios mit Strahlenkranz, um 408–395 v. Chr.

Tetradrachme mit Rosendarstellung und der Inschrift ΡΟΔΙΟΝ *(›Rhodion‹), um 380–340 v. Chr.*

erscheint nun mit einem Strahlenkranz auf rhodischen Münzen, auf der anderen Seite der Münze wird eine Blüte dargestellt, die als Rose, Granatapfelblüte oder Hibiscus interpretiert wird.

Helios zu Ehren ließen die Stadtväter 290 v. Chr. von Chares von Lindos, einem Schüler des Lysippos, ein 34 m hohes Standbild des Gottes bei der Hafeneinfahrt errichten, das als ›Koloß von Rhodos‹ zu den Sieben Weltwundern der Antike zählt. Der Helioskult entwikkelte sich nun zu einer kaum vorstellbaren Monumentalität: Bei dem Halia-Fest in Rhodos opferte man ein Viergespann dem Meer – eine Erinnerung an den Sonnengott, wie er am Morgen im Osten in einem Wagen mit vier feurigen Rossen aus dem Meer auftaucht, das Himmelsgewölbe entlangfährt und am Abend im Westen in den glühenden Ozean eintaucht.

In den ältesten griechischen Quellen, z. B. bei Homer, erfahren wir aber auch etwas über das Verhältnis zwischen Helios und den anderen Göttern. Da entzündet sich zwischen Odysseus und Helios einerseits und Aphrodite und Helios andererseits eine tiefe Feindschaft, die nur durch andere Götter geschlichtet werden kann. So gefährdet Helios auf Sizilien die Heimkehr des Helden Odysseus nach Ithaka und verweigert seine Hilfe beim Kampf um die Leiche des Patroklos vor Troja – wichtige Belege, die vermuten lassen, daß Helios eine fremde, nicht urgriechische Gottheit war.

Die Geburt der Athena und das erste Opfer auf Rhodos für die Göttin

Gleichermaßen detailliert schildert Pindar die enge Verbundenheit der Inselbewohner mit der *Göttin Athena.* Es ist ihm wichtig klarzulegen, daß schon kurz nach der Geburt der Athena Rhodier es waren, die der Göttin das erste Opfer brachten. Daß das – wahrscheinlich auf der Akropolis von Líndos dargebrachte – Opfer feuerlos war, schien dem Mythos zufolge fast einer Katastrophe gleichzukommen, deutet aber auf eine vorgriechische Gottheit hin, für die man Weiheopfer ausführte, was der Göttervater Zeus auch sehr wohlwollend honoriert hat. Diese vorhomerische Göttin hieß Lindia, deren Verehrung man sich in der Grotte unterhalb des aus der klassischen Zeit bekannten Athena-Lindia-Tempels vorstellt. Erst viel später erfolgte der Lindia-Kult außerhalb der Grotte, auf der Akropolis; dies wohl zu einem Zeitpunkt, da sich die rhodische Urgöttin Lindia mit Athena verbunden hatte oder diese jener gleichgestellt worden war.

Mythen aus jüngeren Quellen

Telchinen, die mythischen Ureinwohner von Rhodos

Erst sechs Jahrhunderte nach Homer, nachdem wir von ihm aus seiner Ilias und seiner Odyssee so vieles über Helios, Tlepolemos und über die Insel Rhodos erfahren haben, berichtet erstmals Diodorus Siculus (5,55f.) und später auch andere jüngere Autoren über die Autochthonen, die Ureinwohner von Rhodos: die Telchinen. Sie alle wissen nur Verworrenes und Sich-Widersprechendes zu erzählen; dabei mögen in diesen spätklassischen Mythen durchaus uralte rhodische Lokallegenden verarbeitet sein, die sich aber für den heutigen Mythenforscher in dem mythischen Konglomerat über die Telchinen auch nicht einmal bruchstückhaft abzeichnen. Homer und Pindar jedenfalls, zwei der zuverlässigsten Mythographen der Griechen, wissen nichts oder sie halten es nicht für erforderlich, über die Telchinen zu schreiben.

Nach Diodorus sind die Telchinen Söhne des Meeres (Thalassa). Als Meeresdämonen besitzen sie geheime Zauberkräfte, können ihre Gestalt beliebig verändern und haben Einfluß auf das Wetter; sie lassen es einmal regnen und einmal die Sonne scheinen, ein andermal hageln oder schneien. Berühmtheit erlangten die Telchinen aufgrund ihrer Schmiedekunst und anderer für die Menschen nützlicher Kunstfertigkeiten. Sie schufen den Göttern ihre ersten Statuen, schmiedeten die Sichel des Kronos, mit der er seinen Vater Uranos entmannte, und den Dreizack des Poseidon; all diese Angaben deuten auf eine hochentwickelte rhodische Besiedlung während der beginnenden Metallzeit hin.

Über die Beziehung der Telchinen zu den griechischen Göttern berichtet Diodorus, daß Rhea ihnen und Kapheira, der Tochter des Okeanos, ihren Sohn Poseidon zur Erziehung anvertraut habe. Hier klingt eine historisch interessante Parallelität zu den mythischen Geschehnissen auf der Insel Kreta an: während der Göttervater Zeus von den kretischen Kureten erzogen wurde, wird es sein Bruder Poseidon von den rhodischen Telchinen. Wahrscheinlich geht diese Schilderung auf eine Konstruktion von rhodischen Lokalhistorikern zurück, die so das während der Diadochenzeit politisch sehr erfolgreiche Rhodos mit der Urzeit der griechischen Götter verknüpfen wollten.

Herangewachsen, verliebt sich der junge Gott Poseidon in die rhodische Nymphe Halia, eine Schwester der Telchinen, und zeugt mit ihr sechs Söhne und Rhode, die sich später mit dem Sonnengott Helios vermählt. Hier schließt sich der Kreis unseres Wissens zu den bekannten mythischen Schilderungen von Pindar: von den gemeinsamen Kindern von Helios und Rhode und von ihrem Sohn Kerkaphos, dem Vater der Stadtgründer von Líndos, Iálysos und Kamíros (s. S. 21).

Die dämonenhaften Telchinen mit dem ›bösen Blick‹ (Ovid, Metamorphosen: VII, 365, 366), die bei den Griechen später schlechthin Symbol des Bösen waren und von Zeus vernichtet wurden, fanden aber nicht nur in den Werken der spätklassischen Autoren Eingang, auch Goethe beschäftigte sich im Faust II mit ihnen. Im Dialog zwischen dem Chor, den Sirenen und den Telchinen hört man von ihnen in der Klassischen Walpurgisnacht (II, 8275 ff.):

Chor: Wir haben den Dreizack Neptunen geschmiedet,
Womit er die regesten Wellen begütet.
Entfaltet der Donnrer die Wolken, die vollen,
Entgegnet Neptunus dem greulichen Rollen,
Und wie auch von oben es zackig erblitzt,
Wird Woge nach Woge von unten gespritzt;
Und was auch dazwischen in Ängsten gerungen,
wird, lange geschleudert, vom Tiefsten verschlungen;
Weshalb er uns heute den Zepter gereicht –
Nun schweben wir festlich, beruhigt und leicht.

Sirenen: Euch, dem Helios Geweihten,
Heitern Tags Gebenedeiten,
Gruß zur Stunde, die bewegt
Lunas Hochverehrung regt!

Telchinen: Allieblichste Göttin am Bogen dadroben,
Du hörst mit Entzücken den Bruder beloben!
Der seligen Rhodus verleihst du ein Ohr,
Dort steigt ihm ein ewiger Päan hervor.
Beginnt er den Tagslauf und ist es getan,
Er blickt uns mit feurigem Strahlenblick an.
Die Berge, die Städte, die Ufer, die Welle
Gefallen dem Gotte, sind lieblich und helle.
Kein Nebel umschwebt uns, und schleicht er sich ein:
Ein Strahl und ein Lüftchen, die Insel ist rein!
Da schaut sich der Hohe in hundert Gebilden,
Als Jüngling, als Riesen, den Großen, den Milden.
Wir ersten, wir warens, die Göttergewalt
Aufstellten in würdiger Menschengestalt.

Proteus: Laß du sie singen, laß sie prahlen!
Der Sonne heiligen Lebestrahlen
sind tote Werke nur ein Spaß.
Das bildet, schmelzend, unverdrossen,
Und haben sie's in Erz gegossen,
Dann denken sie, es wäre was.
Was ists zuletzt mit diesen Stolzen?
Die Götterbilder standen groß:
Zerstörte sie ein Erdestoß –
Längst sind sie wieder eingeschmolzen!

Phorbas und die Schlangenplage auf Rhodos

Phorbas, Königssohn des Lapithes aus Thessalien, ist eine recht verwirrende Erscheinung in den griechischen Mythen (wahrscheinlich infolge der häufigen Wanderungen der thessalischen Volksstämme!). Im Zusammenhang mit der Insel Rhodos wird überliefert, daß ihn die Inselbewohner zur Hilfe gegen eine schreckliche Schlangenplage nach Rhodos holten. Nachdem er die Sümpfe auf der Insel trockengelegt hatte, waren die Rhodier von der Schlangenplage befreit. Apollon nahm Phorbas daraufhin zum Dank in den Sternenhimmel auf und versetzte ihn in das Sternbild der Schlange. Diesem Mythos entsprechend wird die Insel Rhodos in einigen Quellen auch ›Ophiúchos‹ (Οφιύχος = Schlange) genannt.

»Als danach aber das rhodische Land überaus große Schlangen erzeugte, ereignete es sich, daß viele Eingeborene durch diese Schlangen ihren Tod fanden, und deshalb schickten die verschont Gebliebenen nach Delos, den Gott zu fragen, wie dem Unheil zu steuern sei. Apollo befahl ihnen nun, sie sollten den Phorbas samt seinen Genossen unter sich aufnehmen und in Rhodos wohnen lassen. Derselbe war aber ein Sohn des Lapithes und durchzog eben mit mehreren anderen Thessalien, um sich eine Landschaft zur Ansiedelung zu suchen. Dem Orakel gemäß schickten die Rhodier nach ihm und gaben ihm Anteil an der Insel, und Phorbas tötete die Schlangen; und nachdem er die Insel vom Übel befreit hatte, blieb er auf Rhodos wohnen. Da er auch in anderen Stücken ein trefflicher Mann war, schenkte man ihm nach seinem Tode die Verehrung als Heros.« *(Diodorus 5; 58, 4f.)*

Iphiklos und Phalanthos, Besiedlung der Insel Rhodos durch die Phönizier

»Phalanthos, der Fürst der Phönizier, besaß im Lande von Ialysos eine sehr feste Burg *Achaia,* welche der Grieche Iphiklos belagerte. Das kümmerte ihn aber wenig, denn er hatte Wasser und Vorräte auf viele Monate, und obendrein war ihm ein Orakel gegeben, daß die Stadt nicht eingenommen werden könnte, es sei denn, daß die Raben weiß würden und Fische in seinem Weinkruge schwämmen. Nicht ganz mit Unrecht glaubte er, das könne niemals geschehen. Allein Iphiklos vernahm den Götterspruch und erkaufte dann einen Diener des Phalanthos, Larkas, Fische in den Mischkrug seines Herrn hineinzuwerfen. Darauf fing er Raben, bestrich sie mit Kreide, und ließ sie wieder fliegen. Phalanthos sah jene Raben, erschrak und eilte zu seinem Mischkrug; und siehe da, Fische schwammen im Mischkrug! Er sah ein, daß er verloren war, und übergab die Festung. Hinterlistig versuchte er noch, seine Schätze mitzunehmen; auch das aber mißlang. So zogen die Phönizier aus Rhodos, trostlos und arm; seitdem herrschten die Griechen auf der Insel.«

(Ergias, Fragmente 1)[3]

Polyzelos (Dichter der Alten Komödie) wandelt diesen Bericht in eine rührende Liebesgeschichte um. Er dichtet dem Phalanthos noch eine Tochter Darkia hinzu, die sich natürlich in Iphiklos verliebt und den Vater überlistet. Sie überredet den Diener Larkas, die Fische in den Mischkrug zu geben und sie selbst färbt einen schwarzen Raben weiß.

Genealogische Tafel der rhodischen Götter

ⓒⓓ = *Liebes- oder Eheverbindung*

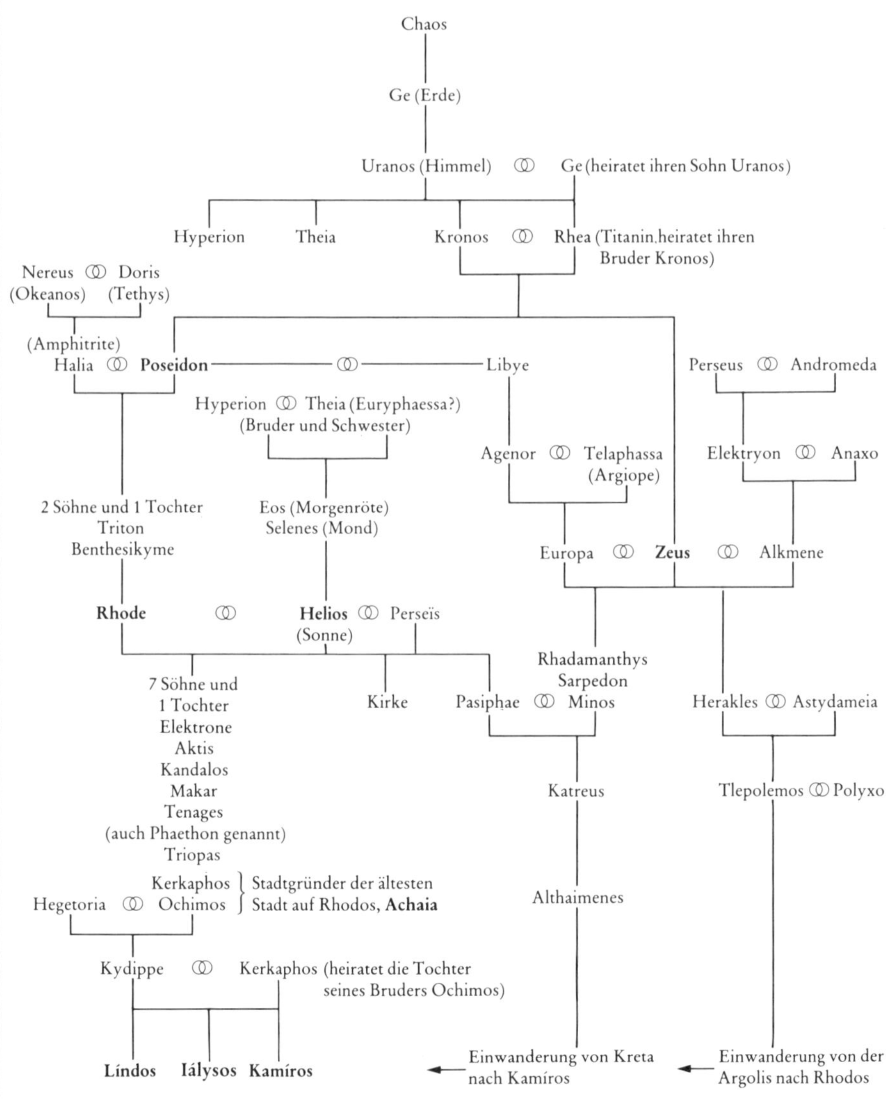

Historische Einführung

Von Günter Weiß

Erinnerungen an die Achaier

Während das benachbarte Kleinasien (Gegend von Konia) reiche Funde birgt (Tier- und Menschendarstellungen, Schmuck), besitzen wir von den Menschen der Jungsteinzeit (nach 5500 v. Chr.) auf Rhodos nur wenige Werkzeuge aus Líndos. Wohnstätten sind nicht erhalten – anders als auf der benachbarten Insel Kalymnos. Erst nach uns zeitlich schwer vorstellbaren dreieinhalb Jahrtausenden begegnet uns wieder Leben auf der Insel. Es ist eine indogermanische Völkergruppe, die das homerische Epos ›Achaier‹ nennt. Der Name hat sich für die Akropolis von Iálysos, die ehemals Achaia hieß, bis heute erhalten. Es ist die Zeit der mykenischen, kriegerischen Adelskultur, die die Odyssee widerspiegelt. Damals lebten die Erzväter der Stämme Israels, und es herrschten die Hethiter über Kleinasien. Schon in dieser Epoche ging es auf der Insel des Helios offenbar friedlicher, sicherer zu als auf dem benachbarten Festland – es wurden keine trutzigen Zyklopenmauern auf Rhodos gefunden. Die spätbezeugte Gründung von Iálysos durch die seekundigen Phönizier bleibt unsicher. Italienische Archäologen halten eine frühe Besiedlung der Ebene von Iálysos durch achaiische Kreter zwischen 1550 und 1400 für wahrscheinlich. Die Insel war jedenfalls bereits um 1300 dicht besiedelt: man kennt nicht weniger als siebenundzwanzig mykenische Gräberstätten, aber nur fünf, noch nicht näher erforschte Siedlungsplätze.

Am besten können wir uns selbst von solchen Überresten einer mykenischen Ansiedlung ein Bild machen in der Nähe des Dörfchens Triánda. Wir werden enttäuscht sein, wie stumm und nichtssagend die Erdhügel bleiben, wenn sie nicht der Archäologe mühsam zum Reden bringt, vor allem, wenn nicht die heute in Museen und Depots ruhenden Grabfunde einiges von den früheren Bewohnern berichten würden. Der ›Schiffskatalog‹ der Ilias (2. 653–670) gehört nach moderner Auffassung der Philologen in diese mykenische Spätzeit. Hier wird bereits von den drei Städten Kamíros, Iálysos und Líndos berichtet:

Und des Herakles Sohn, Tlepolemos, edel und mächtig,
Führte aus Rhodos neun Schiffe der kampfesmutigen Rhodier,
Die da Rhodos bewohnen in drei gesonderten Teilen,
Líndos, Iálysos und Kamíros' schimmernde Küste . . .

(Übersetzung Th. v. Scheffer)

Die reichen Funde in den Kammergräbern von Iálysos und Kamíros haben die mykenische Besiedlung dieser drei Städte voll bestätigt. Man lebte in einem ›gewissen Wohlstand und Frieden‹ (Desborough). Gold- und Silberringe, Perlen, Spiegel wurden den Toten in reicher Zahl beigegeben. Einige Skarabäen lassen auf Beziehungen zu Ägypten schließen. Daneben weihte man den Toten Handwerkszeug: drei Messer und eine Axt wurden aus dieser Zeit gefunden. Unter den geschmackvoll mit geometrischen Mustern verzierten Bechern, Schalen und Amphoren aus Ton sind vor allem die ›Bügelkannen‹ charakteristisch: die Henkel reichen auf beiden Seiten bis zur sehr schmalen Öffnung. Viele Gegenstände zeugen von großer Kunstfertigkeit, weshalb der spätere Mythos den sagenhaft-dämonischen Ureinwohnern der Insel, den Telchinen, Kunstfertigkeit nachsagt. Man vermutet sogar Faktoreien auf Rhodos wie auch auf dem benachbarten Zypern.

»Das mykenische Volk ist Vorvater der geschichtlichen Griechen« – dieser Satz des bedeutenden Religionshistorikers Nilsson bestätigt sich auch auf Rhodos. Geometrische Kunstformen werden später wieder aufgenommen. Die Göttin ›Athena Lindia‹ trägt achaiische Züge: sie wird nach Pindars 7. olympischer Ode (anno 464 v. Chr.) im ›Hain der Akropolis‹ verehrt, also nicht in einem Tempel. Man bringt ihr ›feuerlose Opfer dar‹. Diese Athena auf Rhodos ist niemals zur helmbewehrten Kriegsgöttin der klassischen Griechen geworden, sondern bewahrte bis zum Ende der antiken Kultur ihren Charakter als matriarchalische Fruchtbarkeitsgöttin, verwandt den Fruchtbarkeitskulten Kleinasiens. Eine Sonnengottheit Alektrona brachten die Achaier wahrscheinlich von Argolis nach Rhodos. Sie wurde in der Gegend von Iálysos/Filérimos verehrt. Viele Ortsnamen sind vorgriechisch, wurden also bereits von den Achaiern übernommen, darunter auch der Name ›Rhodos‹ selbst. Philologisch exakt ist ›Roseninsel‹ also erst eine spätere griechische Erklärung eines unbekannten Namens durch das gleichklingende griechische Wort ›Rhodos‹ für Rose. Das soll uns nicht daran hindern, diese poetische Erklärung als eine kleine Liebesbezeugung für die Insel des Sonnengottes beizubehalten. Mit ihm wurde die Rose auch auf griechischen Münzen in Verbindung gebracht, ein Blütenmotiv, das auch als Granatapfelblüte oder Hibiscus gedeutet werden kann.

Dorische Blüte der drei Städte Líndos, Iálysos und Kamíros

Zu einem unbekannten Zeitpunkt nach 1200 wurden die offenbar volkreichen spätmykenischen Niederlassungen aufgegeben, ohne daß wir auf Rhodos – anders als in Griechenland und Kleinasien – Spuren von Kämpfen und Einbrüchen der sog. Seevölker besitzen. Die siebte Schicht der Siedlung von Troja ist in dieser dunklen Kriegsperiode untergegangen. Der griechische Stamm der Dorer kam vielleicht schon vor dem Ende des 10. Jahrhunderts v. Chr., so daß die Unterbrechung der feststellbaren Besiedlung auf Rhodos nicht von langer Dauer war. Auf ähnlichem Weg wie die Achaier kamen sie über Kreta. Auch die Spartaner waren Dorer: hart, spröde, kämpferisch. Hat die liebliche Insel diesen Stammescharakter auf Rhodos vielleicht gemildert? Die mykenischen Städte Líndos, Iálysos und Kamíros werden wiederbesiedelt von drei dorischen Gruppen (Phylen). Sie bilden zusammen mit Kos, Halikarnassos und dem Apollonheiligtum auf der Halbinsel Knidos als ›Sechsstädtebund‹ (Hexapolis) eine religiöse Gemeinschaft (Amphiktionie). Langsam bildete sich eine Teilung der Insel nach den drei wichtigsten Siedlungszentren aus: Kamíros mit einem breiten Küstenstreifen, etwa in der Mitte der Insel, Iálysos an der Nordspitze, Líndos mit dem flächenmäßig größten Restgebiet im Südosten.

Zuerst waren es ›Könige‹, die die Dorer führten. Sicher ist Kleobulos von Líndos aus der ersten Hälfte des 6. Jahrhunderts – als Zeitgenosse des berühmten Gesetzgebers von Athen, Solon – einer der letzten von ihnen gewesen. Spätere Überlieferung bezeichnet Kleobulos als ›Tyrannen‹, als einen Herrscher, der sich seine Macht angemaßt hat. Vielleicht steht seine Herrschaft im Zusammenhang mit Unruhen um 580, die einige vornehme Geschlechter zur Auswanderung in die neugegründeten Kolonien Siziliens getrieben hat. Es sind die ersten erkennbaren Spannungen zwischen Adel und Volk, die später die gesamte Geschichte des Altertums von Rhodos durchziehen. Das Prädikat ›Tyrann‹ für Kleobulos hinderte die Griechen nicht, ihn unter die ›sieben Weisen‹ einzureihen. Seine ihm zugeschriebene Spruchweisheit ist zeitlos gültig, wie z. B. ›Maßhalten ist das Beste‹. Er hat der Athena Lindia den ersten Tempel erbaut. Schon damals gab es vielleicht Gemeinschaftsmahle der Beamten (Prytanen). Ganz spärlich und spät können wir Gestalten des Adels auf Rhodos greifen: Diagoras, Sohn des Damagetos, aus dem Geschlecht der Eratiden aus Iálysos, das stolz Herakles als Ahnherren nannte. Seine athletischen Leistungen besingt Pindar in der siebten olympischen Ode (464 v. Chr.). Das Priestergeschlecht des Poseidon, ebenfalls aus Iálysos, rühmte sich der Abstammung von den Phöniziern.

Wie über der übrigen Geschichte der Griechen des Festlandes und Kleinasiens liegt über Rhodos bis zum 7. Jahrhundert ein fast undurchdringlicher Schleier, aufgehellt einzig durch Grabfunde von Vasen im geometrischen Stil und Kleinfunde. Die Vasen sind teilweise von vorzüglicher Qualität, aber noch wenig charakteristisch. Ein Teil von ihnen ist im Archäologischen Museum von Rhodos ausgestellt (s. S. 119f.).

Ein anschauliches Bild der einfachen, wehrhaften Siedlungsform um 700 v. Chr. kann der Reisende bei einem Besuch des antiken *Wruliá* (s. S. 307f.) im Süden der Insel gewinnen: es sind zwei Häuserreihen mit einem kleinen Vorhof, beschirmt von einer 300 Meter langen, ein Meter dicken Steinmauer. Der antike Name der Siedlung ist unbekannt.

Farbiger wird das historische Bild in dieser Zeit: ins 7. Jahrhundert gehört der aus Kamíros stammende Dichter Peisandros. Sein leider verlorenes Epos ›Herakleia‹ hat das ganze Leben des Göttersohnes beschrieben. Löwenhaut und Keule sind seine Erkennungszeichen bei Peisandros – sie sind es bis heute geblieben.

Zusammen mit Kretern wird 688 v. Chr. Gela auf Sizilien gegründet. Rhodische Töpferware des frühen 7. Jahrhunderts findet man in den Nachbarstädten von Tarsus, Phaselis und Soloi, was auf Gründung durch die Rhodier schließen läßt. Später, um 600, gründen die Rhodier zusammen mit den Bewohnern von Milet Apollonia am Schwarzen Meer. Dies sind nur die am besten historisch faßbaren Kolonien. Die Rhodier sind im gesamten Mittelmeerraum zu Hause. In dieser Zeit mag schon der Ausspruch entstanden sein: Zehn Rhodier – zehn Schiffe.

Rhodos wird Handelskonkurrent Korinths. Korinthische Gefäße können wir im Archäologischen Museum von Rhodos betrachten – auf Rhodos gefunden; Weinkrüge aus dem benachbarten Chios und rhodische Parfümfläschchen wurden in Korinth gefunden. Bereits im frühen 7. Jahrhundert stellt eine rhodische Werkstatt Fayencen nach ägyptischen Vorbildern her. Im 6. Jahrhundert arbeiten rhodische Töpfer in Unterägypten, und rhodische Söldner ritzen 591 v. Chr. ihre Namen in den Fuß der Statuen von Abu Simbel. In den Museen Europas, vor allem in London, ist humorvolle Kleinkunst und Gebrauchsware aus Rhodos zu sehen, z. B. spitz zulaufende Glasflaschen, Reiter, Löwen und dergleichen. Sie beweisen eindeutig die enge Verbindung mit Syrien. Zwischen 700 und 550 stellen fünf verschiedene Werkstätten auf Rhodos und den Nachbarinseln die typischen rhodischen Vasen her mit den am Gefäßoberteil umlaufenden Wildkatzen oder dem lebendigen sog. ›Fikellurastil‹.

Die Städte sind dicht besiedelt: die große, 600 Kubikmeter Wasser fassende Zisterne von Kamíros ist wohl im 6. oder 5. Jahrhundert vor Chr. erbaut und dürfte für über dreihundert Familien ausgereicht haben. Im 6. Jahrhundert prägt Kamíros eigene Münzen mit einem Feigenblatt, Líndos folgt mit einer eigenen Prägung. Zweck dieser frühen Münzprägungen war es, den Fernhandel zu erleichtern. In der Blütezeit des 7. und 6. Jahrhunderts v. Chr. zeigen die Rhodier also in vielfacher Hinsicht Eigenständigkeit und Expansionsdrang. Doch wie lange? Trotz aller Aktivitäten in Handel und Gewerbe: die drei Städte bildeten keine politische Großmacht, wollten es vielleicht nie sein. Gegen die aufstrebende Seemacht der Perser, besonders unter Dareios I., gab es nur eine Haltung: Unterwerfung. Der Feldherr des Dareios soll zwar 490 v. Chr. Líndos belagert haben, und ein Regenguß, der genau über der Festung niederging, soll die Eingeschlossenen vor dem Aufgeben bewahrt haben. Doch diese schöne Legende der sog. Tempelchronik aus Líndos des Grammatikers Timachidas (1. Jh. v. Chr.) ist doch allzu sichtbar eine spätere, unglaubwürdige Rechtfertigung der Rhodier. Jedenfalls kämpfen vierzig Schiffe der Rhodier in der Entscheidungsschlacht von Salamis September 480 v. Chr. auf seiten der Perser.

Wenige Jahre danach steht Rhodos auf der Seite des Siegers im sog. Delisch-Attischen Seebund, ursprünglich dem Kampfbund gegen die Perser, dann aber Instrument der Ausbeutung der Griechen durch das übermächtige Athen. Die Athener verbannen perserfreundliche Adlige aus Iálysos, darunter das Geschlecht der Diagoriden. Die Mauern der Städte werden geschleift. Aus den Tributlisten wissen wir, daß die drei rhodischen Städte hohe, immer höhere Tribute leisten mußten. Im Jahre 446 v. Chr. mußte die Insel, die ohnehin unter dem Niedergang des Osthandels litt, insgesamt zwanzig, im Jahre 425 schon vierzig Talente zahlen (ein Talent entspricht 6000 Drachmen, eine Drachme sechs Obolen; ein Tagelöhner verdient in dieser Zeit etwa drei Obolen).

Erstaunlich, daß die Insel erst 411 von Athen abfällt trotz der Ausbeutung durch Athen, trotz des Widerstandes des Adels. Ohne Schwertstreich geht die Insel zu den Spartanern, den zähen Gegnern Athens, über – zugleich ein Sieg des Adels auf Rhodos, da dieser die

Spartaner zu Bundesgenossen gemacht hatte. Athen brandschatzt zwar im Jahre 408 die Insel, kann aber die alten, demokratischen Verhältnisse nicht wiederherstellen. Der Adel war es, der sich im gleichen Jahre entschloß, die drei Siedlungen Iálysos, Líndos und Kamíros in eine neugegründete Stadt an der Nordspitze der Insel ›überzuführen‹, wie die Quellen sagen. Der Name der Stadt war mit dem der Insel gleich: die Stadt Rhodos war geboren!

Rhodos – friedliebende Beherrscherin des Meeres

»Durch seine Häfen, Mauern und übrigen Bauten unterscheidet sich Rhodos so von anderen Städten, daß wir keine andere Stadt nennen können, die Rhodos ebenbürtig, geschweige denn bedeutender wäre. Bewundernswert ist ihre ausgewogene Verfassung und Vorsorge um die übrigen Staatsangelegenheiten und um das Seewesen. Deshalb war sie lange Zeit Beherrscherin des Meeres, bekämpfte das Räuberunwesen und wurde Verbündete Roms... Die Rhodier sorgen für das Volk, obwohl sie von ihm nicht beherrscht werden.«

So beschreibt Strabon (in seinen ›Geographika‹: 14. 2. 5) aus dem ersten Jahrhundert vor unserer Zeitrechnung die Insel. Die Zeit nach dem Zusammenschluß der drei Städte, von denen vor allem Kamíros und Líndos als religiöses Kultzentrum weiterflorierten, ist die Zeit des Niederganges der griechischen Stadtstaaten (Poleis) durch blutigen, nicht endenwollenden Zwist der Griechen untereinander. Die Insel, politisch nun stets mit der neugegründeten Stadt Rhodos identisch, schwankt zwischen Sparta, das die Aristokratie, die Herrschaft der wenigen begüterten alteingesessenen Geschlechter, unterstützt, und dem demokratischen Athen. Im Jahre 396 v. Chr. geht es dramatisch in der Neugründung Rhodos zu: das Volk steht unter dem Demagogen Dorimachos gegen die Adligen auf. Die Menge dringt in den Versammlungsraum ein, tötet die Männer aus dem Geschlecht der Diagoreer und elf andere Bürger.

Das Tauziehen um die Macht geht mehrmals hin und her: die Adligen beherrschen die Stadt, die Volkspartei das flache Land. Die innenpolitische Unsicherheit setzt sich fort, als Mitte des 4. Jahrhunderts v. Chr. der persische Satrap Maussolos und seine Nachfolger Rhodos besetzt halten – ein Zeichen auch großer außenpolitischer Schwäche. Die Perser unterstützen einmal die Adelspartei, einmal das Volk. Wohl zu früh hat Rhodos versucht, eine eigenständige Neutralitätspolitik zu treiben. Dies konnte sie erst im 3. Jahrhundert erfolgreich wagen als die Beherrscherin des Meeres. Trotz außenpolitischer Schwäche und innenpolitischer Wirren legt Rhodos bereits im 4. Jahrhundert den Grund für seine spätere Wirtschaftsblüte: Philipp von Makedonien, der Vater Alexanders des Großen, übernimmt wie viele andere griechische Staaten den rhodischen Münzfuß (gesetzlich gesichertes System der Währung durch Bestimmung der Münzen nach Metall, Feingehalt und Stückelung).

Der Reichtum der Rhodier hat fortan Bestand. Seit dem 4. Jahrhundert sind aus allen Teilen Griechenlands Ehrendekrete auf Stein erhalten für verdienstvolle Kaufleute und Ärzte aus Rhodos. Wie wohlbewehrt und schlagkräftig Rhodos bereits ein Jahrhundert nach der Neugründung war, dafür ist eindeutiger Beweis die ausnahmsweise sogar durch Akten-

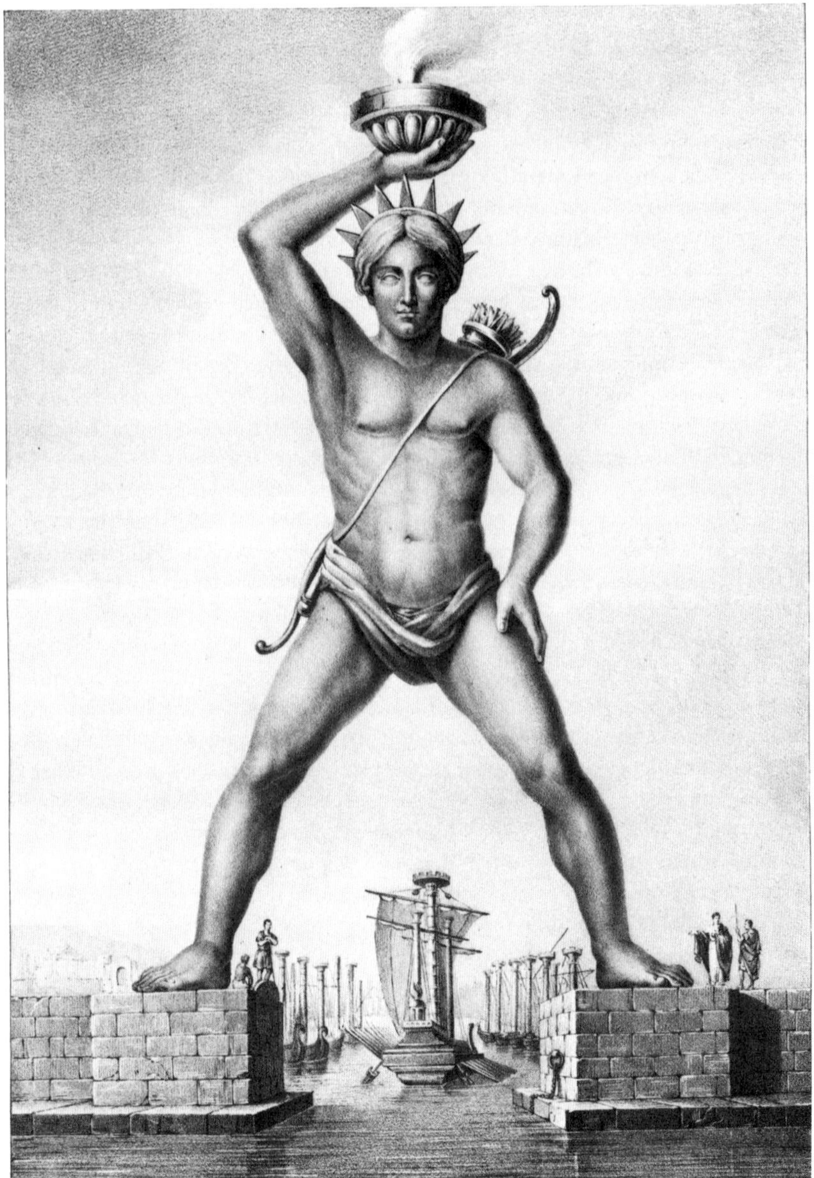

›Der Koloß von Rhodos‹, eines der Sieben Weltwunder der Antike. Fantasie-Rekonstruktion aus dem 19. Jh.

material aus den Archiven der Stadt Rhodos bis in Einzelheiten lebendig überlieferte Belagerung der Stadt in den Jahren 305 und 304 v. Chr. Der ehrgeizige, launenhafte ›Städtebezwinger‹ (Poliorketes) Demetrios, einer der Nachfolger (Diadoche) des großen Alexander, erzwingt durch übertriebene Forderungen den Krieg mit Rhodos. Trotz einer sechsfachen Übermacht und riesigen Belagerungstürmen gelingt es Demetrios nicht, in die von fast allen griechischen Stämmen unterstützte Stadt einzudringen. Die Stadt wird nur durch sechstausend kampffähige Bürger, tausend unfreie Bauern (sog. ›Paröken‹; ihr sozialer Status ist uns leider nicht sicher bekannt), ›Fremde‹ (Xenoi) und Sklaven in unbekannter Zahl verteidigt, dazu stießen hundertfünfzig Kämpfer aus Knossós (Kreta) und fünfhundert Mann Entsatztruppen aus Ägypten. Frauen kämpfen tapfer mit und gießen flüssiges Pech und schleudern Steine auf die Angreifer. Den Sklaven wird Freilassung und Bürgerrecht in Aussicht gestellt. Die Staatsführung hat in den vielen kritischen Momenten der Belagerung niemals den Kopf verloren. Am Ende der Belagerung steht der Abzug des ›Städtebelagerers‹, der sein Gesicht zu wahren versuchte. Selbstsicher und stolz stellen die Rhodier als Dankes- und Siegeszeichen in zwölfjähriger Bauzeit das 70 Ellen hohe Riesenstandbild des Gottes Helios auf, als eines der Sieben Weltwunder berühmt; Kolossalstandbilder waren in dieser Zeit der gigantischen Bauwerke allerdings nichts Außergewöhnliches. Um 292 steht der Koloß, dem von keiner Quelle Schönheit nachgesagt wird; um 226 vernichtet ein Erdbeben die Statue.

Die Rhodier haben sich damals reiche Spenden zum Wiederaufbau geben lassen aus allen Teilen der griechischen Welt: Geld, Getreide, Bauholz, Eisen, Pech, Segeltücher, Blei, Haar. Den Rhodiern wurde vielerorts auch Zollfreiheit gewährt, Bauleute wurden geschickt. Unter dem Vorwand, ein Orakel rate davon ab, wurde der Koloß jedoch nicht mehr aufgerichtet. Die riesige Figur ist äußerer Ausdruck für den Aufstieg zur ›Beherrscherin des Meeres‹ (thalassokratein), der mit dem kurzen, aber triumphalen Siegeszug des großen Alexanders (336–323) einsetzt: das östliche Mittelmeer wurde zu einer Einheit und Rhodos kann seine günstige Verkehrslage zwischen Ost und West ausnutzen. Folgerichtig hat die Stadt auch nach dem Tode Alexanders, dem sie klugerweise die Tore öffnet und dem sie mit Schiffen zu Hilfe kommt, in den Kämpfen um die Nachfolge des großen Imperiums (Diadochenkämpfe) immer den Schwächeren unterstützt. Sie hat mit mehr oder weniger Erfolg den Seeräubern, dieser unausrottbaren Plage der damaligen Mittelmeerwelt, den unerbittlichen Kampf angesagt. Ein in seinem Kern leider wenig greifbares Seerecht wurde nach dem Namen der Insel benannt. Rhodos hat die offene Durchfahrt durch die Meerengen verteidigt, möglichst aber Kriege vermieden. Es ist – alles in allem betrachtet – die sympathische Politik einer Handelsmacht, wie später von Genua und Venedig, eine Politik, für die Waffen und Krieg nur das letzte, äußerste Mittel darstellen.

Diese Politik ist es schließlich, die Rhodos im Jahre 200 v. Chr. zum Verbündeten des republikanischen Rom werden läßt, eines Staates, von dem man damals noch den Schutz der Freiheit und der Unabhängigkeit, nicht aber Weltherrschaft und Unterdrückung erwarten durfte. Vorher hatte sich Rhodos mit kleinen, aber überaus schlagkräftigen Flottenkontingenten in verlustreichen Seeschlachten dem Vormachtstreben Philipps V. von Makedonien, einer im Charakter merkwürdig schillernden Diadochengestalt, zu widersetzen versucht.

Mit großen Flottenzahlen dürfen wir bei Rhodos freilich überhaupt nicht rechnen: in ihren besten Zeiten hat die rhodische Flotte die Zahl von fünfzig Schiffen nicht überschritten. Es gab verschiedene Schiffstypen: Drei- bis Fünfruderer, dann das typische rhodische Schnellschiff, ein Rudersegelschiff, ›Trieniolia‹ genannt. Den kühn geschwungenen Bug eines Ruderschiffes, ungefähr 200 v. Chr. in Stein gehauen, kann der Besucher beim Aufstieg nach Líndos bewundern (s. S. 176; Abb. 85).

Nicht die Quantität begründete den Ruhm der Rhodier als die besten Seeleute des Mittelmeeres, sondern ihre Erfahrung, ihre Disziplin, ihr Wagemut zur See. Sie waren unübertroffen. Ausgedehnte Schiffswerften waren streng bewacht. Trotzdem gelang es 204 v. Chr. einem feindlichen Spion, dreizehn Schiffsbauhütten niederzubrennen, auf denen je ein Dreiruderer im Bau war. Eine Weiheinschrift für einen langgedienten Oberingenieur stellt eine hochspezialisierte Schiffsbesatzung vor: den Steuermann, den Schiffszimmermann, den Untersteuermann, den Mann, der die Verantwortung für das Ölen und Schmieren der maschinellen Teile und der Ruder trug, den Schiffsarzt, den Rudertechniker, zehn technische Gehilfen, zwei Artilleristen, sechs Bogenschützen, neunzehn Seesoldaten. Die Ruderer, wohl Sklaven, bleiben ungenannt.

Viele Matrosen und Schiffssoldaten gehörten religiösen Verbänden (Koina) an. Von ihnen hat es auf Rhodos nach dem Zeugnis der Inschriften viele gegeben, auch Zusammenschlüsse von Fremden, die in Rhodos wohnten, vor allem von Händlern. Die Weiheinschriften von Porträtstatuen (von Priestern, Athleten, Magistraten und reichen Privatleuten) sind oftmals wichtige historische Quellen, sie haben u. a. Ehrenbeschlüsse des Magistrats zum Inhalt und erwähnen nicht selten auch die Namen der Stifter und der Bildhauer. Eine Weiheinschrift z. B. für einen Polykles, wohl aus der Oberschicht stammend, hat biografische Angaben zum Inhalt. Seine Laufbahn beginnt gleich als Befehlshaber von mehreren offenen Linienschiffen. Dann befehligte er einen Fünfruderer, war bei den Landstreitkräften und dem Stab der rhodischen Flotte und stieg schließlich zum Kommandeur eines Vierruderers auf.

Leider sagen uns die meisten Grabinschriften auf Rhodos nur die bloßen Namen, Beruf und Alter sind nicht angegeben. »Hinter der Flotte und dem Heer sehen wir in schwachen Umrissen die Klassen, die das wirtschaftliche Rückgrat des Staates bildeten – die Kaufherren, Bankiers, Geschäftsleute, die Arbeiter auf den Werften, die Eigentümer der Läden, die Grundbesitzer« urteilt der berühmte russische Sozialhistoriker M. J. Rostovtzeff über die Gesellschaft auf Rhodos im dritten und zweiten Jahrhundert v. Chr.

Noch am meisten wissen wir von den Geschäftsleuten, die den weltweiten Handel von Rhodos aus abwickelten: die erhaltenen Papyri zeigen Rhodos als Verrechnungsbörse und Umschlagsplatz. Die Agenten der großen Handelshäuser von Sidon, Tyros, Arados, Alexandreia hatten hier ihre Büros. Hier empfingen sie Aufträge für phönikische Ware und gaben Aufträge für griechische Ware. Viele dieser Agenten waren Fremde. Rhodische Münzen dieser Zeit finden sich in vielen Schatzfunden über die ganze Ägäis verstreut. Rhodos ist Hauptumschlagsplatz für den Weizen Ägyptens. Es gibt kaum einen von den Archäologen untersuchten Platz im Mittelmeerraum, an dem nicht die charakteristischen Tongefäße mit dem rhodischen Stempel gefunden wurden. Wahrscheinlich war es nicht nur der berühmte

Qualitätswein aus Rhodos, der hier von rhodischen Händlern auf Schiffen transportiert wurde. Vielleicht wurden damit auch andere Weine oder Olivenöl verfrachtet. Inwieweit die Insel sonstige Eigenprodukte, wie Holz, Früchte, Fische, Schwämme und Schlangenhäute exportierte, wissen wir nicht. Der Gesamtertrag des zweiprozentigen Hafenzolls vor der Mitte des zweiten Jahrhunderts beziffert der Geschichtsschreiber Polybios (30.31.12) auf eine Millionen Drachmen, das ergibt ein Gesamthandelsvolumen von fünfzig Millionen Drachmen; das ist das Fünffache, was Athen in seiner Blütezeit aus vergleichbaren Einnahmen zweihundert Jahre zuvor gewonnen hatte (nach Casson).

Der Siegeszug Alexanders war die Voraussetzung für die Wirtschaftsblüte der Stadt Rhodos, deren Bevölkerung nach vorsichtigen Schätzungen 60000 Einwohner betrug. Der Siegeszug war aber auch Grundstein für die ›Kultur des Hellenismus‹ auf Rhodos mit dem Hang zur Monumentalität, zu menschlichem Pathos und Leiden, aber auch zur skeptischen Betrachtung alles Menschlichen, zu einem Ost und West verbindenden Universalismus. Sichtbarer Ausdruck war die Gründung Alexandriens, der Alexanderstadt, mit ihrem monumentalen Leuchtturm und der weltbekannten Bibliothek. Apollonios Rhodios war dort im ›Museion‹ Bibliothekar, bis er im Jahre 246 v. Chr. nach Rhodos übersiedelte. Seine ›Argonautika‹ über die Gewinnung des goldenen Vlieses versucht eine Psychologie der Liebe von Medea zu Jason nachzuempfinden.

Ein Wald von Standbildern, meist aus ausländischem Marmor oder aus Bronze (davon sollen einhundert Kolossalbilder gewesen sein) zierte Líndos und die Straßen von Rhodos. Nur verhältnismäßig wenige Reste dieser hochstehenden Bildhauerkunst an Statuen und Grabsteinen kann der Besucher der Museen von Rhodos, London, Kopenhagen und des Vatikan noch heute bewundern. Die späte Laokoongruppe (Abb. 43) bleibt das eindrucksvollste Werk. Hundertvierundvierzig in Rhodos tätige Künstler sind sicher nachgewiesen. Viele rhodische Maler sind mit Namen bekannt, aber keines ihrer Werke ist erhalten. Der Rhetor Aischines kommt Mitte des 4. Jahrhunderts von Athen nach Rhodos und begründet die Tradition der weithin bekannten Rhetorenschule, die noch im wirtschaftlichen Niedergang berühmte Römer anziehen wird. Alle Philosophenschulen sind auf Rhodos vertreten. Auch Naturwissenschaften und lokale Geschichtsschreibung sind mit der Insel verbunden. Aber es sind uns fast nur Namen ohne Inhalt verblieben. Friedliebende Herrin des Meeres – Blüte der Hellenistischen Kultur: beides gehört untrennbar zusammen.

Wirtschaftlicher Niedergang und Glanzzeit der Redekunst im Schatten Roms

Wie undurchsichtig auch die Beweggründe für die führenden Oligarchen von Rhodos im einzelnen bleiben mögen, 200 v. Chr. ein Bündnis mit Rom gegen den allzu mächtigen Philipp V. von Makedonien einzugehen: die Freiheit des Handels war auch damals höchstes

Ziel der Inselpolitik. Offenbar gab es auch auf Rhodos warnende Stimmen gegen das Bündnis mit Rom. Konnte diese aufstrebende Republik immerhin schon damals auf triumphale Erfolge zur See gegen Karthago zurückblicken! Auch als ›Freund des römischen Volkes‹ (amicus populi Romani) trat Rhodos für die kleinen, schwächeren Stadtstaaten ein. Die Insel bekommt ihr Verwaltungsgebiet am gegenüberliegenden kleinasiatischen Festland (sog. Peraea von Rhodos) zurück, das ihr von Philipp streitig gemacht worden war. Starkes Engagement im Kampf gegen Philipp nach 200 war wohl bei der bedrängten Lage des Gegners nicht nötig: das größte Kontingent zählte zwanzig gedeckte Kriegsschiffe. Philipp wurde von den Römern vernichtend zu Lande besiegt. Da tauchte eine neue Gefahr für das Gleichgewicht im Mittelmeer auf (192–189 v. Chr. Antiochoskrieg): das Vordringen des Herrschers von Syrien, des Seleukiden Antiochos III. Rom wie Antiochos beschwören die ›Freiheit der Griechen‹. Rhodos bleibt weiter Rom treu, dieses Mal mit größerem Einsatz: von sechsunddreißig rhodischen Schiffen retten sich bei Samos im Jahre 190 nur fünf durch ihre ›Feuertöpfe‹. Der gegnerische Kommandant war ebenfalls ein Rhodier! Höchste Seemannskunst standen einander gegenüber. Nur wenige Wochen später senden die Rhodier erneut zwanzig Schiffe unter dem Befehl des Eudamos aus. Die rhodische Flotte war im folgenden Kampfgeschehen entscheidend an der Zerschlagung der Seemacht des syrischen Seleukidenreiches beteiligt. Jetzt hatten die Römer allein die Macht und setzten sich über die Wünsche ihres ›Verbündeten‹ (socius) Rhodos hinweg, der wieder einmal für schwache Kleinstaaten, aber auch für eigene Territorialansprüche auf dem Festland eintrat. Bekam Rhodos Machtgelüste? Dieses Mal kann sich die romfreundliche Partei nach heißen Redegefechten in der Volksversammlung von Rhodos schließlich nicht durchsetzen: Rhodos bleibt dem Gegner Roms gegenüber, Perseus von Makedonien, wohlwollend neutral zu einer Zeit, da dessen Niederlage im Jahre 168 v. Chr. unmittelbar bevorstand. Es war der aufrichtige Marcus Portius Cato, der die Rhodier vor einem römischen Rachefeldzug rettet. Die Gegner Roms im Rat von Rhodos werden unbarmherzig verfolgt. Der vernichtende Schlag gegen den Welthandel von Rhodos sollte die Insel ein Jahr später treffen: das kleine Eiland Delos wurde 166 v. Chr. durch Rom zum Zoll-Freihafen erklärt, in dem weder Hafengebühren noch Zölle erhoben wurden. Die Zolleinnahmen von Rhodos gehen von 1000000 Drachmen auf 150000 zurück. Immer seltener findet man danach Gebrauchsgefäße mit dem Stempel ›Rhodos‹.

Wirtschaftlicher Niedergang und kultureller Verfall verlaufen in der Geschichte nicht immer parallel! Nur langsam sinkt der Stern von Rhodos. Philosophie und bildende Künste blühen weiter bis zur frühen Kaiserzeit im ersten Jahrhundert n. Chr. Wer im ersten Jahrhundert vor der Zeitenwende den letzten Schliff an seine Redekunst legen wollte, erörterte Feinheiten des Redeaufbaues und der Ausdruckskunst bei Apollonios. Die Philosophen- und Rednerschule von Rhodos zog viele bedeutende Männer an: Cassius, Cato, Cicero, Brutus, Caesar, Pompeius und T. Lucretius Carus. Bei dieser Gelegenheit hat der schnellentschlossene Caesar so nebenbei in die Verwaltung Kleinasiens eingegriffen und einen Strauß mit frechen Seeräubern ausgefochten. Pompeius soll jedem Rednerphilosophen

Die Insel Rhodos. Historische Karte um 1600

(Sophisten) ein Talent geschenkt haben. Natürlich hörte man auch den berühmten Poseidonios, den Schüler des aus rhodischem Adel von Líndos stammenden und in Athen lehrenden Panaitios. Poseidonios (135–51/50 v. Chr.) aus Apameia am Orentes ist wohl der bedeutendste Gelehrte, der auf Rhodos lehrte. Er ist ein aufgeschlossener Reisender im gesamten Mittelmeerraum und interessiert sich ebenso für spanische Silberbergwerke wie für die Affenherden Nordafrikas. Er hat über den römischen Feldherren Pompeius eine große Monographie geschrieben, die leider nur in Auszügen bei Athenaios und anderen Zeitgenossen erhalten ist. Als der eitle Cicero Ähnliches für sich erbittet, lehnt Poseidonios mit feiner Ironie ab: die staatsmännischen Leistungen Ciceros seien zu groß, um sie beschreiben zu können!

Rhodos ist freilich im Schatten Roms nicht mehr die friedliebende Herrin des Meeres mit einer eigenständigen Politik. Noch war im Volk die Erinnerung an die ruhmvolle Standhaftigkeit gegen Demetrios lebendig, aber die Stadt ist zu schwach, sich länger selbst zu schützen: der Caesarmörder Cassius raubt im Jahre 42 v. Chr. alles was nicht niet- und nagelfest war aus der Stadt. Er zieht ab mit der ungeheuren Summe von 8500 Talenten – ein Zeichen, wie reich Rhodos damals noch war.

Auch in der Kaiserzeit (ab 31 v. Chr.) ist man stolz, eine Statue mit ursprünglicher Inschrift auf Rhodos zu besitzen, nicht etwa nur eine ältere Statue, in der ein neuer Name eingeritzt war. Man fand es wichtig, über dieses Thema lange Reden zu halten. Der spätere Kaiser Tiberius lebte dort (6 v. Chr. bis 2 n. Chr.) in freiwilliger Verbannung. Der gefürchtete Nero hat im Jahre 53 n. Chr. noch vor seiner Kaiserzeit als rednerisches Bravourstück die ›Freiheit‹ von Rhodos verteidigt; er wollte selbst dort als Privatmann leben. 155 n. Chr. preist nach einem gewaltigen Erdbeben eine Rede die Schönheit und Pracht der Stadt, die schwer gelitten hat. Seitdem hört man immer weniger von der Insel des Helios. Das Christentum hat nach den Besuchen des Apostels Paulus (Apostelgeschichte 21, 1) bald auf der Insel festen Fuß gefaßt, wie Baptisterien und Inschriften beweisen. Die Gottesmutter, die Panagia, nimmt den Platz der Athena Lindia ein, der Prophet Elias tritt auf den Bergen die Nachfolge des Apollon und Helios an. Friedlich, fast idyllisch ohne Märtyrer und Glaubensheroen dämmern Stadt und Insel hinüber ins christliche Byzanz als Hauptstadt der ›Provincia Insularum‹.

Als ob das ewig Menschliche den Haß der Religionen auf Rhodos besiegt hätte, besingt einer der letzten heidnischen Priester der Athena auf Líndos seine Ölbaumpflanzung, das Symbol des Mittelmeerraumes:

... Das ist das blühende Heim, drinnen Athena verweilt.
Diesen herrlichen Tempel hat Aglochartos, der Priester,
aus seinem eignen Besitz Pallas Athene geweiht.
Besser als Keleus und mehr als Ikarios hat er dem heiligen
Ölbaum im Erdenbereich ringsum Verbreitung gebracht.

(Anthologia Graeca XV. 11. Übersetzung Beckby)

An den Grenzen Ostroms

Im 4. Jahrhundert teilt sich langsam das riesige römische Reich: in der überwiegend lateinisch sprechenden Westhälfte mit Italien als Kernland setzt die Völkerwanderung dem Kaisertum ein Ende. Rhodos gehört zur Osthälfte des Reiches mit dem 328 neugegründeten Konstantinopel, dem alten Byzantion, als Kaisersitz. Hier im Ostreich spürt man die Völkerwanderung nur als fernes Beben. Ganz verschont bleibt Rhodos davon nicht. Nach einer glaubwürdigen Quelle sollen die Vandalen nicht nur Rom, sondern auch Rhodos geplündert haben. Auch die wilden Isaurier, die im 5. Jahrhundert die Hauptstadt Konstantinopel unsicher machen, suchen im Jahre 470 die Insel heim, doch werden sie vom dort stationierten byzantinischen Militär aufgerieben. Im Streit um die Bilderverehrung im 8. Jahrhundert steht Metropolit Leon von Rhodos auf seiten der Bilderstürmer (Ikonoklasten), bis er im zweiten Konzil von Nikaia 787 widerruft. Natürlich sind auch in der Chronik die Erdbeben der Jahre 345, 503 und vor allem 515 verzeichnet, Ereignisse, die leider bis heute zum natürlichen Schicksal der Insel gehören. Anno 385 beklagen sich die Rhodier beim Kaiser Theodosios I., daß sie weite, gefährliche Reisen zum zuständigen Gouverneur und Richter machen müssen, der offenbar nicht gerne auf der Insel mit seinem Stab Wohnung nimmt. Ähnliche Klagen wiederholen sich im 6. Jahrhundert. Nach dem kaiserlichen Willen sollen die Richter abwechselnd in den fünf bedeutendsten Städten (urbes) der Südwestküste Kleinasiens residieren.

So vermitteln die schriftlichen Quellen zwar insgesamt den Eindruck, als sei die Insel vor den Arabereinfällen ein unbedeutendes Eiland gewesen, die Bodenfunde zeigen uns ein anderes Bild: die Grundmauern und Fußböden der beachtlich großen Basiliken sind hier zu nennen, sogar eine ganze, noch nicht archäologisch untersuchte Siedlung im Süden der Insel. Nur volkreiche Gemeinden konnten solche Basiliken errichten.

In der Mitte des 7. Jahrhunderts wurden innerhalb weniger Jahre die arabischen Wüstensöhne ein Erobervolk zur See – ein erstaunliches, historisch noch immer nicht restlos geklärtes Phänomen. Rhodos wird in den Verwaltungsbezirk (sog. Thema) Kibyrhaioton eingegliedert mit der Hauptstadt Attaleia an der Südküste Kleinasiens. Die Insel ist fortan mit Zypern Außenposten im Seekrieg gegen den Islam. In dieser Zeit werden die erwähnten Basiliken zerstört und die z. T. bis heute erhaltenen Fluchtkirchen weiter von der Küste weg errichtet.

Zwei Jahre vor ihrem glänzenden Seesieg (Schlacht der Masten) gilt einer der ersten Eroberungszüge der Araber Rhodos. Damals erst wurden die Trümmer des Kolosses auf Schiffen nach Syrien verladen und von einem Juden (so der byzantinische Chronist Theophanes) auf neunzig Kamelen weitertransportiert. Vor dem großen Zangenangriff der Araber zu Land und zu Wasser im Jahre 717 war geplant, Rhodos zum Sammelplatz der byzantinischen Flotte gegen die Araber zu machen. Doch eine Revolte gegen den Kaiser hat diesen wohldurchdachten Plan zunichte gemacht. Dann hören wir fast ein Jahrhundert lang nichts von Rhodos, wohl weil die Stoßkraft der Araber zur See nachließ. Zudem war die Insel von den Byzantinern gut bewacht. Für das Jahr 808 berichtet der griechische Chronist Theophanes vom berühmten Kalifen Harun al Raschid: »Er stach in See und verheerte die

Insel Rhodos, konnte jedoch die Festung (d. h. die Stadt Rhodos) nicht einnehmen.« Trotz aller Erdbeben und Feindeinfälle bleibt also wie in der Antike die Festung Rhodos ein unbezwingbares Bollwerk. Sie ist zudem Schiffsarsenal im Kampf gegen den Islam – wieder eine Fortsetzung antiker Verhältnisse. Der arabische Geograph Masudi schreibt im 10. Jahrhundert: »Die Insel Rhodos ist eine Schiffswerft der Byzantiner, wo man die Kriegsschiffe baut. Dort halten sich viele Byzantiner auf, deren Schiffe bis Alexandreia und andere Städte Ägyptens gelangen. Sie greifen diese an und machen Gefangene.« In dieser Zeit stand das byzantinische Reich auf der Höhe seiner Macht.

Mit der Eroberung Palästinas im Verlaufe des ersten Kreuzzuges (1096–1099) wird Rhodos wieder wie in der Antike Zwischenstation zum Osten. Jetzt freilich ist Rhodos ein passives Territorium, nicht wie in der Antike eine selbstentscheidende Seemacht. Byzanz kann sich auf der Insel nur mit Mühe behaupten. Seldschuken halten jahrelang die Insel besetzt. 1099 wird die Insel von den Pisanern verwüstet. Viele Kreuzritter und Pilger – Könige, Ritter und einfaches Volk – machen hier auf ihrer Seereise halt. Der byzantinische Kaiser Manuel hat auf der Insel Mitte des 12. Jahrhunderts lateinische Ritter als Söldner angeworben. Nur wenige byzantinische Gouverneure (Archonten) sind namentlich bekannt. Die Lage der Bevölkerung bleibt durch den Verlust aller byzantinischer Urkunden auf Rhodos ganz im dunkeln. Das Bild der Stadt selbst ist nach der Schilderung der Kreuzfahrer von klassischen Bauwerken geprägt. Venedig besitzt auf Rhodos eine steuerfreie Handelsniederlassung. Vielleicht ist dadurch erklärt, daß die Venezianer im Jahre 1125 bei ihrer siegreichen Rückkehr aus dem Heiligen Land so schnell in die Stadt eindringen können. Sie führen Frauen und Kinder weg und rauben die Stadt aus. Christliches Venedig! Es war die Rache dafür, daß Rhodos Venedig die Verproviantierung verweigert hat.

Im 13. und 14. Jahrhundert steht Rhodos, wie der gesamte östliche Mittelmeerraum im Spannungsfeld der großen Seemächte Genua und Venedig. Die fragwürdige ›Eroberung‹ Konstantinopels 1204 durch die lateinischen Kreuzfahrer unter der Führung Venedigs hat es einem gewissen Leon Gabalas aus einer vornehmen byzantinischen Familie ermöglicht, auf der Insel eine selbständige Herrschaft zu errichten. Er prägt eigene Münzen. Doch die Herrschaft wird ihm vom aufstrebenden Staat von Nikaia streitig gemacht. Er begibt sich 1234 vertraglich unter den Schutz Venedigs, dem er fortan Steuern zahlen will. Dieser Machtzuwachs ruft die Genuesen auf den Plan: 1248 dringen die Genuesen ›heimlich bei Nacht‹ in die Stadt ein. Mehr sagt die griechische Quelle nicht. Ein Jahr lang können sich die Genuesen halten. Dann ziehen sie sich vor der byzantinischen Flottenübermacht ehrenvoll zurück. Doch der schwache byzantinische Kleinstaat, ab 1261 wieder mit Konstantinopel als Hauptstadt, kann die Insel nicht behaupten, auch wenn sie der Eigenverwaltung von Mitgliedern des regierenden Kaiserhauses der Palaiologen nominell unterstellt wird. Man überträgt die Insel als Lehen genuesischen Freibeutern, den Brüdern Moresco und ihrem Onkel Vignolo de' Vignoli. Sie betrachten die Insel als ihr frei verfügbares Eigentum, auch wenn in den Burgen noch kaiserliche Truppen liegen.

Hafen des mittelalterlichen Rhodos ▷

Das weiße Kreuz der Ritter über der Insel

Der Fall der letzten Kreuzfahrerfestung in Syrien, Akkon, im Jahre 1291 wird fünfzehn Jahre danach schicksalhaft auch für Rhodos: die großen Kreuzritterorden, die Templer und die Hospitaliter des Johanneshospitals, deshalb auch Johanniter genannt, waren heimatlos geworden, die christlichen Herrscher in Frankreich, Spanien und Zypern schielten auf die ausgedehnten Besitzungen der Ritter. Den Templern wurde diese Habsucht der Großen in rechtswidrigen Schauprozessen zum Verderben. Die Ritter des Hospitals mit dem weißen Kreuz – Symbol des Friedens – auf rotem Grund als Mahnung an den Krieg hingegen fanden nach erniedrigenden, sorgenvollen Jahren auf Zypern eine neue Heimat auf Rhodos, ein neues Zentrum der nach mönchischen Regeln lebenden Ritter für ihre zwei ursprünglichen Aufgaben: die Krankenpflege und den Kampf gegen die Ungläubigen. Die Eroberung der unter christlich-byzantinischer Herrschaft stehenden Insel war freilich ein Gewaltakt, begangen von Christen gegen Mitchristen, wenn diese Christen auch ›griechische Schismatiker‹ waren.

Die Theoretiker der Kreuzzüge hielten die Eroberung der Insel als Stützpunkt für unumgänglich. Papst Clemens V. bestätigt und befürwortet noch vor der Eroberung am 5. 10.

Stadt Rhodos. Historischer Plan von 1572

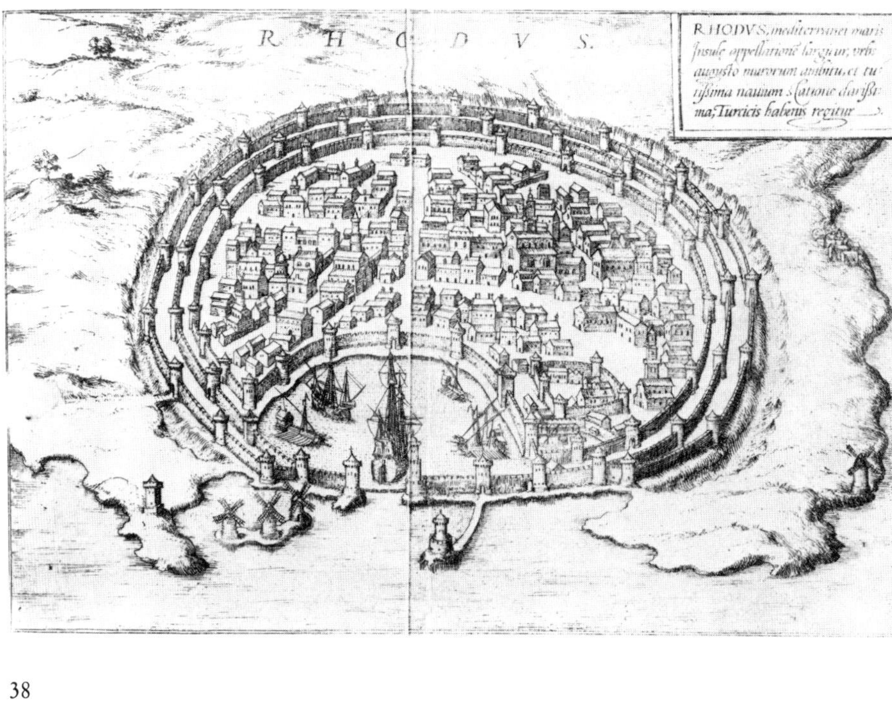

1307 das Vorgehen der Hospitaliter, »... die Insel Rhodos, die unter dem Joch der Ungläubigkeit der schismatischen Griechen schmachtet, mit Gottes Beistand zu erwerben«. Der Genuese Vignolo hatte zusammen mit seinen Verwandten, den Brüdern Moresco, die Insel Rhodos vom byzantinischen Kaiser zu Lehen bekommen. Er maßt sich am 27. 5. 1307 in einer Geheimkonferenz in Limassol auf Zypern in Beisein eines Florentiner Notars an, die Rechte und Einkünfte auf Rhodos, Kos und Leros mit den Vertretern der Hospitaliter aufzuteilen. Doch es sollte zwei Jahre dauern, bis die ganze Insel von nur 35 Rittern und Söldnern erobert war. Zuerst fällt die baufällige Festung Féraklos, dann die Festung Filérimos, deren dreihundert Mann starke Besatzung türkischer Söldner niedergemacht wird. Das schwache Byzanz rafft sich auf, acht Galeeren zu entsenden und den Belagerungsring um Rhodos zu durchbrechen. Um das Leben eines ihrer durch Zufall gefangenen Kapitäns zu retten, handelt man eine ehrenvolle Kapitulation aus: Leben und Eigentum der Rhodier sollen unangetastet bleiben.

Moderne Kenner der Ordensgeschichte (Luttrell) schätzen die Zahl der auf Rhodos lebenden Griechen auf nur zehntausend, gegenüber fünfhundert Rittern und tausend Söldnern. (Im Vergleich zur antiken Bevölkerung, die auf insgesamt rund 60000 Einwohner geschätzt wird, ist die Einwohnerzahl während des Mittelalters sehr gering.) Es waren Italiener, Spanier, wenige Deutsche und Engländer, vor allem aber Ritter aus Frankreich, die im stark befestigten Kastell (kollachium), teilweise in den Herbergen (auberge) ihrer ›Nationen‹ in der Ritterstraße (Odhos Ippoton), die einer antiken Trasse folgt, wohnten, teilweise in eigenen Häusern. In der durch starke Mauern vom Kastell getrennten eigentlichen Stadt (borgo) lebten Lateiner und Griechen vermischt, nur ein eigenes Judenviertel im Süden innerhalb der Stadtmauern ist erkennbar.

Die Beziehungen zwischen Lateinern und Griechen sind gut: gegen die Türken ficht man Seite an Seite, griechische Mönche zeichnen sich durch besondere Tapferkeit aus. Vor dem letzten Ansturm der Türken 1522 predigen der lateinische und der griechische Metropolit gemeinsam den Kreuzzug. Im Pestjahr 1498 zählt der griechische Dichter Manuel Georgilas die Ritter (phrerides) und die ›Franken‹ zur Gesamtbevölkerung, die gemeinsam unter der Pestkatastrophe leidet. Kirchenvermögen und Klöster verbleiben der griechischen Kirche. Nur der griechische Bischofspalast mit seiner Bäckerei und Badeeinrichtung und die griechische Metropolitankirche gehen auf den lateinischen Erzbischof über, der sich offiziell ›Archiepiscopus Colossensis‹ nennt. Leider scheitern die Unionsbemühungen zwischen den beiden Kirchen auf Rhodos. Ein Wandel in der Besteuerung beim Übergang von der byzantinischen Verwaltung zu der Verwaltung der Kreuzritter fand nicht statt; ebensowenig ist über die Auswirkung der im 14. Jahrhundert bezeugten ›servitio marina‹, einer Verpflichtung zur Dienstleistung auf den Schiffen der Ritter, bekannt. Den Hafen bevölkern Schiffe aus Venedig, Genua, Florenz, Sizilien und aus der Provence. Die Schiffe aus Narbonne und Montpellier genossen besondere Privilegien. Die Ritter sind am Handel mit Tuch, Luxusgütern und Zucker beteiligt. Auf Rhodos selbst werden Zucker und Tuch produziert. Auffallend ist, daß Wein aus Kreta, Nüsse und Öl aus Süditalien und Weizen von der kleinasiatischen Küste importiert werden, wie aus den Aufzeichnungen eines Florentiner Agenten, Francesco

A
1
6
2
5
5
3
7
4
8
B
10
9
11
22
12
23
24
C
14
13
D

Die mittelalterliche Stadt Rhodos. Plan von Albert Gabriel von 1921/23. Die Buchstaben A–K und die Nummern 1–24 beziehen sich auf die historischen Gebäude in der heutigen Altstadt (Ritterstadt), vgl. Plan in der hinteren Umschlagklappe

Pegolotti aus der ersten Hälfte des 14. Jahrhunderts, hervorgeht. Offenbar reichte die landwirtschaftliche Produktion auf Rhodos zur Selbstversorgung bei weitem nicht aus, wahrscheinlich durch Mangel an Arbeitskräften, den die Ritter durch Kolonisten aus dem Westen auszugleichen suchten. Die einheimische Bevölkerung konnte von der regen Bautätigkeit der Ritter nur profitieren beim Ausbau der Stadt und beim Bau mehrerer, über die Insel verstreuter Kastelle.

Die Ritter boten fast als einzige aktive Vertreter des Kampfes gegen den Islam im Mittelmeerraum der einheimischen Bevölkerung zweihundert Jahre lang Schutz und Sicherheit. Die Ritter waren ein lästiger ›Pfahl im Fleisch‹ des osmanischen Reiches, der erst in drei Anläufen unter schweren Verlusten und ungeheurem militärischen Aufwand überwältigt werden konnte. Die beiden Belagerungen von Rhodos vom Mai bis Juli 1480 und Juli bis Dezember 1522 sind in die Weltgeschichte der Kriegstechnik eingegangen. Eine ägyptische Flotte bedrohte ab August 1444 vierzig Tage lang die Stadt.

Es war vorauszusehen, daß der Eroberer Konstantinopels im Jahre 1453, Sultan Mehmed II., zum Sturm auf Rhodos rüsten würde. Tributforderungen des Sultans hatten die Ritter abgelehnt. Am 23. 5. 1480 tauchte die über fünfzig Schiffe starke osmanische Flotte vor Rhodos auf. Nach (sicherlich übertriebenen) griechischen Schätzungen standen 70 000 Osmanen 600 Ritter und 3000 bis 4000 Söldner gegenüber. Mehrere Quellen schildern die fortgeschrittene Kanonentechnik mit ungeheuren Kugeln von etwa zwei Meter Umfang (nach Berechnungen Bradfords), das nervenzermürbende Bombardement – schon damals saßen Frauen und Kinder in Schutzkellern, den Todesmut des Ordensgroßmeisters d'Aubusson, der trotz einer Pfeilwunde die Türken vom zerstörten Turm der Italiener (Südosten der Stadt nahe am Meer) vertreibt. Elf Tage nach dem letzten Sturmangriff segelt die osmanische Flotte ab.

Eine letzte Frist von 42 Jahren ist den Rittern noch auf Rhodos vergönnt, genutzt durch intensive Bautätigkeit zur Verstärkung der Befestigung. Am 24. Juni 1522 tauchen vor Rhodos 400 Schiffe auf, andere Quellen sprechen sogar von 700. Sultan Süleiman ist selbst zugegen. 60 000 Osmanen stehen ungefähr 7500 Verteidiger gegenüber, darunter 600 Ritter (Zahlen nach Schätzungen Luttrells). Wieder, wie 1480, entbrennt ein mörderischer Kampf um die Mauer, ein Kampf der Militärtechnik mit Bombardements, mit unterirdisch verlegten Minen und Gegenminen.

Ende Dezember 1522 sind beide Parteien erschöpft. Der Großmeister l'Isle Adam handelt in einer fast freundschaftlichen Atmosphäre mit dem Sultan eine ehrenvolle Kapitulation aus. Am 1. 1. 1523 segeln die Ritter auf drei Galeeren einer ruhmvollen Zukunft auf Malta entgegen, das der deutsche Kaiser Karl V. dem Orden verleiht. Diese Festung werden die Osmanen nie erobern!

Türkische Belagerung der Stadt Rhodos unter Suleiman dem Großen im Jahre 1480. Rechts unten Mandraki-Hafen; außerhalb der Stadtmauern, dort wo das türkische Heerlager aufgebaut ist, befindet sich heute die Neustadt von Rhodos ▷

Vierhundert Jahre im Zeichen des Halbmondes

In der Geschichtsbetrachtung sind kurze Vergleiche oft lehrreich, um das Zeitgefühl zu schärfen: Rhodos ist Glied des gewaltigen osmanischen Reiches von der Reformationszeit bis kurz vor dem Ersten Weltkrieg. Wie unter den beiden anderen Großreichen, den Imperien der Römer und der Byzantiner, verspürt man auf der Insel nur wenig von den großen Schlachten und Veränderungen, die sich im Reich und im Westen des Mittelmeerraumes abspielen: Die schwere Niederlage der osmanischen Flotte bei Lepanto gegen die Heilige Liga, Venedig, Spanien und den Papst (1571), verleitete auch die Rhodier dazu, eine Verschwörung anzuzetteln. Die einzige Quelle, das Geheimarchiv von Venedig, berichtet nur von der Pfählung des Metropoliten und zweier anderer Vornehmer. Die näheren Umstände bleiben im dunkeln. Fünf Jahre später wollten Kreter zusammen mit den Griechen, dem Metropoliten an der Spitze, die nur knapp tausend Mann starke türkische Besatzung des Kastron zur Gebetsstunde am Freitag überwältigen. Die Sache wurde entdeckt, der Metropolit und andere Mitwisser wurden gepfählt.

Rhodos ist Arsenal und Flottenbasis im 25jährigen Ringen zwischen dem osmanischen Reich und Venedig um die Herrschaft auf Kreta (1646–1669). 1799 sammelt sich die osmanische Flotte auf Rhodos während des Ägyptenfeldzugs Napoleons. Mit der Teilnahme an den antiosmanischen Revolten hatten die Rhodier nie Glück: sechs Jahre nach der Gründung des großen griechischen Geheimbundes (philike hetaireia) wird 1820 die Teilnahme vornehmer, teilweise namentlich bekannter Rhodier, der Metropolit Agapios an ihrer Spitze, verraten. Sie werden verhaftet, von Hinrichtungen ist nichts bekannt; doch ergreift die Regierung in Istanbul Gegenmaßnahmen. 1826 wird ein hünenhafter Konvertierter aus der Maina, Sukiur Bey, Verwalter von Rhodos. Er hat die Insel fest in der Hand und hilft mit, die revoltierenden Nachbarinseln zu unterwerfen. So bleibt Rhodos mit internationalen Garantien bis 1912, als wieder einmal die Weltgeschichte Rhodos berührt, unter der Herrschaft des ›Kranken Manns am Bosporus‹. Die Reformen des 19. Jahrhunderts brachten Rhodos im Schulwesen und in der Selbstverwaltung in noch größerem Umfang Privilegien als in früheren Jahrhunderten.

Schmachtete die überwiegend griechisch-orthodoxe Bevölkerung in diesen vierhundert Jahren unter ›dem türkischen Joch‹? In dieser langen Zeit mit historischen Wandlungen gibt es gewiß negative Erscheinungen. Gerade europäische Besucher des 19. Jahrhunderts, für die Rhodos unter stumpfer Barbarei und Unterdrückung leben muß, haben diese negativen Punkte gebührend herausgestellt. Rhodos ist leblos, der Hafen öde, die Wälder sind abgeholzt, es gibt keine Landstraßen, die Christen müssen nach Sonnenuntergang nach Verhallen eines Kanonenschusses die ummauerte Stadt, das Kastron, verlassen. Die Insel wird von den osmanischen Beamten ausgesogen, alle Gelder fließen nach Istanbul. Nur im Judenviertel herrscht heiteres, etwas ungeordnetes Leben. Der Eindruck einer leblosen Stadt ist wohl nur zu einem geringen Teil der öfter in den Reisebeschreibungen erwähnten Stumpfheit der Osmanen anzulasten: der Geograph Fitzner hat am Anfang dieses Jahrhunderts in einer viel zu wenig beachteten Studie gezeigt, daß die direkten Küstendampferlinien Rhodos als Tran-

Rhodos zur Türkenzeit

sit- und Umschlaghafen überflüssig machten. »Nur in den beiden Artikeln Kaffee und Zucker hat Rhodos inzwischen wieder einen regen Durchgangsverkehr zu gewinnen vermocht.«

Kaufleute von Líndos machen in der Ägäis ausgedehnte Reisen (nach Dapper, 1703). Der Niedergang von Líndos muß erst im 18. Jahrhundert eingesetzt haben. Auf Rhodos haben die Venezianer schon fünfundzwanzig Jahre nach der osmanischen Eroberung wieder eine Handelsniederlassung (Belon, 1553). Rhodos ist Umschlagplatz von Citrusfrüchten, Getreide, Gemüse, Gewürzen und Medikamenten (Stodove, 1689).

Die im osmanischen Reich außergewöhnliche Anordnung, daß die Griechen nach Sonnenuntergang das Kastell verlassen müssen, ist erst durch Francisco Piacenza 1688 verläßlich bezeugt. Kurz vorher schenkt dieser Maßnahme der islamische Weltreisende Evliya Çelebí 1671 noch keine Beachtung. Nach ihm sind von vierundzwanzig Stadtteilen vier von Griechen und zwei von Juden bewohnt. Es gibt sechsunddreißig Moscheen. Die Maßnahme ist leicht aus den mindestens vier Versuchen der Lösung vom osmanischen Reich bis zum Ende des 17. Jahrhunderts erklärlich. Die Tatsache, gegenüber den Griechen stark in der Minderheit zu sein, war für die Osmanen zudem beunruhigend. Bereits in der Volkszählung unter Süleiman nach 1522 zählten Kos und Rhodos 1121 muselmanische Familien gegenüber 5191 christlichen. Seither läßt sich ein steter Aufwärtstrend verfolgen bis zur einigermaßen gesicherten Statistik 1890 (Statistik Cuignets): 6825 Muselmanen stehen 20250 griechische Orthodoxen und 1513 Juden gegenüber. Es wäre also oberflächlich, aus dem allabendlichen ›Auszug‹ der Griechen aus der Stadt ein schlechtes Verhältnis zwischen beiden Bevölkerungsgruppen herauszulesen. Der griechische Regionalhistoriker Papachristopulu, dem wir den bisher besten Überblick über die moderne Geschichte von Rhodos verdanken (1972), sieht zwar auch die Türkenzeit auf Rhodos als eine Zeit der Unterdrückung. Doch für das 19. Jahrhundert konstatiert auch er: »Die Türken sind milde – wenigstens die Einheimischen – und arbeiten friedlich mit den Christen zusammen. Das betonen auch die verschiedenen Reisenden, die die Insel besuchen. Daran erinnern sich auch unsere alten Leute, die die türkische Verwaltung in ihrer letzten Phase noch miterlebten.«

Die fast ausschließlich aus Spanien eingewanderten jüdischen Einwohner sind als Händler, aber auch als Handwerker und Lastenträger tätig. Das flache Land, ebenso wie die Vorstädte von Rhodos, bleibt seit der osmanischen Besetzung fast vollständig in der Hand der griechischen Bevölkerung, die in schmucken Bauernhäusern mit Blumen und Gärten (Sonnini, 1778) oder einstöckigen Vorstadthäusern mit Wohnhöfen lebt. Die Muselmanen sind fast ganz auf die Stadt konzentriert, doch gibt es noch im 20. Jahrhundert türkische Dörfer (Karte in Encyclopädia Italiana). Türkische Großgrundbesitzer sind nicht greifbar. Alles spricht dafür, daß es der griechischen Bevölkerung gut ging: die teilweise hervorragenden Fresken der Dorfkirchen aus der Türkenzeit sprechen für sich.

In Kleidung, Volksmusik, Erzähltradition und Volkskunst entwickelt sich durch den engen Kontakt mit den Türken eine reizvolle Mischkultur. Wie im übrigen osmanischen Reich wird den Griechen des christlich-orthodoxen Bekenntnisses wie den Juden als eigenständigen religiösen Gruppen (millet) weitgehende Selbstverwaltung zugestanden. Sie besitzen als ›Schutzbefohlene‹ (ḏimmi) weniger Rechte als die Muslim: jeder arbeitsfähige Andersgläubige muß eine Kopfsteuer (ḫarağ, ğizya) zahlen, er darf keine Waffen tragen und keine muslimische Frau heiraten. Diese Selbstverwaltung auf Rhodos ist erst quellenmäßig für das 19. Jahrhundert voll greifbar, geht aber sicher in den Grundzügen bis ins 16. Jahrhundert zurück: ein griechischer ›Senat‹ (Demogerontia), aus zwölf angesehenen Bürgern bestehend, ist in der Hauptstadt Rhodos für privatrechtliche und religiöse Streitigkeiten, für das Schulwesen und für die Eintreibung der Steuern verantwortlich. Nur Fälle, die türkische Belange betrafen, einschließlich der Kriminaldelikte, hatte der türkische Kadi zu entscheiden. An der Spitze des ›Senats‹ stand der Metropolit von Rhodos als Haupt der völkischen und religiösen Gemeinschaft (Ethnarch) mit dem Titel ›Exarch sämtlicher Kykladeninseln‹ – ein Titel noch aus byzantinischer Zeit. Er macht einmal jährlich in Begleitung von türkischen Amtsbütteln mit Schwert und Tracht seine Runde durch die Dörfer von Rhodos, deren Vorsteher für eine ehrenvolle Aufnahme des Oberhauptes sorgen.

Bei der Kapitulation vom 21. Dezember 1522 wird u. a. ausdrücklich vertraglich vereinbart: »Janitscharen dürfen unter den Söhnen der Rhodesier nie ausgehoben werden. Die Ausübung des christlichen Gottesdienstes ist nach wie vor gestattet; es dürfen neue Kirchen erbaut und alte wieder hergestellt werden.« Rhodos ist also von der berüchtigten ›Knabenlese‹ ausgenommen, nach der ein Fünftel der männlichen Jugend in das Eliteregiment der Janitscharen eingereiht wird. »Die Steuern auf der Dodekanes sind gering an Zahl. Sie werden pauschal für die Moscheen, Armenhäuser und Koranschulen gezahlt.« So urteilt Vakalopulos in seiner neugriechischen Geschichte des griechischen Volkes (II, 1; S. 300). Gerade diese Pauschalisierung macht es unmöglich, den Steuerdruck auf die Bevölkerung

Von den Türken umgestaltete Ritterhäuser

aus wenigen bisher bekannten absoluten Zahlen herauszulesen (1755: 345 881 Aspern; 1880: 1 340 000 türkische Piaster).

Andere Indizien müssen ein Licht auf die Lage der Bevölkerung werfen. Die sprichwörtliche Bestechlichkeit und Geldgier der osmanischen Beamten machten auch auf Rhodos keine Ausnahme. Mehrere Sultanserlasse des 17. bis 19. Jahrhunderts müssen die Kadis und Beys ermahnen, keine überhöhten Steuern einzutreiben und die Privilegien zu wahren. So ordnet z. B. Mehmed IV. 1652 für die Nachbarinsel Sými an, deren Archiv eine Reihe von Urkunden bewahrt hat: »Deshalb bestimme ich, daß diese armen Untertanen nicht belästigt werden und kein Beamter einen Pfennig mehr nimmt als in den alten Gesetzen vorgeschrieben ist.« (nach Booth, Italy's Possessions, S. 202)

Die vierhundert Jahre Türkenherrschaft auf Rhodos weisen also mehr positive Züge auf, als der erste Anschein vermuten läßt. Für die Griechen war trotzdem die osmanische Verwaltung eine Fremdherrschaft, vor allem, als die nach 1896 aus Kreta geflüchteten, griechisch-feindlichen Türken neue Spannungen auf der Insel verursachten.

Das 20. Jahrhundert

Für Italiens späte Kolonialpläne in Nordafrika war Rhodos notwendiger militärischer Stützpunkt. Im italienisch-türkischen Krieg (29. 9. 1911 bis 18. 10. 1912) erscheint am 4. Mai 1912 eine italienische Kriegsflotte von zweiundvierzig Schiffen und beschießt am Morgen die ahnungslose Stadt. Die Bevölkerung wird von Panik erfaßt. Am Mittag wird die weiße Flagge gehißt. Elf Tage später war es für die 15 000 Italiener ein leichtes, den Widerstand der schlecht ausgerüsteten 1300 Mann starken türkischen Armee zu brechen. Die begeisterte griechische Bevölkerung unterstützt die Invasionstruppen. Die italienischen Militärs versprechen den Vertretern der ›griechischen Gemeinde‹ (hellenike koinotes) von Rhodos baldige Autonomie. Doch nichts geschieht. Als ›Pfand‹ behält Italien die Dodekanes, da die Türkei den Vertrag von Lausanne (Ouchy) vom 18. 10. 1912 nicht befolgt und Tripolis herausgibt. Steuererleichterungen, Einführung technischen Fortschritts durch Flug- und Telegraphenlinien können die politische Enttäuschung der Griechen nicht besänftigen, die von der Geistlichkeit zum Widerstand aufgerufen wird, allen voran vom Metropoliten Apostolos. Die italienische Besatzung reagiert nervös und hart, als die Menge bei der Prozession am 7. 4. 1919 die griechische Nationalhymne und patriotische Lieder singt. Der Tod des Papás Lúkas und der Anthúla Zerwós erregt weltweites Aufsehen. Das über ein Jahrzehnt lange Tauziehen zwischen Italien, Griechenland und der Türkei, von den Großmächten aufmerksam beobachtet, endet mit dem Vertrag von Lausanne vom 24. 7. 1923.

Im Artikel 15 heißt es: »Die Türkei verzichtet zugunsten Italiens auf alle Rechte und Titel über folgende Inseln: Astrapaleia, Rhodos, Chalki ...« (nach Booth, S. 191). Italien errichtet seine Herrschaft über die Ägäis (possedimento Italiano, le isole italiane dell'Egeo) – die zweite Phase der italienischen Besetzung von Rhodos, die erst mit der deutschen Besetzung 1943 endet. In dieser Phase – der Zeit des italienischen Faschismus – dachten sicher viele Griechen auf Rhodos wehmütig an die letzte Zeit der Osmanenherrschaft zurück! Das türkische Bevölkerungselement wird offensichtlich begünstigt; in der Zeit vor dem Zweiten Weltkrieg genießt auch die starke und aktive jüdische Minderheit Begünstigungen (scuole Israelitiche Italiane). Dagegen werden die Griechen zur Auswanderung ermuntert, was jedoch ohne Erfolg bleibt: der Anteil der orthodoxen Bevölkerung wächst von 1922 von 35% über 1936 (46,4%) auf 76,9% im Jahre 1947 (nach Kolodny II, S. 535). Die Assimilation der stark anwachsenden meist männlichen italienischen Bevölkerung (1936: 25% der Gesamtbevölkerung), die Landarbeiter, Händler, Verwaltungsbeamte und Militärs stellt, gelingt schlecht. Viele Erscheinungen im faschistischen Rhodos sind uns aus der Zeit des Nationalsozialismus nur allzu bekannt: Jugendorganisationen, Spitzelsystem, Zurückdrängung der kirchlichen Feste, dafür politische Veranstaltungen (Sabbato fascista). Ab 1936 wird das griechische Schulwesen radikal zurückgedrängt.

Freilich darf gerechterweise das italienische Regime nicht nur aus den Augen der griechischen Bevölkerungsmehrheit betrachtet werden. Die italienische Verwaltung hat mit ihren gezielten Maßnahmen den Grundstein zum modernen Rhodos gelegt: die italienischen Bauten – teilweise gewagte Rekonstruktionen mittelalterlicher Bauten von zweifelhaftem ästhetischen Wert – prägen heute noch das Städtebild. Der Ausbau des Straßennetzes wird begonnen, ebenso die Aufforstung der Wälder (vor 1936 nach Enciclopedia Italiana: 80000 Hektar Pinien-, Zypressen- und Zedernwald). 1934 sind bereits 60000 Gäste auf Rhodos zu verzeichnen – eine respektable Zahl, die schon an moderne Fremdenindustrie erinnert. Die meisten Museen, die unschätzbare Werte aus der Geschichte von Rhodos bewahren, gehen auf die italienische Zeit zurück. Ausgrabungen werden in großem Stil gefördert, aber auch die Inventarisierung der türkischen Bausubstanz wird nicht vernachlässigt.

Der Beginn des Zweiten Weltkrieges setzt allen diesen friedlichen Bemühungen ein Ende: schon 1940 sind von den Alliierten Angriffe auf Rhodos als möglicher deutscher Nachschubbasis geplant. 1941 werden vierzehn Luftangriffe gegen Tripolitanien und die Dodekanes geflogen. Am 15. 3. 1942 beschießen sechs Zerstörer italienische Basen auf Rhodos. Die Eroberung wird von den Alliierten geplant, aber nicht durchgeführt. Die jüdische Minderheit flieht bereits 1940, als Goebbels Rhodos besucht. 300 Juden erleiden auf der Fahrt nach Palästina Schiffbruch, 1200 Juden kommen im KZ ums Leben. Gleichzeitig wird die Internierung aller männlichen Griechen zwischen 20 und 60 Jahren angeordnet.

Nach dem Umsturz in Italien besetzen deutsche Truppen die Insel. Erst am 12. 10. 1943 kapitulieren nach Gefechten 40000 Italiener auf Rhodos. Die Insel wird äußerster südöstlicher Punkt der deutschen Kriegsstrategie. Freilich ist der Nachschub nicht mehr gesichert. Bittere Hungersnot zeichnet die Jahre 1944 und 1945. Die deutschen Truppen können beim Rückzug teilweise nicht abtransportiert werden, da die Verbindungswege zu unsicher geworden sind. Lawrence Durrell hat in ›Leuchtende Orangen‹ die Situation 1945 anschaulich beschrieben, als die Briten die Insel besetzen: »Ein öder verwüsteter Marktplatz, eine leere Moschee. Einige blaßgesichtige Zivilisten, die in Abfallkübeln nach Speiseresten wühlen. Die meisten Bewohner sind nach den Inseln Symi und Kassos geflüchtet, die Straßen menschenleer. Nur Militär und Trupps von hungrig umherschweifenden deutschen Gefangenen.« Nach einer britischen Übergangsregierung wird Rhodos zusammen mit den übrigen Inseln der Dodekanes am 31. 12. 1947 als Verwaltungsprovinz (Eparchie) Territorium des damals noch von Parteikämpfen geschüttelten griechischen Staates. Unter herzlicher Anteilnahme der Bevölkerung betreten König Paul und Königin Frederike am 7. 3. 1948 rhodischen Boden: die Geschichte des nationalgriechischen Rhodos hat begonnen.

Die Stadt erlebt einen enormen Bevölkerungsaufschwung durch Einwanderung von Inselgriechen, ein Aufschwung, der bereits in italienischer Zeit begonnen hat: 1947: 22344 Einwohner; 1961: 28119; 1971: 33100 (nach Kolodny II, S. 535). Die durch Kriegseinwirkung und Emigration stark dezimierte türkische Minderheit beträgt 1971 nur noch 8 % – ›ein bedürftiges anachronistisches Relikt‹ (Kolodny) aus vergangener Zeit, das nur wenig am Fremdenboom profitiert. Es sind meist kleine Händler und Handwerker. Über das türkische Element auf den Dörfern existiert leider keine neuere Untersuchung.

Der Fremdenverkehr der Insel (1966: 71101; 1971: 210399 Gäste), der in Griechenland die zweite Stelle hinter Athen einnimmt und bis 1981 noch vor Kreta stand, bestimmt heute mit seinen vielfältigen Erfordernissen das Bild der Insel. Hauptsächlich werden Keramik, Weberei, Stickerei und Souvenirs hergestellt. Der Absatz der landwirtschaftlichen Produkte ist durch die Hotels bestens gesichert. Die Bauwirtschaft erlebt mit der Errichtung unglaublich einfallsloser Betonhotels teilweise direkt an herrlichen Buchten, wie z. B. bei Faliráki, eine ungeahnte Blüte. Die Regionalplanung steht dadurch vor beinahe unlösbaren Aufgaben: Schutz der einzigartigen Landschaft, Bewahrung der reizvollen türkisch-griechischen Volkskultur vor allem im Süden der Insel. So sehr man sich durch Straßenbau eine wirtschaftliche Belebung der zurückgebliebenen Dörfer wünschen kann – innerhalb weniger Jahre wird hier durch den Fremdenverkehr lebendige Vergangenheit verschwinden.

Kunst auf Rhodos von der mykenischen bis zur byzantinischen Epoche

Ein abgerundetes Bild des künstlerischen Schaffens auf der Insel Rhodos vom minoischen Zeitalter bis zur byzantinischen Epoche ist nur schwierig darzustellen, da Rhodos fast all seiner Kunstwerke aus den einzelnen Epochen beraubt ist, die heute weit verstreut in den verschiedenen Museen und Privatsammlungen der ganzen Welt aufbewahrt werden.

Bereits in der Mitte des 19. Jahrhunderts klagten Rhodos-Reisende über horrende Preise bei Werken von minderwertiger Qualität, da internationale Kunsthändler alles aufgekauft und die Preise verdorben hätten. Karl Krumbacher z. B. berichtet aber auch darüber, daß selbst Architekturfragmente auf Rhodos kaum erhalten sind: »Um so merkwürdiger scheint es«, sagt Krumbacher, »daß heute fast jeder Überrest jener Epoche verschwunden ist ... doch bleibt das gänzliche Verschwinden selbst des Materials der Säulen und sonstigen Bruchstücke immerhin rätselhaft ... Auch von den Bewohnern selbst besitzt niemand wertvolle Altertümer in größerer Zahl ... doch verlangen (die Händler) übermäßige Preise. Die Zeit, wo man wirklich gute Sachen billig erstehen konnte, ist längst vorüber; die Nachrichten von den hohen Summen, die im Ausland zuweilen bezahlt werden, sind in die kleinsten Orte gedrungen und haben uns ... das Geschäft verdorben ...«[4]

Zu der Tatsache, daß viele rhodische Kunstwerke in der ganzen Welt verstreut sind, kommt hinzu, daß sie außerdem viel zu wenig veröffentlicht und wissenschaftlich ausgewertet sind; selbst jene Exponate, die sich in den rhodischen und griechischen Museen und Archiven befinden, sind nicht hinreichend publiziert. Erinnert man sich hingegen an Pindars Ausführungen in seiner 7. olympischen Ode (s. S. 13 f.) über die rhodischen Künstler und ihre Werke, die in der gesamten damaligen antiken Welt begehrt waren, dann wird man neugierig auf die Hinterlassenschaft der einst auf Rhodos wirkenden Künstler. Bruchstückhaft zeichnet sich besonders an den Beispielen der Keramik ein Bild der künstlerischen Entwicklung auf der Insel Rhodos ab.

Minoische und mykenische Epoche

Auch auf Rhodos begannen die ersten archäologischen Forschungen zur Zeit der großen Entdeckungen Heinrich Schliemanns. Salzmann und Biliottis waren auf Rhodos die Pioniere der Archäologie; sie leisteten in Kamíros und bei den außerhalb der antiken Stadt gelegenen Nekropolen von 1859 bis 1865 sowie später in Iálysos grundlegende archäologische Forschungsarbeiten.

Trotz der verhältnismäßig frühen archäologischen Aktivität auf Rhodos, die zu Beginn des 20. Jahrhunderts von den Dänen und später von den Italienern fortgesetzt wurde, ist die Insel auch nicht annähernd in ihren Konturen der Vor- und Frühgeschichte transparent geworden. So fehlen beispielsweise auf Rhodos noch gänzlich Funde aus dem Neolithikum – ein eher zufälliges Ergebnis, denn daß es auch auf Rhodos eine neolithische Bevölkerung gegeben hat, ist wahrscheinlich; dies bezeugen zumindest die neolithischen Funde auf den benachbarten Inseln des Dodekanes.

Die bereits in den Mythen angeklungene minoische Besiedlung konnte hingegen an einigen Stellen der Insel, z. B. in Triánda, während der minoischen Blüte der Neuen Paläste des 16. Jahrhunderts v. Chr., durch spärliche minoische Keramikfunde nachgewiesen werden. Offen bleibt hierbei die Frage, ob diese minoischen Spuren Kolonisationen mit Siedlungscharakter oder nur Handelsniederlassungen des minoischen Kreta waren; letzteres scheint wahrscheinlicher zu sein. In diesem Zusammenhang ist es besonders interessant, daß sich der ägyptische Name *Tnj* in den Ortsnamenslisten aus dem Totentempel Amenophis III. (1408–1372) wahrscheinlich auf Rhodos bezieht.

Reichhaltiger sind hingegen die mykenischen Funde, wenn auch bisher keine mit mächtigen Festungsmauern geschützte mykenische Burg aus der rhodischen Erde geborgen werden konnte. Die Mykener, damit sind hier die Achäer von der Peleponnes gemeint, scheinen seit dem Beginn des 15. Jahrhunderts v. Chr. mit Rhodos Kontakt gehabt zu haben, verdrängten möglicherweise um 1450 v. Chr. die Minoer und gründeten mit Achaia, Iálysos und Kamíros ihre wichtigsten rhodischen Kolonien, die von nicht geringer Bedeutung für den gesamten mykenischen Osthandel nach Zypern, Syrien und Ägypten waren.

Mykenische Siedlungen in Form von lockeren Streusiedlungen entdeckte man bisher nur vereinzelt auf Rhodos – selbstverständlich in den schon bei Homer überlieferten Städten Iálysos, Kamíros und Lindos, sonst nur noch in Triánda. Demgegenüber befinden sich von Iálysos im Norden bis Kattawía im Süden überall weit verstreut auf der Insel eine große Anzahl mykenischer Nekropolen, die keine erkennbaren Siedlungsspuren im unmittelbaren topographischen Umfeld aufweisen. Als eine der bedeutendsten unter ihnen sei hier die Nekropole von Exochí bei Líndos genannt. Sie alle brachten seit der 2. Hälfte des 19. Jahrhunderts eine Fülle von Fundmaterial zutage, das die Bedeutung der Insel für die mykenischen Handelswege unterstreicht. Meist sind es nur singuläre Funde, bei denen es oft schwer zu bestimmen ist, ob sie von den Achäern/Mykenern eingeführt wurden oder ob sie aus heimisch-rhodischen Werkstätten stammen. Da die mykenischen Funde in den rhodischen Museen ohnehin im Vergleich zu Exponaten der anderen Epochen unterrepräsentiert sind, soll an dieser Stelle nur kurz auf ihre Bedeutung aufmerksam gemacht werden.

Zu dem mykenischen Fundmaterial aus den verschiedenen Nekropolen gehören Produkte aus allen (kunst-)gewerblichen Zweigen: Am stärksten sind selbstverständlich keramische Erzeugnisse wie etwa Tongefäße, Terrakotten und auch Sarkophage vertreten; darüber hinaus sind aber auch Bronzefunde und Kostbarkeiten der Goldschmiedekunst bekannt.

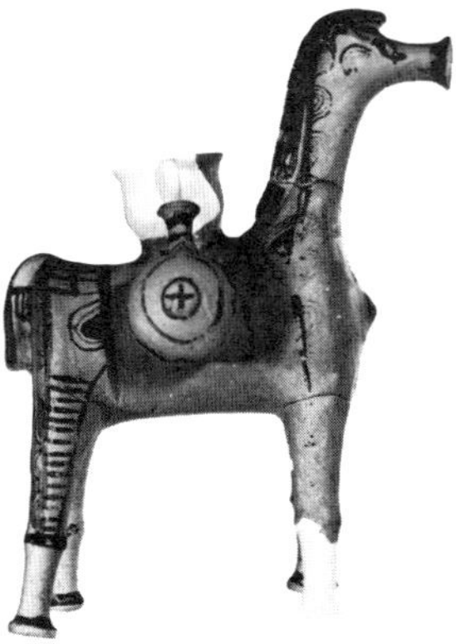

Gestreifte mykenische Kanne aus der Argolis (Museum Nauplia); Vergleichsstücke gibt es auch auf Rhodos

Hohle Tonfigur eines beladenen Pferdchens mit Dekorationen des ›Dichten Stils‹, Anfang 12. Jh. v. Chr. Archäologisches Museum, Rhodos

Vorab sei aber darauf hingewiesen, daß es die mykenischen Keramiker waren, die noch vor der mykenischen Kolonisation auf Rhodos – im 16. Jahrhundert v. Chr., wahrscheinlich in der Argolis – ein Verfahren für die Farbigkeit der Gefäße entwickelt haben, das über Jahrhunderte bis in die spätrömische Epoche immer wieder zur Anwendung kam: es handelt sich um den sogenannten *Glanzton,* den selbst die minoischen Keramiker noch nicht kannten. Das Verfahren war einfach: Tonmaterial mit kolloiden Bestandteilen wurde so lange geschlämmt, bis nur noch feinste Rückstände übrigblieben, mit denen man dann entweder die gesamte Gefäßform oder nur Teile davon mit geometrischen und/oder figuralen Motiven bemalte; beim Brennen erhielt die Bemalung dann ihren typischen Glanzton von braunschwarz bis braunrot.

Die mykenische Keramik ist sowohl ihren Gefäßformen als auch ihrem Dekor nach eine Verschmelzung aus Elementen der minoischen Formensprache Kretas und der helladischen Kunst des griechischen Festlandes, speziell der mattbemalten Keramik der mittelhelladischen Epoche (1950–1580 v. Chr.) und der Erzeugnisse minyscher Werkstätten, so benannt nach dem sagenhaften König Minyas von Orchomenos.

Eines der schönsten Beispiele mykenischer Keramik auf Rhodos ist eine Gebrauchskanne, deren Form deutlich an die minoische Kultkanne mit Doppelaxtsymbol und plastischem Dekor aus Katsambás, dem antiken Hafengebiet von Knossós, erinnert. Beide Kannen stammen aus der Zeit um etwa 1400 v. Chr. Mykenische Künstler aus der Argolis haben etwa zur gleichen Zeit (die Achäer/Mykener residieren bereits in Knossós) diese minoische Vasenform übernommen und schmücken sie mit einem Dekor, der die ›Rotation‹ der minoischen Formensprache so geschickt zu dämpfen versteht, daß der mykenische Dekor eine völlig neue Eleganz zeigt: Die durch und durch ausgewogene Form der bauchigen Kanne wird durch schwungvolle vertikale Linien rhythmisiert, die im Wechsel von einem breiten Band und vier dünnen, zu einer Gruppe zusammengefaßten Linie der Form des Gefäßes folgen. Die im braunroten Glanzton leuchtenden Linien auf hellem Grund betonen die sich nach oben und unten verjüngende Gefäßform, laufen einerseits am braunrot leuchtenden Fuß zusammen, werden andererseits am schlanken Hals zusammengehalten, der mit zarten horizontalen Liniengruppen im braunroten Glanzton belebt ist. Einfachheit wird hier zum gelungenen Raffinement.

Dieser Vasentypus war in der mykenischen Welt, besonders auf der Peloponnes, weit verbreitet. Der Typus unserer rhodischen Gebrauchskanne wurde in gleicher Form und Dekoration an verschiedenen mykenischen Fundorten Griechenlands geborgen; ein Gegenstück davon befindet sich heute im Museum von Nauplia, das damit die weite Verbreitung dieser Gattung unterstreicht.

Noch ein anderes minoisches Erbe sei hier erwähnt, das von den Mykenern mit Vorliebe aufgegriffen wurde, das aber auch in den mykenischen Kunstwerken der Insel Rhodos wiederkehrt: das Oktopus-Motiv! Die schönsten minoischen Beispiele mit zauberhaften Oktopus- und Meeresflora-Motiven kennen wir aus der spätminoischen Epoche (I b, 1520–1460); keramische Produkte, die mit solchen naturalistischen Meeresvorbildern geschmückt sind, gehören innerhalb der minoischen Kunst dem ›Meeresstil‹ an.

Mit Vorliebe wählten die mykenischen Künstler Bügelkannen für ihre Oktopus-Dekorationen aus, wobei sie entlang der Oktopusarme dichte Schraffierungen anbrachten; ein Kennzeichen des von den Archäologen geprägten Begriffes des ›Dichten Stils‹, der während des 12. Jahrhunderts v. Chr. vorherrschte. Exemplarisch sei für diesen Stil und für das 12. Jahrhundert v. Chr. auf Rhodos eine hohle Tonfigur von der Nekropole bei Iálysos vorgestellt, die sich heute im Archäologischen Museum von Rhodos befindet: das nur 24 cm hohe Pferdchen, mit mehreren Krügen beladen, zeigt in seiner Bemalung elegant ausgeführte Motive des Dichten Stils.

An der Wende vom 13. zum 12. Jahrhundert v. Chr. stehen Rhodos und die gesamte minoisch/mykenische Welt am Ende der ersten europäischen Hochkultur. Es folgen die ›dunklen Jahrhunderte‹. Man spricht von *Philistern* und ihren Bundesgenossen, die über den Seeweg um 1200 v. Chr. die *erste Wanderung* eingeleitet und das griechische Festland überschwemmt haben. Diesem Ereignis folgte unabhängig davon eine *zweite Wanderung:* Die *Dorer* aus dem Norden überrannten Griechenland und gelangten schließlich auch über den Seeweg u. a. nach Kreta und Rhodos. Doch die Forscher sind sich über die genaue zeitliche Abfolge und über die beteiligten Völker bei den Wanderungswellen uneins, wie überhaupt die bronzezeitlichen Kulturen des 2. Jahrtausends v. Chr. so viele Rätsel in sich bergen. Denn wer und wie wohnte man in den mykenischen Burgen, von denen aus Rhodos kolonisiert wurde? Wie sahen diese rhodischen Kolonien aus? Doch vor allem: Wieso wurden all diese Burgen am Ausgang des 2. vorchristlichen Jahrtausends zerstört, wie kurz vorher auch alle minoischen Paläste auf Kreta? Beide Kulturen, die minoische und die mykenische, verschwanden und von ihren Errungenschaften und Denkweisen blieb nichts erhalten. Die Menschen, die nach ihnen kamen, fingen noch einmal von vorne an, wie uns die archäologischen Funde lehren: Ihre Bauten und Gräber, ihre Keramiken, ihr Schmuck und ihre Waffen sehen völlig anders aus, es gibt keine weitergeführte Tradition. Nur in manchen Mythen (s. S. 10ff.) und bei einigen handwerklichen Fähigkeiten (z. B. bei der Herstellung des sog.

Glanztones, s. S. 52) scheint den Griechen der Antike noch eine dunkle und geheimnisvolle Erinnerung – vermischt mit vielen fremdartigen, orientalischen Elementen – geblieben zu sein an das, was vor ihnen war.

Submykenische und protogeometrische Epoche
(um 1125–1050 v. Chr. und 1050–900 v. Chr.)

Um 1000 v. Chr., während der Phase der ›dunklen Jahrhunderte‹ (›dark ages‹), scheint die Insel Rhodos dorisch geworden zu sein. Das tiefe kulturelle Absinken der Mittelmeerkulturen des 2. vorchristlichen Jahrtausends wird sichtbar in einer nur noch kümmerlichen Produktion auf allen künstlerischen Gebieten. Waren es im 13. Jahrhundert v. Chr. noch 68 verschiedene Gefäßformen, die in den mykenischen Töpferwerkstätten kreiert wurden, so sind es im 12. Jahrhundert v. Chr. nur noch zehn Varianten, die durch archäologische Befunde nachgewiesen werden konnten – eine nur noch schwache Formensprache der submykenischen Epoche, die dann im Verlauf der protogeometrischen Entwicklung nur um sieben Formen auf insgesamt siebzehn Gefäßtypen erweitert werden kann.

Die Funde aus beiden Perioden auf Rhodos sind selten; die wichtigsten Fundstätten der submykenischen Phase stammen von der Nekropole von Kalawárdha und jene der protogeometrischen Zeit von der Nekropole Patélles bei Kamíros.

Auch das Repertoire der minoisch/mykenischen Ornamentik schmilzt zusammen: Anstelle des Spiralmotives und der vegetabilischen Dekoration in Form von Gräsern und Blüten, Blättern und Ranken werden von der submykenischen Formenwelt vornehmlich mit dem Zirkel geschlagene Kreise und Halbkreise, aber auch echte Dreiecke, die ihre schwungvolle sphärische Form einbüßten, aufgegriffen. Der fast malerische bzw. zeichnerische Charakter der Frühzeit, die dynamisch schwingenden Dekorationen gehen verloren und werden durch eine streng tektonische Ornamentik, erkennbar an dem mit Zirkel und Linear *konstruierten* Vasenschmuck, ersetzt. Der geometrische Stil der kommenden Jahr-

Submykenische Kanne mit Oktopusdekor, Archäologisches Museum, Rhodos

Protogeometrische Halsamphora. Archäologisches Museum, Rhodos

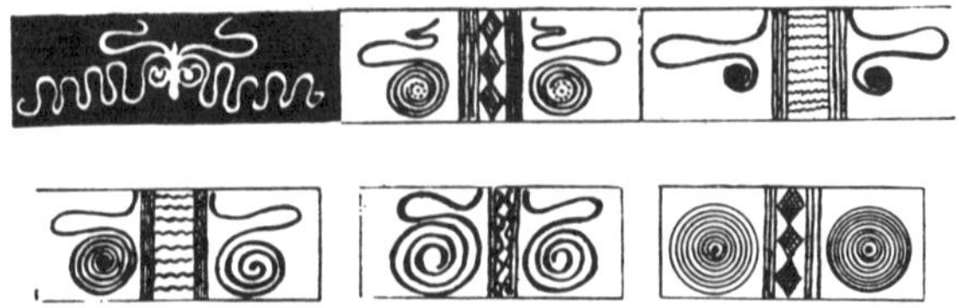

Entwicklung vom stilisierten Oktopus-Ornament der mykenischen Keramik zum protogeometrischen Ornament der mit dem Zirkel geschlagenen Kreise und Halbkreise

hunderte wird angekündigt und vorbereitet. Diese ›protogeometrische‹ Kunst entsteht in ihrer reinsten Form nur in Athen, das von dorischen Elementen völlig frei zu sein scheint, da die Dorer Athen nie erobert und besetzt hatten.

Die Entwicklung zum protogeometrischen Stil hin ist auch auf der nun *dorischen Insel Rhodos* zu beobachten; im ionischen Teil Griechenlands wird das dorische Rhodos zwischen Ost und West der damaligen antiken Welt zum Träger und Mittler dieser neuen Stilrichtung. Die rhodische Keramik gehört ab dem 9./8. Jahrhundert v. Chr. neben den kaum zu überbietenden Meisterwerken der korinthischen Werkstätten mit zu den bedeutendsten keramischen Erzeugnissen der gesamten dorischen Kunst Griechenlands.

Geometrische Kunst
(um 900– um 700 v. Chr.)

Die Formensprache der geometrischen Vasendekoration ist äußerst einfach und läßt sich auf nur wenige Grundelemente zurückführen. Sie schöpft aus der Fülle einfachster geometrischer Grundformen und variiert diese zu immer neuen Kompositionen. Auf Rhodos kommen besonders attische, aber auch helladisch/minoische Gefäß- und Dekorvorbilder hinzu, nicht selten unter Verwendung von konzentrischen Kreisen der protogeometrischen Epoche, die meisterhaft mit der auf Rhodos bodenständigen Formenwelt verschmelzen. Rhodos scheint damals im östlichen Griechenland ein führendes Zentrum des Dekorationsstils der geometrischen Epoche gewesen zu sein. Es sei erlaubt, an dieser Stelle darauf aufmerksam zu machen, daß es sich hierbei um genau jene Zeit handelt, während der die homerischen Epen entstanden sind und die Einführung der Olympischen Spiele erfolgte.[5]

Die für ganz Griechenland gültige Formensprache der geometrischen Zeit beherrschte fast zwei Jahrhunderte alle lokalen Werkstätten. Mit Ausnahme des Mäander-Motives (ein fortlaufendes, rechtwinklig abgeknicktes und zu Haken geformtes Band), das nach dem Maiandros-Fluß benannt ist, der sich mit vielen Windungen durch die Ebenen im Südwesten Kleinasiens schlängelt, lassen sich alle anderen geometrischen Dekorationen auf die Grundelemente Punkt und Strich reduzieren:

1 Punktzeichen und Punktflächen;
2 Strichmuster an den Gefäßlippen und Vasenrändern, z. B.: vertikale Strichfriese, schräge Strichgruppen, die schwarze Dreiecke bilden, Schachbrettmuster;

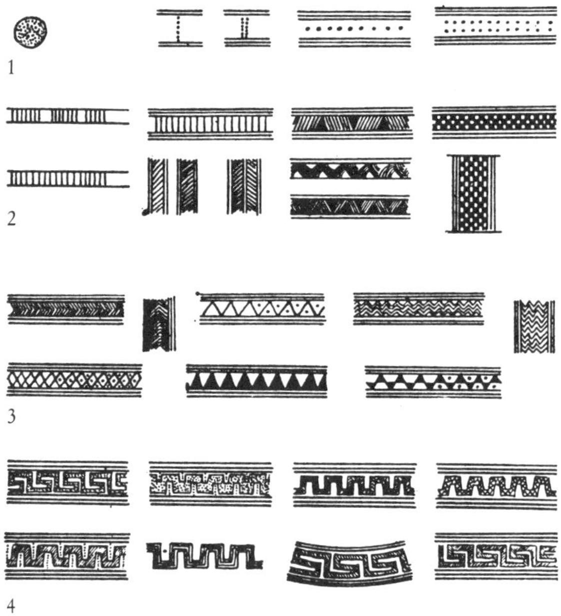

Protogeometrische und geometrische Ornamente
1 Punktzeichen und Punktflächen
2 Strichmuster
3 Winkellinien
4 Mäander

3 Winkellinien, z. B. in Form von Fischgräten, Zickzacklinien als Rautenfries, Wellenlinien, Sägemuster;
4 Mäander, bestehend aus Punkten, Fischgräten, Zickzacklinien und Handschraffur.

Die rhodischen Künstler hingegen bereicherten nun dieses geometrische Repertoire mit einer Fülle von Variationen, bestehend aus Dreiecken, Rauten und Mäanderhaken. Später kamen noch wohl aus dem Orient entlehnte Motive wie stilisierte Palmenbäume und Vogelmotive, aber auch Menschendarstellungen hinzu; alles Motive, die bereits den frühorientalischen Stil auf Rhodos ankündigen.

Ornamente rhodisch-geometrischer Keramik

Palmen- und Mäanderhakendekor auf einem Krater der Nekropole von Exochí, nach Mitte 8. Jh. v. Chr. Nationalmuseum, Kopenhagen

Metopendekor mit Vögeln und Vierblattblüten auf einem Kantharos der Nekropole von Iálysos, Mitte 8. Jh. v. Chr. Archäologisches Museum, Rhodos

Fragment eines Pithos aus Kamíros mit Kentauren- und Vogeldarstellung, die den Übergang zum früh-orientalischen Stil ankündigt, Anfang 7. Jh. v. Chr. Britisches Museum, London

Von größter Bedeutung sind hierbei Darstellungen von Menschen, die seit dem 12. Jahrhundert v. Chr. völlig aus der griechischen Kunst verbannt gewesen waren. In der Zeitspanne zwischen der Schöpfung der mykenischen ›Kriegervase‹ von Mykene (12. Jh. v. Chr.) und den attischen Vasen des frühen 8. Jahrhunderts v. Chr. – z. B. der ›Prothesis-amphora‹ (um 760 v. Chr.) mit einer Totenklage[6] – gibt es im griechischen Kulturraum keine Menschendarstellungen! Die attischen Vasen zeigen erstmals diese Neuschöpfung der geometrischen Kunst: den Menschen; in unserem Beispiel sind es Frauen im mykenischen Klagegestus, die ihre Hände kummervoll auf ihr Haupt legen (im übrigen ein Trauergestus, der vereinzelt noch heute in archaischen Dorfsitten Griechenlands anzutreffen ist, z. B. auf der Halbinsel Mani).

Exemplarisch für die geometrische Kunst auf der Insel Rhodos seien hier zwei Beispiele mit vielen attischen Einflüssen vorgestellt: Attische Elemente der dorischen Kunst erreichten Anfang des 8. Jahrhunderts v. Chr. Rhodos, Zypern, die Kykladen und andere Landschaftsräume des ionischen Mittelmeergebietes. Für die rhodischen Werkstätten ist dies der Beginn der dorischen Blütezeit auf ihrer Insel.

Ein 35,6 cm hoher *Krater* (Anfang 8. Jh. v. Chr.) *der Nekropole von Exochí* zeigt schon der Form nach rein attische Elemente: Kraterfuß, das weite Ausschwingen des Gefäßes und die einfachen Bügelhenkel entsprechen den attischen Kratern. Die Dekoration greift konsequent im unteren Bereich des Gefäßkörpers das attische Dreiliniensystem auf; nur an der Lippe ersetzte man es durch eine einfache Punktlinie. Der Hauptschmuck befindet sich im Bereich der Henkelzone. Gleich einem Metopenfeld mit seitlich anschließenden Triglyphen sind die verschiedenen horizontalen und vertikalen Ornamentbänder aus dem schwarzen Grund freigestellt. Links und rechts davon, unterhalb der Gefäßlippe, bereichern je ein Quadrat mit einem Sternenornament die Komposition. Das Hauptmotiv der Dekoration sind zwei linksläufige Mäanderhaken, die ihrer Laufrichtung entsprechend mit sorgfältigen Strichschraffuren ausgefüllt sind, die einmal links geneigt und einmal rechts geneigt den

Krater der Nekropole von Exochí, Anfang 6. Jh. v. Chr. Archäologisches Museum, Rhodos

Krater der Nekropole von Kamíros, um 800 v. Chr. Archäologisches Museum, Rhodos

Verlauf des Mäanderhakens betonen. Während den oberen Metopenrand ein Zickzackstreifen krönt, ruht die Metopen-Dekoration unten auf einem Streifen mit dunkel ausgefülltem Sägemuster. Entsprechend der dichten, sorgfältigen Schraffur der Mäanderhaken sind auch die Triglyphen gegenläufig zueinander schraffiert.

Der 33,5 cm hohe *Krater aus Kamíros* (um 800 v. Chr.), der ebenfalls in Form und Dekoration eine Vielzahl von fremden Stileinflüssen beinhaltet, ist eines der ausgereiftesten Werke rhodischer Keramikwerkstätten der dorischen Kunst. Der Krater ähnelt stark dem oben beschriebenen Kunstwerk. Die Form und die Anordnung des freigestellten Bildfeldes im Bereich der Henkelzone gehen auf gleiche Dekorationsgrundvorstellungen zurück; der Dekor hingegen erinnert an ein protogeometrisches Kunstwerk. Der Form nach ist der weit geschwungene Krater attisch, während die plastischen Drehrillen am Fuß auf alte minysche Kratervorbilder zurückgehen. Die drei konzentrischen Kreise mit ihren Achsen in Form von Johanniterkreuzen im freigestellten Bildfeld gehören zur typisch protogeometrischen Formensprache; die Vögel und Sterne wie auch das Dreilinienmotiv rücken dieses Gefäß aber tatsächlich in die attische Tradition.

Die ausgesparten Felder neben den Henkeln lassen sich schon bei spätmykenischen Vasen nachweisen; das darin dargestellte Rautenkreuz mit Mäanderhaken geht jedoch auf rhodische Traditionen zurück.

Orientalisierende Kunst
(um 700 – um 550 v. Chr.)

Die Wende vom 8. zum 7. vorchristlichen Jahrhundert ist ein weiterer Markstein in der Entwicklung der griechischen Kunst. Wir wissen nicht, wann genau nach den ›dunklen Jahrhunderten‹ neue Handelsbeziehungen zwischen Griechenland und dem Orient wieder aufgenommen wurden oder ob sie nach dem Untergang der minoisch/mykenischen Welt nie ganz unterbrochen waren. Fest steht nur, daß der griechische Kulturraum wohl erst zu diesem Zeitpunkt *wieder* reif für die Aufnahme von Anregungen aus dem Orient war, die das Heranreifen des *orientalischen Stils* ermöglichten. Die neuen Handels- und Schiffahrtsverbindungen waren aber – was nicht weiter erstaunt – zugleich die alten Verbindungen der

Minoer und Mykener: Damit standen Zypern, die kleinasiatische Küste mit Samos und Milet, aber auch Kreta und Rhodos als Handelsstützpunkte zwischen Ost und West am stärksten direkt unter der Einflußsphäre des Orients. Vergessene, aber den Minoern und Mykenern ehemals durchaus bekannte Schmuckmotive wie Techniken verschiedenster Produktionszweige übernahmen die Griechen neu aus dem Orient; es gab viel Altes wiederzuentdecken und neu zu lernen!

›Orientalisierender‹ Stil bedeutet nun aber nicht, daß die griechischen Künstler orientalische Kunstwerke kopierten; vielmehr formten sie Orientalisches, ihren Ansprüchen und Bedürfnissen entsprechend gleich einem Katalysator zu etwas völlig Neuem und unverwechselbar Griechischem um. So erlernten die Griechen Altbekanntes und neueste technische Errungenschaften des Orient wie z. B. den Quaderbau, die monumentale Plastik, das Hohlgußverfahren für Bronze und die Granulation wie das Filigran auf dem Gebiet der Goldschmiedekunst. Aus dem orientalischen Repertoire der Ikonographie übernahmen griechische Künstler u. a. das Mischwesen (Sphingen, Greifen), Löwen, Sterne und Steinböcke, alles Motive, die schon im 2. vorchristlichen Jahrtausend von Minoern und Mykenern vielfach zu künstlerischen Meisterleistungen gestaltet worden waren. Seltsamerweise befruchteten all die ikonographischen Motivvorlagen aber einen griechischen Kunstzweig so nachhaltig, der im Orient hinsichtlich seines Dekorschmucks fast völlig bedeutungslos war: die Keramik; orientalische Erzeugnisse der keramischen Werkstätten zeigen nur in den seltensten Fällen Bemalungen!

Nahezu unbeeinflußt vom Orient blieb dagegen die Architektur, wenn man von der Ausformung des ionischen Kapitells absieht. Zwar war auch auf diesem Gebiet die Erinnerung an die schon technisch hochstehende Baukunst der Mykener wie ausgelöscht, aber auf dem Gebiet der Architektur fanden die Griechen ihren eigenen Weg zum freistehenden, als Plastik empfundenen und durchgeformten Tempel, der fast eintausend Jahre bei ihnen nahezu unverändert Bestand hatte!

Doch betrachten wir abermals die Produkte der griechischen Keramikwerkstätten, da sie uns ganz besonders anschaulich den Übergang von der geometrischen zur orientalisierenden Stilrichtung verdeutlichen. An ihren Beispielen lassen sich sowohl die Hinführung zur Blüte des neuen Stils als auch sein Absinken ablesen. Für die orientalisierende Epoche Griechenlands ist es vor allem die menschliche Figur, die sich nach und nach innerhalb des geometrischen Dekors immer mehr Raum verschafft, um schließlich in *szenischem Stil* die Epen Homers zu illustrieren. Erstmals erschienen nun die Helden Homers – Odysseus, Menelaos und all die anderen Heroen der Ilias und Odyssee – in der griechischen Kunst.

Die Maltechnik ist verfeinert; die einfachen Silhouetten des geometrischen Dekors werden nun mit feinen Umrißzeichnungen, Aussparungen und Ritzungen zu harmonischen Gesamtkompositionen gestaltet. Für die frühe Phase dieser Entwicklung sei angeführt die bekannte protoattische Amphora aus Eleusis (670/660 v. Chr.) mit der Szene ›Odysseus blendet mit zwei (nicht vier!) Gefährten Polyphem auf Sizilien‹ (s. Odyssee 9, 334 ff.).

Unter den Keramik-Produktionsstätten Griechenlands sind die korinthischen Werkstätten besonders hervorzuheben, da sie einen für die gesamte griechische Kunst vorbereitenden

Weg einschlagen und einen neuen für einige Jahrhunderte gültigen Stil der griechischen Vasenmalerei entwickeln: den frühen *schwarzfigurigen Malstil,* der auf viele andere lokale Werkstätten übergreift. Die korinthischen Künstler sind es, die nach und nach neben den neuen Motiven während der orientalisierenden Phase die Mythologie, vor allem Szenen der homerischen Epen, als nicht mehr fortzudenkendes Element in das Repertoire der griechischen Vasenmalerei einführen.

Neben der korinthischen Keramik besitzt während der orientalisierenden Epoche nur noch die rhodische Keramik eine ebensolche unverwechselbare Eigenständigkeit; letztere ist eine lokale Stilentwicklung, die auf ihren geographisch abgeschlossenen Landschaftsraum beschränkt bleibt. Rhodos geht völlig eigene Wege. Unbekümmert brechen die rhodischen Werkstätten mit den geometrischen Traditionen plötzlich und abrupt, wie es nirgends anderswo in Griechenland zu beobachten ist, um dann einen Stil zu entwickeln, der durchaus als der am stärksten orientalisierende Griechenlands zu bezeichnen ist. Anregende Impulse neben den orientalischen Elementen entlehnten sie vorwiegend den Werkstätten Milets an der kleinasiatischen Küste. Im Gegensatz zu den korinthischen wie auch attischen Vasen bleibt in der rhodischen Vasenmalerei die menschliche Figur immer nur eine Einzelerscheinung. Menschliche Darstellungen wie auf dem Pithosfragment von Kamíros sind selten. Kennzeichnende Elemente des orientalisierenden Stils auf Rhodos sind die in mehreren Reihen übereinander angeordneten Tierfriese, die harmonisch in ein Blütenmeer gestellt sind (Abb. 40, 41).

Für die orientalisierende Epoche der Insel Rhodos lassen sich fünf lokale Werkstätten anführen, von denen zwei Wegbereiter für den Übergang vom geometrischen Stil zum neuen Stil waren: Zum einen war es die ›Mutterwerkstatt‹, die fast hundert Jahre vom Anfang des 8. Jahrhunderts v. Chr. nachweisbar ist; sie versucht sich entschieden von den spätgeometrischen Traditionen zu lösen, was ihr aber nur teilweise gelingt. Die Künstler dieser Werkstatt halten sowohl an den älteren Gefäßformen wie an altbekannten Dekorationsmotiven fest wie z. B. an der subgeometrischen Vogelschale. So bleiben ihre Gefäße zwar frei von den neuen Metallvorbildern, die andernorts gern aufgegriffen werden, sie sind dagegen im spätgeometrischen Zeichenstil, mit nur geringen orientalischen Einflüssen, bemalt.

Zum anderen gehört zu dieser Übergangsphase die ›frühorientalische Werkstatt‹, die etwas später als die oben erwähnte Mutterwerkstatt anzusetzen ist, aber parallel zu ihr existiert hat. Beide gemeinsam führen dann zu den *drei orientalisierenden Werkstätten* von Rhodos hin. Für alle drei Werkstätten bilden sich drei etwa zeitgleiche Stilperioden[7] heraus: *Kamírosgruppe, Vlatosgruppe* und *Euphorbosgruppe* (s. Tabelle gegenüber).

Zum Repertoire der orientalisierenden Tierfriese auf Rhodos gehören vor allem Steinböcke; sie sind das beliebteste Tiermotiv der ostgriechischen Kunst. Dieses typisch rhodische Element ist in kaum irgendeiner anderen lokalen Werkstatt Griechenlands anzutreffen; die korinthischen Künstler nehmen anstelle des Steinbocks die Hausziege mit kräftigem Gehörn in ihre Formensprache auf. Wahrscheinlich geht das Steinbock-Motiv auf assyrische Stoff- und/oder Metallvorbilder zurück; auf Rhodos wird es erstmals in den ›frühorientalischen Werkstätten‹ aufgegriffen. Die häufigste Darstellung zeigt das Tier in äsender Haltung

	Kamírosgruppe *(Benannt nach dem Hauptfundort in Kamíros, s. Fig. S. 222ff.)*	**Vlatosgruppe** *(Benannt nach der Privatsammlung Vlatos in Athen)*	**Euphorbosgruppe** *(Benannt nach dem Euphorbos-Teller in London, s. Fig. S. 62)*
Stilphasen	A Frühere Blüte 660–630 v. Chr. B Spätere Blüte 630–610 v. Chr. C Später Stil 610–560 v. Chr.	A Frühere Blüte 655–635 v. Chr. B Spätere Blüte 635–615 v. Chr. C Später Stil 615–550 v. Chr.	A Frühzeit 650–635 v. Chr. B Blütezeit 635–610 v. Chr. C Spätzeit 610–550 v. Chr.
Fundorte/Werkstätten außerhalb von Rhodos	Samos Milet Kos Zypern Gela Syrakus u. a.	Alt Smyrna Samos Milet Naukratis Delos Gela Syrakus Reggio di Calabria	Santorin Kos Kalymnos Delphi Gela Selinunt u. a.
Gefäßformen	Kleeblattkannen Schalen und Teller Amphoren Kessel Kratere	reichhaltigstes Formenrepertoire aller drei Gruppen, u. a. neu: Olpen Lekythen Kessel mit Ringhenkeln	wenige Formen, u. a.: Segmentteller Kanne Oinocheon mit Kleeblattmündung Schulterhenkelamphora Kalottenkrater
Malfarbe	schwarz schwarzbraun bis dunkelrot	schwarzer Grund mit roten und weißen Dekorationen	wei bei der Kamírosgruppe; ferner ist rot und weiß beliebt
Dekor	Tierstreifen in Umrißzeichnungen mit Ornamenten	ähnlich wie Kamíros, der Hauptschmuck besteht aus Tierfriesen, Ornamentzonen auf schwarzem Grund eingeritzt	Einzeltierdarstellungen (für die versch. Teller), auch Tierfriese; Ritzungen sind gebräuchlich, schwarzfigurige Technik erst spät

Euphorbos-Teller, um 630/610 v. Chr. Britisches Museum, London

Rhodischer Teller der Euphorbosgruppe, um 630/610 v. Chr. Britisches Museum, London

(Abb. 40). Seltener, aber dennoch bevorzugt vor allen anderen Tierarten, ist der Damhirsch; auch er erscheint vorwiegend in der ostgriechischen Kunst und wird auf Rhodos erstmals von der Vlatosgruppe, wohl auch von assyrischen Vorbildern angeregt, übernommen. Die Kamírosgruppe kennt ihn vorwiegend springend und äsend und wechselt gern bei den übereinander angeordneten Tierfriesen zwischen Steinbock- und Damhirschdarstellungen (Abb. 41). Die Vasenschulter dieses Gefäßes wird ferner mit Sphingen, Gänsen und Spiralmotiven geschmückt; den Hals ziert ein dreifaches Flechtband, ein typisch rhodisches Element. Erinnerungen an Metallgefäße sind in der rhodischen Keramik höchst selten, unser Beispiel der Kamírosgruppe zeigt aber an den Henkelansätzen Rädchen (Rotellen), die auf Metallvorbilder zurückzuführen sind (Abb. 40, 41).

Das Kunstwerk, das der Euphorbosgruppe ihren Namen gegeben hat, ist zugleich ein singuläres Meisterwerk der orientalisierenden Epoche der Insel Rhodos: es ist das einzige bekannte Beispiel mit einer Szene aus den Epen Homers! Der im Durchmesser 32,5 cm große Euphorbosteller (um 630/610 v. Chr.) zeigt den in der Ilias (16. Gesang, 806ff.) erwähnten Kampf zwischen Menelaos und Hektor um den Leichnam des Euphorbos (alle drei Namen sind durch Beischriften belegt; auch hierfür gibt es kein weiteres rhodisches Beispiel). Typisch rhodisch ist die Gestaltung der Basis des Rundbildes, bestehend aus einem stilisierten Flechtband als Standleiste und dem verbleibenden Segment, das mit mehrfarbigen Zungen ausgefüllt ist, wie auch der helle Farbüberzug rein rhodischen Ursprungs ist. Verblüffend ist auch die Ritztechnik, die während der orientalisierenden Stilphase in der rhodischen Vasenmalerei nur selten angewandt wurde. Der Rundform des Tellers entsprechend wählte der Künstler vorwiegend runde Dekormotive für den Bildschmuck wie Spiralen und Rosetten, die gefällig zwischen die Figuren hineinkomponiert wurden; die Punktrosetten, die auch den Tellerrand zieren, gehen auf korinthische Einflüsse zurück: eine gelungene Gesamtrundbildkomposition von beachtenswerter Harmonie.

In dem Bild des Euphorbos-Tellers scheint schon das Motiv eines weiteren rhodischen Tellers der Euphorbosgruppe angedeutet zu sein: Zwischen den Kämpfenden erscheint an der Spitze des schachbrettartigen, in Voluten endenden Dreiecks ein dämonenhaftes Augenpaar, das mit der Gorgo in Verbindung gebracht wird. Eben diese, vierfach geflügelt und bärtig, ist auf diesem zweiten, im Durchmesser 38,5 cm großen Teller (um 630/610 v. Chr.) mit zwei Vögeln in antithetischer Haltung als ›Herrin der Tiere‹ dargestellt; andere Forscher bringen diese Figur mit Artemis in Verbindung. Wie auf dem Euphorbos-Teller erscheinen auch hier Rosetten, bestehend aus einer Mittelscheibe mit einem Knospenkranz, und Mäanderhaken als typisch rhodische Motive. Die Punktrosetten auf dem linken Bein und den beiden Armen der Gorgo gehören dagegen korinthischer Formensprache an.

Sowohl der Euphorbos-Teller als auch der Teller mit der Gorgodarstellung sind Ausnahmen der rhodischen Malerei; unter der Vielzahl von anderen Tellern dieser Epoche gibt es keine Vergleichsbeispiele von nur annähernd gleich hohem künstlerischen Wert.

Neben den vielen Dekorationsmotiven, die der Orient vor allem, wie wir gesehen haben, den ostgriechischen und speziell unseren rhodischen Keramikwerkstätten vermittelt hat, sind es aber auch Techniken gewesen, die griechische Künstler des 8./7. Jahrhunderts v. Chr. nach orientalischen Vorbildern indirekt oder durch direkten Kontakt mit dem Orient erlernten. Auf Rhodos entwickelte sich während des 7. Jahrhunderts v. Chr. auf Grundlage der orientalischen Filigran- und Granulationstechnik eine *Goldschmiedekunst*, die neben den Erzeugnissen der Insel Melos im archaischen Griechenland ohne Beispiel ist: Die goldenen Schmuckstücke der Inseln Rhodos und Melos markieren die Blütezeit der archaischen Goldschmiedekunst Griechenlands. Die Erzeugnisse ihrer Werkstätten waren weit über ihre Inselgrenzen begehrt, so daß ihre Bewohner vielfach von Rhodos und Melos aus Goldschmuck exportierten. Heute befindet sich in jedem namhaften Museum der Welt archaischer Goldschmuck dieser beiden Inseln.

Rhodische Melissai-Schmuckplättchen aus Gold, 2. Hälfte 7. Jh. v. Chr. Antikenabteilung der Staatlichen Museen Preußischer Kulturbesitz, Berlin

Drei Beispiele mögen die Vielfalt sowohl der stets originellen Formen und Schmuckornamente als auch ihrer ikonographischen Themen und das handwerkliche Können der rhodisch/melischen Goldschmiedekunst verdeutlichen:

Von ganz einzigartigem ikonographischen Charakter sind die Darstellungen auf fünf rhodischen Goldplättchen: die Göttin mit Sichelflügeln und Bienenleib (2. Hälfte 7. Jh. v. Chr.), ein göttliches Mischwesen, das von einigen Wissenschaftlern Melissa (μέλισσα = Biene) genannt wird. Damit wird die Erinnerung an den minoischen Mythos wach, der davon berichtet, daß Zeus von den Töchtern des Melisseus erzogen wurde, die das göttliche Kind mit Honig der Melissai und Milch der Ziege Amaltheia speisten. In Verbindung mit dem Totenkult glaubte man in der Antike, daß die Bienen die Seelen der Verstorbenen verkörpern; sie wurden also als Seelen-Tier und als Zeichen der Unsterblichkeit betrachtet. Möglicherweise gehörten die Berliner Melissai-Goldplättchen zu einer Bestattung, vielleicht wurden sie sogar als reiner Totenschmuck hergestellt. Zumindest deutet neben dem Symbolcharakter der Biene als Seelen-Tier auch die einfache Treibtechnik der Goldplättchen, also das Fehlen von Granulation und Filigran, darauf hin. Andere Forscher bringen die ›Göttin mit Bienenleib und Sichelflügeln‹ mit Artemis Ephisia in Verbindung.

Mit zu den beliebtesten rhodisch/melischen Schmuckstücken gehören granulierte Rosetten, deren Formenreichtum sprühende Phantasie ausdrückt: kleine plastische Bienen und Miniaturvögel aus Gold, aber auch Greifenköpfe und Edelsteine sind auf goldene Grund-Rosettenscheiben kunstvoll plaziert.

Das Münchner Rosettenbeispiel (2. Hälfte 7. Jh. v. Chr.) ist ohne jeden plastischen Tierdekor gestaltet; einfache Rosetten und Sternmotive verschmelzen mit der Blütenrosette als Grundscheibe zu einem harmonischen Ganzen. Siebenzackige Sterne und siebenblättrige Rosetten mit feinen Goldkörnchen zierten einst die sechs Rosettenblätter (auf zwei Blättern ist der Schmuck zerstört). Die Rosette im Zentrum ist von einem fünfzackigen Stern besetzt, den eine mehrblättrige (teilweise zerstörte) Rosette überlagert, darüber erhebt sich thronend ein schimmernder Edelstein. Die Sterne und die Rosetten werden an den Blütenblättern mit gedrehtem Golddraht und goldenen Körnchen, die dem Verlauf des Blütenrandes wellenförmig folgen, bekrönend zusammengehalten.

Als letztes Beispiel der rhodischen Goldschmiedekunst sei das ebensosehr beliebte Motiv der Göttin Artemis als ›Herrin der Tiere‹ vorgestellt (2. Hälfte 7. Jh. v. Chr.). Ein kleines Goldplättchen der Münchner Antikensammlungen zeigt in Treibtechnik die Göttin in antithetischer Stellung; darüber zwei nicht granulierte Rosetten, gleich Sonnen. Die Umrandung des Goldplättchens bilden aus dem Edelmetall getriebene Punktreihen.

1 RHODOS Blick über die Altstadt zum Großmeisterpalast ▷

ΥΠΑΠΑΝΤΗ 279

3 RHODOS Altstadt mit Blick zum Meer

◁ 2 RHODOS Mandraki-Hafen und Großmeisterpalast

4 RHODOS Windmühlen-Mole am Mandraki-Hafen

5 RHODOS Tavli-Spiel

6 RHODOS Arjyrokástru-Platz mit dem frühchristlichen Taufbecken (heute als Brunnen genutzt) der Basilika Ajía Iríni bei Arnítha

7 RHODOS Sokrates-Straße mit Süleiman-Moschee

8 RHODOS Ippókratus-Platz

9 RHODOS Ippókratus-Platz mit dem Handelsgerichtshof (›Kastellania‹ von 1503), heute Folklore-Archiv

10 RHODOS Hellenistische Straße nach einer römischen Umplanung, westlich des Arjyrokástru-Platzes

11 RHODOS Ajía Trías-Kirche (15. Jh.), in der Türkenzeit Dolaplee-Moschee

12 RHODOS Ajios Nikólaos-Relief der Ajios Nikólaos-Bastion

13 RHODOS Relief des Hl. Paulos der Ajios Paulos-Bastion

14 RHODOS Wappenrelief über dem Amboise-Tor mit einem Erzengel, Wappen des Ritterordens (links) und Wappen des Emery d'Amboise (1503–1512), unten Inschrift mit der Jahreszahl 1512 und oben segnender Christus

15 RHODOS Handelsgerichtshof (›Kastellania‹ von 1503), Fassadendetail des 1. Obergeschosses

16 RHODOS Handelsgerichtshof, Ausschnitt des Architrav-Reliefs (s. auch Farbt. 10)

17 RHODOS Wappen mit Kardinalshut des Pierre d'Aubusson (1476–1503) an der Außenmauer des Handelshafens, baldachinartig eingefaßt im spätgotischen Stil Frankreichs (Flamboyant-Stil) ▷

18 RHODOS Süleiman-Moschee

19 RHODOS Ajios Jeórjios oder Ajios Markus?-Kirche (15. Jh.), in der Türkenzeit Hurmale-Medresse ▷ (Koranschule)

KYM

20 RHODOS Frühchristliches Fußbodenmosaik (6. Jh.) eines Konchen-Gebäudes in der Neustadt (südlich der Enoplon Dhinaméon-Straße 112)

21 RHODOS Spätantiker Marmorfußboden außerhalb der Ajios Jeórjios-Kirche eines unbekannten Vorgängerbaus

22 RHODOS Archäologisches Museum, frühchristliches Mosaik von der Insel Kos

23 RHODOS Akropolis, rekonstruiertes Odeion

24 RHODOS Antike Stadtmauer, die parallel zur mittelalterlichen Hafenmauer verläuft (nahe der Eólu-Straße in der Nordostecke der Ritterstadt)

25 RHODOS Spätantike Wasserleitung in einem Grabungsgebiet der Neustadt (Ecke Chimarás Str./Enoplon Dhinaméon Str.)

26 RHODOS Ajios Athanásios-Tor als polygonale Bastion vor der Hauptmauer

27 RHODOS Großmeisterpalast, Saal mit den römischen Mosaiken von der Insel Kos

Rhodischer Rosettenschmuck aus Gold, 2. Hälfte 7. Jh. v. Chr., Staatliche Antikensammlung, München

Rhodisches Goldplättchen mit der Darstellung ›Herrin der Tiere‹ (Schmuck für eine Bestattung?), 2. Hälfte 7. Jh. v. Chr. Staatliche Antikensammlung, München

Die Blütezeit der orientalisierenden Keramikwerkstätten und die der Goldschmiedekunst auf Rhodos wird begleitet von einem, wie wir annehmen, sozialen Aufschwung und von intensiven wirtschaftlichen Handelsbeziehungen, die sich wohl über das gesamte Mittelmeergebiet erstreckten. Ein sichtbares Zeichen dieser Expansion ist die von Rhodiern und Kretern gemeinsam im Jahre 690 v. Chr. durchgeführte Gründung der Stadt Gela auf Sizilien. Rhodier und Kreter wie auch andere Inselbewohner und Festlandgriechen befanden sich im Verlauf des 8./7. Jahrhunderts im Aufbruch; sie zogen aus, um bis an die Grenzen der damaligen Welt vorzudringen, sie sich wirtschaftlich zu erschließen und um schließlich ihre Handelswege zu sichern.

Genau aus dieser Epoche läßt sich auch auf Rhodos selbst planvoller *Städtebau* nachweisen. Um 700 v. Chr., etwa dreihundert Jahre bevor die Stadt Rhodos (408 v. Chr.) gegründet wird, erblüht an der Südspitze der Insel, nicht weit von dem heutigen Kattawía entfernt, Wruliá (Vroulia), eine rechtwinklig, fast möchte man glauben streng militärisch angelegte Stadt (307f.). Die Anfang des 20. Jh. von K. F. Kinch durchgeführten archäologischen Grabungen brachten Hauszeilen mit vorgelagerten offenen Höfen und einen öffentlichen Platz mit Altären zutage. Zwar sind die Architekturfragmente äußerst bescheiden, dagegen sind die Keramikfunde überaus reichlich. Aus allen drei Stilphasen der orientalisierenden Epoche sind neben Gebrauchskeramiken auch Meisterwerke gefunden worden, die die Vielfalt der rhodischen Tierfriesdekorationen und die Eleganz der Blütenmotive bestätigen.

Die orientalisierende Epoche auf der Insel Rhodos klingt in der 2. Hälfte des 6. Jahrhunderts v. Chr. mit dem *Fikellurastil* (benannt nach dem Hauptfundort Fikellura) aus, dem

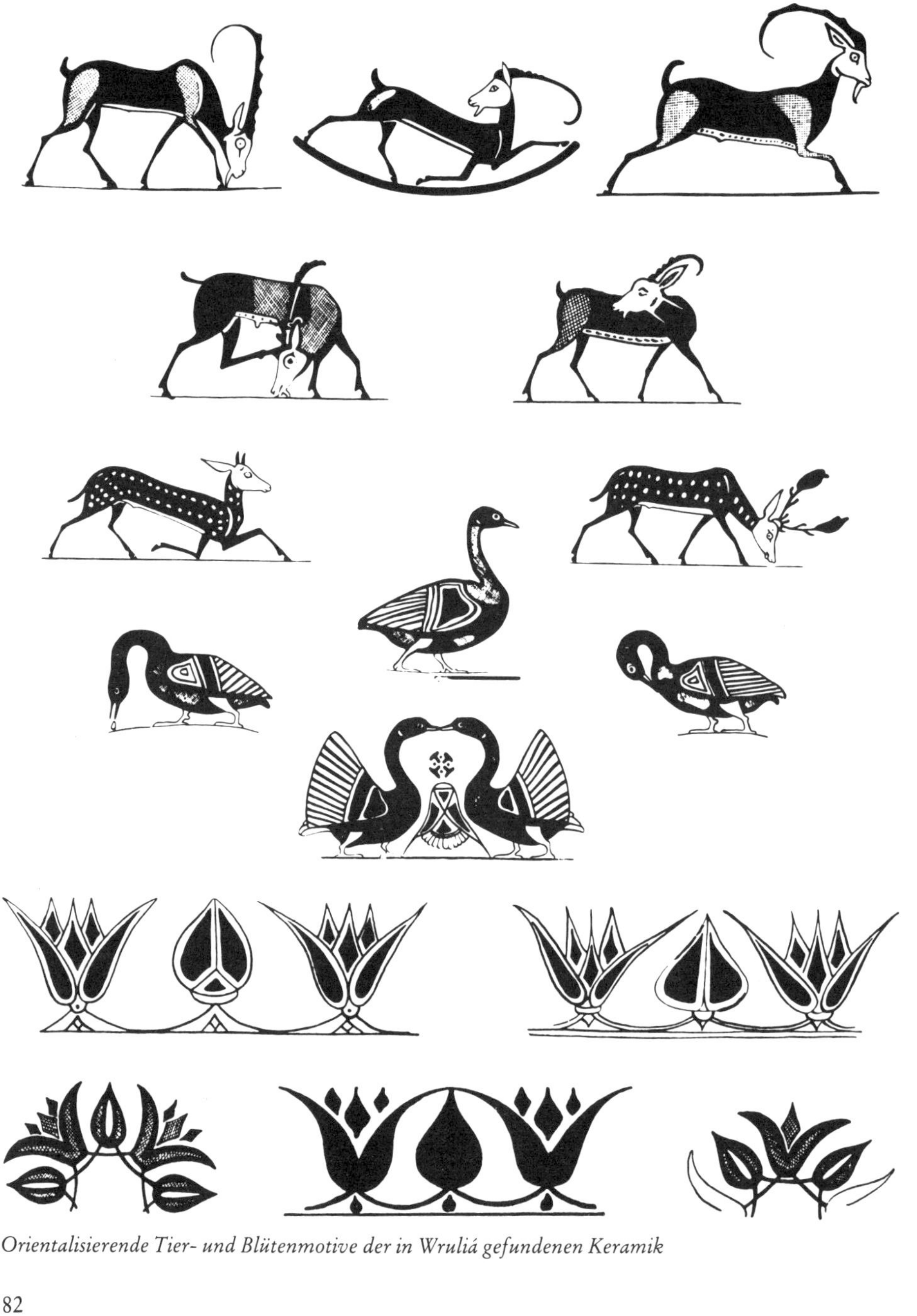

Orientalisierende Tier- und Blütenmotive der in Wruliá gefundenen Keramik

›letzten rein ostgriechischen Stil‹. Danach wird auf Rhodos die lokale Kunsttradition einerseits in den Keramikwerkstätten von den attischen Keramiken des schwarzfigurigen Stils verdrängt und andererseits etabliert sich auf der Insel eine blühende Bildhauerwerkstatt, die sich mit ihren Großplastiken ganz der klassischen Kunstrichtung Gesamtgriechenlands verpflichtet fühlt.

Hauptfundorte der Fikellura-Gattung sind die Inseln Rhodos, Samos und Melos. Während einige Forscher davon ausgehen, daß es sich bei diesem Vasenstil um einen von der Insel Samos stammenden handelt, vertreten andere den Standpunkt, daß die Fikellura-Werkstätten Elemente des Kamíros- und Vlatos-Stils der orientalisierenden Epoche von Rhodos übernommen hätten. Eine Halsamphora (Abb. 38) des 6. Jahrhunderts v. Chr. zeigt den frühen Fikellurastil. Stilisierte Palmetten mit Spiralen bilden gleich einer umlaufenden Kette den Hauptschmuck, während der Fuß mit dem Fikelluramotiv des Halbmondes die Schulter mit Flechtband und Blattfries, der Hals dagegen mit Mäandern der geometrischen Epoche geschmückt sind.

Ein Musterbeispiel der Fikelluraware ist der formal einem Metalleimer nachempfundene Keramik-Wassereimer aus dem Archäologischen Museum in Rhodos (Abb. 39). Der gesamte Dekor ist typisch im Fikellurastil gehalten: Knospende und blühende Lotosblüten strecken sich vom Gefäßfuß elegant in die Höhe, darüber rhythmisieren zwei Friese mit gegenläufigen Halbmonden den unteren Teil des Wassereimers. Der Hauptschmuck befindet sich auf der Schulter des Gefäßes: Dem alten Malstil verhaftet sind ganz ohne Ritztechnik zwei Friese zu je sieben Steinhühnern, stilisiert und doch lebendig, auf den weißen Grund kunstvoll gemalt. Das Steinhuhn hatte die Kraft, so glaubte man in der Antike, den ›bösen Blick‹ abwehren zu können; noch heute trifft man in Griechenland vereinzelt diesen Volksglauben an. Den Hals des Gefäßes ziert ein kräftiges doppeltes Flechtband.

Wenn an dieser Stelle über die archaische Skulptur des 7./6. Jahrhunderts v. Chr. nicht gesprochen wurde, so heißt das nicht, daß es diese auf der Insel Rhodos nicht gab. Es lassen sich sowohl Elfenbein- und Tonstatuetten als auch Großplastiken, Kuroi und Marmorköpfe nachweisen. All diese archaischen Skulpturen, die sich von ihrer starren Frontalität noch nicht zu lösen vermögen, folgen der allgemeinen künstlerischen Entwicklung Gesamtgriechenlands und haben nicht jene überregionale, eigenständige Bedeutung, wie es die Produkte der rhodischen Goldschmiede- und Keramikwerkstätten für ganz Ostgriechenland gehabt haben.

Kunstwerke aus der klassischen Epoche

Seit dem 5. vorchristlichen Jahrhundert ist die rhodische Kunst ganz in der griechischen Kunst aufgegangen, d. h. fortan gibt es keine rhodische Kunst mehr, sondern nur noch eine griechische. Griechen aus den verschiedenen griechischen Landschaftsräumen und Rhodier stellen ihr Können gemeinsam in rhodischen und anderen lokalen Werkstätten unter Beweis,

Lakonische Hydria, die dem sog. Jagdmaler zugeschrieben wird, um 555 v. Chr., Nekropole Marmaro bei Iálysos. Archäologisches Museum, Rhodos

wobei eigene traditionsreiche rhodische Strömungen zwar nur schwerlich nachweisbar sind, aber durchaus ihre Wirkungen auf die griechische Kunst gehabt haben mögen. Zentrum der klassischen und hellenistischen Kunst wird Athen und Attika. Das ›goldene Zeitalter‹ des Perikles, der Parthenon des Iktinos und Kallikrates (447–438 v. Chr.) auf der Akropolis in Athen, Pheidias und der Eretria-Maler und viele andere Bildhauer, Architekten und Maler setzen für die künstlerische Entwicklung in ganz Griechenland einen verbindlichen Maßstab.

Bereits im 6. Jahrhundert v. Chr. werden *schwarzfigurige Vasen* aus Attika, Lakonien und anderen griechischen Werkstätten nach Rhodos exportiert und wohl vereinzelt auch von rhodischen Künstlern hergestellt, die neben den lokalen Erzeugnissen der orientalisierenden und Fikellura-Werkstätten Bestand gehabt haben. Eine wunderschöne lakonische Hydria (um 555 v. Chr.), ein Meisterwerk, das dem sogenannten Jagdmaler zugeschrieben wird, in der Nekropole von Marmaro bei Iálysos gefunden, zeigt deutlich das Nebeneinander lokaler rhodischer Stilrichtungen und der neuen importierten schwarzfigurigen Vasenmalerei, die bald die gesamte rhodische Kunsttradition verdrängen wird.

Die nach Metallvorbildern modellierte Tonhydria (besonders an den plastischen Palmettendekors der Henkel als solche zu erkennen!) ist vom Fuß bis zur Schulter in vier Friese unterteilt. Der figurale Hauptfries in der Henkelzone dominiert über den darunterliegendem Nebenfries, der mit einer hängenden Lotosblüte und Spiralmotiven, aber auch mit Tieren und Fabelwesen geschmückt ist. Der Hauptfries zeigt auf der einen Seite tanzende Mänaden und auf der anderen Seite den Zweikampf zwischen Archilochidas (links) und De(i)nomachos, die von ihren zu Pferde sitzenden Knappen (H)aniochiadas und Sinys begleitet werden.

Vom 5. Jahrhundert v. Chr. an werden auf Rhodos fast ausschließlich sowohl die attisch rotfigurigen als auch die attisch weißgrundigen Gefäße produziert und vielfach auch importiert, die hier nicht weiter erörtert werden sollen, da sich im Vergleich zu Gesamtgriechenland die rhodische Keramikproduktion nicht besonders hervorheben läßt.

Auf dem Gebiet der griechischen *Skulptur* scheinen rhodische Bildhauer bereits während der klassischen Epoche überregionale Bedeutung erlangt zu haben; dies ergibt sich zumindest aus den nur wenigen erhaltenen Meisterwerken und aus den erhaltenen Sockelinschriften, die oftmals Stifter und Künstler zugleich erwähnen. Viele griechische Skulpturen, nicht nur jene von Rhodos, haben die Jahrhunderte aber nicht überlebt; Kunsträuber, die es schon zu Zeiten des römischen Weltreiches gab, der Wechsel der Jahreszeiten und die unaufhörliche Verwitterung durch die Jahrhunderte dezimierten den rhodischen Bestand an griechischen Skulpturen auf einen kümmerlichen Rest, der nur ein unvollkommenes Bild von der rhodischen Bildhauerkunst der klassischen Epoche vermitteln kann.

In der klassischen Epoche steht die griechische Skulptur in ganz Griechenland noch im Dienste der Religion; erst viel später, mit Beginn des Hellenismus, wird die Skulptur für den kunstgewerblichen Handel geschaffen. Metopen, deren Ikonographie zumeist mythologische Themen zum Inhalt haben, schmücken die Tempel der griechischen Gottheiten. In ihren heiligen Hainen stehen Götterstatuen und Skulpturen mythologischer Heroen. Auf den Friedhöfen werden den Verstorbenen ehrenvoll Grabstatuen oder Stelen errichtet. Damit erfüllen die Griechen ein göttliches Gebot: die Toten zu ehren und würdevoll zu bestatten. Diese tieffromme Totenverehrung klingt schon in den Berichten Homers an, wenn er in seinen Epen von den leidenschaftlichen Zweikämpfen gefallener Freunde und Helden berichtet. Diese Themen werden schon früh in das szenische Repertoire der Vasenmalerei aufgenommen, wie es uns bereits das Rundbild des Euphorbos-Tellers gezeigt hat (s. S. 62).

Aus der Zeit des *reichen Stils* (420–390 v. Chr.) der klassischen Epoche soll für Rhodos exemplarisch die *Grabstele der Krito und Timarista* (um 420/410 v. Chr.) von der Nekropole in Kamíros vorgestellt werden (Abb. 31). Attische Einflüsse kennzeichnen dieses Grabrelief zweier verstorbener Frauen, die mit prachtvollen Gewändern bekleidet sind. Beide tragen einen langen Ärmelchiton; Krito (links) zusätzlich noch einen Mantel und Timarista einen gegürteten Peplos. Trauer spricht aus den Gesten beider. Behutsam zart wendet sich die in Seitenansicht modellierte Krito Timarista zu, deren Schultern sie tröstend und einfühlsam mit ihren Händen berührt. Liebevoll erwidert Timarista diese Zuwendung und legt kaum merklich ihre rechte Hand auf den unbedeckten Nacken Kritos. Die strengen klassischen Gesichtszüge der verstorbenen Frauen sind voll verinnerlichter Ausdruckskraft, sie sind den Lebenden schon entrückt und ihnen in ihrem Dasein doch gegenwärtig.

Ende des 5. Jahrhunderts v. Chr. entschieden sich die politischen Vertreter der drei rhodischen Städte Líndos, Iálysos und Kamíros, ihre Eigenständigkeit als *Polis* zu Gunsten einer neuen für ganz Rhodos bestimmenden Polis aufzugeben. Diese, aus politischen und/oder militärischen Gründen erfolgte staatsrechtliche Neuordnung eines bestimmten geographischen Landschaftsraumes bezeichnete man im antiken Griechenland als *Synoikismos.*

408 v. Chr. gründete man an der Nordspitze der Insel eine neue Metropole mit einem sich rechtwinklig kreuzenden Straßensystem, der man den Namen der Insel gab: *Rhodos.* Fortan, bis in unsere heutige Zeit, bestimmte diese neue Stadt Rhodos die Geschicke der gesamten Insel. Im 3. und 2. vorchristlichen Jahrhundert erblühten in und auf Rhodos Kunst und Wissenschaft erneut. Die antike Stadt hatte damals eine Gesamtflächenausdehnung, die größer war, als es die heutige Neustadt zusammen mit der Altstadt ist. Noch heute verlaufen

mittelalterliche und moderne Straßenzüge (z. B. die berühmte Ritterstraße, Farbt. 4) entlang antiker Trassen, kennzeichnen Wiesenpfade auf der Akropolis den Verlauf antiker Straßen.

Hellenistische Epoche
(323 v. Chr. – Mitte 1. Jh. v. Chr.)

Während der hellenistischen Epoche wird das durch den Synoikismos gestärkte Rhodos ›der letzte große griechische Freistaat‹. Die Insel gehört besonders im 3. und 2. Jahrhundert v. Chr. neben Alexandria und Pergamon zu den Zentren hellenistischer Wissenschaft und Kunst, besonders der Bildhauerei. Cicero, Pompejus, Caesar und viele andere Römer besuchen im 1. Jahrhundert v. Chr. die Universität von Rhodos.

Die neue griechische Kunst steht aber nicht plötzlich und unvermittelt vor uns. »Im Laufe der hellenistischen Epoche setzt sich ein Vorgang fort, der im vierten Jahrhundert anhebt: die Entwurzelung der griechischen Kunst, ihr Aufgehen in der großen Welt«. (E. Buschor) Bereits in der Spätklassik, um 350 v. Chr., sind am Mausoleum von Halikarnassos neue Tendenzen erkennbar, die zu den ›barocken‹ Formen des Hellenismus hinführen, die in dem Skulpturenschmuck des Zeus-Altars von Pergamon (180–160 v. Chr.) ihren Höhepunkt finden. Die einst im Dienste der Religion stehende griechische Kunst wird zur Repräsentationskunst. Neben der Priesterschaft sind es nun vor allem weltliche Auftraggeber mit neuen, nicht sakralen Ansprüchen an das Kunstwerk.

Aus antiken Quellen (Plinius, Plutarch u. a.) und Inschriften entnehmen wir, daß Rhodos für die gesamte hellenistische Welt auch ein gewichtiger Auftraggeber gewesen zu sein scheint: neben den Bildhauern Lysippos und Bryaxis (der gemeinsam mit Leochares, Skopas und Timotheos die Skulpturen des Mausoleums von Halikarnassos geschaffen hat) haben auch die Maler Apelles und Protogenes (deren Werke leider zerstört sind) für Rhodos Aufträge ausgeführt. Andererseits waren aber auch rhodische Kunstwerke (z. B. die Laokoon-Gruppe) und Künstler außerhalb der Insel hoch angesehen; einer von ihnen, Deinokrates, wurde sogar der erste Architekt Alexander des Großen.

Alles in allem scheint das soziale Umfeld für rhodische und nichtrhodische Künstler auf der Insel besonders günstig gewesen zu sein: So konnten fremden Künstlern einerseits die Bürgerrechte verliehen werden, andererseits konnten sie auch in hohe öffentliche Ämter gewählt werden.

Ihre damalige politische Stärke suchten die Rhodier nach ihrem Sieg im Jahre 304 v. Chr. – der erfolglosen einjährigen Belagerung der Insel durch Demetrios Poliorketes – durch die Errichtung des bronzenen *Helios-Kolosses* (s. S. 27) auszudrücken. Chares aus Líndos, ein Schüler des berühmten Lysippos, arbeitete zwölf Jahre (von 304–292 v. Chr.) an dem etwa 34 m hohen Riesenstandbild, das in der Antike zu den Sieben Weltwundern zählte. Bei dem Erdbeben im Jahre 226 v. Chr. stürzte die Götterstatue um und zerbrach. Einem Orakel gehorchend, haben die Rhodier den Koloß nicht wieder aufgerichtet. Jahrhundertelang

Nike von Samothrake, um 190 v. Chr., Marmor, Höhe 2,45 m.
Louvre, Paris

lagen die bronzenen Fragmente an der Stelle, wo sie umgestürzt waren, bis die Araber sie im Jahre 653 n. Chr. nach ihrer Eroberung der Insel nach Edessa abtransportierten. Standort und Aussehen der Helios-Statue sind nicht überliefert; wahrscheinlich stand das Wunderwerk im Bereich des heutigen Hafens, möglicherweise hatte der Helioskopf ähnliche Gesichtszüge und einen Strahlenkranz wie wir sie von Münzabbildungen her kennen. Die Rekonstruktionszeichnung von Rottiers aus dem 19. Jahrhundert ist ein Phantasiegebilde, das wohl kaum mit dem uns unbekannten Original identisch ist.

Ein weiteres Monument des Sieges, ein Weihgeschenk für den gemeinsam errungenen Seesieg von Rhodiern und Römern über Antiochos III. im Jahre 190 v. Chr. am Hellespont, verkörpert die *Nike von Samothrake,* ein überzeugendes Meisterwerk des Hellenismus, das wohl von einem rhodischen Künstler geschaffen wurde:

»Der Hellenismus hat die Fülle von Ausdrucksmöglichkeiten, die der plastischen Formung des bewegten Gewandes zur Verfügung stehen, begierig ergriffen und bis zum Äußersten gesteigert. Die Nike von Samothrake hat eine lange Ahnenreihe, die über die epidaurischen Akroterien zu den Schöpfungen des ionisch-attischen Kreises führt ... Nun steigert sich die einfache spiralige Drehung zum zentrifugalen Hinausschleudern von Bewegungsimpulsen in die unendliche Ferne und dynamisiert auf diese Weise das in Nordmesopotamien beheimatete zentrale Kompositionsprinzip, die zylindrische Massenform. Der in den Raum aufsteigende Wirbel setzt damit zugleich auch die ganze Tektonik der klassischen Zeit in Bewegung. Er verflüssigt die rhythmischen Akzente der polykletischen Ponderation aber nur äußerlich im gleitenden Übergang der plastischen Massen, steigert sie dagegen in der inneren Achsenführung zu hart aufeinanderstoßenden Brüchen im Raum, so daß eine Kontrastwirkung auftritt, die das Wesen der ganzen Struktur bestimmt. Eine Bewegung, die in ihrer ruckweisen Entwicklung von den aufwärts steigenden spiraligen Stromläufen gemildert, aber nicht verborgen wird, nimmt die alten klassischen Akzente der Ponderation auf, löst sie aus ihrer kreisenden, in sich geschlossenen Rhythmik und verwandelt sie in das Echo einer übermenschlichen kosmischen Erschütterung ... In diesem Gegensatz zwischen der axial gebrochenen Anlage, die das spiralige Aufwärtsstreben in scharfe Akzente auflöst, und den sie umhüllenden plastischen Massen, Fluten und Wölbungen von Körper und Gewand liegt der eigentliche formal schöpferische Gedanke dieses großartigen Werkes verborgen ...

Demgegenüber tritt bei der samothrakischen Figur das Erbe der phidiasischen Parthenonkunst, die selbständige souveräne Bildung des bewegten Gewandes, als gleichberechtigter Faktor neben die gespannte Dynamik der nackten Körperwölbungen, die der plastischen Struktur des lysippischen Apoxyomenos entspricht, und führt damit zu einer großartigen Dialektik abstrakter und organischer Formen, die wir an der Nike des rhodischen Meisters bewundern. Unter den wie Gießbäche sich stauenden und tosenden Gewandfluten tauchen die Formen des Körpers immer wieder in ihrer klaren Nacktheit aus dem sie momentan verhüllenden und verunklärenden Gewühl und Geriesel der Falten auf, deren stofflich abstraktes Wesen die plastischen Akzente des weiblichen Aktes zur höchsten Wirkungspotenz steigert.«[8]

Ein schöner *Helioskopf* aus Marmor (Abb. 35), etwa um 150 v. Chr. auf Rhodos geschaffen, mag vielleicht dem Vorbild des damals in Trümmern liegenden Kolosses von Rhodos nachgebildet worden sein. Es handelt sich um ein fast klassizistisches Porträt, das an den ›vergotteten Alexander den Großen‹ erinnert; der nach rechts blickende Kopf war dazu bestimmt, auf eine Gewandstatue aufgesetzt zu werden. Das lockige Haar des Gottes war teilweise aus Stuck gebildet, fünfzehn kleine Bohrlöcher im Haar deuten darauf hin, daß der Kopf ursprünglich mit einem Strahlenkranz bekrönt war.

Die *kauernde Aphrodite* (Abb. 36) von Rhodos kündet bereits den Späthellenismus an und zeigt mit ihrer weichen flächigen Körperbehandlung auch klassizistische Einflüsse; ihr Typus geht auf ein älteres bronzenes Vorbild des Doidalsas zurück. Die aus dem Bade steigende Aphrodite stammt etwa aus der Zeit um 100 v. Chr. Mit beiden Händen umfaßt das zart anmutende Geschöpf ihre feucht-schweren Locken, um sie zu trocknen. Während der Unterkörper der Figur ganz im Profil erscheint, macht der Oberkörper eine elegante Drehung, wendet sich dem Betrachter frontal zu und zeigt sich so mit seiner Vorderseite in voller Schönheit.

Zwei rhodische Werke aus der Endphase des Hellenismus: der Farnesische Stier (1. Jh. v. Chr.) und die Laokoon-Gruppe (Mitte 1. Jh. v. Chr.), beide weltberühmt, ersteres im Nationalmuseum von Neapel, letzteres im Vatikanmuseum von Rom aufbewahrt, mögen diesen kleinen Exkurs in die hellenistischen Bildhauerwerkstätten der Insel Rhodos beschließen und abrunden.

Der *Farnesische Stier* (Abb. 42), so benannt nach der Privatsammlung der seit dem 13. Jahrhundert nachweisbaren italienischen Adelsfamilie Farnese, deren Sammlung sich heute im Museo Nazionale Neapel befindet, ist eine römische Kopie aus der Zeit um 160 n. Chr. Das rhodische Original, wahrscheinlich war es eine Brunnenskulpturengruppe, der beiden Bildhauer Apollonios und Tauriskos ist verschollen, es bestand aber nur aus drei Skulpturen und dem mächtigen Stier; eine räumlich geschlossene, jedoch in sich stark bewegte Gruppe, die, zur Mitte tendierend, sich gleich einer Pyramide vom Sockel in die Höhe streckte.

Antiope, die vierte (außerhalb der Gruppe stehende) Figur der römischen Kopie ist eine Hinzufügung, eine Veränderung des rhodischen Originals der antoninischen Zeit. Ikonographisches Thema der Gruppe ist der Mythos von Antiope (s. Apollodor III, 42ff.), deren Zwillingssöhne Amphion und Zethos, Dirke, Königin von Theben, bestrafen, da diese ihre Mutter jahrelang in dunkler Kerkerhaft gequält hatte. Nach der Befreiung der Mutter binden die Söhne Dirke an einen Stier, der sie zu Tode schleift.

Athanadoros, Hagesander und Polydoros, die Schöpfer der *Laokoon-Gruppe* (Abb. 43), die Laokoon mit barocken Stilmitteln, dessen Söhne aber mit klassizistischen Reminiszenzen der Lysippos-Schule modellierten, gehören mit zu den wichtigsten Vertretern der rhodischen Bildhauerkunst des Hellenismus. Ihr Werk gelangte wohl in der 2. Hälfte des 1. Jahrhunderts n. Chr. in den Besitz des Kaisers Titus und fand am Kaiserhof euphorische Bewunderung. Nach der Wiederentdeckung der Laokoon-Gruppe im Jahre 1506 in den Thermen des Titus in Rom begeisterte das Kunstwerk die Epoche der Renaissance gleichermaßen wie viele Künstlergenerationen nach ihr. Der bildliche Inhalt der Skulpturengruppe geht auf folgenden Mythos zurück: Laokoon, Priester in Troja, zweifelt daran, daß das ›Trojanische Pferd‹ ein göttliches Zeichen sei, er warnt die Trojaner davor, das hölzerne hohle Pferd in die Stadt zu führen, da er von einer List der Griechen (des Odysseus) überzeugt ist. Dieser Unglaube soll einer der Gründe für die göttliche Strafe des Laokoon und seiner Söhne sein; andere Mythographen berichten davon, daß Apollon den Laokoon deshalb bestrafte, weil er nicht ehe- und kinderlos sein Priesteramt ausgeführt hatte. Während einer Opferhandlung für Apollon ergreifen dämonische Schlangen den Vater und seine Söhne, schlagen Laokoon den Todesbiß in die Weiche, dem jüngeren Sohn in die Brust, während sich der ältere Sohn, hilfesuchend zum Vater schauend, vor dem Griff der Schlangenleiber zu retten versucht.

In der Laokoon-Gruppe nimmt der Mythos dramatische Gestalt an. »Ein Bild menschlicher Ohnmacht von herzbewegender Tragik steht vor uns. Die Form von kalter Virtuosität ist dennoch von hinreißender Vollendung.«[9]

Römische Epoche

(Mitte 1. Jh. v. Chr. – 395 n. Chr.)

Der Verlust der rhodischen Selbständigkeit während der römischen Epoche (ab 44 n. Chr. unter Kaiser Claudius) hatte auch ein Absinken des bis dahin hohen Lebensstandards der Bevölkerung zur Folge und brachte ebenfalls ein Verblassen der rhodischen Kunstwerkstätten mit sich. Jedenfalls scheint die in Rom ausgereifte Porträtkunst der Kaiserzeit auf Rhodos keine Blüte erlebt zu haben. Dennoch sprechen römische Autoren (Plinius d. Ä.) des 1. Jahrhunderts n. Chr. von einem ungeheuren Reichtum an Kunstwerken auf der Insel Rhodos und erwähnen u. a. 3000 Standbilder, aus Marmor und Bronze gefertigt, die jedoch größtenteils im Laufe der römischen Herrschaft dem Kunstraub zum Opfer gefallen sind. Im Jahre 42 n. Chr. erbeutete Cassius die bedeutendsten rhodischen Meisterwerke und brachte sie nach Rom.

Frühchristliche und byzantinische Epoche
(395 n. Chr. – 1523 n. Chr.)

Der große Zeitraum des ›byzantinischen Jahrtausends‹, beginnend mit der frühchristlichen Epoche, wird allgemein in die früh-, mittel- und spätbyzantinische Epoche unterteilt, wobei ihre Übergänge fließend und nicht durch historische Ereignisse markiert sind. Darüber hinaus grenzt man die künstlerische Produktion einiger bestimmter Epochen und Kaiserdynastien genauer ab und unterscheidet in: ›Zeitalter Justinians‹ (527–565), ›Kunst des Ikonoklasmus‹ (726–843), ›Komnenische Kunst‹ (1081–1185) und ›Kunst der Paläologen‹ (1261–1453). Das Ende des byzantinischen Reiches, das von den Historikern mit dem ›fatalen Datum 1453‹ (H. G. Beck) umschrieben wird, bedeutet für Rhodos aber nicht das Erlöschen byzantinischer Kunst auf der Insel. Vergleichbar mit Zypern unter der Herrschaft der Lusignan und mit Kreta während der venezianischen Herrschaft lebte auf Rhodos byzantinisches Erbe unter den Rittern des Johanniterordens weiter, die seit 1309 die Herrschaft über die Insel fest in ihren Händen hielten und erst 1523 von den Türken vertrieben wurden (s. S. 42). Aber selbst während der türkischen Zeit, die für Rhodos bis 1912 andauerte, und auch heute im 20. Jahrhundert lebten und leben byzantinische Kunstformen in Architektur und Malerei fort. Ein großartiges Kunstwerk aus der türkischen Epoche repräsentiert die Ajía Anastasía-Kirche außerhalb von Jenádhion (s. S. 253f., Farbt. 51).

Außerdem registriert jeder Griechenlandbesucher zumindest unbewußt, daß in der griechisch-orthodoxen Welt moderne Sakralarchitektur keinen Raum gefunden hat. Die Tradition auch der byzantinischen Bauformen hat sich erhalten, deren Innenräume nach wie vor mit byzantinischen Fresken des tradierten ikonographischen Programms ausgemalt werden, und zwar nicht nur inhaltlich, sondern auch formal, wie es für Rhodos die 1925 wieder aufgerichtete Ordensritterkirche St. Johannes (s. S. 159f.) besonders anschaulich zeigt.

Architektur

Spricht man innerhalb der verschiedenen byzantinischen Epochen und Kunstströmungen von der byzantinischen Architektur, so ist zumeist nur die Sakralarchitektur gemeint, da selbst in der Hauptstadt Konstantinopel und so bedeutenden byzantinischen Städten wie z. B. Thessaloniki und Nikopolis (um im griechischen Bereich zu bleiben) nur wenige Beispiele byzantinischer Profanarchitektur erhalten bzw. bekannt sind. So lassen sich für Konstantinopel auch nur der große Kaiserpalast, die eindrucksvolle Stadtmauer und die Zisternen mit Ziegelgewölben in römischer Ingenieurbaukunst als Beispiele der Profanarchitektur anführen; entsprechend geringer sind die Beispiele in den byzantinischen Provinzen, das gilt in ganz besonderem Maße für die Insel Rhodos.

In Griechenland erreichte die frühchristliche Bautätigkeit vom 5. Jahrhundert bis zur Mitte des 6. Jahrhunderts ihren Höhepunkt. Während dieser Zeit entstanden vornehmlich in den Küstengebieten und auf den ägäischen Inseln (Chíos, Kos, Kreta, Lésbos, Páros, Rhodos) mehrere hundert frühchristliche Basiliken. Während der Übergangsphase von der Spätantike zur frühchristlichen Epoche verstanden die Christen unter ›Basilika‹ durch Sinnausweitung des Wortes ganz allgemein ›Gotteshaus‹, gleichgültig von welcher Grundrißgestalt der Kirchenbau auch immer war; so wurde z. B. auch die frühchristliche Kirche S. Stefano Rotondo in Rom (letztes Viertel 5. Jh.) als Basilika bezeichnet. Für die Datierung von frühchristlichen Basiliken sind die Fußbodenmosaiken eine der wesentlichsten Hilfen für die Archäologen. Alle Mosaiken gehen auf spätantike Dekorationselemente zurück; sowohl phantasievolle geometrische Motive (Farbt. 16, 17; Abb. 20) als auch Blumenornamente und figurale Tierdarstellungen schmückten ehemals die Fußböden der frühchristlichen Gotteshäuser. Auf Rhodos sind auch kostbare Marmorfußböden entdeckt worden (Katholikí von Afándu, s. S. 235, und in der Stadt Rhodos, Abb. 21), die sonst vornehmlich den Konstantinischen Basiliken (den frühen, von Kaiser Konstantin selbst in Auftrag gegebenen Kirchenbauten) und jenen von wohlhabenden byzantinischen Bischofsstädten vorbehalten waren. Seit der mittelbyzantinischen Zeit werden auf Rhodos wie in allen anderen byzantinischen Landschaftsräumen vorwiegend Einraumkapellen gebaut (Farbt. 47, 49), seltener Kreuztonnenkirchen und Kuppelkirchen. Jede dieser Bauformen ist im ganzen byzantinischen Reich mit mannigfaltigen Variationen und vielen lokalen Besonderheiten ausgeführt worden. Auf Rhodos gibt es erstaunlicherweise einen überdurchschnittlich hohen Anteil von Kuppelkirchen (Farbt. 45, 46, 48, 50, Umschlagrückseite), wobei auf der Insel auch die verschiedenen Typen der Kuppelkirchen vertreten sind, wie etwa die Kuppelhalle und die Kreuzkuppelkirche.

Freskenmalerei

Von den ehemals prachtvoll ausgeschmückten Kirchen der frühchristlichen Epoche sind auf Rhodos keine Beispiele erhalten, aber auch für andere Landschaftsräume lassen sich nur vereinzelte Monumente mit Fresken- oder Mosaikschmuck nachweisen. Der im »byzantinischen Reich mit allen Mitteln der Theologie, der kirchlichen Disziplin und der polizeilichen Gewalt ausgefochtene« (H.-G. Beck) Bilderstreit (ca. 730–843), der sich mit Unterbrechung fast ein Jahrhundert hingezogen hat, ist die Ursache für die Zerstörung der frühen Kunstwerke des Christentums. Aus der Zeit des Ikonoklasmus selbst sind die erhaltenen Kunstwerke ebenfalls zahlenmäßig sehr gering. In Griechenland gibt es nur u. a. auf Kreta, Naxos und Rhodos seltene Beispiele der ikonoklastischen Kunst. In der Ajios Jeórjios Chóstos Kirche von Líndos gibt es sowohl ikonoklastische Fresken mit geometrischen Motiven aus dem 8./9. Jahrhundert als auch aus dem 9. Jahrhundert.

»Mit der Wiedereinführung der Bilder nach dem Ikonoklasmus bildet sich, ausgehend von der Hauptstadt Konstantinopel, ein Schema für die Ausmalung der Kreuzkuppelkirchen heraus, das sich allmählich im gesamten byzantinischen Raum durchsetzen sollte.

Der Gestaltung des ikonographischen Programmes und der Verteilung der Themen im Kirchenraum liegt der Gedanke zugrunde, daß das christliche Kirchengebäude das All symbolisiert. Die *Kuppel* ist der Himmel, Ort der himmlischen Hierarchie. Hier erscheint Christus Pantokrator, der Allherrscher und Himmelsfürst, umgeben von seinen Hofrepräsentanten, den Engeln und Propheten...

Die *Tonnengewölbe* übernehmen gemäß ihrer Stellung im architektonischen Gefüge die vermittelnde Funktion zwischen der himmlischen Welt der Kuppel und der irdischen Zone, dem Kirchenraum, in dem sich die Gläubigen aufhalten. Daher werden sie mit neutestamentlichen Szenen geschmückt, welche die soteriologische Aufgabe Christi veranschaulichen; über ihre erzählerische Funktion hinaus beinhalten sie das Inkarnationsdogma. Die Themenanordnung folgt nicht der chronologischen Reihenfolge der Evangelien, sondern dem Festkalender *(Dodekaorton)* der orthodoxen byzantinischen Kirche. Dieses ikonographische Programm wird im Laufe der Zeit bereichert durch sekundäre Themen, die aus der Weiterentwicklung des Dodekaorton-Zyklus entstanden sind: mariologische und hagiologische Szenen, seltener auch solche aus dem Alten Testament.

Die nach der Kuppel hervorragendste Stelle im Kirchenraum ist die Apsiswölbung. An diesem Ort der Vereinigung von Himmel und Erde erscheint in der Frühzeit immer die Gottesmutter, dann auch Christus »wie eine Brücke, von der Erde zum Himmel führend« (Andreas von Kreta). Diese Mittlerfunktion drückt sich auch in der Deesis-Komposition mit Christus, der Muttergottes und Johannes Prodomos aus, die später ebenfalls die Apsis schmückt. Der Altarraum (Bema), Symbol des mystischen Himmels, wird mit liturgischen Themen dekoriert; im Gewölbe über dem Altar finden Himmelfahrt und/oder Pfingsten ihren Platz. An den Wänden des Kirchenraumes (Naos) erscheinen Heilige und Märtyrer als Zeugen des christlichen Lehrgebäudes...

Themenauswahl und Zusammenstellung des Programms sind durch die Raumgröße, von den ästhetischen und thematischen Ansprüchen des Stifters, von der Kunstfertigkeit des Wandmalers und von seinem ikonographischen Repertoire bestimmt.

In der Apsiswölbung der Einraumkapellen erscheint nach dem für den gesamten byzantinischen Raum geltenden Programm die Muttergottes oder Christus thronend oder als Brustbild. Die Deesis, ein christologisches Thema mit dem Pantokrator und Weltenrichter zwischen der Gottesmutter und Johannes dem Täufer (Prodomos), hat die Monumentalmalerei von der Devotionskunst übernommen. Seitdem findet das Motiv eine breite Anwendung in Apsiskompositionen der kappadokischen Kirchen...

Im unteren Teil der Apsis entfaltet sich das Thema der Opferung Christi für die Erlösung der Menschen in seiner liturgischen Übertragung; zwischen den die Liturgie feiernden Hierarchen (sylliturguntes Hierarches) ist manchmal das geopferte Lamm Gottes (Melismos) dargestellt oder aber nur der gedeckte Opfertisch. Die zur Mitte gewandten Hierarchen ersetzen allmählich den älteren Typus der frontal dargestellten Kirchenväter, obwohl dieser auch in späterer Zeit noch vereinzelt vorkommt...

Die ministrierenden Diakone stehen seitlich der Apsis. Seltener ist das Thema der Apostelkommunion, das im zylindrischen Teil der Apsis oberhalb der Hierarchen plaziert sein kann, aber auch im Gewölbe des Bemas.

An der Ostwand, dem Triumphbogen, werden meist folgende Themen dargestellt (auf Rhodos jedoch seltener): oberhalb der Apsiswölbung das Gastmahl des Abraham (Philoxenia ton Angelon), auf die heilige Liturgie hindeutend, oder das Mandylion, eine Acheiropoietos, d. i. ein nicht von Menschenhand gemachtes Bild Christi, seltener Christus Emanuel (Anapeson) oder die Hl. Dreifaltigkeit (Hagia Trias). Links und rechts der Apsiswölbung steht auf beiden Seiten des Triumphbogens die Verkündigung (Evangelismos, links der Engel, rechts Maria). In einer Nische der Ostwand (meist im Norden), die die Prothesis ersetzt und das Grab Christi symbolisiert, wird der Schmerzensmann (Akra Tapeinosis) dargestellt, während Isaaks Opferung (Thysia tu Abraam), auf die Passion Christi hinweisend, an der Nordwand des Altarraumes vorkommt, da Isaak dem Opferlamm Gottes gleichgesetzt wird. Himmelfahrt (Analepsis) und Pfingsten (Pentekoste) nehmen den Ostteil der Tonne über dem Altarraum ein. Die Seitenwände des Bemas schließlich schmücken Heiligenfiguren.

Die gesamte Fläche des Tonnengewölbes, die durch rötliche Bänder in rechteckige Bildfelder (Diachora) in parallel übereinandergestaffelte Register unterteilt wird, füllen neutestamentliche Szenen aus dem Dodekaorton-Zyklus:

Verkündigung (Evangelismos, nach Lukas I, 26–38)
Geburt Christi (Genesis, nach Matthäus 2,1–13 und Lukas 2,1–20)
Darbringung im Tempel (Hypante, nach Lukas 2,22–28)
Taufe (Baptesis, nach Matthäus 3,13–17; Markus 1,9–11; Lukas 3,21–22; Johannes 1,26–36)
Verklärung (Metamorphosis, nach Matthäus 17,2–9; Lukas 9,28–36)
Auferweckung des Lazarus (Egersis tu Lazaru, nach Johannes 11,1–45)
Einzug in Jerusalem (Baiophoros, nach Matthäus 21,1–11; Markus 11,1–10; Lukas 19,29–40; Johannes 12,12–19)
Kreuzigung (Staurosis, nach Matthäus 27,33–36; Markus 15,22–41; Lukas 23,33–49; Johannes 19,18–37)
Hadesfahrt (Anastasis; in den Evangelien gibt es keine Quellen darüber, siehe auch ersten Petrusbrief 3,18–19 und Prophet Hosea 13,14; vgl. aber das Nikodemus-Evangelium XVII ff.)
Himmelfahrt (Analepsis, nach Apostelgeschichte 1,6–11)
Pfingsten (Pentekoste, nach Apostelgeschichte 2,1–13)
Marientod (Koimesis tis Theotoku; im Neuen Testament keine Quellen darüber, siehe aber Johannes von Thessalonike 610–649; älteste Erwähnung in syrischen Legenden des 5. Jahrhunderts).

Weitere christologische Szenen, etwa Wunder- oder Passionsthemen sowie mariologische Szenen erweitern oft dieses Bildprogramm.

Die Aufteilung der Wandmalereien in der Tonne erfolgt relativ frei und flexibel; trotzdem lassen sich gewisse Regelmäßigkeiten feststellen. Das Programm fängt beim östlichen Bildfeld im südlichen Teil der Tonne im Kirchenschiff, also diesseits des Bemas an. In der Regel erscheint hier die Geburt Christi. Es setzt sich innerhalb der Register von links nach rechts fort und endet mit dem entsprechenden Bildfeld der Nordseite wieder im Osten mit der Hadesfahrt Christi. Die Westwand nimmt die Darstellung des Jüngsten Gerichts ein; damit zusammenhängende Szenen können im Westteil der Tonne vorkommen...

Szenen aus dem Synaxarion des Kirchenpatrons, seine Lebens- und Leidensgeschichte, ergänzen das Ausschmückungsprogramm. Diese Bilder werden unterhalb der Dodekaorton-Szenen ähnlich wie diese in rechteckigen Feldern in meist schmaleren Registern angeordnet. Der hagiologische Zyklus wird ergänzt durch weitere Heiligenfiguren in der unteren Wandzone, die in Reihen stehend, meist lebensgroß frontal wiedergegeben sind, so als nähmen sie gemeinsam mit den Gläubigen an der Liturgie teil. Brustbilder von Heiligen werden manchmal, in paläologischer Zeit dann sehr oft, in einem Medaillonfries zwischen die Vita-Szenen und die stehenden Heiligen der Wandzone eingeschoben. Die Identifizierung der Heiligen erfolgt durch die beigegebene Namensbeschriftung sowie durch ikonographische Indizien.«[10]

Führer zu den Sehenswürdigkeiten

Rhodos

(Farbt. 1–22, Abb. 1–43)

Das offizielle historische Gründungsdatum der Stadt Rhodos geht auf das Jahr 408 v. Chr. zurück. In diesem Jahr wurde der von Líndos, Iálysos und Kamíros geplante Synoikismus (s. S. 26) rechtmäßig vollzogen. Bewohner der drei rhodischen Städte, wohl aber auch ein Teil der ländlichen Bevölkerung, nahmen die neuen Wohnquartiere der sprichwörtlich aus ›dem Boden gestampften Stadt‹ in Besitz, in der sich nun auch die gesamte administrative Inselverwaltung etablierte: fortan wurden alle politischen, kulturellen und wirtschaftlichen Entscheidungen der ganzen Insel von der neuen Inselhauptstadt Rhodos aus gefällt.

Der festlichen Einweihung der Stadt, der feierlichen Enthüllung von Götterstatuen und der Verehrung verschiedener Gottheiten in den neuen Tempeln ging aber eine mehrjährige Bauzeit, seit etwa 411 v. Chr., voraus (diese Annahme ist allerdings quellenmäßig nicht belegt). Die Wahl des Standortes für die neue Stadt, die – den archäologischen Ergebnissen zufolge – bisher noch nie besiedelte Nordspitze der Insel, war topographisch und strategisch äußerst günstig ausgefallen. Über Jahrhunderte, bis heute, verfügt die Stadt über die sichersten Häfen Griechenlands; alle drei neuzeitlichen Hafenanlagen an der Ostküste gehen auf die ausgebauten Hafenbecken der antiken Stadt Rhodos zurück, die noch zusätzlich einen Hafen an der Westküste besaß.

Die Realisierung der auf dem Reißbrett entworfenen Stadt Rhodos ist eine städtebauliche Bravourleistung der Antike. Das etwa 2,5 Kilometer sanft abfallende Gelände vom Monte Smith bis zur sandigen Nordspitze nahe dem Hotel ›des Roses‹ ist genau jene Fläche, in der sich damals die antike Stadt ausdehnen konnte. Der geplante und später festungsartig ummauerte Stadtraum, felsig und mit Bäumen bestanden, mußte aber vorab erst gerodet, planiert und terrassiert werden, ehe die sich rechtwinklig schneidenden Straßen nach dem System des Hippodamos von Milet, ohne Rücksicht auf den geologischen Verlauf der Höhenlinien, dem Gelände aufgezwungen werden konnten. An keiner Stelle entdeckte man bisher Treppenstraßen; alle Hangstraßen folgen einer sanften Steigung bzw. einem leichten Gefälle. Die Unterkonstruktionen der Straßen mit ihren technisch ausgereiften Be- und Entwässerungsleitungen (Abb. 25) und ihren konstruktiv soliden Fundamentierungen rufen höchste Bewunderung hervor.

Aristoteles berichtet zwar, daß sich Hippodamos von Milet, der auch die städtebau-

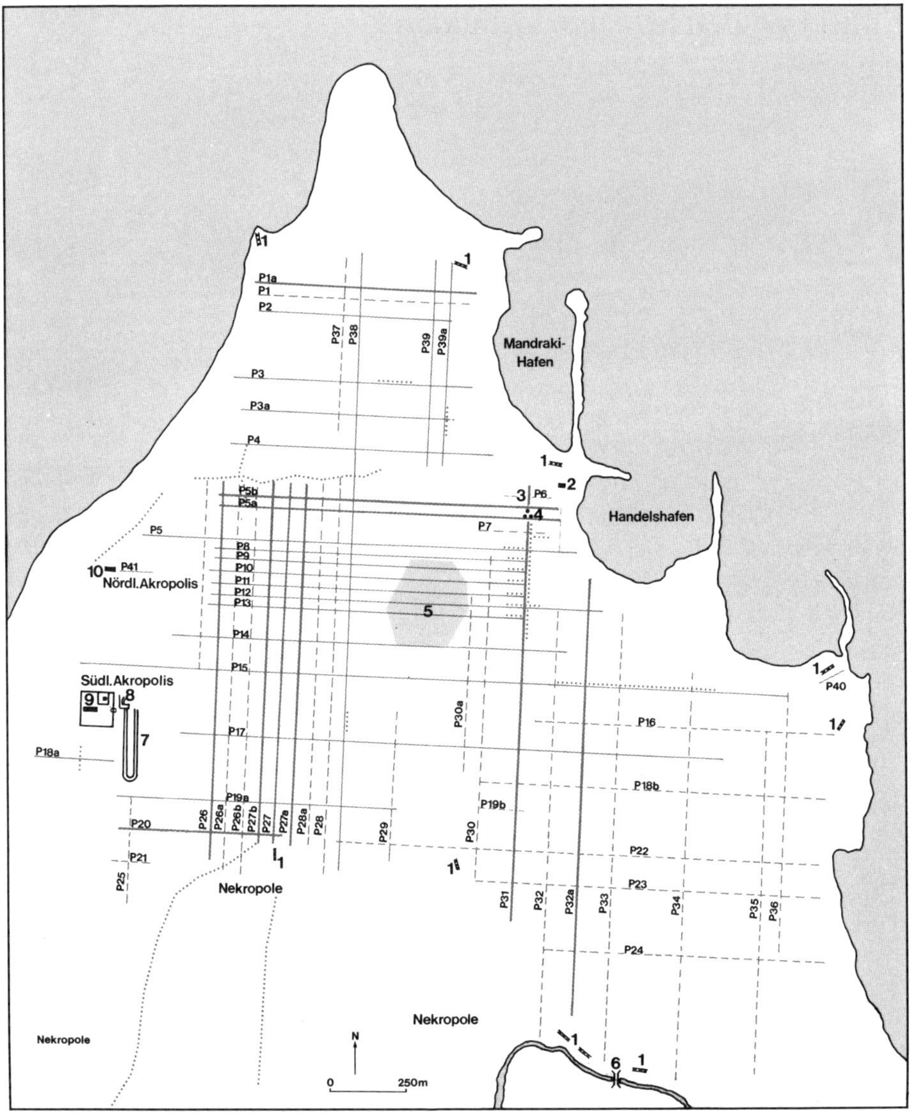

Bisher gesicherte, sich rechtwinklig schneidende Straßen des antiken Rhodos, konzipiert nach dem System des Hippodamos von Milet, wahrscheinlich in den Jahren 411–408 v. Chr. errichtet. Die stärker hervorgehobenen antiken Trassen sind mit heutigen Straßenführungen identisch.
1–4 Stadtmauern 2 Aphrodite-Tempel 3 umgebaute römische Straße 4 vermuteter Standort des Dionysos-Tempels 5 vermuteter Standort des Asklepieion 6 Hellenistische Brücke 7 Stadion 8 Theater 9 Apollon Pythios-Tempel 10 Tempel der Athena Polias und des Zeus Polieus

liche Konzeption für Piräus und Thurioi (Sybaris) entwickelt hat, als erster mit der ›*Aufteilung*‹ des rechtwinkligen Straßennetzes und der Systematisierung von Stadtanlagen beschäftigt hat; von späteren Autoren der Antike wird Hippodamos sogar als der ›Erfinder‹ solcher Stadtanlagen genannt. Ältere Stadtanlagen wie etwa Selinunt auf Sizilien (628 v. Chr. gegründet), mit einem ganz ähnlich konzipierten Stadtplan, beweisen aber, daß Hippodamos (er war auch Mathematiker) nicht das System der sich rechtwinklig kreuzenden Straßen erfunden hat. Wenn Aristoteles aber von einer ›Aufteilung‹ spricht, dann scheint damit vielleicht ein geometrisches Teilungsverhältnis gemeint zu sein, das für die Grundflächen der Hausquartiere tatsächlich in der antiken Stadt Rhodos nachweisbar ist. Nach dieser ›Aufteilung‹ gab es Hauptstraßen mit einer Breite bis zu 16,10 m, die das gesamte Stadtgebiet in einzelne Quadrate von 201 m Seitenlänge aufgliederten (das entspricht 1 Stadion = 600 rhodische Fuß zu 0,335 m). Nebenstraßen bis zu einer Breite von 9,30 m unterteilten hingegen die so abgesteckten Hauptquadrate in vier ebenfalls quadratische Flächen zu je 300 × 300 Fuß, die wiederum von kleinen Wohnstraßen mit einer Breite bis zu 5,15 m in sechs rechteckige Teilflächen zu je 100 × 150 Fuß parzelliert wurden, womit für jedes Wohnquartier eine rechnerische Grundsückse (inkl. der Straßenanteile) von ca. 1683 qm zur Verfügung stand.

Bei der Aufgliederung des rechtwinkligen Straßennetzes der gesamten Stadtfläche wurde die Stadt zum ›gestalteten Organismus‹: im Süden und Westen entstanden zwei von Festungsmauern geschützte Akropolis-Terrassen mit heiligen Tempeln (Farbt. 1, 2), die die antike Stadt gleich einer Krone eines edlen, von der Stadtmauer ganz eingefaßten Kunstwerkes überragten. Dazwischen, im Südwesten, schmiegten sich einst in den Hang des Berges das Theater und das Stadion (mit einer Länge von genau 201 m!), weiter östlich breitete sich wohl ein (noch nicht exakt nachweisbares) großräumig angelegtes Gymnasion aus.

Ausgespart aus dem rechtwinkligen Straßennetz waren auch Plätze für öffentliche Gebäude und der Raum für die *Agorá*, das politische Zentrum einer jeden griechischen Polis: die Agorá war aber nicht nur Marktplatz, sondern auch Kommunikations- und Versammlungsort der Bürger und ihrer politischen Vertreter; ehemals als Mittelpunkt der antiken Stadt Rhodos angelegt, konnte dieses Zentrum bisher von den Archäologen noch nicht genauer lokalisiert werden. Doch hören wir einen Zeitgenossen[11] der Antike, Aelius Aristeides, wie er mit glühenden Worten die Stadt Rhodos rühmt: »Die Akropolis war voller Terrassen und Haine; kein Stadtteil überragte die übrigen, sondern sie waren alle gleichmäßig und gerade, als wenn es die Teile eines Hauses, nicht die einer Stadt wären. Die Straßen waren von ihrem Anfang bis zu ihrem Ende ganz gerade und breit, und die schöne Stadt dehnte sich nach allen Seiten in herrlicher Weise aus. Vor allem anderen aber und mehr als alles andere war der Kreis der Mauern bewundernswert, eine wahre Augenweide, und die hohen, schönen und kerzengeraden Türme, die weithin übers Meer sichtbar waren, so daß, wer mit dem Schiffe nach Rhodos kam, schon beim Anblick der Stadt von hoher Gesinnung erfüllt wurde. Das Schönste war, daß dieser Mauerring nicht von der übrigen Stadt getrennt war und keinen leeren Raum ließ, sondern sich an die Stadt schmiegte wie der Kranz einer Krone.«[12]

Andere antike Gebäude, außer der von Aristeides erwähnten Akropolis, lassen sich zumindest in ihren Grundmauern in dem rechtwinkligen Straßennetz nachweisen. Auf der oberen Akropolis standen ehemals das Heiligtum mit dem Tempel des Apollon Pythios (Farbt. 1), das von den Italienern rekonstruierte kleine Theater (Odeion, Abb. 23) und das Stadion; weiter östlich ein Gymnasion mit einem großen Theaterrund. Unterhalb dieser Akropolis-Terrasse breitete sich einst das Heiligtum der Athena Polias und des Zeus Polieus (Farbt. 2) aus, das zwar lokalisiert werden konnte, bisher aber nicht archäologisch erforscht wurde. Im Bereich der mittelalterlichen Stadt kennt man die Lage des Aphrodite-Tempels auf der Platía Symi; die Standorte sowohl des Asklepieions als auch des Stadtgottes Helios sind nicht gesichert, ersterer wird im südwestlichen Teil der Ritterstadt, letzterer im Bereich des Großmeisterpalastes vermutet. Westlich des Arsenal-Tores, hinter dem Bankgebäude auf der Platía Symi, also noch innerhalb der mittelalterlichen Befestigung, entdeckte man die antiken Schiffsarsenale; außerhalb der Befestigung, nahe den Windmühlen, konnte eine große Fläche gemauerter Quadersteine der antiken Mole gesichert werden. Die Nekropolen der Stadt fand man südlich von Rhodos, im Bereich des Rodini-Tals und des Monte Smith.

Die Erdbebenkatastrophe des Jahres 227 v. Chr. zerstörte große Teile der knapp zweihundert Jahre alten Stadt. Das genaue Ausmaß der Zerstörung ist nicht gesichert. Fest steht nur, daß während der hellenistischen Epoche nahezu die ganze Stadt erneuert wurde. Ob diese Baumaßnahmen nur aufgrund der Erdbebenschäden oder des neuen Zeitgeschmackes erfolgten, ist ungewiß. Die von den Archäologen bisher freigelegten Teile der Stadt, ihre Straßen, Häuser und Tempel, gehören jedenfalls nahezu ausnahmslos der hellenistischen Epoche des 3./2. Jh. v. Chr. an; nur westlich des Symi- und des Arjyrokástru-Platzes an der Stelle der antiken Schiffsarsenale, entdeckte man einen römischen Umbau; die hellenistische Straße (P 31; Abb. 10) wurde auf 10,30 m verbreitert und zu einer von Säulen flankierten Prachtstraße ausgebaut, die im Norden auf einen repräsentativen Triumphbogen (Tetrapylon) zuläuft.

Der politische Verfall des ›letzten griechischen Freistaates Rhodos‹, der mit der römischen Epoche einsetzte (s. S. 30ff.), und ein weiteres schweres Erdbeben im Jahre 142 n. Chr. sind auch die Ursachen für den wirtschaftlichen und kulturellen Niedergang der Stadt Rhodos. Das etwa 700 Hektar große antike Stadtgebiet, das während seiner Blütezeit im 3./2. Jh. v. Chr. 60000 bis 80000 Einwohnern Lebensraum bot (antike Autoren sprechen sogar von 100000 Einwohnern), verarmte zunehmend und wurde aus bisher ungeklärten Gründen während der frühchristlichen Epoche von vielen Bewohnern verlassen. Möglicherweise hängt diese Stadtflucht aus der von den Byzantinern bereits befestigten Stadt auch mit zwei weiteren Erdbeben im Jahre 345 n. Chr. und 515 n. Chr. zusammen. Jedenfalls lassen sich ab diesem Zeitraum außerhalb der byzantinisch/mittelalterlichen Stadt (dem antiken Stadtzentrum!) kaum noch Siedlungsspuren nachweisen.

Die morphologische Grundstruktur des antiken Rhodos blieb jedoch über mehr als zwei Jahrtausende in Form von sich rechtwinklig kreuzenden Feld- und Wiesenwegen erhalten, die das überwachsende Gelände des verlassenen Stadtraumes wie ein Netz überspannen. Erst die befestigte Ritterstadt des Mittelalters zerstörte im Zentrum das städtebauliche System des Hippodamos von Milet, indem man die von der Antike vorgegebene parzellenartige Struktur des Stadtraumes veränderte: Ein Teilbereich der antiken Stadt, nur ca. 48 Hektar für 6000 bis 7000 Einwohner, wurde durch ein Festungsbollwerk eingefaßt und geschützt.

Von 1309 bis 1523 errichtete der Ritterorden der Johanniter von Rhodos ein für ganz Europa vorbildliches Beispiel mittelalterlicher Festungsbaukunst, das selbst jeden Vergleich mit dem romantischen Rothenburg ob der Tauber standhält: ein ausgereiftes fortifikatorisches Meisterwerk. Im Mittelalter zählte Rhodos zu den stärksten Festungen Europas, die Stadt galt als uneinnehmbar und war neben Zypern einer der bedeutendsten Vorposten des christlichen Abendlandes im östlichen Mittelmeer.

Die Rittergebäude der Stadt wurden im konservativen gotischen Stil des 14./15. Jahrhunderts errichtet und folgen dabei vornehmlich dem Zeitgeschmack Spaniens und Italiens, aber auch jenem von Avignon während der Zeit der Gegenpäpste (1378–1430).

Die Straßenzüge und somit die gesamte parzellenartige Aufteilung der ummauerten Ritterstadt wurden in ihrem Verlauf bewußt verändert. Aber dennoch sind auch in der mittelalterlichen Stadt antike Straßenzüge erkennbar: berühmtestes Beispiel ist die *Ritterstraße* (= Straße P 5a; Farbt. 5), aber auch die *Odhos Omirú* (= P 14) und die *Odhos Pindú* (= P 5) verlaufen über Straßentrassen der antiken Stadt, ebenso folgt die mehrfach abgeknickte (mal links, mal rechts) Odhos Fanúrios in ihrer Trassenführung einer antiken Straße.

Als 1522 die Insel Rhodos von den Türken erobert wurde, waren die Griechen gezwungen, ihre Stadt zu verlassen und so bauten sie außerhalb der von den Türken besetzten Ritterstadt links und rechts der ländlichen Feldwege (den erkennbaren Resten der antiken Straßen!) ihre neuen Häuser, so daß auch heute, selbst in der fast nur aus Hotels bestehenden Neustadt, antike Straßenzüge mit modernen Straßen identisch sind (z. B. Odhos Amerikis = P 39). Die morphologische Gestalt der Stadt Rhodos ist das lebendige Zeugnis einer 2500jährigen urbanen Kontinuität, in der Antike, Mittelalter und Neuzeit eng miteinander verbunden sind.

Die Stadtmauer

(Plan der Altstadt mit dem Verlauf der Stadtmauer siehe hintere Umschlagklappe)

Der Eingang zu der Stadtmauer befindet sich an der Westseite des Hofes vor dem Großmeisterpalast (bei dem Kanonentor).
Öffnungszeiten
Sommer: Einlaß 17 Uhr
Winter: Einlaß 15 Uhr
Nur montags und samstags; Pünktlichkeit ist unbedingt erforderlich, da das Tor nach etwa fünfzehn Minuten (nach der Einlaßzeit) wieder verschlossen wird! Der Rundgang endet beim Athanásios-Tor.
1309, als die Rhodier den Rittern nach einer langen Belagerung die Stadt Rhodos übergeben hatten, war die Stadt noch durch byzantinische Festungsmauern geschützt. Die Ritter des Johanniter-Ordens (auch Hospitalier-

Die Wappen der Großmeister von Rhodos

Wappen des Johanniter-Ordens

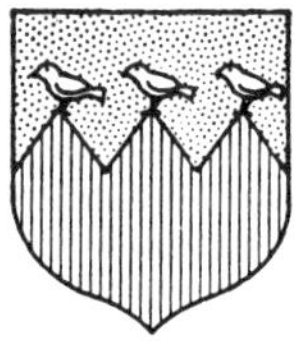
Foulques de Villaret (Provence) 1310–1319

Hélion de Villeneuve (Provence) 1319–1346

Dieudonné de Gozon (Provence) 1346–1353

Pierre de Corneillan (Provence) 1353–1355

Roger de Pins (Provence) 1355–1365

Raymond Béranger (Provence) 1365–1373

Robert de Juilly (Frankreich) 1373–1377

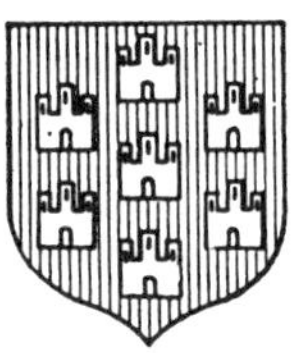
Ferdinand d'Hérédia (Spanien) 1377–1396

Philibert de Naillac (Frankreich) 1396–1421

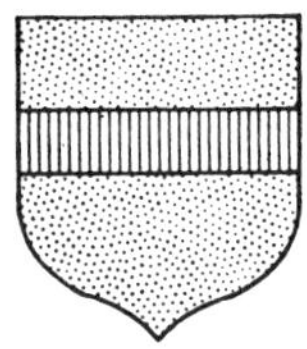
Antoine de Fluvian (Spanien) 1421–1437

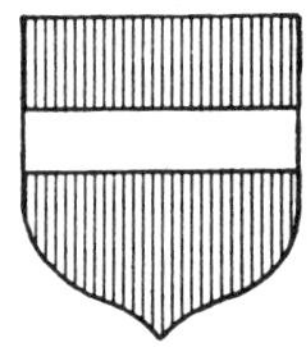
Jean Bonpart de Lastic (Auvergne) 1437–1454

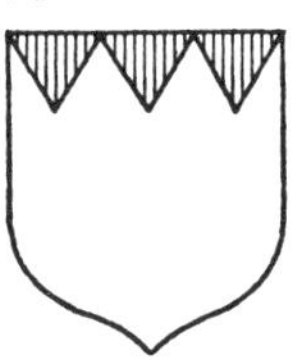
Jacques de Milly (Auvergne) 1454–1461

Pierre Raymond Zacosta (Spanien) 1461–1467

Giovanni Battista degl'Orsini (Italien) 1467–1476

Pierre d'Aubusson (Auvergne) 1476–1505)

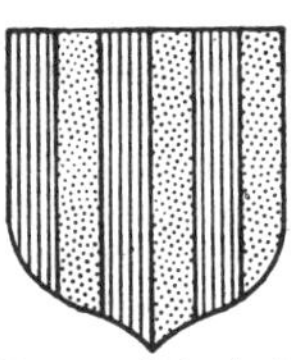
Emery d'Amboise (Frankreich) 1505–1512

Guy de Blanchefort (Provence) 1512–1513

Fabrizio del Carretto (Italien) 1513–1521

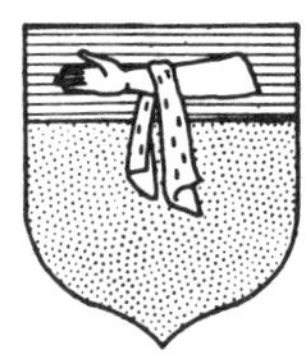
Ph. Villiers de l'Isle-Adam (Frankreich) 1521–1522

Orden genannt) behielten (bis heute) ihren Gründungsnamen, nannten sich auf Rhodos jedoch zusätzlich ›Rhodeser-Orden‹. Vorerst veränderten sie die jahrhundertealte byzantinische Stadtmauer nicht, sondern scheinen sie über Jahrzehnte bis zum 15. Jahrhundert nur ihren Verteidigungsansprüchen entsprechend ausgebessert zu haben. Erst die modernen Feuerwaffen des 15. Jahrhunderts, mit denen die Türken bereits 1453 die christliche Metropole des Ostens, Konstantinopel, erobern konnten, zwang alle Europäer, nicht nur die Ritter von Rhodos, zu technisch ausgereiften fortifikatorischen Gegenmaßnahmen. Als schließlich 1480 der erste türkische Großangriff von Sultan Mahomet die Stadt Rhodos an den Rand einer katastrophalen Niederlage geführt hatte und 1481 ein schweres Erdbeben große Teile der byzantinischen Befestigungsmauern und viele Wohnbauten in der Stadt zerstörte, entschloß sich der Großmeister Pierre d'Aubusson (1476–1505), die Stadtmauer nahezu vollständig neu aufbauen zu lassen.

Für die Planung und Ausführung wurden Ingenieure, Architekten und Handwerker hauptsächlich aus Italien und Frankreich geholt. Sichtbare Zeichen der daraus resultierenden neuen technischen und künstlerischen Strömungen sind z. B., daß es seit dieser Zeit keine gotischen, sondern nur noch lateinische Inschriften gibt und daß die Tradition des byzantinischen Flachreliefs von dem mittelalterlichen Hochrelief abgelöst wird (Farbt. 11). Mehr als 150 Wappen der Großmeister von Rhodos von Hélion de Villeneuve (1319–1346) bis Ph. Villiers de l'Isle-Adam (1521–22), die in verschiedenen Abschnitten der Festungsmauern eingelassen sind, bezeugen, daß alle Rittergenerationen der Johanniter an diesem Meisterwerk der Festungsbaukunst beteiligt waren; allein ca. fünfzig Wappen von Pierre d'Aubusson zieren noch heute an verschiedenen Stellen die Wände der Befestigung und unterstreichen damit die Bedeutung seiner Bauherrenschaft.

Die wesentlichen Neuerungen und Umbauten seit der Mitte des 15. Jahrhunderts und peziell nach 1480 bestanden darin, daß man z. B. die bisher eckigen Türme durch runde Anlagen ersetzte und die schmalen, hohen Verteidigungswälle in ihrer Höhe stutzte, dafür aber ihre Basisbreite durch mehrere Steinschichten massiv verstärkte und diese Mauerstärke bis zu den Zinnen hinaufführte, um so dem Aufprall der Kanonenkugeln standhalten zu können (besonders in dem Verteidigungsabschnitt der Engländer sind noch heute vereinzelt ›eingeschossene‹ Kanonenkugeln der Belagerer in den äußeren Wandflächen der Festung zu sehen!).

Die systematische Mauerabfolge der Festung von innen nach außen beginnt mit der höchsten Verteidigungslinie am Stadtrand: einer massiven Wand mit bekrönendem Wehrgang und zinnenartiger Brustwehr. An vielen Stellen ist die Mauerkrone so breit angelegt, daß auch leichte Geschütze dort oben Platz hatten. Zum Burggraben hin fiel die Wand von den Zinnen aus steil ab oder sie war bis zum Niederwall leicht geböscht (Farbt. 13), der ebenfalls mit einer Brustwehr geschützt und durch Türme vestärkt war; der Niederwall war zumeist in Höhe der gegnerischen ›Feuerlinie‹ angelegt. An dieser Stelle stürzte die Außenwand, um die Breite des Niederwalls nach außen versetzt, bis zum felsigen Grund des Grabens in die Tiefe. Der Graben selbst, tief und breit, ist auch an seiner Außenseite mit einer abge-

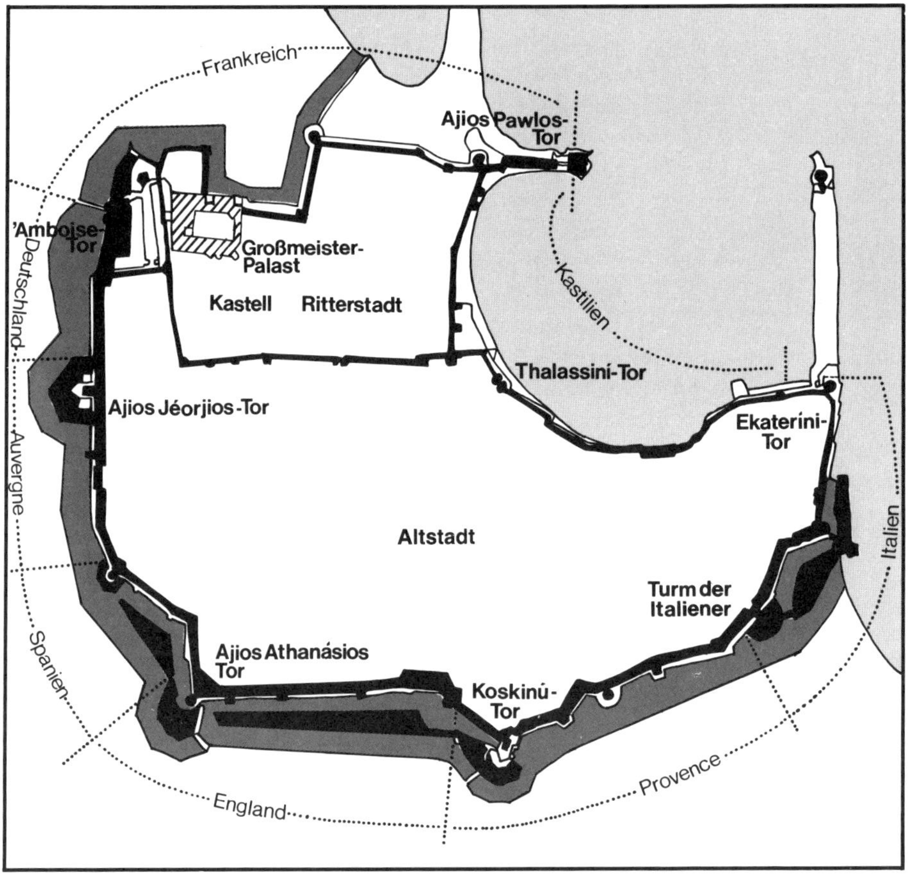

Die acht nationalen Verteidigungsabschnitte der Johanniterfestung von Rhodos

böschten Stützmauer gesichert. An den breitesten Stellen der Gräben errichtete man, zur Flankensicherung von Türmen und Toren, Verteidigungsinseln, bestehend aus einer breiten massiven Wand mit Brustwehr und Zinnen, so daß in solchen Festungsabschnitten zwei Gräben mit einer Vormauer die Hauptverteidigung schützten.

Der internationalen Zusammensetzung des Ritterordens entsprechend, ordnete man den acht nationalen Ritterständen (›Zungen‹) je einen festen Verteidigungsabschnitt zu:

Frankreich: Nordflanke und Nordwestecke des Großmeisterpalastes (vom d'Amboise-Tor bis zum Naillac-Turm)

Deutschland:	Vom d'Amboise-Tor bis zum Ajios Jeórjios-Tor
Auvergne:	Vom Ajios Jeórjios-Tor bis zum Turm der Spanier
Spanien:	Vom Turm der Spanier bis zum Ajios Athanásios-Tor
England:	Vom Ajios Athanásios-Tor bis zum Koskinú-Tor
Provence	Vom Koskinú-Tor bis zum Turm der Italiener
Italien:	Vom Turm der Italiener bis zur Hafenmole
Kastilien:	Der gesamte Hafenbereich von der östlichen Hafenmole bis zum Naillac-Turm.

A Emery d'Amboise-Tor

(Die Buchstaben A bis K beziehen sich auf den Plan in der hinteren Umschlagklappe)

Die gesamte Nordwestecke der Ritterstadt, die zugleich die westliche Flanke des Großmeisterpalastes sicherte, war als zusammenhängender Verteidigungsabschnitt gebaut, dessen Einzelteile fortifikatorisch aufeinander abgestimmt waren. Der gesamte Komplex war eine komplizierte Festung in der Festung; dazu bestimmt, den Großmeister auch vor den ›inneren Feinden‹, den in der Stadt lebenden Griechen, zu schützen. Immerhin wird es nicht ohne Grund die Anordnung gegeben haben, daß sich nur zwei Ritter, und zwar stets zu Pferde, von dem

Rhodos, Nordwestecke der Ritterstadt mit Großmeisterpalast, d'Amboise-Tor, Ajios Antónios-Tor und dem Kanonentor

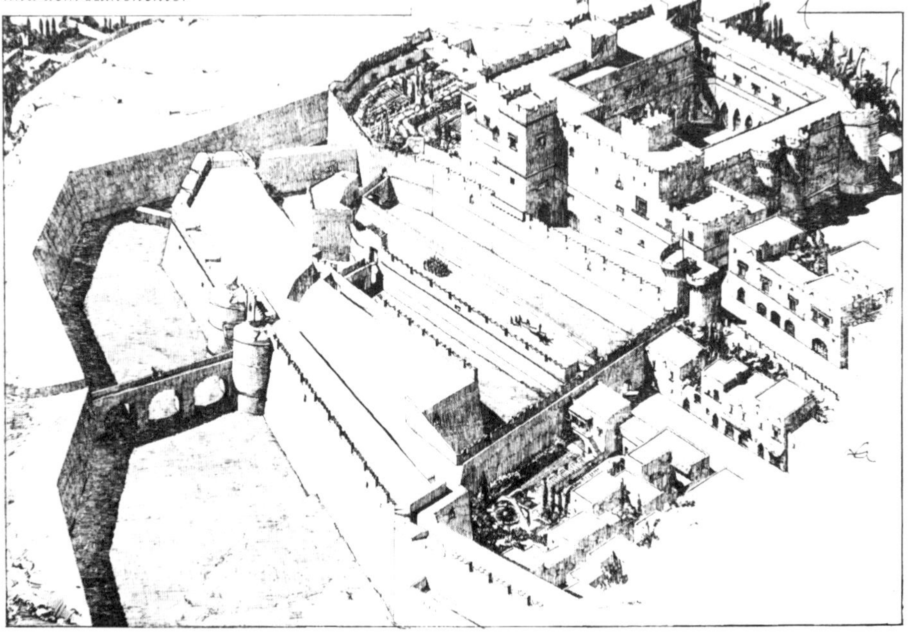

Das Emery d'Amboise-Tor

Kastell (der inneren Burg, dem ›Kollachium‹, in dem *nur* die Ritter wohnten) in die *Burg* (der ›Chora‹, dem Wohnsitz der griechischen Bevölkerung) begeben durften.[14] Im Süden schließt dieser Raum mit dem Ajios Antónios-Tor ab, dem sich im Osten direkt das Kanonentor anschließt (Farbt. 3). Von hier aus verläuft einerseits nach Westen eine Verteidigungsmauer zum Hauptwall, die sich andererseits ehemals auch nach Süden bis zum heutigen Uhrturm fortsetzte, um dort rechtwinklich nach Osten abzubrechen, die sich dann, mit Türmen verstärkt, am Thalassiní-Tor des Hafens mit dem umlaufenden Festungswall wieder vereinte. Damit war der Wohnbereich der Ritter vom Hafen im Osten bis zum Ajios Antónios-Tor im Westen wie eine *innere Burg* befestigt (s. Plan S. 40/41). Die nördliche Seite des Ajios Antónios-Tores zeigt über dem Tor ein stark zerstörtes Relief des Heiligen sowie das Ordenswappen und das Wappen des Jean de Lastic (1437–1454).

Im Norden endet dieses innere Verteidigungswerk – links zur Stadtmauer hin und rechts zum Palast hin von je einem Graben flankiert – mit der vieleckigen ›Batterie der Olivenbäume‹ (eine Bezeichnung aus der Türkenzeit), von der eine Brücke über den zweiten inneren Graben führt, über die man in den Großmeisterpalast gelangen konnte. Links, nach Westen hin, führt von hier aus eine weitere Brücke über den ersten inneren Graben, rechts, nördlich der Brücke, erkennt man in dem Unterbau der westlichen Wand antikes Baumaterial der unteren Akropolis, die man im Bereich des Großmeisterpalastes vermutet (s. S. 125), auf der das Helios-Heiligtum gestanden haben soll.

Nach der Brücke zieht sich der Weg mehrfach abgewinkelt, tunnelartig durch den äußeren Verteidigungswall, um schließlich zum d'Amboise-Tor zu führen, das außen von zwei mächtigen halbzylindrischen Türmen flankiert wird. An dieser Stelle befand sich ehemals eine Zugbrücke, danach folgt die Drei-Bogen-Brücke, über die man schließlich die Stadt verlassen kann. Das über dem Tor angebrachte Relief, mit einer spitzbogenförmigen Umrandung, zeigt die Wappen des Ordens und das von Emery d'Amboise (1505–1512) sowie die Jahreszahl 1512, das Baujahr des Tores (Abb. 14).

B Ajios Jeórjios-Tor

Das heute verschlossene Ajios Jeórjios-Tor bildete ehemals die südliche Grenze des Verteidigungsabschnittes der deutschen Ritter. Der viereckige Turm im Zentrum der Anlage geht noch auf die Zeit vor dem Festungsneubau nach 1480 zurück; er wurde in den Jahren 1421/31 errichtet. Auf der Westseite des Turmes, die weder vom westlichen Rand des Grabens noch beim Rundgang über die Stadtmauer zu sehen ist, befindet sich eines der schönsten Reliefbilder des mittelalterlichen Rhodos (Farbt. 11): dargestellt ist der Hl. Georgios zu Pferde, der mit der Lanze den Drachen tötet; darunter ein Wappenfries: links und rechts das Wappen des Großmeisters Antoine Fluvian (1421–1437), ferner in der Mitte links das Wappen Papst Martin V. (1417–1431), mit der Papstkrone, die in das Relief des Heiligen hineinragt, und rechts daneben das Ordenswappen. Die wuchtige Bastion, die heute den Turm umgibt (im nördlichen Teil der Wand befindet sich eine kleine Kapelle des Heiligen), stammt aus der Wiederaufbauphase von P. d'Aubusson und Ph. Villiers de l'Isle-Adam, deren Wappen in der Nord-, Nordwest- und Südwand eingelassen sind.

Da man das Innere dieser Bastion und den Ajios Jeórjios-Turm von keiner Seite besichtigen kann, empfiehlt es sich, einen Rhodier für eine Privatführung durch die Verteidigungsgräben zu gewinnen!

C Turm der Spanier

Die etwa zwölf Meter breite Verteidigungsmauer der Ritter der Auvergne erstreckte sich ehemals vom Ajios Jeórjios-Tor bis zum Turm der Spanier und stammt aus der Zeit von de Lastic; nach 1480 wurde auch dieser Mauerabschnitt im Zuge der Baumaßnahmen von Pierre d'Aubusson verstärkt. Der runde Turm der Spanier ist ein Neubau d'Aubussons aus dem Jahre 1489, als er bereits Kardinal war, wie es sein Wappen mit Kardinalshut (Abb. 17) und die eingemeißelte Jahreszahl der Erbauung zeigen. Der verhältnismäßig schlanke Turm erhebt sich von einer mächtigen Bastei kraftvoll in die Höhe und überragt um etwa drei Meter die Hauptmauer des Walls. Von hier aus verläuft der Wall südöstlich, um dann nach Süden bis zum Ajía Marína-Turm abzuknicken. Dieser Verteidigungsabschnitt unterstand dem Schutze der Ritter von Spanien (Aragonien), stammt aus der Zeit von de Lastic (wie es seine Wappen am Haupt- und Niederwall beweisen) und wurde durch eine Vormauer mit zwei Gräben zusätzlich geschützt. Trotz dieser besonderen fortifikatorischen Baumaßnahmen zum Schutze dieses Verteidigungsabschnittes gelang es den Türken 1522, gerade an dieser Stelle die Stadtmauer von Rhodos zu sprengen und von hier aus die Stadt zu erobern.

D Ajios Athanásios-Tor

Das Ajios Athanásios-Tor (Abb. 26) und der direkt anschließende runde Ajía Marína-Turm (links) gehören zu der westlichen Flanke der Verteidigungslinie der Engländer, die sich einst bis zum Koskinú-Tor erstreckte; dieser Wall entstand z. Zt. der Großmeister Antoine de Fluvian und Jean de Lastic. Der Ajía Marína-Turm und das Ajios Athanásios-Tor sind gleichermaßen durch eine Vormauer (hier in Form einer polygonalen Bastion mit Brustwehr) und zwei Gräben geschützt, wie der durch vier Türme verstärkte Wall der Engländer. Der runde Turm ist ein Festungsbau des Jahres 1441 und gehört der Zeit des Großmeisters

Jean de Lastic an, was auch sein Wappen unterhalb des Reliefs mit der Darstellung der Gottesmutter an der Südseite des Turmes bestätigt; an der Südseite der vorgelagerten, gleichnamigen Bastion befindet sich innen eine arabische Inschrift aus der Türkenzeit.

Die vielleicht schon zur Ritterzeit verschlossene Ajios Athanásios-Toranlage, östlich der Ajía Marína-Bastion, war durch drei Tore und Zugbrücken gesichert, die alle mit Wappen ihrer Erbauer geschmückt sind: So zeigt das äußere Tor, oben rechts an seiner Südseite, mit einer spitzbogenförmigen Umrandung das Wappen des Großmeisters Pierre d'Aubusson; das innere Tor ist hingegen ebenfalls an seiner Südseite mit dem Ordenswappen geschmückt, links und rechts Wappenschilder mit den Symbolen Sonne und Mond; das der Stadt zugewandte Tor im Norden der Stadtmauer ziert das Wappen Fabricio del Carrettos mit der Jahreszahl 1515. Türkische Legenden berichten, daß der Eroberer von Rhodos, Soliman II., die Toranlage nach 1522 verschließen ließ, damit kein Sterblicher (anderer Eroberer) die Stadt an ihrer ›verwundbarsten Stelle‹, dort, wo die Türken eingefallen waren, betreten könne; im Türkischen hat das Tor noch heute den Namen ›Pekeli-Kapu‹ (das verschlossene Tor).

Der etwa vierzig Meter östlich vom Tor entfernte Turm zeigt an seiner Südseite eine nischenartige Vertiefung mit einem Relief des Heiligen Athanásios und einer griechischen Beischrift mit dem Namenszug des Heiligen (möglicherweise handelt es sich bei diesem Relief um eine byzantinische Arbeit), darunter befinden sich das Ordenswappen und das Wappenrelief Antoine de Fluvians. Westlich (links) des vierten Turmes der englischen Stellung nahe dem Koskinú-Tor, erkennt man ein weiteres Relief eines Heiligen, das wohl den bewaffneten Soldatenheiligen Demetrios oder Theodoros darstellt; einige Forscher interpretieren ferner, daß die Gesichtszüge des Heiligen einem Porträt des Großmeisters d'Aubusson entsprechen, dessen Wappen gemeinsam mit dem Ordenswappen an dieser Stelle angebracht ist.

Das Koskinú-Tor und die südöstliche Bastion der Stadt

E Koskinú-Tor

Eine schmale, zweibogige Brücke führt südlich der Stadtmauer zu einer polygonalen Bastion mit wuchtiger Brustwehr und dem Ajios Ioánnis Pródomos-Tor, das ehemals noch zusätzlich durch eine Zugbrücke gesichert war. Diese Toranlage wird auch Koskinú-Tor genannt, da im Mittelalter durch dieses Tor eine der wichtigsten Handelsstraßen zum Süden der Insel führte, die ehemals Rhodos mit der kleinen Ortschaft Koskinú verbunden hat. Die südliche Fassade des

Tores zeigt ein Tympanonfeld mit der Darstellung des Schutzheiligen im Flamboyant-Stil, darunter befinden sich die Wappen des Johanniterordens und das von Pierre d'Aubusson; das gesamte Portal wird noch heute von einem doppelten Rundprofil mit Hohlkehle und Kielbogenabschluß eingefaßt. Diese schlichte Dekoration schmückt auch die nüchterne Festungsarchitektur, indem dieses Profil die gesamte Außenwand der Bastion gleich einem Gurtgesims begleitet; an keiner anderen Stelle der Stadtmauer ist ein ähnliches Dekorationselement angebracht!

An der Nordostecke des westlichen Teiles der Bastion folgte eine zweite, nach Osten gerichtete Brücke, die zu einer spornartigen Bastion mit Brustwehr aus der Zeit des Großmeisters Pierre Raymond Zacosta (1461–1467) führt; über dem Portal der Westseite ist sein Wappen eingemauert. Auf der Bastion reckt sich ein älterer quadratischer Turm mit bekrönender Brustwehr in die Höhe und überragt nur wenig die an seiner Nordseite anschließende Hauptbefestigung. Über dem Durchgang des Turmes befinden sich an der Südfassade ein Relief Johannes des Täufers sowie die Wappen des Ritterordens und das des Erbauers Fluvian. Zwei Kapellen des Ajios Ioánnis Pródomos befinden sich an der Innenseite der Stadtmauer: die eine erhebt sich unmittelbar nördlich des Turmes, die andere östlich des inneren Tores. Das der Stadt zugewandte Portal ist mit Wappen des Großmeisters Jacques de Milly (1454–1461) geschmückt; auf der Seite zur Stadtmauer hin (Süden) ist eine Inschrift mit griechischem und italienischem Text in die Mauer eingelassen. Die mit dem 20. August 1457 datierte Inschrift erwähnt den Griechen Emmanuel Kountís als ›protomaistro de tuta la mura‹ (Oberbaumeister der ganzen Befestigung) und belegt damit, daß auch Griechen in führende Stellungen am Festungsbau beteiligt waren.

Von der Koskinú-Bastion verläuft die Festungsmauer mehrfach abgewinkelt nach Nordosten bis zum Turm der Italiener. Dieser gesamte Verteidigungsabschnitt unterstand dem Schutz der Ritter aus der Provence und war durch drei Türme zusätzlich gesichert: im Westen durch einen Turm und eine Bastion, die spornartig ausgebildet sind, in der Mitte durch einen runden Turm mit polygonaler Bastion und im Osten durch einen quadratischen Turm mit einer umlaufenden Bastion. Im Bereich des westlichen Turmes wurde im Mittelalter beim Ausheben des Grabens eine antike Be- oder Entwässerungsleitung (2./1. Jh. v. Chr.) angeschnitten, die aus sorgsam bearbeiteten Quadern gebaut und überwölbt ist.

F Turm der Italiener

Das im Durchmesser fünfzig Meter mächtige Festungswerk der Italiener entstand in den Jahren 1515 bis 1517 z. Z. des Großmeisters Fabrizio del Carretto. Die Basis der Carretto-Festung bildet eine halbkreisförmige Bastion mit genügend Raum auch für schwere Geschütze, die durch einen kräftigen Mauerring mit breiten Öffnungen gesichert waren. Eine Rampentreppe führte von der Plattform der Bastion durch die fünfzehn Meter starke Außenmauer ›spiralförmig‹ in den Graben; zur Außenseite mit Schießscharten versehen, um den Feind auch im Graben von hier aus bekämpfen zu können. Auf der Bastion erhebt sich der runde Turm bis über die Stadtmauer hinaus. Vom Corretto-Turm bis zum Hafen standen die Ritter Italiens unter Waffen; anfangs verläuft die Befestigung nach Norden, knickt dann nach Osten ab, um sich dann nordwärts bis zu einem heute nicht mehr erhaltenen runden Turm mit polygonaler Bastei der Nordostecke der Ritterstadt fortzusetzen. Hier an der Mühlenmole beginnt die Hafenbefestigung der Ritter von Kastilien.

G Tor der Italiener

Das nördlich der Carretto-Bastion angelegte Tor der Italiener wurde erst Anfang des 20. Jahrhunderts von den Italienern aus der Stadtmauer herausgebrochen.

H Ekateríni-Tor

Nur etwa fünfzig Meter westlich der nordöstlichen Befestigungsecke, dort wo sich die Mühlenmole mit dem heutigen Zollamt ins Meer erstreckt, befand sich ehemals eines der beiden mittelalterlichen Hafentore: Ekateríni-Tor, auch Mühlentor genannt. Ein spitzbogiger Tympanonabschluß und stark verwitterte Wappen sind von dem Tor noch erhalten. Von dieser Stelle aus erstreckte sich ehemals bis zum Naillac-Turm im Nordwesten der Hafenbucht der Verteidigungsabschnitt der Ritter von Kastilien.

J Thalassiní- oder Hafeb-Tor

(auch Hafentor oder Marinetor genannt)
Etwa in der Mitte der Hafenbefestigung erhebt sich eine der prachtvollsten Toranlagen der mittelalterlichen Stadtmauer: das Thalassiní-Tor (Hafentor). Zwei monumental verdichtete Turmbauten, im Osten und Westen jeweils halbkreisförmig geschlossen, schützen den zwischen den Türmen eingefaßten Haupteingang vom Hafen zur Stadt. Die darüber nach oben strebende Wandfläche ist von einem schlanken Rechteckfeld mit giebelförmigem Abschluß aufgelöst, in dem ein Hochrelief der Ritterzeit erhalten ist: unter einem gotischen Baldachin stehen eine elegante Marienskulptur mit dem Christuskind, links von Petrus und rechts von Johannes flankiert; darunter sind drei Wappen erhalten: das Ordenswappen, das Wappen der Bourbonen mit den drei Lilien und das des Großmeisters d'Aubusson sowie eine Bauinschrift mit der Jahreszahl 1478.

Innenseite des Thalassiní-Tores (Marinetor)

Die leicht abgeböschten Basen der Türme verjüngen sich nach oben und werden am Übergang zu den vertikal in die Höhe strebenden Wandflächen kraftvoll mittels eines dreiteiligen Gurtgesimses zusammengehalten; dieses einfache architektonische Schmuckmotiv gliedert auch die körperhaften Massen der ganz aus sorgfältig behauenen Quadern zusammengefügten Turmwände im Verhältnis 1:1. Darüber leiten gleich einem Strahlenkranz im Wechselspiel von Licht und Schatten feingliedrige Kragarme von den vertikalen Turmaußenflächen zu den mit Zinnen bekrönten, weitausladenden Turmterrassen über.

K Arsenal-Tor, Ajios Páwlos-Tor und -Turm, Naillac-Turm

(Nordöstliche Hafenbefestigung)
Nördlich vom Thalassiní-Tor verläuft die Hafenbefestigung der kastilischen Ritter weiter; ein Mauerabschnitt, der heute stark verändert ist: ursprünglich war die gesamte Befestigung bis zur Nordostecke aus strategischen Gründen geschlossen. Erst Anfang des 20. Jahrhunderts wurden für die Straßenführungen zum Vorplatz des Archäologischen Museums und zur Platía Sými (ehemals Arsenalplatz, auch Platía Navstathmu genannt) die Stadtmauern an diesen Stellen durchbrochen und mit neuzeitlichen Toranlagen ausgebaut. Auch das Eleftherías-Tor (Freiheits-Tor) westlich der Ajios Páwlos-Bastion (einer der heutigen Haupteingänge zur mittelalterlichen Stadt) ist ein neuzeitliches Werk; es stammt aus dem Jahre 1924.

An den Wänden der nordwärts vom Marinetor verlaufenden Befestigung sind noch zwei Reliefs erhalten: in einer Nische erkennt man mit kielbogenartigem Abschluß, die von einem einfachen Flechtband eingerahmt ist, die Darstellung eines Erzengels; er steht auf einer Konsole und hält das Wappen des Ordens und das Pierre d'Aubussons (rechts) in seinen Händen; über diesem Bildnis schwebt ein Medaillon mit Gottvater im Segensgestus. Auf dem unteren Teil des Reliefs ist die Bauinschrift mit der Jahreszahl 1478 angebracht; und weiter nördlich befindet sich eine besonders schmuckvoll eingefaßte Nische mit geflammten und in die Länge gestreckten Maßwerkrippen, die an den spätgotischen Stil Frankreichs, den sog. Flamboyant-Stil, erinnern. Das Relief zeigt das Wappen des Großmeisters Pierre d'Aubusson mit Kardinalshut, datiert 1494 (Abb. 17).

An den Flanken des *Arsenal-Tores* standen im Mittelalter zwei annähernd quadratische Türme (s. Plan S. 40/41), die erst 1910 von den Türken zerstört wurden. An dieser Stelle vermuten Archäologen antike Fundamente, auf denen einst der Koloß von Rhodos gestanden haben soll; der Rekonstruktionsvorschlag von Rottiers (s. Figur S. 27) bezieht sich genau auf diesen Platz. Hier soll es in der Antike eine kanalartige Zufahrt, die die Ritter erst 1480 eingeschüttet hätten, zu einem kleinen Binnenhafen gegeben haben, der räumlich mit den Arsenalen der Ritter, dem heutigen Sými-Platz, identisch ist.

Östlich des runden *Ajios Páwlos-Turmes,* der von einer polygonalen Bastion umgeben ist, erhob sich ehemals an der Spitze der Mole der quadratische *Naillac-Turm,* dessen Turmterrasse von vier kleinen runden Ecktürmchen und einem achtseitigen Mittelturm bekrönt war. Den Namen erhielt der Turm nach seinem Erbauer Philibert de Naillac (1396–1421); ein Erdbeben zerstörte 1863 den Turm.

Zentrum der gesamten nordöstlichen Befestigungsecke ist die *Ajios Páwlos-Bastion;* hier existiert auch eine kleine Kapelle mit stark verrußten Fresken aus dem 14./15. Jahrhundert, die ein Grafitto aus dem Jahre 1456 zeigen (die Kapelle ist leider verschlossen, der Eingang befindet sich bei der Tür mit den fünf Wappen!). An der Nordseite des *Ajios Páwlos-Turmes* ist in einer ausgesparten Nische der gleichnamige Heilige dargestellt (Abb. 13); zu seinen Füßen erkennt man die Wappen des Ordens, das von Papst Sixtus (1471–84) und das von d'Aubusson. An der Westseite der Bastion (heutiger Zugang von der Neustadt her) befand sich ehemals eine Zugbrücke, über die man zur Ajios Nikólaos-Seefestung (Nr. 27, Plan der Neustadt, s. S. 158) gelangen konnte.

Weiter westlich des Ajios Páwlos-Bastion folgte bis zum Großmeisterpalast ehemals der Verteidigungsabschnitt Frankreichs. Während die beiden rechteckigen Türme, links und rechts des neuzeitlichen *Elefthe-rías-Tores* mit Brücke über den Verteidigungsgraben aus der Zeit Ferdinand d'Hérédia (1377–1396) stammen, geht der runde *Ajios Pétros-Turm* mit seiner polygonalen Bastion an der Nordwestecke auf R. Zacosta zurück. Die Nordseite des Turmes schmückt ein Relief des Heiligen mit dem Wappen des Ordens und des Großmeisters, sowie das von Papst Pius II. Piccolomini (1458–1464).

Östlich dieser Eckbefestigung ist ein weiteres Relief in die Wand eingelassen; es zeigt jeweils einen Erzengel, Greifen und Löwen, sowie die Wappen des Ordens und das von Pierre de'Aubusson.

Die Ritterstadt

(Die Zahlen 1 bis 24 beziehen sich auf den Plan in der hinteren Umschlagklappe)

Der größte Teil aller Rittergebäude wurde während der italienischen Besetzung (1912 bis 1943) vornehmlich von dem Architekten del Fausto restauriert.

1 Platía Sými

Auf der Platía Sými, die heute von dem 1924 erbauten Eleftherías-Tor im Norden und dem Arsenal-Tor im Osten erschlossen wird, standen einst die um zwei Innenhöfe konzipierten Arsenale der Ritter. Der Stylobat und die Architekturfragemente des dorischen Tempels der Aphrodite (3. Jh. v. Chr.) an der Südseite des Platzes weisen auf eine nicht unwesentliche Bedeutung dieses Platzes auch während der Antike hin: Wahrscheinlich befand sich an dieser Stelle ein kleiner Binnenhafen, der sich möglicherweise einst bis zur Stadtmauer hin erstreckte; hier entdeckte man auch antike Schiffsarsenale. Westlich des Bankgebäudes hinter der Häuserzeile breitet sich ein großes archäologisches Grabungsgelände mit einer hellenistischen Straße (Abb. 10) aus, die in römischer Zeit zu einer von Säulen flankierten Prachtstraße mit Triumphbogenabschluß im Norden (zum Hafen hin) umgebaut wurde. Vielleicht stand an dieser Stelle auch der bei Diodorus (XIX 45) überlieferte Dionysos-Tempel?

Im Nordflügel des Bankgebäudes ist die *Städtische Bildergalerie von Rhodos* untergebracht; eine Sammlung, die auf die Initiative des Nomarchen des Dodekanes Andreas Ioánnou zurückgeht und die vorwiegend Werke von griechischen Malern, Graphikern und Bildhauern des 20. Jahrhunderts zeigt.

2 Arjyrokástru-Platz

Die Ostseite des Platzes (links) wird von der *Herberge der Ritter von Auvergne* eingenommen, deren Nordfassade des aus dem 15. Jahrhundert stammenden und 1507 vollendeten Gebäudes zu den ehemaligen Ritterarsenalen ausgerichtet ist. In dem für Magazinräume vorgesehenen Erdgeschoß bilden drei kräftige Tonnengewölbe im Norden die Unterkonstruktion der Loggia; Bogenarkaden im Obergeschoß sind der einzige architektonische Schmuck der sehr streng gegliederten Fassaden im Norden und Westen. Der Hauptzugang zu diesem Rittergebäude liegt im Süden, links hinter dem überwölbten Straßenteil. Die Fassade zeigt mit ihrem gotischen Spitzbogenportal reichen Architekturschmuck aus der Zeit Guy de Blanchefort; sein Wappen, das des Ordens und die Jahreszahl 1507 schmücken die Wand über dem Portal. Auch der romantische Innenhof östlich des Haupteingangs gehörte einst zur Herberge der Ritter von Auvergne.

Nach Westen öffnet sich eine Dreiflügelanlage, die dem ganzen Platz, ein wohlproportionierter städtischer Raum, trotz der Strenge aller Architekturglieder urbanen Charme mittelalterlicher Stadtbaukunst verleiht. Von ganz besonderem Reiz ist die kleine Brunnenanlage in der Mitte des Platzes (Abb. 6); zusammengefügt aus einem frühchristlichen Taufbecken der Basilika Ajía Iríni (nördlich von Arnítha bzw. östlich von Apolakkiá) und einem monolithischen Säulchen der gleichen Herkunftsstätte.

Nur der Mittelteil des westlichen Gebäudes geht in seiner Gesamtheit auf die Ritterzeit zurück; der südliche Bauabschnitt mit monumentalen Entlastungsbogen im Erdgeschoß und rhythmischer Arkadenstellung im Obergeschoß sind Bauten des 20. Jahrhunderts. Das Gebäude aus der Ritterzeit ist ein Werk des Großmeisters Roger de Pins (1355–1365), der hier das *Alte Ordenshospital* errichtete; sein Wappen und das des Ordens sind rechts in der Wand eingelassen. Wahrscheinlich wurde das Gebäude schon von den Rittern, nachdem es als Hospital aufgegeben war, als Waffen- und Munitionsdepot genutzt; sicherlich aber von den Türken, daher stammt auch der zweite Name ›Ameria‹. Der Haupteingang zum Alten Hospital lag ehemals im Erdgeschoß des noch mit Zinnen bekrönten Fassadenteils. In den Grundzügen ähnelt die Fassade des Alten Hospitals jener des Neuen Hospitals (heute Archäologisches Museum). Wie dort, war auch hier im Obergeschoß eine Kapelle eingebaut. Die Apsis dieser Kapelle brach nur wenig aus der Fassade über dem Vorbau des Eingangsportals heraus, deren Mauerwerksecken noch heute links und rechts des Treppenpodestes zu erkennen sind. Anstelle der vielleicht ehemals dreiseitig geschlossenen Apsis ließ Fabricio del Carretto einen gesonderten Zugang zum Obergeschoß errichten, den man von der rechts angelegten Freitreppe erreichen konnte; sein Wappen oberhalb des einfachen Portals (das meist von Bougainvillea überwachsen ist) erinnert an diese Umbauphase. Die schlanken Fenster mit Spitzbogenabschluß links und rechts des nun erkerförmigen Bauteils sind noch die alten Fenster der Kapelle im Hospital. In dem Gebäude ist heute das dodekanische Amt des archäologischen Dienstes (Eforía) untergebracht.

Der südliche Flügel des Gebäudekomplexes beherbergt heute im Erdgeschoß das
Museum für dekorative Volkskunst
(Farbt. 18–22)
Öffnungszeiten:
Montags, mittwochs und freitags 9–13 Uhr.

Die Sammlung umfaßt Exponate der griechischen Volkskunst (Gebrauchsgegenstän-

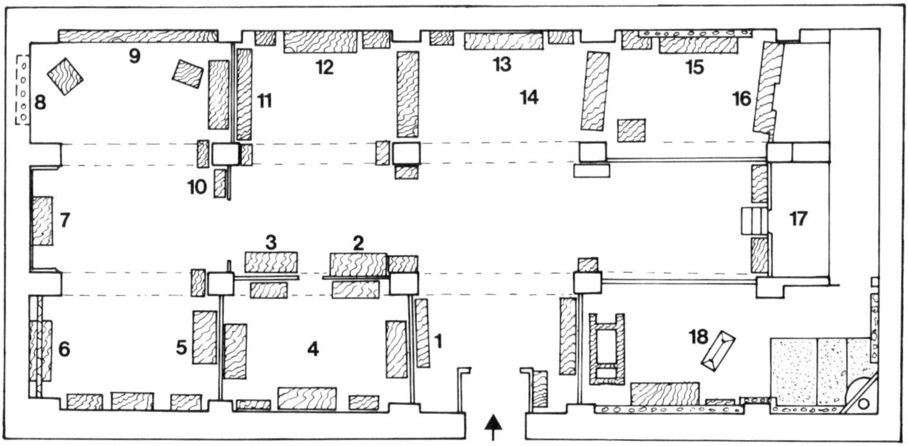

Museum für dekorative Volkskunst, Grundriß

de wie Keramiken, Webarbeiten, hölzerne Truhen etc.) von der Dodekanes-Inselgruppe während der Türkenherrschaft, die für alle Inseln zeitlich verschieden ist, aber annähernd der türkischen Epoche auf Rhodos (1523–1912) gleichkommt.

Auswahl der Exponate

1 Innenseite eines Truhendeckels mit einer Darstellung von Venedig: Die Mitte zeigt den Blick auf das offene Meer mit einem Schiff, rechts daneben Säule mit Markuslöwen, links in der Ecke die Kuppeln von San Marco, rechts der Turm und Dogenpalast.

2, 3 Deckel einer Truhe mit Intarsienarbeiten, die ein türkisches Schiff darstellen; rechts daneben Truhe mit Musikantenszene. Über den Truhen zwei mit Gold gewebte Seidentücher von Kárpathos.

4 Stickereien und Keramiken u. a. von Kreta, Kárpathos und Sými

5 Handbestickter Möbelbezug, wahrscheinlich für ein Sofa mit kretischen Einflüssen (Farbt. 22)

6 Rhodisches ›Sperberi‹ (Vorhang, der das Brautbett verhüllt) von höchster Qualität (Geschenk von I. Kasoúllis)

7 Hölzerne Inneneinrichtung eines Hauses von der Insel Sými

8 Rhodische Keramik aus der Werkstatt des Nikeas aus dem 16./17. Jh. (Farbt. 21)

9 In der Vitrine sind sechs prachtvolle Trachten von verschiedenen Inseln des Dodekanes ausgestellt (v.l.n.r.): Insel Rhodos (’Embonas), Kárpathos, Asytyphália, Nísyros, Astyphália und Chalkis; in den beiden Vitrinen vor der Wandvitrine sind Trachten von den Inseln Astyphália und Sými. Die gesamten Holzschnitzereien dieses Raumes stammen ebenfalls von Sými.

10 Truhe mit Malerei von Astyphália, darüber kostbare Stickerei von der Insel Rhodos

11, 12 Möbel mit Malereien aus der Zeit um 1790: Hölzerne Bank, Holzpaneele von der Insel Patmos etc. Auf einem Schrank von Patmos sind ein Sänger und ein Ritter in einer reizvollen Pflanzenwelt mit Rebhühnern dargestellt; beachtenswert ist auch die Truhe mit den Girlanden, Zypressen und Vögeln auf rotem Grund.

13, 14 Importwaren (Porzellan, Fayencen, Gläser etc.), hauptsächlich aus Venedig; daneben gibt es aber auch rhodische Keramiken. An der Wand ist oben der Deckel einer Truhe angebracht, auf dem unter blühenden Bäumen drei Phasen einer Liebesromanze dargestellt sind.

15 An der Wand ist eine kostbare Sammlung verschiedener Keramiken angebracht: die oberen drei Reihen zeigen europäische Importe; darunter vier Reihen schöner rhodischer Teller mit Pflanzen- und Tiermotiven, es folgt eine Reihe mit sog. Líndos-Tellern, die so benannt sind, weil sie besonders bei den wohlhabenden Rhodiern von Líndos sehr beliebt waren, die wahrscheinlich ihre Keramiken in anatolischen Werkstätten kauften. Die Frauentracht in diesem Raum stammt von der Insel Kastellórizo (= rote Burg), südöstlichste Insel in der Ägäis.

16 ›Pastas‹ (= Brautbett) mit kunstvollem Sperberi aus dem Dorf Koskinú; die Webarbeit zeigt typisch rhodische Muster in Form von großen roten und grünen Blumen.

17 ›Bataros‹: hölzerne, mit Teppichen geschmückte Schlafstelle, die als erhöhtes Podest ausgebildet ist; der so im unteren Teil gewonnene Stauraum diente für Vorräte etc. (s. Abb. 59).

18 Wohnraum eines griechischen Hauses des Dodekanes mit Herdstelle, Webstuhl, verschiedenen Truhen, Kinderwiege, hängendem Brotkorb etc.

3 **Marienkirche** (Byzantinisches Museum, z. Zt. noch nicht eröffnet) (Panajía tu Kástru)

Die heute dreischiffige Anlage der Panajía-Kirche ist noch im wesentlichen ein rein byzantinischer Bau aus der Zeit bevor die Johanniter (1309) Rhodos in ihren Besitz nahmen. Möglicherweise stammt die Kirche, die ehemals Sitz des orthodoxen Metropoliten war, bereits aus dem 11. Jahrhundert, sicher aber spätestens aus dem 13. Jahrhundert. Der byzantinische Bau war ursprünglich eine Kreuzkuppelkirche mit noch erhal-

Marienkirche (Panajía tu Kástru), Grundriß

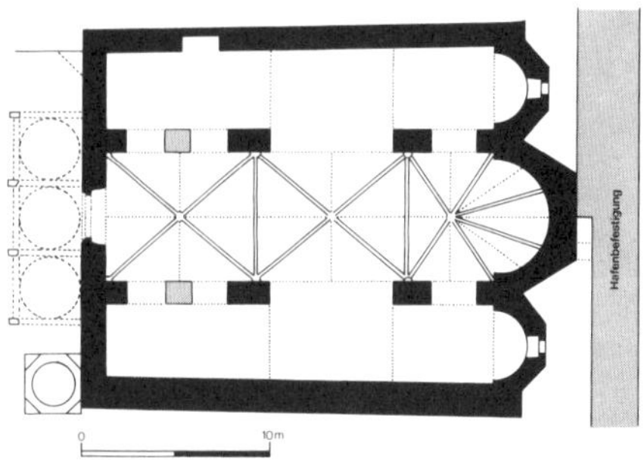

tenen Tonnengewölben aus dieser Zeit über den vier Eckräumen und über den beiden querliegenden Kreuzarmen. Nicht mehr erhalten aus byzantinischer Zeit sind die Vierungskuppel und die Tonnengewölbe des östlichen und westlichen Kreuzarmes. Bereits zur Regierungszeit des zweiten Großmeisters Hélion de Villeneuve (1319–1346) wurde der gesamte Mittelteil mit seiner Tambourkuppel zu einem dreijochigen Mittelschiff mit gotischen Kreuzrippengewölben umgebaut. Die Kirche wurde nun Sitz des katholischen Erzbischofs von Rhodos. Auch die Pfeiler, die ehemals den westlichen Kreuzarm mit den seitlich angrenzenden Eckräumen durch je zwei Bogenstellungen abgrenzten, wurden nun herausgebrochen und durch einen Bogen ersetzt (die byzantinische Fassung soll jedoch wiederhergestellt werden!). Der Altarraum des Mittelschiffes zeigt heute eine dreistufige Höhenentwicklung: im unteren Bereich ist die Apsis innen halbkreisförmig ausgebildet, darüber folgt die Zone mit dem byzantinischen Triforium (Fenster), über die schließlich Konsolen zum gotischen Rippengewölbe überleiten.

Die wenigen Freskenfragmente im westlichen Teil des Mittelschiffes stammen aus der Ritterzeit (1. Hälfte 14. Jh). Viele der architektonischen Bauteile aus Marmor, die sich in der Kirche befinden, gehören der frühchristlichen Epoche an und wurden von verschiedenen Bauten hierher zusammengetragen.

In türkischer Zeit war dieser Bau eines der wenigen christlichen Gotteshäuser der Insel, in deren Innenraum keine baulichen Veränderungen durchgeführt wurden (Einbau eines Mihrab = Gebetsnische). Nur im Westen wurde der Kirche, die nun als Moschee (Enterum-Dschami) umfunktioniert war, ein Portikus, bestehend aus drei überkuppelten Arkaden und ein Minarett (an der Südwestecke) hinzugefügt; islamische Bauteile, die bereits Anfang unseres Jahrhunderts wieder demontiert wurden.

Südlich der Kirche öffnet sich ein schöner städtischer Raum (Museumsplatz), an dessen Ostseite zwei Gebäude der Ritterzeit stehen: Links der Straße zum Hafen hinunter das *Wohnhaus des Ritters G. de Melay* und rechts der Straße die *Herberge der Ritter von England;* ein Gebäude, das 1483 errichtet, aber im 19. Jahrhundert vollständig zerstört wurde. Die Italiener ließen es 1919 nach Zeichnungen von Rottiers aus dem Jahre 1826 vollständig neu aufbauen.

4 **Archäologisches Museum**
(ehemals Ordenshospital)

Öffnungszeiten:
Dienstags–freitags und sonntags im Sommer 8.30–18.00 Uhr, im Winter samstags ganzjährig 10–14.30 Uhr, montags geschlossen.
Die Bauinschrift oberhalb des Hauptportals am Museumsplatz berichtet, daß der Großmeister Jean Bonpart de Lastic im Jahre 1440 mit den Bauarbeiten begonnen habe, die er größtenteils mit dem Geld seines Vorgängers Antoine de Fluvian finanzierte, der ihm 10000 Gulden für den Bau eines Xenodhochío (HUIC XENODOCHIO CONSTRUENDO) hinterlassen hatte. Die lateinische Inschrift, mit gotischen Buchstaben in Marmor eingemeißelt, erwähnt interessanterweise für die Bezeichnung des zu errichtenden Gebäudes das griechische Wort ›XENODHOCHIO‹, das im byzantinischen Sprachgebrauch ›Fremdenherberge‹ zum Inhalt hatte (und heute ganz einfach ›Hotel‹ bedeutet). Tatsächlich wurde das Ritterho-

spital auch nicht nur für die Krankenbehandlung von Rittern genutzt, sondern es war für alle Kranken zugänglich, also für Männer, Frauen und Kinder. Die abschließenden Bauarbeiten des Hospitals konnten jedoch erst (aus Geldmangel?) zur Zeit Pierre d'Aubussons beendet werden, so daß ab 1485, noch vor der Einweihung im Jahre 1489, das Hospital mit seiner Arbeit beginnen konnte.

Die oben erwähnte Inschrift befindet sich unterhalb eines Reliefs, auf dem zwei Engel unter einem Baldachin mit drei gotischen Dreipaßbögen stehen, die das Wappen Fluvians in ihren Händen halten (möglicherweise handelt es sich auch um das Wappen von Jean de Lastic, beide Wappen sehen in der Steinmetzkunst gleich aus!). Der dreiseitig geschlossene erkerhafte Vorbau, an dem das Relief angebracht ist, bildet die Apsis der im Obergeschoß eingebauten Krankenhauskapelle des großen Krankensaales. Dieser Teil der Fassade ähnelt jener des alten Hospitals (s. S. 111) sehr stark. Ansonsten sind die völlig geschlossenen Wandflächen nur durch zwei horizontal durchlaufende Gurtgesimse gegliedert. Die großen Nischen mit segmentbogenförmigen Gewölben führen zu den Vorratsräumen im Erdgeschoß. Nur die Nordfassade zur Ritterstraße hin läßt eine Auflösung der geschlossenen Wandflächen erkennen: Während sich die niedrigen Brüstungen der rundbogenförmigen Fenster im Erdgeschoß der leicht ansteigenden Ritterstraße ›treppenartig‹ anpassen, bildet ein kräftiges Gurtgesims die Brüstungen der nur aus dem Mauerwerk ausgesparten Rechteckfenster des Obergeschosses. Den westlichen Teil der Fassade begrenzt ein gotisches Portal, das hier zum Obergeschoß führt. Auf zwei im Querschnitt polygonalen Pilastern streckt sich das Profil eines Rechteckrahmens über beide Geschosse in die Höhe. Elegant laufen zwei Profile der Portal-Archivolte kielbogenförmig zusammen und bilden so die Mitte der geflammten Maßwerkfüllung im Flamboyant-Stil der französischen Spätgotik. Rechts neben dem Portal sind zwei Wappen mit einer französischen Inschrift in die Wand eingelassen: das des Ordens und das von P. Clouet.

Der Haupteingang an der Ostseite führt erst zu einer dreijochigen Eingangshalle und dann weiter zum streng nüchternen mit Pfeilern gegliederten zweistöckigen Arkadenhof. Die kräftigen Rippen der Kreuzgratgewölbe stemmen sich im Erdgeschoß von den massigen Bündelpfeilern ab, die nur in der Kapitellzone mit einfachen Flechtbandmustern geschmückt sind. Die neuzeitliche Treppe in der Südostecke führt ins Obergeschoß, dessen Arkadengänge mit einer Holzkonstruktion überspannt sind.

Rundgang

Erdgeschoß – Innenhof

Auf der Westseite, direkt in Verlängerung des Haupteinganges, auf einem Sockel, ruht die Skulptur eines späthellenistischen Löwen, der einen Stier erlegt hat. Das Mosaik vor dem Sockel stammt aus der Apsis einer frühchristlichen Basilika von Akássa an der Westküste im Süden der Insel Kárpathos.

In der Mitte der Südseite des Arkadenhofes führt ein Gang zu einem kleinen verwinkelten Innenhof, in dem ein großes frühchristliches Mosaik, ebenfalls aus der Basilika von Akássa aufbewahrt wird; in der Inschrift werden u. a. auch die Namen der beiden Künstler, Jeórjios und Kósmas, die das Werk ausgeführt haben, erwähnt.

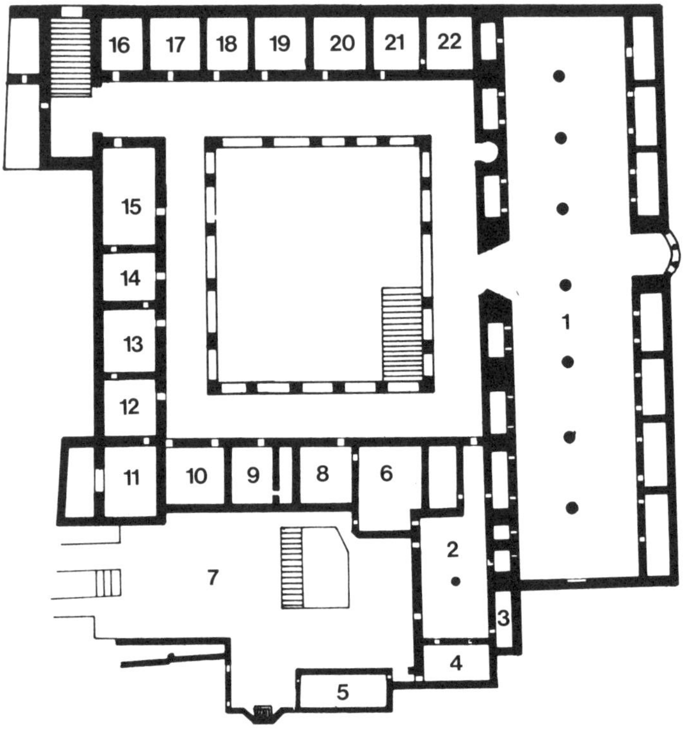

Archäologisches Museum (ehemaliges Ordenshospital), Obergeschoß, Grundriß

1 Ehemaliger Krankensaal
2 Ehemaliger Speisesaal
3 Menander-Saal
4 Saal der kauernden Aphrodite
5 Saal der großen Aphrodite
6 ›Archaischer‹ Saal und Saal der Timarista
7 Museumsgarten
8–22 Vasensammlung

Obergeschoß

Arkadengang (Auswahl)

Südostecke, links oberhalb der Treppe: Relief mit einer Löwenjagd (3. Jh. n. Chr.; Abb. 32), das wahrscheinlich ehemals den römischen Torbau am Ende der Straße P 31, westlich der Platía Sými schmückte – hellenistischer Hermeskopf aus Kamíros. *Südwand* (v.l.n.r.): männlicher Torso der frührömischen Epoche (Tiberius oder Augustus?). *Westwand:* hellenistische Grabstele mit Giebelbekrönung, die Reliefdarstellung zeigt die Verstorbene (sitzend) mit ihrer Dienerin – Grabstele für ein Kind, das links unten auf dem Relief dargestellt ist; rechts trauern die Eltern um den dreijährigen Sohn.

Nordwestecke (oberes Podest der Treppe, die von der Ritterstraße ins Obergeschoß führt) *Westwand:* Architekturteile des dorischen Tempels Apollon Erethimos von Tholos – Bemalter Tonsarkophag mit giebelförmiger Abdeckplatte des klazomenischen Typus aus dem 6./5. Jahrhundert v. Chr. von der Nekropole bei Iálysos (dieser Typus ist benannt nach seinem Hauptfundort Klazomenai in Lydien).

1 Ehemaliger Krankensaal

Die zweischiffige Halle (51 m × 12 m) mit ihrer Arkadengliederung auf der Mittelachse gehört zu den imposantesten Raumschöpfungen des Spitals. Wände und Pfeiler sind schmucklos, alle Bauglieder sind dem

Funktionalismus unterworfen. Nur die Arkadenbögen, die sich rhythmisch von den Konsolen an der Nord- und Südseite über die sieben im Querschnitt polygonalen Pfeiler schwingen, sind in ihren Laibungen und an der Kämpferzone dekorativ gestaltet. Auch die kleine Kapelle des Krankensaales im vierten nördlichen Joch der Ostwand zeigt sparsame Profilierungen der Archivolte.

Reichhaltige Sammlung verschiedener Wappen und Grabreliefs aus der Ritterzeit. Die Grabplatten sind teilweise mit Flachreliefs der verstorbenen Personen geschmückt und mit Inschriften versehen, die meist den Ordensrang und -titel sowie das Sterbedatum zum Inhalt haben.

2 Ehemaliger Speisesaal
Verschiedene späthellenistische und römische Grabstelen von Rhodos und anderen Inseln (Kastellórizo, Nísyros)

3 Menander-Saal
Benannt ist der Saal nach einem Kopf des Menandros, eines Dichters der Neuen Komödie (342/41–293/92 v. Chr.), der unmittelbar dem Eingang gegenüber an der Ostwand steht. Bis auf die Nasen- und Kinnpartie ist der Kopf gut erhalten. Einige Forscher nehmen an, daß der Kopf eine Kopie einer von Praxiteles' Söhnen geschaffenen Statue sei; andere glauben, der Kopf sei ein Porträt des römischen Dichters Vergil (70–19 v. Chr.) und wieder andere vermu-

Großer Krankensaal des Ordenshospitals

ten, es handele sich um eine Darstellung des Dichters Theokrit (300–260 v. Chr.) aus Syrakus.

Ferner sind in diesem Raum Werke der rhodischen Porträtkunst (3. Jh. v. Chr.–3. Jh. n. Chr.) untergebracht, aber auch Grab- und Weihreliefs und ein schöner römischer Sarkophag.

4 Saal der kauernden Aphrodite

(Die Auswahl beginnt an dem Pfeiler zwischen den beiden Türen der Nordwand und folgt dann dem Uhrzeigersinn)
Statue des sitzenden Zeus (?) – in der Ecke: kopfloses Standbild einer Frau mit bewegtem hochgegürteten Chiton – jugendlicher Kopf einer späthellenistischen Statue – späthellenistischer Torso einer ›barocken‹ Kinderstatue – ausgereiftes Werk einer sitzenden Aphrodite (oder Nymphe) aus der Wende vom 2./1. Jh. v. Chr., eine Arbeit, die mit der Künstlergruppe des ›Farnesischen Stieres‹ (s. S. 88) in Zusammenhang gebracht wird – rechts der Südostecke: Fragment eines Weihreliefs mit ›Hermes als Führer der Nymphen‹ im archaisierenden Stil aus Kamíros – darunter steht ein Relief mit einer ikonographisch interessanten (künstlerisch aber nur zweitrangigen) Darstellung der ›Herrin der Tiere‹, ein Motiv, das seit der minoischen Epoche in der bildenden Kunst aufgegriffen wurde – Torso eines Kindes, das einen Hund in seinen Armen hält – Statue des Gottes Asklepios (aus mehreren Einzelteilen wieder zusammengesetzt) – kopflose Statue einer sitzenden Nymphe, ein reifes späthellenistisches Werk – ganz rechts in den beiden Vitrinen an der Südwand: Asklepios und Hygieia (römisch, 3. Jh. n. Chr., bei den Ausschachtungsarbeiten des Neuen Rathauses gefunden), die Schlangen sind die Attribute der beiden Gottheiten: Gott der Heilkunde und Göttin der Gesundheit – rechts neben der Tür: Marmorstatue des Bakchos (ein anderer Name für Dionysos) aus Soroní – in der Vitrine die kauernde Aphrodite von Rhodos (um 100 v. Chr.; Abb. 36), Kopie eines Bronzeoriginals des Doidalsas von Bithynien (s. S. 88).

5 Saal der großen Aphrodite

Sammlung hellenistischer und römischer Skulpturen (die Auswahl beginnt links des Eingangs)
Statue eines Kindes von einem Grabmal (?) aus hellenistischer Zeit – in der Ecke: hellenistisches Relief aus Kalkstein mit einem marmorimitierten Stucküberzug; das Relief stammt von der südlichen Nekropole von Rhodos und zeigt eine Frau, die einen Ziegenbock zu einem Altar führt, links neben ihr steht eine zweite Frau und ein nackter Satyr – Torso einer Jünglingsstatue – Fragment eines Marmorreliefs, das einen Mann am Heck eines Schiffes zeigt – Kopf des Helios von Rhodos (um 150 v. Chr.; Abb. 35), ein Meisterwerk des Chares von Líndos (s. S. 86) – Torso einer anmutigen Aphrodite (oder Nymphe), die ihren nackten Oberkörper mit abgewinkelten Armen auf ihr rechtes Knie stützt, ein Meisterwerk rhodischer Bildhauerkunst – Fragment eines Reliefs (1. Jh. v. Chr.): Hermes und die tanzenden Musen (?) – in der Südwestecke: Marmorstatue der Aphrodite (im Meer nahe dem Hotel ›des Roses‹ gefunden) – Marmorfuß für einen Bronzekessel von der Akropolis, an den drei leicht gekrümmten Seiten sind im archaisierenden Stil der hellenistischen Zeit drei Mädchengestalten reliefartig dargestellt; vielleicht gehörte dieses Frag-

ment zu einem Kult für Hekate, der Hüterin der Tore und der Dreiwege? – rechts daneben: Relief mit dem sitzenden Zeus, dessen Thron mit einer Sphinx geschmückt ist, vor ihm steht Hera, dazwischen erkennt man einen Adler.

6 ›Archaischer‹ Saal und Saal der Timarista

(Die Beschreibung der ausgewählten Exponate beginnt rechts in dem kleinen Seitenraum)

Dreiteiliger Untersatz eines Kessels (Wasserbecken für rituelle Waschungen) des 7. Jahrhunderts v. Chr. aus Kamíros, der aus drei liegenden Löwen und drei weiblichen Skulpturen des dädalischen Stils besteht – Torso eines archaischen Kouros aus Kamíros (550–530 v. Chr.) – Grabstele der Kalliarista (4. Jh. v. Chr.) aus Rhodos – Frauenbüste aus Rhodos (Abb. 37), hellenistisches Meisterwerk der rhodischen Bildhauerkunst – Fragment einer Grabstele von der Insel Nísyros (Ende 5. Jh. v. Chr.) mit einer sitzenden weiblichen Gestalt – an der Westwand: Stele der Krito und Timarista (um 420/410 v. Chr.), ein reifes Werk der Hochklassik, das zu den bedeutendsten Arbeiten der rhodischen Bildhauerkunst gehört (s. S. 85; Abb. 31) – an der Südwand: Fragment einer Grabstele (4. Jh. v. Chr.) mit einer sehr feinen Darstellung eines jungen Mannes (des Verstorbenen) mit edlem Archontengewand, rechts folgt ihm ein nackter Knabe – die Stele rechts neben der Tür trägt die Inschrift ›Lebe wohl‹ (XAIPE).

7 Museumsgarten

Aus der Fülle der meist fragmentarischen Exponanten sollen hier nur wenige Beispiele erwähnt werden:

An der nördlichen Ecke der Westwand: Grabstele mit einer Hundedarstellung für eine Hundebestattung – im westlichen Bereich: zwei Delphin-Skulpturen (Mitte 2. Jh. v. Chr.; Abb. 30), die einst Grabmäler schmückten (?) – Rundaltar der Aristarche mit einer späthellenistischen ›Totenmahl‹-Darstellung und einem mit Girlanden geschmückten Stierkopf – Grabmal, das die Form eines kleinen Tempels hat (= Naiskos) – das frühchristliche Mosaik stammt von der Insel Kárpathos.

Vasensammlung (8–22)

Im Nord-, Süd- und Westtrakt des Gebäudes ist in den kleinen Räumen des Arkadenhofes die Vasensammlung des Museums untergebracht. Die einzelnen Räume sind *nie* alle gleichzeitig geöffnet; man muß also das Museum an mehreren Tagen besuchen, wenn man die gesamte Vasensammlung besichtigen will!

Südseite

8 Vasen aus den Nekropolen von Iálysos (9.–6. Jh. v. Chr.) – korinthische Vasensammlung und Gefäße, die als Aschenurne benutzt wurden

9 Vasen des 6. Jahrhunderts v. Chr. aus Gräbern von Iálysos mit attischen Einflüssen – ›Lydische‹ Vasen – Fikellurakeramik (s. S. 81 f., Abb. 38, 39)

10 Vasen des 6.–4. Jahrhunderts v. Chr., die vorwiegend aus Attika importiert wurden – Fikelluravasen

11/12 z. Z. geschlossen!

Westseite

13 Grabbeigaben aus den Nekropolen von Iálysos – Fikelluravasen und eine meisterhafte lakonische Hydria (um 555 v. Chr.),

die dem sog. Jagdmaler zugeschrieben wird (s. Fig. S. 84); gefunden in der Nekropole von Marmaro bei Iálysos.
14 Attische Vasen des 6./5. Jahrhunderts v. Chr. – rhodische Masken des 5. Jahrhunderts v. Chr. – Fikelluravasen
15 Verschiedene Grabbeigaben des 6.–4. Jahrhunderts v. Chr. – Rotfigurige Vasen – Goldschmuck aus einem Grab bei Kremastí (1961 bei Straßenarbeiten gefunden) – Verschiedene rhodische Silbermünzen (Fig. S. 16) aus der Zeit 394–88 v. Chr.

Nordseite
16 Protogeometrische und geometrische Keramik von verschiedenen Nekropolen der Insel (u. a. von Kamíros)
17 Vasen der drei orientalisierenden Stilgruppen: Kamírosgruppe, Vlatosgruppe und Euphorbosgruppe (s. S. 61) aus dem frühen rhodischen Kunstschaffen (8./7. Jh. v. Chr.) u. a.
18 Vasen des 6. Jahrhunderts und Importstücke aus Zypern (Tonstatuette)
19 Attische Vasen des 6. Jahrhunderts v. Chr. – schöne Beispiele der rhodischen Fikellura-Keramik
20 Besonders schöne Fikelluravasen und Keramik des klazomenischen Stils
21 Rhodische und attische Gefäße des 6./5. Jahrhunderts v. Chr.
22 Rhodische Keramik des 5./4. Jahrhunderts v. Chr., vorwiegend aus der neugegründeten Stadt Rhodos

5 **Ritterstraße** (Odhos Ippoton)

Die Ritterstraße von Rhodos ist eines der eindrucksvollsten mittelalterlichen Baudenkmäler Europas (Farbt. 4). Die Straße folgt der Trasse einer antiken Straße (P 5a), die ehemals vom Hafen hangaufwärts zur unteren Akropolis mit dem Heliostempel (?) führte, die sich seit der Gründung der antiken Stadt Rhodos im Jahre 408 v. Chr., nach Meinung der Archäologen, an der Stelle des Großmeisterpalastes befinden soll (S. 125). Links und rechts der Straße stehen noch heute die Wohnhäuser der Ritter des Johanniterordens aus dem 14. und 15. Jahrhundert, wobei im Mittelalter jedes Haus einer ganz bestimmten nationalen Rittergemeinschaft zugewiesen war. Nicht selten (besonders beim Ordenshospital) wurde für die Errichtung der Rittergebäude antikes Baumaterial, vielleicht sogar damals noch erhaltene Wände der antiken Stadt benutzt. Die meist mit eleganten Innenhöfen und Gärten angelegten Wohngebäude der Ritter kommen durchaus unserer Vorstellung von ›Ritterromantik‹ sehr nahe. Nach 42 Jahren erbitterter Kämpfe (1480 bis 1522) nahmen die Türken Stadt und Insel in ihren Besitz (S. 42). Fast 400 Jahre (bis 1912) wohnten fortan reiche türkische Kaufleute und andere wohlhabende Türken in den Häusern der Ritter. Ihren Wohn- und Lebensgewohnheiten entsprechend bauten sie weitauskragende Holzerker an die Fassaden der Häuser, von denen aus die Frauen dem bunten Treiben auf den Straßen zuschauen konnten.

Gegenüber der etwa siebzig Meter langen Nordfassade des Ordenshospitals befinden sich rechts am Anfang der Straße zwei Rittergebäude, die heute keiner ›Zunge‹ mehr zugewiesen werden können. Diesen Gebäuden folgt die *Herberge der Ritter von Italien:* ihre Fassade zeigt im Erdgeschoß einen großen Torbogen, der zu den Vorratsräumen führt, rechts daneben gelangte man ehemals durch das schmale spitzbogige Portal in den Innenhof des Gebäudes. Die

Ritterstraße, links das Nordportal des Ordenshospitals; die Holzerker stammen aus türkischer Zeit

Rittergebäude mit angebauten türkischen Holzerkern

Obergeschoßfassade ist streng axial aufgebaut: links und rechts des von einem reliefierten Kielbogen eingefaßten Wappens von Fabricio del Carretto, der das Gebäude 1519 vollendete, befinden sich je zwei Fenster. – Das nächste Gebäude, mit dem links etwas erhöhten Fassadenteil, kann ebenfalls keiner ›Zunge‹ zugeschrieben werden. Eines der Wappen im rechten Teil der Fassade mit den drei Fenstern ist das von Pierre d'Aubusson, hier ist auch die Jahreszahl 1505 eingemeißelt.

Der prachtvollste Bau in dieser Straße ist die wohl 1492 errichtete *Herberge der Ritter von Frankreich.* Während das mit Zinnen geschmückte Gebäude oben mit gleicher Höhenlinie abschließt, paßt sich die Fassadengestaltung des Erd- und Obergeschosses dem Verlauf der leicht ansteigenden Straße an: getrennt werden beide Geschosse durch ein oberes flechtbandgeschmücktes Gurtgesims, das einmal abknickt und durch ein unteres glattes Gurtgesims, das zweimal stufenartig abknickt. Das nicht axial unter dem Obergeschoßfenster angeordnete Portal mit streng ausgebildeter, gedrückter Spitzbogenarchivolte und eingefaßtem Rechteckfeld zeigt an diesem oberen Fassadenteil die Wappen des Ordens und das von Emery d'Amboise (rechts) sowie die Jahreszahl 1492; beide Wappen erscheinen auf der linken Seite noch an zwei weiteren Stellen. An dem Wandstück zwischen den beiden mittleren Fenstern, die durch einen gemeinsamen Profilrahmen mit Flechtbanddekor im oberen Bereich eingefaßt sind, schmücken links das Wappen Frankreichs mit der Königskrone, den drei Lilien und der Jahreszahl 1495 und das des Großmeisters d'Aubusson mit Kardinalshut die Fassade.

Auf der anderen Straßenseite, im Anschluß an die Fassade des Spitals, steht ein kleiner Palast, der aufgrund seines im Stil der katalanischen Gotik ausgeführten Portals vom Ende des 15. Jahrhunderts vielleicht ein Gebäude der Ritter Spaniens war.

Hinter der französischen Herberge zweigt rechts in Richtung Norden eine kleine Gasse ab. Links folgt ein elegantes Haus, vielleicht eine Dependance der französischen Herberge, mit einer schönen Renaissancefassade aus dem Jahre 1510; aus türkischer Zeit trägt das Gebäude noch den Namen *Djidjim-Haus.* Am Ende der Gasse liegt westlich der römischen Straße P 31 (s. S. 96) die kleine *Ajios Dimítrios-Einraumkapelle* (Abb. 10, an der Stadtmauer), mit innen halbkreisförmig und außen dreiseitig geschlossener Apsis. 1499 von dem

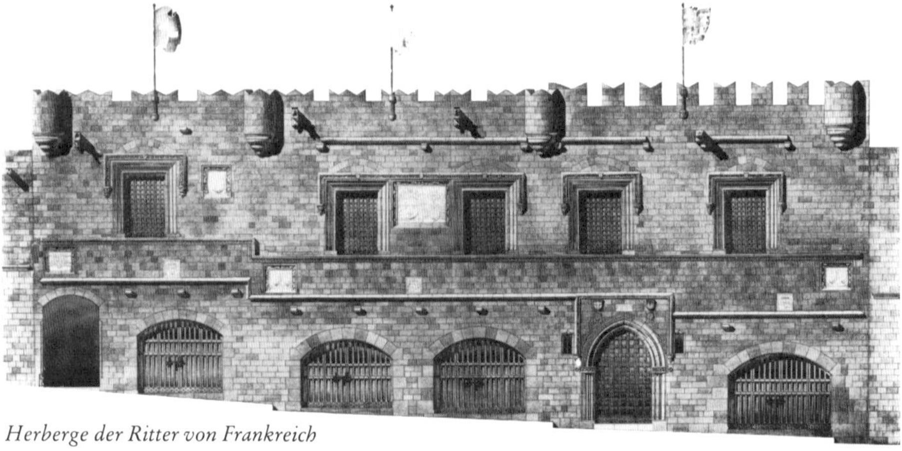

Herberge der Ritter von Frankreich

Admiral Ludovico Piossasco gestiftet, erhebt sich das Kirchlein über der Krepis eines antiken *Dionysos-Tempels,* der vielleicht zu dem an diesem Ort von den Archäologen vermuteten Dionysos-Heiligtum gehörte. Zumindest erwähnt eine im Fußboden der Kirche gefundene Inschrift eines Dreifußes den Namen Dionysos (dieses Gebäude ist z. Z. nicht zugänglich).

Weiter der Ritterstraße folgend, gelangt man nach zwei anonymen Rittergebäuden auf der rechten Seite zur *Ajía Trías-Kapelle:* Die einfache Kreuzkuppelkirche der französischen Ritter mit längeren nischenartigen Kreuzarmen im Osten und Westen als im Norden und Süden stammt höchstwahrscheinlich aus der Zeit des Großmeisters Raymond de Béranger (1365–1374). Die Südfassade zur Ritterstraße hin zeigt im oberen Fassadenbereich einen gotischen Baldachin mit einer (nicht originalen) Marienskulptur. Über dem spitzbogigen Portal der Kirche sind das Wappen Frankreichs, das eines Papstes und das von England angebracht. An der Westseite der Kapelle führt ein kleiner Torbogen zu einem Garten. Über dem Bogen ist zur Straße hin ein Marmorrelief mit fünf Wappen eingelassen; v.l.n.r. sehen wir: das Wappen von England, das von H. de Villeneuve, das des Ordens, das von Dieudonné de Gozon

Ajía Trías-Kapelle in der Ritterstraße, Grundriß

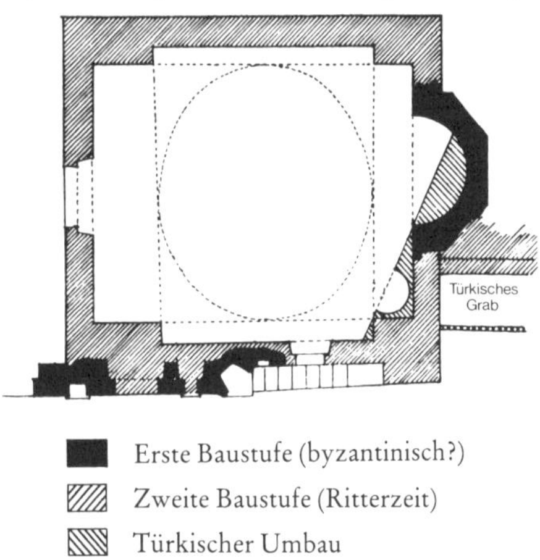

(1346–1353) und das von England; auf der Innenseite sind hingegen zu sehen: das Wappen des Ordens, die von Pierre de Corneillan (1353–1355), Raymond de Béranger, Roger de Pins (1355–1365) und ein nicht identifizierbares Wappen. Die schräge Abmauerung in der Südostecke des Innenraumes geht auf türkische Zeit zurück, die für die Benutzung der Kirche als Moschee hier ihre nach Mekka hin ausgerichtete Gebetsnische angebaut haben.

Direkt vor dem brückenartigen Gebäude erhebt sich rechts der Straße ein zweistöckiges Haus, das als *Wohnhaus des Küsters* (?) bezeichnet wird. An dem Erdgeschoßpfeiler zwischen den beiden Torbögen ist das Wappen des P. Papefust aus dem Jahre 1483 eingelassen. Oberhalb des Gurtgesimses sind zwischen den beiden Fenstern vier Wappen in Kreuzform angeordnet; zu sehen sind neben der Jahreszahl 1519 das Wappen des Ordens, das von Frankreich mit den drei Lilien, das von Fabricio del Carretto und das von H. Cheron.

Diesem Gebäude gegenüber erhebt sich die *Herberge der Ritter von Spanien*, zu der auch das Brückengebäude und der daran westlich anschließende Trakt auf der linken Seite der Ritterstraße gehören. Hier zweigt in Richtung Süden eine schmale Gasse ab, die das spanische Gebäude korbbogenförmig durchdringt. Darüber waren ehemals in zwei Reihen verschiedene spanische Wappen angebracht.

Gegenüber, auf der rechten Seite, erhebt sich das Gebäude der *Herberge der Ritter aus der Provence*, das bei der Explosion von 1856 schwer beschädigt wurde. Über dem spitzbogigen Portal erkennt man die Jahreszahl 1518 und die kreuzförmig angeordneten Wappen von Frankreich mit der Königskrone und den drei Lilien, links davon das des Ordens, rechts das von del Carretto und in der Mitte darunter das von F. Flotta aus Toulouse.

Das Ende der Ritterstraße wird von einem hohen quergestellten Gebäude mit einem fast zweigeschossigen Durchgang mit Spitzbogenabschluß gebildet, ein neuzeitlicher Ersatz für die ehemals mit Arkaden gegliederte Loggia der Ritterzeit, von der noch Pfeilerreste im Bodenbelag der Straße erhal-

Herberge der Ritter von Spanien

ten sind. Von hier aus gelangte man ehemals rechts in den Großmeisterpalast und links zur nicht mehr erhaltenen Ordenskirche des Heiligen Johannes (s. Nr. 7 S. 128).

6 Großmeisterpalast

(Farbt. 5, Abb. 1, 2, Fig. S. 103)

Öffnungszeiten:
Dienstags–samstags im Sommer 8.30–19 Uhr, im Winter 8.30–18 Uhr, sonntags ganzjährig 10–14.30 Uhr, montags geschlossen.

Der heutige Großmeisterpalast ist ein Werk des italienischen Architekten de Vecchi aus der 1. Hälfte des 20. Jahrhunderts. Auch wenn die Italiener sich größtenteils nach alten Zeichnungen orientierten und die wenigen erhaltenen Baureste des mittelalterlichen Kastells, wie z.B. die Außenmauern bis zu einer Höhe von etwa zwei Metern, den von zwei Türmen flankierten Haupteingang im Süden und Teile der Wohnung der Großmeister im Bereich der Nordostecke mit einbezogen haben, so erscheint der Wiederaufbau dennoch aus mehreren Gründen unbefriedigend und mißglückt: So vermitteln beispielsweise die Innenräume mit ihrer willkürlichen Ansammlung von Möbeln und Kunstwerken aus verschiedenen Jahrhunderten und Kulturkreisen, und vor allem der Einbau von spätantiken und frühchristlichen Säulen, Kapitellen und Mosaiken keine Atmosphäre der mittelalterlichen Repräsentations- und Wohnräume der Ritter von Rhodos. Zum anderen ließ man nach der türkischen Epoche (ab 1912) die Chance ungenutzt, das Gelände des Großmeisterpalastes archäologisch zu untersuchen, auf dem einige Forscher die untere Akropolis, andere den Standort der monumentalen Helios-Statue vermuten (s. S. 27). Vielleicht werden in den nächsten Jahren archäologische Unternehmungen auf dem südlichen Vorplatz bis zum Kleobulosplatz Funde zutage bringen, die die eine oder andere Theorie untermauern.

Die Baugeschichte des Großmeisterpalastes beginnt Anfang des 14. Jahrhunderts, also schon bald nach Besitznahme der Insel Rhodos durch die Ritter des Johanniterordens im Jahre 1309. Der um einen Hof (50 × 40 m) konzipierte Palast nimmt eine Grundfläche von etwa 80 × 75 m ein. Der Palast wurde erstmals 1481 durch ein heftiges Erdbeben so stark zerstört, daß z. Zt. des Großmeisters d'Aubusson umfangreiche Ausbesserungsarbeiten durchgeführt wurden. Während der türkischen Eroberung im Jahre 1522 scheint der Palast dagegen nur unwesentlich in seiner Bausubstanz getroffen worden zu sein. Erst die schwere Explosion im Jahre 1856 in der Johanneskirche (s. S. 159), die große Teile der mittelalterlichen Stadt zerstörte, beschädigte den Großmeisterpalast so sehr, daß ihn die Türken (bis 1912) nur noch im Erdgeschoß als Gefängnis nutzen.

Rundgang

Eingangsportal und Innenhof
Von der neu errichteten Loggia auf dem Kleobulos-Platz gelangt man rechts in den südlichen Vorhof des Großmeisterpalastes. Gleich links steht ein Gebäude, das ehemals dem Bischof der Ritterstadt Rhodos als Wohnhaus diente. An der östlichen Wand des Hauses ist eine Seite aus dem Buch ›De bello Rhodio, 1522‹ abgebildet, in dem Jacobi Fontani in italienisch und griechisch die Leidensgeschichte und den heldenhaften Kampf der griechischen Bevölkerung ge-

meinsam mit den Rittern gegen die zahlenmäßig übermächtigen Türken schildert.

Auf dem Vorplatz angelangt, versperrt an der Westseite (links) ein Gitter den Zugang zum *Kanonentor* (Farbt. 3), von dem aus der Rundgang über die Stadtmauer beginnt (S. 103f.). Zwischen den beiden im Grundriß halbkreisförmigen Türmen, die von auskragenden Zinnen bekrönt sind, öffnet sich das Hauptportal zum Großmeisterpalast: an den Fassaden des Innenhofes wird die teilweise zwei- und dreigeschossige Bauweise des Palastes deutlich. Eine einläufige Freitreppe an der Westseite, mit Zwischenpodest und Portal zum 1. Obergeschoß des Westflügels, führt zu der mit Arkaden gegliederten Loggia des Nordflügels.

Die gesamte Front der Nordseite schmücken acht spätantike Marmorskulpturen, die größtenteils aus dem römischen Odeion der Insel Kos stammen (von links nach rechts/von West nach Ost): Torso einer römischen Statue – zwei Statuen aus dem 1. Jh. v. Chr. – Torso aus dem 2. Jh. v. Chr. mit einem Kopf aus dem 1. Jh. v. Chr. – römische Statue – Statue von Kos – Statue des 2. Jh. v. Chr. – Torso von Rhodos mit Marmorkopf von Kos aus dem 1. Jh. v. Chr.

In der Südwestecke sind ein frühchristlicher Sarkophag und zwei monolithische Säulen einer frühchristlichen Basilika aus Rhodos aufgestellt.

Obergeschoß

Von der Eingangshalle führt eine breite Freitreppe mit einem Zwischenpodest ins Obergeschoß. Direkt bei den ersten Treppenstufen führt rechts eine Tür zur *Palastkapelle*; im Innenraum der Kapelle befinden sich zwei marmorne Bauglieder eines frühchristlichen Altarraumes und die Bronzekopie der Nikolaos-Statue des Donatello (1386–1466), eines der bedeutendsten Künstler der Frührenaissance aus Florenz.

A Hallenartiger Raum, der durch drei Bogenstellungen unterteilt wird. Die Arkaden stützen sich auf Kapitelle, die an jene der theodosianischen Zeit (379–395) in Konstantinopel erinnern, die monolithischen Säulenschäfte bestehen aus Granit. Alle Mosaiken stammen von der Insel Kos. An der Westseite steht ein hellenistischer Marmoraltar aus Triánda in Form eines Trophäengrabmonuments mit einem Relief, das Dionysos mit tanzenden Mänaden zeigt.

B Saal mit der Laokoonkopie aus Gips (s. S. 89; Abb. 43)

C Mosaiken aus Kos, u.a. jenes mit dem Medusenkopf

D Verschiedene Mosaiken von der Insel Kos

E Dreischiffiger Raum mit zwei Arkadenstellungen, die von je drei monolithischen Säulen mit spätantiken Kapitellen unterstützt werden (Abb. 27). Das mit geometrischen Motiven geschmückte Mosaik stammt von der Insel Kos.

F Ehemaliger Musik- und Speisesaal mit schönem Blick auf die Nordwestecke der Befestigung und zum Hafen

G Späthellenistisches Mosaik aus Rhodos

H Stark ergänztes Mosaik mit einer Nymphe, die auf einem Meeres-Mischwesen reitet (Farbt. 15). Von diesem Raum führt ein Gang Rich-

Großmeisterpalast, Obergeschoß, Grundriß

tung Osten und knickt dann Richtung Süden (rechts) ab, so daß man zur Südostecke des Palastes gelangt (schöner Blick auf die Stadt!)

I Mosaik von der Insel Kos: Poseidon verfolgt den Giganten Polybotes, schleudert einen Felsbrocken hinter ihm her, der den Giganten begräbt, woraufhin aus dem Felsen die Insel Nísyros entsteht (Ft. 14)

K Mosaik mit dem fischenden Eroten

L Saal mit dem Mosaik der neun Musen: Kleio, Euterpe, Thaleia, Melpomene, Terpsichore, Erato, Plyhymnia, Urania und Kalliope

M, N Zwei Räume mit Chorgestühl; anschließend folgt links wieder die einläufige Freitreppe

7 Standort der Johanneskirche

Südlich des Kleobulos-Platzes erstreckt sich ein großes, leicht terrassenartig erhöhtes Areal mit altem Baumbestand, auf dem heute die türkische Volksschule Süleymaniye steht. An dieser Stelle errichteten Anfang des 14. Jahrhunderts die Johanniter ihre *Ordenskirche*, die sie ihrem Schutzpatron, dem Heiligen Johannes, weihten. Die einstige Ordenskirche entstand als dreischiffige Basilika mit überhöhtem Mittelschiff und Pultdächern über den Seitenschiffen, in der die Großmeister ihre letzte Ruhe fanden. Ihre Grabstätten waren einst als Hochgräber ausgebildet und mit kunstvollen Grabplatten geschmückt; zwei dieser Steinplatten, die von D. d. Gozon und G. B. degl'Orsini befinden sich heute in den Museen von Paris bzw. von Cluny.

Im Jahre 1522, kurz vor der Übergabe der Stadt an die Türken, lagerten die Ritter die gesamte noch vorrätige Munition und das übriggebliebene Schießpulver in den Kellerräumen des Großmeisterpalastes. Jahrhundertelang blieb das Ganze vergessen, bis 1856 ein Blitz in den Palast einschlug und eine so gewaltige Explosion verursachte, die nicht nur die Ordenskirche, sondern auch Teile der Stadt, die nördlich anschließende Loggia und den Großmeisterpalast zerstörte. Nach Zeichnungen von Rottiers aus dem Jahre 1826 bauten die Italiener 1925 die Johanneskirche (s. Nr. 28, Plan der Neustadt S. 158) gegenüber der Ajios Nikólaos-Seefestung am Mandraki-Hafen nahezu originalgetreu wieder auf (s. S. 159).

8 Uhr-Turm

Der 1851 errichtete dreigeschossige Uhrturm erhebt sich über die Grundmauern des südwestlichen Eckturmes der inneren Befestigung, die ehemals die Wohnquartiere der Ritter und den Großmeisterpalast innerhalb der befestigten Stadt Rhodos vor der griechischen Bevölkerung schützte (s. S. 39).

9 Süleiman-Moschee (Abb. 7, 18)

Die Süleiman-Moschee ist das jüngste von den Türken in der Stadt Rhodos errichtete islamische Gotteshaus. 1808 entstand es an der Stelle, an der bereits Süleiman der Große nach seiner Eroberung von Rhodos (1522)

Ordenskirche des Heiligen Johannes

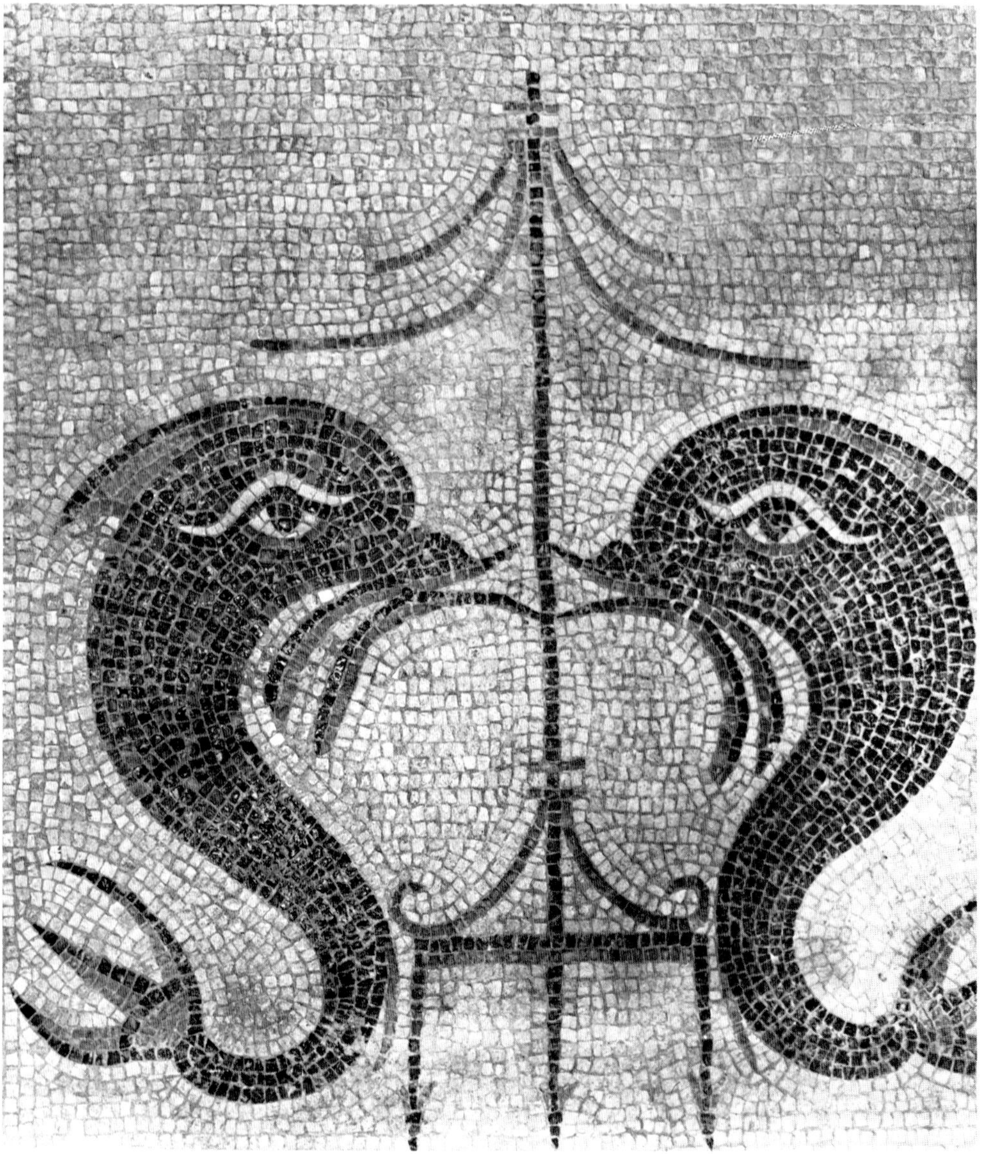

28 RHODOS Großmeisterpalast, römisches Mosaik mit zwei Delphinen von der Insel Kos

29 RHODOS Großmeisterpalast, Mosaik aus einem römischen Wohnhaus der Insel Kos

31 RHODOS Archäologisches Museum, Stele der Krito und Timarista (um 420/410 v. Chr.)

30 RHODOS Archäologisches Museum, Delphin-Skulpturen, wahrscheinlich Grabmonumente

ΤΙΜΑΡΙΣΤΑ

32 RHODOS
Archäologisches Museum, spätantikes Relief mit der Szene einer Löwenjagd (3. Jh. n. Chr.)

33 RHODOS
Archäologisches Museum, mittelalterliches Relief mit dem Markuslöwen

34, 35 RHODOS
Archäologisches Museum, Kopf eines Jünglings, Marmor (Mitte 4. Jh. v. Chr.) und Kopf des Helios, Marmor, Höhe 55 cm (1. Hälfte 2. Jh. v. Chr.)

36, 37 RHODOS Archäologisches Museum, kauernde Aphrodite von Rhodos (um 100 v. Chr.) und Kopf einer weiblichen Gewandfigur, Marmor (Mitte 4. Jh. v. Chr.)

38, 39 RHODOS Archäologisches Museum, Halsamphora, Fikellura-Gattung (6. Jh. v. Chr.) und Wassereimer mit Steinhühnerfries, Fikelluragattung (um 550/540 v. Chr.)

40 Rhodische Weinkanne (Oinochoe) mit grasenden Steinböcken und Lotosblüten am Kannenfuß, Kamirosstil (um 630 v. Chr.). Antikensammlungen München

41 Rhodische Weinkanne mit Tierfriesen auf blumengeschmücktem Grund, Kamirosstil (Mitte 7. Jh. v. Chr.). Louvre, Paris

43 Laokoon-Gruppe, rhodisches Marmorwerk der Bildhauer Athanadoros, Hagesander und Polydoros, Mitte 1. Jh. v. Chr., Höhe 1,84 m. Rom, Vatikanmuseum (Kopie im Großmeisterpalast von Rhodos)

◁ 42 Farnesischer Stier, römische Kopie aus der Zeit um 150 n. Chr., nach einem verschollenen rhodischen Original der Bildhauer Apollonios und Tauriskos, 1. Jh. v. Chr., Höhe 3,70 m. Neapel, Museo Nazionale

44 Kastell Kamíros mit Blick über die Westküste in Richtung Norden

45 CHARÁKI Antike Stadtmauer (?) in der nördlich vom Fischerdorf gelegenen Bucht, nahe der Ajía Aghàthi-Felsenkapelle

46 KAMÍROS Antike Stadt mit dem hellenistischen Heiligtum auf der unteren Terrasse (Ende 3.–Anfang 2. Jh. v. Chr.)

47 KAMÍROS Hellenistisches Heiligtum

49 KAMÍROS Atriumhaus der antiken Wohnstadt

◁ 48 KAMÍROS Die drei Ebenen der antiken Stadt: verschiedene Heiligtümer (unten), Wohnstadt (am Hanggelände) und Akropolis

50 KAMÍROS SKALA Unvollendetes hellenistisches Felsengrab

51 Inselinneres in der Nähe des Profítis Ilías

52 Mittelalterliche Gasse in Rhodos

53 Rhodierin vor der Ajios Fanúrios-Kirche (13.–15. Jh.), Rhodos

54 Papás in einem Kafeníon in Líndos

55 Fastenmahl bei Papás Stamátios Chatzizacharíu von Asklipiïon

56 Kafeníon in der Sokratesstraße, Rhodos

57 Mittelalterliche Gasse in Rhodos

58 Papás Pandeleïmon von Mesanaghrós

59 RHODOS Museum für dekorative Volkskunst: ›Wataròs‹, hölzerne Trennwand eines dodekanesischen Hauses, die Vorratskammer (unten) und Schlafstelle (oben) zugleich ist

Mohammad zu Ehren eine Moschee bauen ließ. Archäologen vermuten, daß sich genau hier der Standort der orthodoxen Apostelkirche befindet, die von den Türken für ihren Moscheebau niedergerissen wurde (s. Nr. 9 im Plan S. 40/41). Grundsätzlich sei hier vermerkt, daß man ein von den Türken völlig neu errichtetes islamisches Gotteshaus bereits an seiner – innerhalb der mittelalterlichen Stadtstruktur von Rhodos – stets ›schrägen‹ Anordnung erkennen kann. Entsprechend dem antiken Straßenraster mit seinen rechtwinklig sich kreuzenden Straßen in Nord-Süd- und Ost-West-Richtung sind auch die mittelalterlichen Häuser gebaut und vor allem konnten sich die christlichen Gotteshäuser mit ihrer liturgischen Ost-Ausrichtung leicht in diese Bausubstanz einfügen. Die islamischen Gotteshäuser hingegen, mit ihrer Ausrichtung gen Mekka, die also von Rhodos aus etwa Südosten entspricht, stehen zwangsläufig schräg zwischen der Bausubstanz der Ritterstadt.

Im Vorgarten der Moschee stehen Zypressen und ein Reinigungsbrunnen, der baldachinartig überwölbt ist. Eine aus sieben Arkaden und sieben Zentralkuppeln bestehende Vorhalle betont die Eingangsseite, während das mit einer Marmoreinfassung geschmückte Portal die architektonische Mitte dieser Vorhalle belebt. Das Marmorrelief selbst zeigt Einflüsse der Renaissance und stammt wahrscheinlich von einem Rittergrab.

Der annähernd quadratische Innenraum mit seiner Zentralkuppel, die sich auf vier Trompen mit Stalaktitgewölben abstützt, läßt eine leichte Längswirkung erkennen. Der Portalseite gegenüber ist die nach Mekka hin ausgerichtete Gebetsnische (Mihrab) der Quiblawand angeordnet, rechts daneben steht die hölzerne Predigerkanzel (Mimbar), auf der die Feiertagspredigt gehalten wird.

Gegenüber der Süleiman-Moschee befindet sich die *Türkische Bibliothek des Achmed-Hafuz* mit vielen Büchern und Handschriften in Arabisch, Persisch und Türkisch; eine der wertvollsten Handschriften ist eine anonyme türkische Schilderung der Eroberung von Rhodos im Jahre 1522.

10–14 Rundgang durch das Türkenviertel

10 Ajios Jeórjios-Kirche (Abb. 19)

Die Ajios Jeórjios-Kirche ist das schönste rhodische Beispiel einer Vierkonchenanlage mit hochgezogener Tambourkuppel. Dieser Bautypus gehört im Rahmen der byzantinischen Architekturgeschichte der Insel Rhodos dem 14./15. Jahrhundert an und ist auf der Insel mit drei Beispielen vertreten: neben der Ajios Jeórjios-Kirche sind sowohl die Kímisis Theotóku-Kirche (s. S. 305) von Sálakos und die Ajios Nikólaos Funtuklí-Kirche (s. S. 251) als Tetrakonchos ausgebildet. Alle drei Kirchen zeigen an ihrem Tambour eine typisch rhodische Nischengliederung, die bei anderen byzantinischen Sakralbauten Griechenlands kaum bekannt ist. Auf der Insel Kreta beispielsweise gibt es unter den mehr als tausend byzantinischen Kirchen nur ein annähernd ähnliches Beispiel (Ajios Ioánnis von Jerakári/Amári) dieser rhodischen Tambourgliederung. Auf Rhodos selbst sind aber nicht nur die drei Vierkonchenanlagen, sondern auch andere Kirchen mit Tambourkuppeln wie z. B. die Klosterkirche Thári (Farbt. 45) und die Ajios Ioánnis-Kirche von Asghurú, durch halbkreisförmige Nischen mit viertelkugeli-

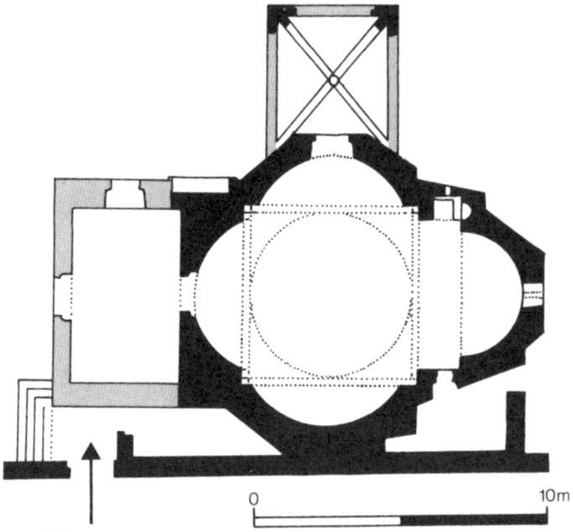

Ritterzeit, 14./15. Jh.
Anbauten der Franziskaner

Ajios Jeórjios-Kirche, Grundriß

gem Abschluß am Tambour vertikal gegliedert. In allen Fällen bewirkt diese Architekturgliederung eine rhythmische Auflösung des massigen Tambours und sie scheint auch dem Kräfteverlauf von der gekrümmten Kuppelschale zur vertikalen Wand des Tambours eine gewisse Leichtigkeit zu geben, so daß die Kuppel das im Grundriß kreuzförmige Gotteshaus symbolisch als Himmelsgewölbe überspannt (s. S. 91 f.).

Die Ajios Jeórjios-Kirche mit ihren zwanzig halbkreisförmigen Nischen an der Tambouraußenfläche ist im Innenraum für Rhodos ganz singulär gestaltet. Sechzehn schlanke Halbsäulchen und gleichviel halbkreisförmige Nischen gliedern auch die Tambourinnenfläche; von dem kräftigen Gesims oberhalb der Pendentifs strecken sie sich in die Höhe, wo die Säulchen unterhalb der gekrümmten Kuppelfläche von Arkaden überwölbt werden, die gleichzeitig die Wölbungen der Nischen einrahmen.

Wahrscheinlich war die Ajios Jeórjios-Kirche bereits als byzantinische Klosterkirche mit innen halbkreisförmigen und außen dreiseitig geschlossenen Konchenarmen gegründet worden; im Norden und Westen des Klosterhofes sind noch mittelalterlich gewölbte Trakte der ehemaligen Mönchszellen erhalten. Im Jahre 1457 übernahmen die Franziskaner (?) das Kloster und stellten möglicherweise die Kirche unter den Schutz des Heiligen Markus. Aus ihrer Zeit stammen auch einige bauliche Veränderungen der Kirche: Im Westen bauten sie einen mit einer Tonne überwölbten Narthexanbau und im Norden errichteten sie eine dreiseitig geöffnete Vorhalle mit Kreuzrippengewölbe.

Nach 1522 nutzten die Türken die Klosteranlage als ›öffentliche Schule‹, die sie *Medresse Hurmale* (= Koranschule mit den Dattelbäumen) nannten, in der neben der Koranexegese auch islamisches Recht, Mathematik u. a. Wissenschaften gelehrt wurden. Von den türkischen Umbauten sind noch Reste der Quiblawand mit der Mihrab-Gebetsnische im Kircheninnenraum erhalten.

Seit einigen Jahren werden unter Aufsicht des Amtes für byzantinische Denkmalspflege vorbildliche Restaurierungsarbeiten durchgeführt. Bei der archäologischen Untersuchung des Klosterhofes entdeckte man im nordöstlichen Bereich einen hervorragend erhaltenen Marmorfußboden (Abb. 21) aus spätantiker Zeit eines unbekannten Vorgängerbaus.

11 **Ajía Paraskewí-Kirche** (Odhos Ippódhamu Nr. 20)

Der Grundriß der Ajía Paraskewí-Kirche hat die Form eines lateinischen Kreuzes mit verlängertem Ostarm. Der Bau stammt wahrscheinlich aus dem 15. Jahrhundert und wurde von den Türken als Moschee (Takedji Dschami – Moschee des Hutmachers) genutzt; die abgeschrägten Ecken des Vierungsquadrates stammen aus der Zeit des türkischen Umbaus. Das gesamte Gebäude ist aus sorgfältig zusammengefügten Quadern gebildet, die vier Kreuzarme überspannen leicht spitzbogenförmige Gewölbe, und der Tambour ist in seinem äußeren Grundriß als Zwölfeck geformt. Die östliche Wandfläche der dreiseitig geschlossenen Apsis verläuft bündig mit der westlichen Häuserfront der Straße. Die Eingänge der Kirche befinden sich im Westen des westlichen und im Osten des nördlichen Kreuzarmes. Von dem ehemaligen Freskenschmuck des Innenraumes sind keinerlei Reste erhalten, so daß in der Kirche das gute Quadermauerwerk sichtbar wird.

12 Mustafa-Pascha-Bad und Sultan Mustafa-Pascha-Moschee

(Platía Ariónos; Farbt. 12)

Die *Platía Ariónos*, mit einer Platane und Mimosenbäumen bestanden, ist eine der bezauberndsten städtischen Oasen von Rhodos. Erfüllt vom Leben der griechischen und türkischen Rhodier, die das türkische Bad täglich besuchen und vom seltenen festlichen Einzug der Türken in die Moschee (bei Hochzeiten etc.), vermittelt dieser Platz griechisch-türkische Urbanität, wie sie nur noch in wenigen Städten Griechenlands erlebbar ist; doch wie lange noch?

Das *türkische Bad (= Hamam) des Mustafa Pascha* (früher auch Süleiman-Bad genannt) ist möglicherweise gleichzeitig mit der südöstlich des Platzes im Jahre 1765 entstandenen Sultan-Mustafa-Moschee errich-

Innenraum des ehemaligen Süleiman-Bades, wird heute noch von Griechen und Türken benutzt

tet worden. Der Kuppel-Innenraum des Bades zeigt noch die original türkische Ausstattung und Dekoration: Trompen über den Ecken mit Stalaktitkonstruktionen an ihren Basen leiten schwungvoll zu dem weiten Kuppelrund über, und während arabische Stuckornamentik die Innenwände schmückt, ist der gesamte Fußboden mit antiken Marmorplatten ausgelegt.

Wasserbecken und Brunnen, Ruhezonen und Schwitzbäder mit Massagebetrieb laden wie vor zweihundert Jahren zum Besuch des Bades ein. In den Wintermonaten kommen bis zu fünfhundert Personen täglich in das türkische Bad, wobei der Kuppelhauptraum für die Männer und die westlichen Nebenräume für die Frauen bestimmt sind. In den warmen Sommermonaten ist das Bad bedeutend geringer frequentiert, eine für den Reisenden seltene, aber lohnende Gelegenheit, in Griechenland türkische Badegewohnheiten kennenzulernen!

Die *Sultan Mustafa-Pascha-Moschee* ist ein islamisches Gotteshaus von eigenwilliger architektonischer Konzeption. Der kubische Baukörper ist außen wie innen horizontal dreistufig gegliedert. Das Minarett, die offene Vorhalle und der Reinigungsbrunnen sind zerstört. Nur wenig blickt die an drei Seiten zurückversetzte Zentralkuppel über die Traufen des Gebäudes hinweg. Der in zarten Farben und mit reichem Blumendekor ausgeschmückte Innenraum folgt ganz islamischer Formensprache, doch die konstruktiven Bauglieder der Innenarchitektur verraten den Einfluß abendländischer Baukunst. Die vielen Vorbilder christlicher Kirchen, die in Rhodos so häufig zu islamischen Gotteshäusern umgebaut wurden, mögen den Architekten dieser Moschee dazu angeregt haben, für dieses Gebäude statt der ganz in islamischer Bautradition stehenden Trompenlösung die Pendentiflösung der christlichen Baukunst vorzuziehen. Sowohl die Hauptkuppel als auch die beiden Nebenkuppeln in den Ecken gegenüber der Quiblawand mit der Gebetsnische sind mit Pendentifs konstruiert, die kunstvoll mit islamischer Ornamentik geschmückt sind.

13 Ajios Fanúrios-Kirche (Odhos Fanúrios, gegenüber Haus Nr. 86)

Datierung der Fresken: 13., 14. und 15. Jahrhundert; Stifterinschrift 1335/36 in der westlichen Verlängerung

Der Schutzheilige dieser Kirche, der Heilige Phanurios, ist in keines der älteren Synaxarien überliefert. Erstmals wurde der Heilige hier auf der Insel Rhodos im 14. Jahrhundert verehrt, nachdem einer Überlieferung zufolge der rhodische Metropolit Neilos II. (1355–69) auf der Insel eine Ikone fand, auf der er den Namen Phanurios las. Daraus folgt, daß die aufgrund stilistischer Kriterien ihrer Fresken bereits ins 13. Jahrhundert zu datierende Kirche ursprünglich mit einem anderen Patrozinium belegt gewesen sein muß. Der Heilige Phanurios wird in ganz Griechenland außer auf Rhodos nur noch auf Kreta verehrt. Der kretische Abt Ionas Palamas aus dem 1332 gegründeten Kloster Walsamónero/Kainúrjio führte Anfang des 15. Jahrhunderts den Phanurios-Kult von Rhodos nach Kreta ein und ließ 1426 in dem kretischen Kloster ein Kirchenschiff für den Heiligen Phanurios errichten.

Architektur

Die einfache Kreuzkuppelkirche des Heiligen Phanurios erhebt sich über dem Grundriß eines freistehenden lateinischen Kreuzes mit einer Verlängerung des westlichen

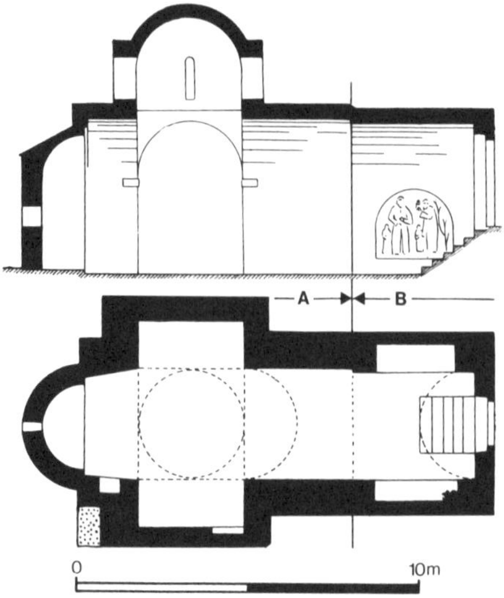

A Byzantinisch, 13. Jh.
B Erweiterung, 1335/36

Grundriß und Schnitt der Ajios Fanúrios-Kirche

Kreuzarmes; aufgrund der Stifterinschrift kann der Bau in die Jahre 1335/36 datiert werden. Sieben Treppenstufen führen von einem provisorischen Narthex des 20. Jahrhunderts in die byzantinische Epoche dieser Kirche hinunter. Der westliche Anbau zeigt im Norden und Süden je eine tiefe rundbogenförmig überwölbte Nische. Alle Gewölbe der Kreuzarme sind mit gleich hohen Tonnen überspannt, nur die der westlichen Verlängerung ist in ihrer lichten Höhe etwas niedriger. Die Ecken des Vierungsquadrates sind am Gewölbeansatz mit Kämpfersteinen verstärkt; über den Gewölbescheiteln stemmt sich die gedrungene Tambourkuppel mit ihren vier schlitzartigen Fenstern in die Höhe.

Fresken

Die mindestens in drei Epochen entstandenen Fresken sind so stark vom Kerzenruß der Jahrhunderte verschmutzt, daß erst nach einer Restaurierung die teilweise qualitätvollen Fresken gebührend gewürdigt werden können.

Im zylindrischen Teil des Altarraumes sind sechs Kirchenväter erhalten; in der Apsiswölbung erkennt man zwei übereinanderliegende Freskenschichten, die ikonographisch nicht identifizierbar sind. – Im *Kuppelraum* sind dem byzantinischen Bildprogramm folgend an den Pendentifs die vier Evangelisten als ›Säulen‹ des Christentums dargestellt; am Tambour erscheinen insgesamt sechzehn unter Arkaden gemalte Heilige und Engel als Hofrepräsentanten des Herrn, darüber zelebriert Christus eine Messe, links und rechts von ihm Erzengel; hier in der Kuppel, dem Ort der himmlischen Hierarchie, thront Christus Pantokrator in der Kuppelwölbung, umgeben von Cherubinen. – Im *westlichen Kreuzarm* sind an der Südseite drei Kirchenväter und eine Frauenheilige erhalten, darüber verläuft ein Fries mit drei ikonenhaft eingerahmten Brustbildern von Heiligen, deren schematisierte Ausführung den Charakter der tragbaren Ikonen widerspiegeln, wie sie in der Freskenmalerei des 15. Jahrhunderts angewandt wurde; in der Gewölbezone darüber ist die Kreuzigung Christi gut erhalten. – Das am besten erhaltene Fresko befindet sich in der südlichen Nische des *westlichen Anbaus*: Zwei Stifter und zwei Kinder sind auf hellem Grund gemalt, der rechts dargestellte Mann hält das Modell der Kirche in seinen Händen, links und rechts von ihm die Stifterinschrift mit der Namensnennung ›Konstantínos‹ und der Datierung 1335/36; die farbenprächtigen Blumenmotive gehen möglicherweise auf eine Übermalung des 17. Jahrhunderts zurück; während in der westlichen Bogenlaibung die Stifterin mit zwei Kindern dargestellt ist, erscheint in der östlichen Laibung die Muttergottes mit dem Christuskind.

14 Redjeb Pascha-Moschee

Östlich der Ajios Fanúrios-Kirche weitet sich ein großer Platz aus, der einst das Zentrum des Türkenviertels war. Noch heute sind gerade die Gassen dieses Stadtviertels, in dem immer noch vorwiegend Türken leben, die malerischsten von ganz Rhodos. Bis auf die Minarettspitze sind sowohl der baldachinartige Reinigungsbrunnen als auch die Moschee selbst in ihrer Bausubstanz noch gut erhalten. Die Säulen und Kapitelle der kielbogenförmigen Arkaden des Reinigungsbrunnens und die der Vorhalle zur Moschee stammen alle von mittelalterlichen Bauten der byzantinischen Epoche und aus der Zeit des Johanniterordens. Der Innenraum des islamischen Gotteshauses ist hingegen sehr baufällig und daher verschlossen. Es bleibt aber zu hoffen, daß dieses 1588 errichtete Baudenkmal der Türken irgendwann restauriert wird, da es nicht nur eines der ältesten türkischen Monumente der Stadt ist, sondern weil es aufgrund seiner islamischen Innendekoration, bestehend aus persischen Fayencen, kalligraphischen Stuckornamenten und auch Líndostellern, eines der bedeutendsten türkischen Baudenkmäler der Insel ist. In einem östlichen Nebenraum befindet sich der Sarkophag von Redjeb Pascha, dem Gründer der Moschee.

15 Ajía Trías-Kirche (ehemalige Dolapli Moschee; Abb. 11)

Die einfache Ajía Trías-Kreuzkuppelkirche besteht mindestens aus drei Baustufen und zeigt heute den verwinkelten Grundriß eines freistehenden lateinischen Kreuzes. Die Ursprungskirche stammt aus dem 15. Jahrhundert, vielleicht auch aus dem 14. Jahrhundert und hatte wohl im Norden, Süden und Westen gleichschenklige Kreuzarme. Der ganz vom Altarraum mit Spuren eines Ikonostas eingenommene, kurze östliche Kreuzarm ist innen halbkreisförmig geschlossen und zeigt außen für Rhodos einen seltenen rechtwinkligen Apsidenschluß; die kleine, seitlich anschließende Kammer im Süden gehört einer späteren Bauphase an und diente möglicherweise als Diakonikon oder Prothesis. Auch der nördliche Kreuzarm läßt eine nicht uninteressante bauliche Veränderung aus späterer Zeit erkennen: Über einen quadratischen Grundriß wurde ein völlig selbständiger Bau (Narthex oder Taufkapelle?) errichtet, der eine Mischung aus islamischer und christlicher Bautradition darstellt: islamische Trompen in den Raumecken bilden die Grundkonstruktion der Zentralkuppel, die mit acht gotischen Rippen den Raum überwölbt. Damit ist dieser Bau ein gutes Beispiel, an dem man die Trompen der orientalischen Welt und die Pendentifs der abendländischen Baukunst, die hier am Tambour der Vierungskuppel mit ihrer achtseitigen Ummantelung gebaut wurden, studieren kann. Aufgrund dieser Konstruktion ist aber auch nicht auszuschließen, daß dieser Anbau aus türkischer Zeit stammt und der Raum vielleicht als Türbe (islamischer Grabbau) genutzt wurde. Das Beispiel der Mustafa Pascha-Moschee (s. S. 148) hat schon gezeigt, daß die Türken durchaus Elemente der abendländischen Baukunst angenommen haben. Andererseits sei aber auch vermerkt, daß im mitteleuropäischen Raum die Trompe u. a. bei

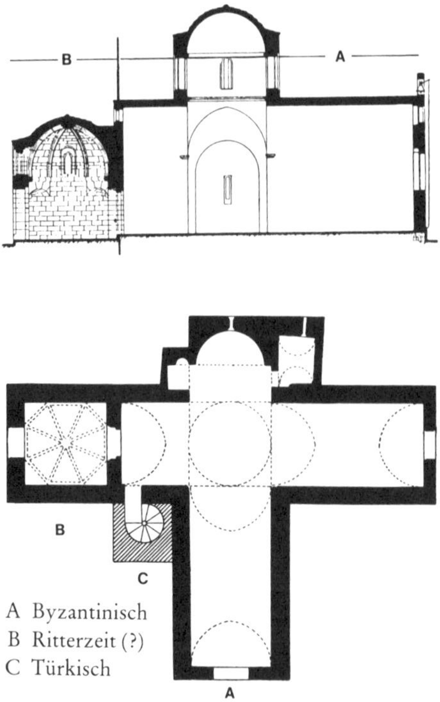

Ajía Trías-Kirche,
Grundriß und Schnitt durch die Nord-Süd-Achse

romanischen Kaiserdomen (z. B. im Rheinland) vielfach Anwendung fand; somit könnten die Ritter das Trompenmotiv hier ganz eigenständig aufgegriffen haben. An den freien Wänden des Anbaus ermöglichen schmale Dreipaß-Fenster die Belichtung des Raumes.

Die wenigen *Fresken* der Kirche lassen sich stilistisch dem 15. Jahrhundert zuordnen; im Altarraum ist deutlich ein Fragment der Apostelkommunion zu erkennen. Eine Beschreibung der Fresken kann jedoch erst nach den abgeschlossenen Restaurierungsarbeiten erfolgen.

Die baulichen Veränderungen aus türkischer Zeit, also das Hinzufügen der Quiblawand mit der Mihrab-Gebetsnische u. a., sind größtenteils wieder entfernt. Lediglich der Stumpf des Minaretts in der Nordwestecke außerhalb der Kirche erinnert daran, daß diese christliche Kirche über Jahrhunderte den Türken als islamisches Gotteshaus gedient hat.

16 Ajía Ekateríni-Kirche (ehemalige Ilk Mihrab-Moschee)
Datierung der Fresken: 14. Jahrhundert
Einer türkischen Legende zufolge soll der Eroberer von Rhodos, Sultan Süleiman der Große, am 20. Dezember 1522 bei der Übergabe der Stadt an die Türken, in dieser Kirche sein erstes Gebet gesprochen haben. Aufgrund dieses historischen Ereignisses erhielt die später zu einer Moschee umgebauten Kirche von der türkischen Bevölkerung den Namen: Ilk Mihrab (= ›erste Gebetsnische‹).

Architektur
Nahe der südöstlichen Stadtmauer wurde die Ajía Ekateríni-Kirche in byzantinischer Zeit auf einem schiefwinkligen Grundstück zwischen zwei Häuser eingeklemmt, so daß sich für die Dreiraumkapelle drei unterschiedliche, trapezförmige Grundrisse ergaben. Weite Bogenöffnungen, die nahezu die gesamte Tiefe der Kapelle von der Ostwand bis zur Westwand halbkreisförmig überwölben, lassen alle drei Kirchenschiffe zu einer räumlichen Einheit verschmelzen. Schließlich ist auch nur die mittlere Kapelle mit einer (halbkreisförmigen) Apsis ausgestattet; eine bauliche Gegebenheit, die beweist, daß die Kirche nur einem Patrozinium unterstellt war und die beiden ›Seiten-

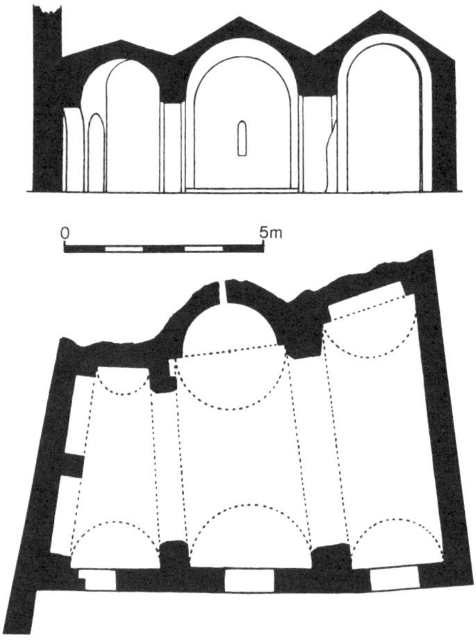

Ajía Ekateríni-Kirche, Grundriß und Schnitt

kapellen‹ ohne Altäre reine Gemeinderäume waren. Die rundbogenförmigen Nischen der Dreiraumkapelle – eine in der Ostwand des südlichen Seitenraumes und zwei in der Nordwand des nördlichen Seitenraumes – sind in erster Linie konstruktive Entlastungsbögen, die materialsparend gedacht sind; ferner verleihen die Nischen dem Innenraum eine rhythmische Gestaltung, die dem Freskenmaler klare Abgrenzungen für sein ikonographisches Programm geben.

Fresken

Mittelschiff, Altarraum: Fragment der Deesis in der Apsiswölbung, vier fragmentarische Kirchenväter im zylindrischen Teil der Apsis; *Tonnengewölbe Nordseite:* v. l. n. r. Verklärung Christi – Einzug in Jerusalem – Kreuzigung – Hadesfahrt Christi – Himmelfahrt (über dem Altarraum); *Südseite,* v. l. n. r.: Himmelfahrt, Geburt Christi – Darbringung im Tempel – Taufe Christi; *Längswände, Norden:* Ajía Ekateríni; in den Zwickeln: links ein Heiliger – rechts ein Erzengel; *Westen:* im Giebelfeld Stifterbild (?), links der Tür: Petrus, rechts: Paulus; in der Türlaibung schöne Blumenornamente.

Südschiff, Tonnengewölbe Nordseite, v. l. n. r.: ganzfiguriger Heiliger und Erzengel – Fragment – Gastmahl des Abraham – Fragment; *Südseite* (v. l. n. r.): zwei ganzfigurige Heilige; *Südwand:* Johannes der Täufer (?) und Hagios Nikolaos.

Nordschiff, Tonnengewölbe Nordseite (über den Blendnischen, v. l. n. r.): Johannes Prodomos mit einem reliefartigen Heiligenschein, damit wird die Bedeutung des Heiligen für diese Kirche hervorgehoben. *Südseite:* nur Hagios Andreas erhalten; *Längswände, Norden* westliche Nische: Hagios Georgios zu Pferde – in der östlichen Nische ist nur ein Fragment erhalten; *Süden:* links des Bogens: Erzengel Gabriel und Hagios Theodoros, rechts: ganzfigurige Heilige; *Osten:* Erzengel; *Westen:* Fragmente.

17 Nordostecke der Ritterstadt

Der Plan von Albert Gabriel, der die mittelalterliche Stadt im Jahre 1522 zeigt (s. Fig. S. 40/41), läßt die städtebauliche Situation der Ritterzeit besser erkennen, als es das heutige, teilweise ruinöse Stadtgefüge zu vermitteln vermag. Unmittelbar in der Nordostecke, dort wo die östliche Verteidigungslinie der Ritter von Italien mit der Hafenbefestigung, die von den Rittern aus Kastilien verteidigt wurde, zusammenläuft, liegen die Grundmauern der alten gotischen *Marienkirche.* 1480 gelobte der Großmeister Pierre d'Aubusson der Gottesmutter für die Errettung vor der schweren türkischen Belagerung, ihr ein Gotteshaus zu errichten. Genau an dem Ort, wo die heftigsten Angriffe der Türken stattfanden, die aber von den Rittern Kastiliens erfolgreich abgewehrt werden konnten, ließ d'Aubusson noch im gleichen siegreichen Jahr einen dreischiffigen gotischen Kirchenbau errichten. Schon 1522 wurde der Bau bei der türkischen Eroberung von Rhodos größtenteils zerstört, so daß nach den folgenden Jahrhunderten heute von der ›St. Maria de la victoire‹ nur noch spärlichste Baureste erhalten sind. Nördlich (links) der Ruinen befindet sich das *Ekateríni-Tor,* dem zur Hafenseite hin ein kräftiger Mauerwall vorgelagert ist.

Westlich anschließend erhebt sich die *Ajíos Pandeleïmon-Kirche* aus der Zeit nach 1480; die orthodoxe Kirche mit dem Grundriß eines freistehenden lateinischen Kreuzes birgt vielleicht unter der Innenraumausstattung des 20. Jahrhunderts mittelalterliche Fresken.

Südlich des großen Platzes, der sich parallel zur Hafenmauer erstreckt, erkennt man in einem tieferliegenden und umzäunten Bereich Teile der *hellenistischen Stadtmauer* (Abb. 24), die aus antikem Baumaterial, wie dorischen Säulentrommeln und Quadern eines Stylobat etc. errichtet war.

18 Panajía Kastrú (Muttergotteskirche in der Burg)

Im ehemaligen Judenviertel, an der Südseite der Odhos Pindáru, erheben sich links und rechts der neuangelegten Achladéfstraße die eindrucksvollen Ruinen der Muttergotteskirche in der Burg aus dem 14. Jahrhundert. Während auf der Westseite der Straße imposante Pfeiler und gotische Rippengewölbe des Eingangsbereiches die Jahrhunderte

Innenraum der Panajía Kastrú-Kirche

überdauert haben, erhebt sich im Osten noch der gesamte dreischiffige Chor der gotischen Kirche; südlich davon schließt eine kleine Seitenkapelle an, die von einem gut erhaltenen Kreuzrippengewölbe überspannt wird. Violettfarbener Bougainvillea überwuchert im Sommer reizvoll die Chorruine.

Weiter östlich auf der Odhos Pindáru ist an der Ecke der Thiseosstraße die zweigeschossige Fassade des *ehemaligen Katharinen-Hospitals* der Ritter von Italien zu sehen, das 1392 von Fra Domenico d'Allemagna gegründet wurde. Noch kurz vor der türkischen Eroberung ließ Constanzo Operti, ein anderer italienischer Ritter, im Jahre 1516 das Hospital erneuern. Im Obergeschoß des erhaltenen Gebäudes sind neben dem Attribut der Heiligen Katharina –

das Rad ihres Martyriums (an der Westseite) – die Wappen von Fabricio del Carretto und das von Operti als Marmorrelief in die Fassade eingelassen.

19 Synagoge

Westlich der Odhos Dhosiádhu, kurz vor der dreifachen Straßengabelung, die durch das ehemalige Zentrum des *Judenviertels* von Rhodos führt, liegt das jüdische Gotteshaus (für eine heutige Minderheit von nur sieben Familien mit etwa fünfunddreißig Personen). Der vielleicht im 16./17. Jahrhundert gegründete Versammlungsraum der Juden wurde als Zentralbau konzipiert und zeigt neben dem typisch rhodischen Kieselmosaikfußboden vorwiegend eine Ausstattung des 19./20. Jahrhunderts. Am Eingang zur Synagoge erinnert rechts eine Gedenktafel an die etwa zweitausend jüdischen Bürger der Stadt, die in den Jahren 1944/45 in deutsche Konzentrationslager deportiert wurden...

Es lohnt sich, die Gassen des Judenviertels zu durchwandern; zwar ist die Bausubstanz der ehemals jüdischen Häuser längst nicht so gut erhalten, auch sind die Gebäude seltener restauriert, aber dennoch erblickt man überall stille Winkel und großzügige Plätze mit eindrucksvollen Fassaden und teils sehr romantischen Innenhöfen.

20 Admiralitätsgebäude

Die gesamte Nordseite des Martýrion Efréon-Platzes (Märtyrerplatz der Juden) wird von dem besterhaltenen Rittergebäude des 15. Jahrhunderts beherrscht; nicht nur die eindrucksvolle Fassade, sondern auch die Innenräume des zweigeschossigen ›Palastes‹ sind weitgehend im Originalzustand erhalten. Die Bezeichnung ›Admiralitätsgebäude‹ ist verhältnismäßig jung und hängt wohl mit der Nähe des Gebäudes zum Hafen zusammen. Drei Inschriften und das Symbol einer Taube deuten darauf hin, daß dieses Gebäude wahrscheinlich die Residenz des *orthodoxen Metropoliten* war.

Im Erdgeschoß öffnen sich fünf gewölbte Eingänge mit Segmentbogenabschluß, die ehemals zu den Vorratskammern führten. Ganz rechts das mit einer reich profilierten Spitzbogenarchivolte geschmückte Portal, darüber ein Marmorrelief mit der Darstellung einer Taube: christliches Symbol des Heiligen Geistes. Ein durchlaufendes, mit Flechtbandmotiven verziertes Gesims trennt die beiden Geschosse voneinander; im Obergeschoß ist das Gesims zugleich die Sohlbank der vier kleinen und großen Fenster, letztere sind im oberen Bereich u-förmig mit Profilen eingefaßt. Das streng axial angelegte Gebäude ist in der Mitte durch einen Aufbau nach oben betont. Eine Art Mezzanin (Halbgeschoß) im Traufenbereich ist durch vier versetzte Fenster belebt, die den mittleren Fassadensprung nach oben durch ihre Höhenstaffelung optisch unterstützen. Auf der Mittelachse des Gebäudes, unterhalb des Gesimses, ist folgende lateinische Inschrift auf einer Marmorplatte eingemeißelt: »PAX HUIC DOMUI ET OMNIBUS HABITANTIBUS IN EA« (»Friede diesem Haus und allen, die darin wohnen«). Zwischen den mittleren Mezzaninfenstern erkennt man drei eingefaßte Felder, in denen früher griechische Inschriften zu lesen waren. Heute sind nur noch ganz rechts die griechischen Initialen: ΜΡΘΥ (= Muttergottes) erhalten. Im Treppenhaus sind an der Wand oberhalb des Zwischenpodestes drei Wappen und der Inhalt der lateinischen Inschrift der Fassade nun hier in Griechisch angebracht.

Zentrum des Platzes ist der sogenannte *Seepferdchenbrunnen*, der von den italienischen Architekten Anfang unseres Jahrhunderts geschickt in diesen gewachsenen städtischen Raum des Mittelalters placiert wurde. Auf einem zylindrischen Brunnenbekken, das in drei Reihen kassettenartig gegliedert ist und deren Kassettenfelder mit rotbraunen Meerestieren auf blauem Grund geschmückt sind, neigen drei bronzene Seepferdchen hochgestreckt ihre Köpfe zueinander.

An der nördlichen Wand eines Hauses, das die Südwestecke des Platzes einnimmt, ist die Gottesmutter mit zwei Erzengeln dargestellt. Dieses neobyzantinische ›Fresko‹ wurde 1979/80 als Kulisse eines amerikanischen Spielfilmes (›Die Flucht von Rhodos‹) an die Hauswand angebracht.

21 Handelsgerichtshof

(›Kastellania‹; Farbt. 10, Abb. 9, 16)

Das beherrschende Gebäude auf dem *Ippókratus-Platz* (Abb. 8) ist der Handelsgerichtshof aus dem Jahre 1503, in dessen Obergeschoß heute das *Folklorearchiv* von Rhodos untergebracht ist. Während der Ritterzeit erstreckte sich das zweigeschossige Bauwerk wahrscheinlich bis zur Hafenbefestigung südlich des Marinetores. Zwei Arkaden eines Säulenganges im Süden und ein weiterer Bogen im Westen, der das statische Gerüst der offenen Terrasse im Obergeschoß bildet, gliedern die Architektur des Erdgeschosses nach rein funktionellen Kriterien. Eine breite Freitreppe führt von Nordwesten mit einer langen Lauflinie zur Terrasse hinauf. Die Fassaden des Obergeschosses zeigen bedeutend mehr, aber dennoch sparsamen dekorativen Schmuck und eine flächige Durchbildung des Baukörpers; ganz ähnlich wie wir sie von der Fassade der Herberge der Ritter von Frankreich kennen (s. Fig. S. 123). Ein durchlaufendes Gesims bildet für die Fenster beider Fassaden die Sohlbänke. Drei tierähnliche Wasserspeier begleiten die Traufzone der Südfassade. Das Fenster über der Terrasse ist von einem marmornen Fensterkreuz mit reliefartigen Lilienmotiven nach Art der bourbonischen Königswappen unterteilt (Abb. 15). Links daneben ist das Wappen des Großmeisters Emery d'Amboise und die Jahreszahl 1503 von einer im Flamboyant-Stil reich geschmückten Nischeneinfassung eingerahmt, wie es der spätgotische Stil Frankreichs kennt. Der Architrav des Portals auf der linken Seite der Terrasse zeigt eines der künstlerisch ausgereiftesten Reliefs der Ritterzeit: in der Mitte ist ein Engel dargestellt, der mit seiner Linken das Wappen von Emery d'Amboise und mit seiner Rechten das des Ordens hält, daneben zieren Blütenstauden und weitere Ritterwappen den horizontalen Portalabschluß (Farbt. 10, Abb. 16).

22 Ibrahim Pascha-Moschee

Die Ibrahim Pascha-Moschee ist das älteste islamische Gotteshaus der Stadt. Die 1531, neun Jahre nach der türkischen Eroberung, ganz im Zentrum der Stadt errichtete Moschee ist heute baufällig, übertüncht und abgeschlossen. Der Vorplatz mit der großen Platane und dem wohlproportionierten Baukörper vermittelt etwas von dem orientalischen Charme, der den Reisenden einst hier empfangen haben mag.

Schräg gegenüber erkennt man auf der nördlichen Straßenseite eine Baugrube, in der viele *antike Baureste* freigelegt werden konnten.

23 Demirli-Moschee

Der Name der orthodoxen Kirche, die von den Türken als Moschee umfunktioniert und Demirli (= ›Eisengitter‹ vor den Fenstern) genannt wurde, ist weder schriftlich noch mündlich überliefert. Freskenfragmente (u. a. ein schöner Kopf eines Engels) datieren die Malereien ins 14. Jahrhundert; in diesem Jahrhundert scheint auch die Kirche errichtet worden zu sein. Der Bau zeigt ein für Rhodos seltenes Beispiel einer ›klassischen‹ Kreuzkuppelkirche des einfachen Vierstützentypus. Über dem annähernd quadratischen Grundriß mit eingeschriebenem lateinischen Kreuz werden die vier Kreuzarme und die vier Eckräume von Tonnen überwölbt. Alle drei Apsiden sind nach Art der byzantinischen Architektur auf Rhodos außen dreiseitig geschlossen. Der herausspringende Bauteil im Westen geht auf eine spätere Ergänzung zurück, ebenfalls die gotische Vorhalle (ähnlich wie sie auch bei der Ajios Jeórjios-Kirche erhalten ist, s. S. 146). Die unterschiedliche Gestaltung der Eckräume, so, daß die westlichen statt quadratisch rechteckig ausgebildet sind, deutet auf eine Entstehung im 14. Jahrhundert hin. Erstmals tauchen solche unterschiedlichen Raumgestaltungen in der komnenischen Architektur des 14. Jh. in Konstantinopel auf. Über dem Vierungsquadrat streckt sich kraftvoll die Tambourkuppel hoch; sie ist außen lebhaft mit halbkreisförmigen Nischen und innen harmonisch mit einem umlaufenden Bogenfries (!) unter der Kämpferzone der Kuppelwölbung gegliedert.

Byzantische Kirche mit dem türkischen Namen Demirli, Grundriß und Schnitt

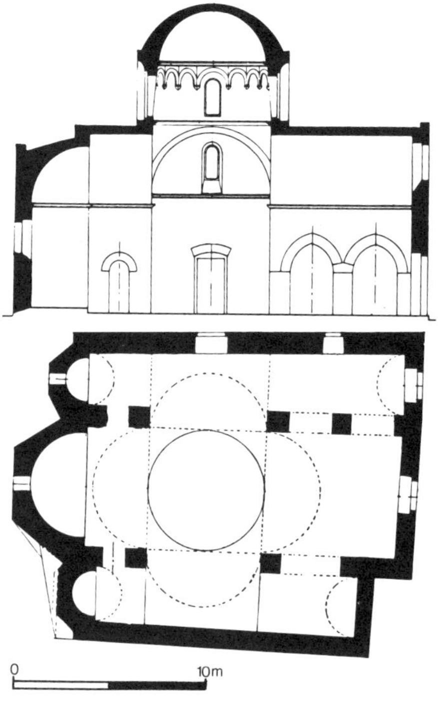

24 Ajios Spýridhon-Kirche
(Kavakli-Moschee)

Ganz unscheinbar liegt das Ajios Spýridhon-Kirchlein versteckt zwischen ruinösen Häusern. Erst nach Restaurierungsarbeiten in den nächsten Jahren wird man mehr über die Morphologie und den eventuell vorhandenen Freskenschmuck dieses sicherlich sehr alten orthodoxen Gotteshauses sagen können; die Entstehungszeit mag zwischen dem 11. und 14. Jahrhundert liegen.

Im Ursprung handelte es sich um eine kleine dreijochige Kuppelhalle mit außen drciseitiger Apsis (im übrigen hat auch die älteste uns bekannte Kirche der Inseln, Ajios Jeórjios Chóstos in Líndos mit Fresken des 8./9. Jahrhunderts, genau diese Bauform, s. S. 215 f.). In späterer Zeit folgten dann die Anbauten (ohne Apsiden) im

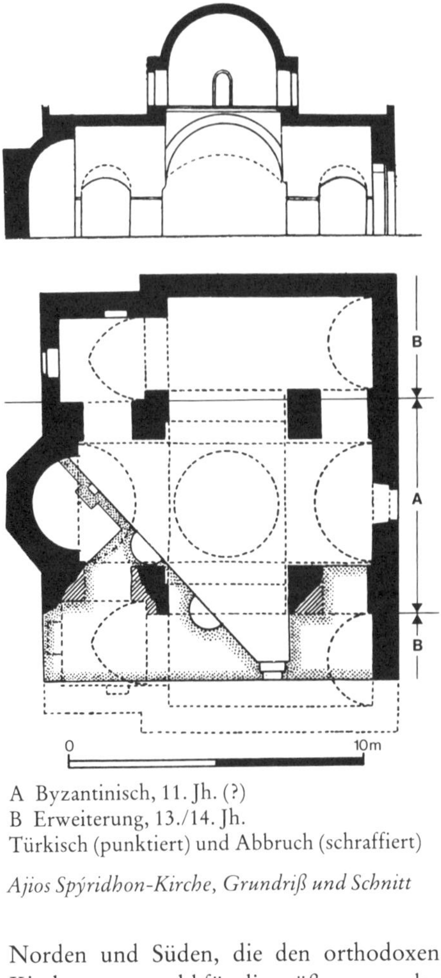

A Byzantinisch, 11. Jh. (?)
B Erweiterung, 13./14. Jh.
Türkisch (punktiert) und Abbruch (schraffiert)

Ajios Spýridhon-Kirche, Grundriß und Schnitt

Norden und Süden, die den orthodoxen Kirchenraum wohl für die größer gewordene Gemeinde erweitern sollte. Nach 1522 griffen die Türken stärker als sonst üblich in die Bausubstanz beim Umbau zu einer Moschee ein: Sie mauerten die gesamte Nordostecke des Innenraumes einschließlich des freistehenden Pfeilers schräg ab, um ihren liturgischen Bedürfnissen entsprechend eine Quiblawand mit zwei Gebetsnischen einbauen zu können.

Diese mehrfachen Bauänderungen von der mittelbyzantinischen Zeit bis zur türkischen Herrschaft lassen sich gerade an diesem Bauwerk besonders gut beobachten.

Die Neustadt

25 Néa Agorá (Neuer Markt)
Die Agorá am südwestlichen Kai des Mandraki-Hafens ist ein anheimelnder ›Fremdkörper‹ in der Neustadt und zugleich eines der modernen Wahrzeichen der Stadt Rhodos. Der im Grundriß polygonale hofartige Markt wurde Anfang des Jahrhunderts von den Italienern nach dem Vorbild orientalischer Märkte errichtet. Um einen großen Hof, der im Südwesten und Nordosten durch überkuppelte Portalbauten erschlossen wird, gruppieren sich die Stände der Händler. In der Mitte erhebt sich ein baldachinartiges Gebäude, in dem täglich der Fischmarkt abgehalten wird. Das den Hof umschließende Gebäude mit Erdgeschoß und Mezzanin öffnet sich zur Hofseite des Marktes als Ladenzeile mit vielen dicht aneinander gedrängten Geschäften, in denen lautstark ein buntes Angebot von Früchten der Insel bis zu japanischen Importen für die Touristen verkauft wird.

Kleine Tavernen und Kafeníon unter schattigen Bäumen laden dazu ein, das lebhafte Treiben der Griechen zu beobachten, die an diesem Ort der Kommunikation heftig politisieren und Tagesinformationen weitervermitteln. Zur Straßenseite hin begleitet ein umlaufender Arkadengang die Ladenzeile, Ruhezone der Reisenden, die sich hier trotz hektischen Straßenverkehrs mit Blick zum Hafen vom Spaziergang durch das Mittelalter erholen.

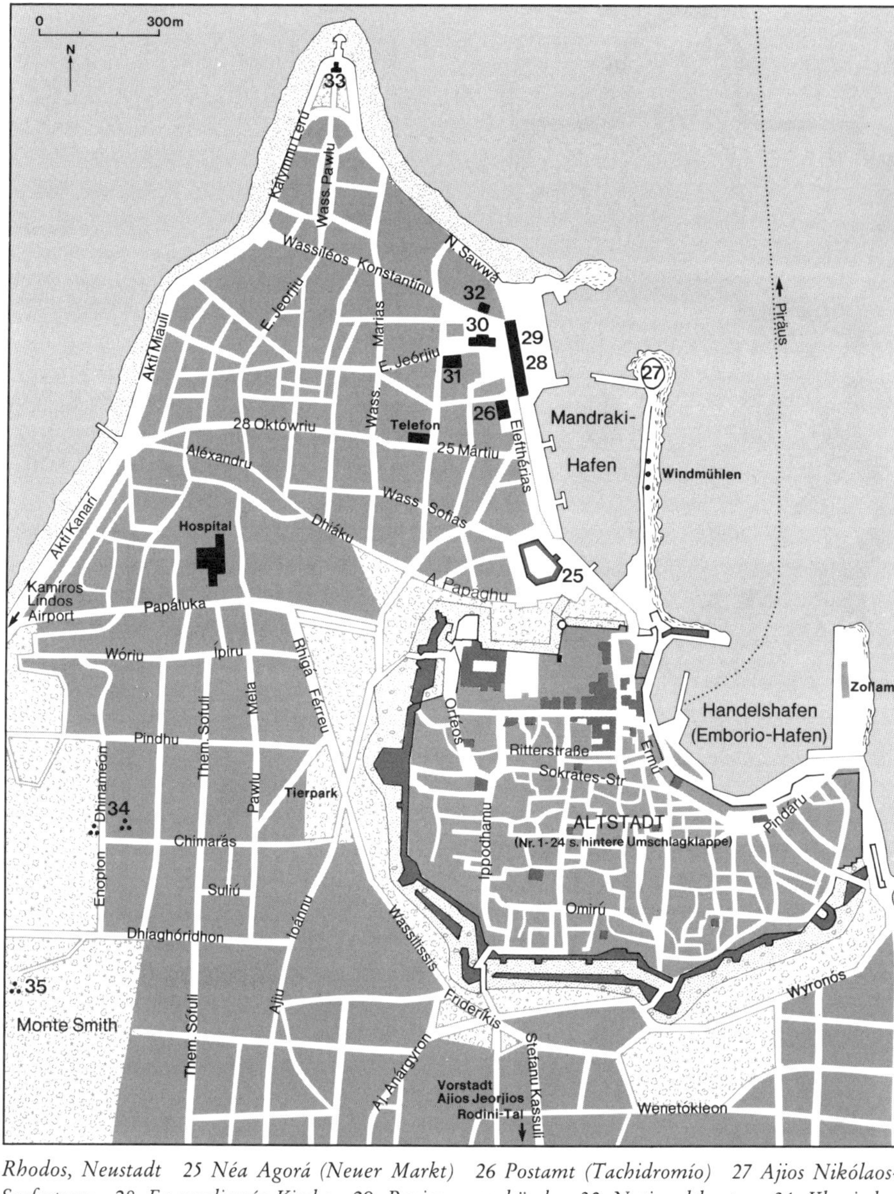

Rhodos, Neustadt 25 Néa Agorá (Neuer Markt) 26 Postamt (Tachidromío) 27 Ajios Nikólaos-Seefestung 28 Evangelismós-Kirche 29 Regierungsgebäude 30 Nationaltheater 31 Klassisches Theater 32 Murad Rais-Moschee 33 Aquarium 34 Nördliche Akropolis 35 Südliche Akropolis

26 Postamt (Tachidromío)
Auf der westlichen Straßenseite der Odhos Eleftherías befinden sich mehrere Gebäude aus der Zeit der Italiener. Zwei einläufige Treppen führen zur Terrasse des Postgebäudes. In Griechenland sind die Dienstleistungen von Post und Fernmeldeamt getrennt. Für Telefonate, Telex etc. muß man also das Telefonamt (OTE) in der Odhos Amerikís aufsuchen.

27 Ajios Nikólaos-Seefestung
An der Nordspitze der etwa 400 Meter langen Mole (die die Ostflanke des Mandraki-Hafens, Abb. 2, bildet) mit den drei Windmühlen (Abb. 4), deren älteste Erwähnung auf das Jahr 1496 zurückgeht, lagert die sehr gut erhaltene Seefestung des Ajios Nikólaos. Der runde Turm mit Graben und polygonaler Bastion wurden erst verhältnismäßig spät zum Schutze des ehemaligen ›Galeerenhafens‹ errichtet. Erst knapp hundertfünfzig Jahre nach der Übernahme der Insel durch die Johanniter bzw. etwa fünfzig Jahre vor der türkischen Eroberung ließen die Großmeister von Rhodos den bereits in der Antike wohl für Kriegsschiffe genutzten Hafen festungsartig sichern. Besonders an der Ostseite der Drei-Mühlen-Mole sind gut bearbeitete Quader der antiken Hafenbefestigung zu sehen. Eine dritte, von Archäologen formulierte Hypothese über den Standort des Kolosses von Rhodos nimmt an, daß das ›Siebte Weltwunder‹ an der nördlichen Spitze dieser antiken Mole gestanden habe und der Koloß so – wie es antike Autoren berichten – für alle Seefahrer schon von weitem sichtbar war.

Im Zentrum der erst im Jahre 1480 (nach dem ersten großen türkischen Großangriff) von Pierre d'Aubusson errichteten polygonalen Bastion erhebt sich der aus den Jahren 1464–67 stammende Ajios Nikólaos-Turm; an seiner Ostseite schmückt ein Relief des Heiligen, fast in Höhe der Zinnen, die gekrümmte Wandfläche, darunter sind drei Wappen angebracht: das des Herzogs von Burgund (er finanzierte den Festungsbau mit 10000 Goldtalern), das des Ordens und das von Pierre Raymond Zacosta (Abb. 12).

28 Evangelismós-Kirche
Die heutige Kirche des Metropoliten von Rhodos ist ein Sakralbau des 20. Jahrhunderts, der eine interessante Mischung aus neo-mittelalterlicher Baukunst der Ritterzeit und neo-byzantinischer Freskenmalerei der Ostkirche zeigt. 1925 ließen die Italiener nach den Zeichnungen von Rottiers aus dem Jahre 1826 (s. Fig. S. 128, 160) die 1856 durch eine Explosion zerstörte Ordenskirche südlich des Großmeisterpalastes hier, gegenüber der Ajios Nikólaos-Seefestung, am befestigten Westufer des Mandraki-Hafens errichten. Nach der Befreiung der Insel Rhodos (1944) durch die Engländer und der Eingliederung der Insel in das griechische Mutterland am 31. Mai 1947 wurde die kopierte Ordenskirche, in der die Italiener katholische Gottesdienste feierten, die griechisch-orthodoxe Metropolitenkirche der Stadt. Nun wurde auch über mehrere Jahre der basilikale, dreischiffige Innenraum der Kirche, entsprechend einer jahrhundertealten Tradition mit byzantinischen Fresken des tradierten ikonographischen Programmes ausgemalt, und zwar nicht nur inhaltlich, sondern auch formal.

Freskenprogramm (die Kirche ist nicht geostet, sondern zeigt mit ihrer Apsis nach Norden)

Innenraum der ehemaligen Ordenskirche, die 1856 bei einer Explosion südlich des Großmeisterpalastes zerstört wurde

Altarraum, Mittelapsis: Panagia mit dem Christuskind in der Apsiswölbung, im zylindrischen Teil der Apsis ganzfigurige Hierarchen: Nikolaos, Gregorios, Johannes Chrysostomos, Basileios, Athanasios und Spyridon, an den Pfeilern: rechts Diakon Laurenzo, links der erste Märtyrer Stefanos als Diakon, oben am Triumphbogen Pfingsten, in den Apsidiolen: links die Geburt Christi, rechts der Schmerzensmann (Ecce homo); westliche Schildwand Martyrium; östlich Opferung des Isaak. – *Prothesis* (im Westen): oben Philoxenia (Bewirtung der Engel durch Abraham), darunter Petrus und Paulus in Medaillons, im unteren Teil zwei ganzfigurige Heilige; thronender Christus in der Apsiswölbung; ferner zwei Propheten, das Grab Christi und Christus in Emmaus (er segnet das Brot). – *Diakonikon* (im Süden): in der Apsiswölbung Christus als Hohepriester (seltene Darstellung der heiligen Liturgie!), links und rechts darunter zwei ganzfigurige Heilige; an der Wand eine zweite Darstellung mit der Opferung des Isaak (der Ersatz für das Menschenopfer, ein Lamm, ist an einen Baum gebunden); ferner Gregorios und Papst Leon (!) in Medaillons.

Östliches Seitenschiff

Oberes Register (von Nord nach Süd): Heimsuchung (die Gottesmutter und Elisabeth, die Mutter Johannes des Täufers, begegnen einander), Geburt Christi, Darbringung im Tempel, Flucht nach Ägypten, bartloser Christus, Taufe Christi, Samariterin, Verklärung Christi, Blindenheilung, Westwand: Auferweckung des Lazarus – *mittleres Register* (von Süd nach Nord): Geburt der Gottesmutter, Fenster, Tempelgang Mariens, Huldigung an Maria, Verkündigung an Maria (Wollfaden!), Fenster, Verkündigung an Maria, Maria sitzt auf einem Schemel und zwei Frauen lesen im Buch, Heimsuchung, Maria und Joseph vor dem Tempel, Geburt Christi, die heiligen drei Könige, ein Erzengel zeigt ihnen den Weg, die drei Heiligen aus dem Morgenland vor dem Stadttor, Flucht nach Ägypten, Darbringung im Tempel – *unteres Register:* Hagios Demetrios zu Pferde im Kampf mit einem Soldaten, unter dem Fenster Ornament mit zwei Adlern, zwischen den Fenstern vier ganzfigurige Heilige unter gemalten Arkaden, ganz im Westen ein Erzengel und ein ganzfiguriger Heiliger, Westwand: zwei ganzfigurige Heilige, gegenüber an der Ostwand: Auffindung des Hauptes von Johannes dem Täufer.

In den Bogenlaibungen der Arkaden, die das Mittelschiff von den Seitenschiffen trennen, links und rechts je zwei ganzfigurige Heilige.

Westliches Seitenschiff
Oberes Register (Von Süd nach Nord): letztes Abendmahl, Christus auf dem Ölberg, Judasverrat, Kreuzigung, Kreuzabnahme kombiniert mit Beweinung Christi, Himmelfahrt Christi, Frauen am leeren Grabe (Myrophoren, auch als Lithos bezeichnet), ungläubiger Thomas, Christus rettet Petrus; Ostwand: Prophet Elias, gegenüber an der Westwand: Einzug in Jerusalem, darunter zwei ganzfigurige heilige Frauen – *mittleres Register:* Christus segnet die Apostel (in der Mitte links Petrus mit dem Schlüssel des Paradieses, rechts Johannes mit der Schriftrolle), Fenster, thronende Muttergottes, Christus in der Mandorla mit Petrus und Johannes, der bartlose Christus mit den himmlischen Heerscharen, thronende Muttergottes mit zwei Hohenpriestern, Hadesfahrt Christi, Muttergottes mit dem Christuskind, die Muttergottes mit dem Christuskind erscheint Eremiten, Christus mit einer Schriftrolle, thronende Muttergottes mit dem Christuskind auf ihrem rechten Knie sitzend von Bischöfen flankiert, die Muttergottes mit Bischöfen und Heiligen, Panagia Zoodhochos Pege (Maria als lebensspendende Quelle) – *unteres Register:* Maria von Ägypten und der Heilige Zosimos, Fenster, zwischen den Fenstern vier ganzfigurige heilige Frauen unter gemalten Arkaden, ganz im Westen vier Bischöfe unter gemalten Arkaden. Fenster, Hagios Georgios errettet die Königstochter.

Mittelschiff
Nordwand, über dem Bogen: Verkündigung an Maria, darunter die Könige des Alten Testaments, David (links) und Salomo – *Südwand:* zwei heilige Frauen, ein Prophet und Zacharias, unter der Fensterrose ein König mit einem Musikanten, links Erzengel Michael, rechts Erzengel Gabriel – an den Längswänden über den Arkaden sind je zehn Heilige in Medaillons und über den Kapitellen je ein Prophet mit einer Schriftrolle dargestellt.

29 Regierungsgebäude

Nördlich der Johanneskirche erstreckt sich ein Gebäude aus der Zeit des italienischen Wiederaufbaus, in dem heute Behörden und die Residenz des griechisch-orthodoxen Metropoliten untergebracht sind. Besonders reizvoll ist die nördliche Giebelfassade mit ihrem pseudo-orientalischen Bauschmuck.

All diese italienischen Bauwerke der Neustadt zeigen sowohl pseudomaurische Einflüsse als auch Reminiszenzen der mittelalterlichen Architektur der Johanniter von Rhodos; sie scheinen ohne jede städtebauliche Konzeption einfach dem damals noch frei zur Verfügung stehenden Gelände aufgezwungen zu sein.

30 Nationaltheater
Streng kubischer Baukörper aus der Wiederaufbauphase während der italienisch-faschistischen Regierungszeit.

31 Klassisches Theater
Gleiche Architektur der faschistischen Herrschaftszeit wie Regierungsgebäude und Nationaltheater.

32 Murad Rais-Moschee
Am nördlichen Ende der Odhos Eleftherías erhebt sich parallel zur Ostküste der Neustadt, am Rande der italienischen Repräsentationsbauten aus den Jahren 1912–1943, die in ihren Proportionen sehr ausgewogene Moschee des Murad Rais. Benannt ist die Moschee mit ihrem reich ornamentierten Minarett nach dem Admiral Murad Rais, der 1522 siegreich die Truppen des Eroberers von Rhodos, Sultan Süleiman des Großen, gegen die Stadt führte. Auf einem parkähnlichen Gelände westlich der Moschee breitet sich ein *türkischer Friedhof* aus, wie er seit dem 16. Jahrhundert gern von den Türken außerhalb der Stadtmauern angelegt wurde. Neben den einfachen Bestattungen gibt es hier auch solche von hohen islamischen Würdenträgern, deren Sarkophage mit baldachinartigen Grabgebäuden mit Kuppeln (Türbe) aufgestellt sind. Außerdem sollen hier ferner ein türkischer Großwesir, ein Pascha, ein persischer Schah der Safawiden und der Dichter Mohammad-Achmed Efendi, der 1773 aufgrund seiner ›spitzen Feder‹ von Ägypten nach Rhodos verbannt wurde, bestattet sein.

Vor der türkischen Eroberung war dieses Gelände im 14./15. Jahrhundert als *Ritter-*

Ein türkischer Friedhof außerhalb (südwestlich) der Befestigung; in der Bildmitte rechts erkennt man noch die 1856 zerstörte Ordenskirche (s. Fig. S. 128), rechts davon die Kuppel der Sultan Süleiman-Moschee

friedhof für Ordensmitglieder ausgewiesen, denen man hier bezeichnenderweise eine Kapelle des Heiligen Antonios von Padua weihte. Der Friedhof der Ritter und die Kapelle wurden wohl von den Türken bis auf die Grundmauern eingerissen.

Südlich der vor dem Friedhof verlaufenden Straße sind gut bearbeitete Quader einer Mauer freigelegt, die zur *antiken Befestigung* der Nordseite des in hellenistischer Zeit als Kriegshafen genutzten heutigen Mandraki-Hafens gehörten. Die hier gefundenen Kanonenkugeln stammen vielleicht von der Verteidigungsschlacht gegen Demetrios Poliorketes aus den Jahren 305/04 v. Chr.

Nahe der Odhos Kathopúli erhebt sich aus der Hotelstadt die 1743 von Franziskanern erbaute und 1851 restaurierte *Ajía Marína-Kirche,* in der ein interessantes Relief der Ritterzeit aufbewahrt wird. Das Marmorrelief zeigt auf der einen Seite die Muttergottes mit dem Kind und auf der anderen Seite das Wappen des Fra Domenico d'Allemagna, der 1392 das Katharinenhospital (s. S. 153) in der Ritterstadt gegründet hat; gefunden wurde das Relief 1693 im Judenviertel, nahe des Hospitals, vielleicht stammt es aus der zerstörten Kirche ›Maria de la victoire‹ (s. S. 153) in der Nordostecke der Ritterstadt.

Schließlich sei noch die *Taxiarchen-Kirche* in der Neustadt (Odhos V. Marias) erwähnt, die im östlichen Altarraum noch den ursprünglichen Trikonchos erkennen läßt. Tief ins Erdreich abgesenkt, zeigt das Gebäude heute ein vom Altarraum bis zum Portal durchgehendes Tonnengewölbe einer späteren Bauphase; vor der Altarschranke öffnen sich im Norden und Süden tonnengewölbte Seitenarme einer weiteren baulichen Veränderung. Nur im Altarraum, an der außen halbkreisförmig geschlossenen Apsis und deren Seitenräumen sind gekrümmte Wandteile der ehemaligen Dreikonchenanlage erhalten. Vielleicht verbirgt sich unter dem neuzeitlichen Putz byzantinischer Freskenschmuck.

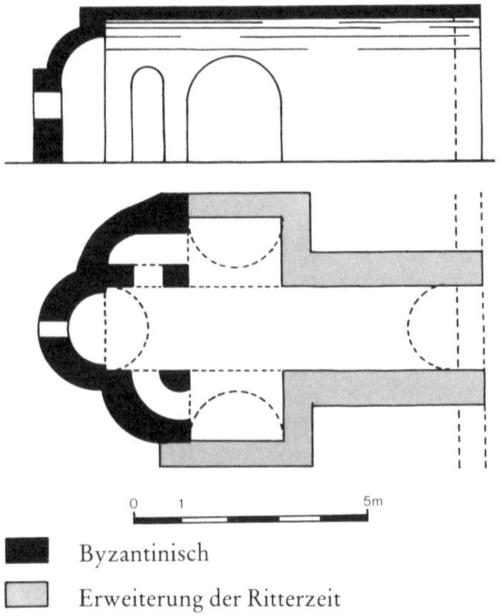

Taxiarchen-Kirche, Grundriß und Schnitt

33 Aquarium

Direkt an der sandigen Nordspitze der Insel Rhodos liegt das Aquarium der Stadt (unregelmäßige Öffnungszeiten)

34 Nördliche Akropolis

Der Besuch der Akropolis von Rhodos kann nicht der Höhepunkt eines Besichtigungsprogrammes der Stadt sein, er vermag aber eindrucksvoll das Gesamtbild der seit 408 v. Chr. gewachsenen Stadt abzurunden. Die Eindrücke von der Ritterstadt mit ihren romantischen Gassen des Mittelalters und ihrem teilweise (immer noch) türkischen Flair, von der Festungsbaukunst der Ritter und des Blickes von den Türmen und Wällen der Befestigung auf die orientalisch-abendländische Stadtlandschaft (Farbt. 5) sind die nachhaltigsten Eindrücke von Rhodos. Wer aber auf der Akropolis von Rhodos griechische Bauwerke wie den klassischen Parthenon-Tempel von der Akropolis in Athen erwartet, wird bitter enttäuscht

Antike und mittelalterliche Baureste im Jahre 1861 auf dem St. Stefanos-Berg, auch Monte Smith genannt

sein. Byzantiner und Johanniter, Türken und Griechen haben alle gleichermaßen über Jahrhunderte die steinernen Zeugen der Antike und ihrer jeweiligen Vorgänger abgetragen, um bestes Baumaterial billig für ihre Bauprojekte zu erhalten.

Ein Spaziergang über die Straßen und ausgetretenen Feldwege westlich der Ritterstadt, der *südlichen Neustadt* (Ajios Ioánnis), ist eine Wanderung von der Neuzeit in die Antike. Die sich rechtwinklig kreuzenden Straßen und Wege folgen den Trassen des antiken Stadtplanes von Hippodamos von Milet, der in den Jahren 411–408 v. Chr. an der Nordspitze der Insel städtebaulich realisiert wurde. Besonders eindrucksvoll ist ein Bummel entlang der leicht nach Westen ansteigenden *Odhos Chimarás;* links und rechts der Straße sowie im Bereich der Nachbarstraßen liegen teilweise versteckt unter Häusern (abgestützt für archäologische Zonen), teils in einem Grabungsgelände, *antike Baureste:* Straßenpflasterungen, Be- und Entwässerungen (Abb. 25), eine Vielzahl von Hausgrundrissen und anderer Fragmente.

An der südöstlichen Ecke der Páwlu Méla-Straße und der Odhos Chimarás liegen die Grundmauern einer *frühchristlichen Basilika* des 5./6. Jahrhunderts (?), die von den Archäologen nach dem Grundstückseigentümer Basilika ›Chatziandréu‹ genannt wird. Die drei Schiffe der Basilika werden im Westen durch einen querliegenden Narthex erschlossen. Der Fußboden des Narthex ist mit prachtvollen Mosaiken geschmückt, die zu den schönsten und hinsichtlich ihrer fantasiereichen geometrischen Motive zu den künstlerisch wertvollsten gehören, die bisher auf Rhodos entdeckt wurden. Von dem ehemaligen Eingang zum Mittelschiff ist noch die Marmorschwelle mit den Verankerungsaussparungen der zweiflügeligen Tür erhalten.

Das Ende der Odhos Chimarás stößt im Westen auf die rechtwinklig zu ihr verlaufenden Enoplon Dhinaméon-Straße. Noch vor der Straßenkreuzung liegen rechts gepflasterte Höfe, Grundmauern und Wasserleitungen eines großen Areals der hellenistischen Stadt. Südlich der Haus-Nr. 112 erstreckt sich ein weiteres archäologisches Gelände, auf dem u. a. ein sehr gut erhaltenes frühchristliches Mosaik des 6. Jahrhunderts freigelegt wurde, das zu einem *Dreikonchengebäude* (bisher ist von den Archäologen nicht geklärt, ob es sich um ein sakrales oder weltliches Gebäude handelte) gehörte (Farbt. 17, Abb. 20).

Von hier aus steigt das Gelände stärker an, um nach etwa 500 Metern von seiner höchsten Erhebung aus steil zur Westküste hin abzufallen. Auf dem Plateau befinden sich die spärlichen (archäologisch noch nicht erforschten) Fragmente des *Tempels der Athena Polias und des Zeus Polieus* (Farbt. 2). Zu Fuß erreicht man diesen schönen Aussichtsplatz, der den Blick bis nach Kárpathos, Sými und zur türkischen Küste gewährt, indem man der Enoplon Dhinaméon nördlich bis zur Odhos Pindú folgt; hier halte man sich links und dann wieder links. Die links und rechts der Odhos Pindú gelegenen künstlichen Geländevertiefungen, die einem Steinbruch ähneln, sind Gräben, Schächte, Wasserleitungen und Tunneldurchgänge, die zu einem unterirdischen *Quellheiligtum* (Nymphaion) der hellenistischen Epoche gehören. Nördlich (rechts) der Odhos Pindú liegt ein Teilstück einer gepflasterten antiken Straße (P 5a), die in ihrer östlichen Verlängerung in der Antike mit dem Straßenzug der heutigen Ritterstraße zusammenlief.

35 Südliche Akropolis

Noch weiter südlich vom Nymphaion und den baulichen Resten des Athena-Zeus-Tempels, auf dem heutigen *St. Stefanus-Berg* (111 m hoch, auch *Monte Smith* genannt, nach einem englischen Admiral, der in Diensten Napoleons stand), streckten sich in der Antike, vom Meer aus weit sichtbar, die mit leuchtenden Farben bemalten Heiligtümer und Tempel der südlichen Akropolis in den blauen griechischen Himmel. Doch von den prachtvollen Bauten der Antike, die schon von zeitgenössischen Autoren (Strabo, Diodorus und Aelius Aristeides) anschaulich geschildert worden sind, ist heute nichts mehr erhalten. Archäologische Untersuchungen, die bereits von den Italienern zwischen den beiden Weltkriegen durchgeführt worden sind, erlauben es aber zumindest, die Lage einzelner Bauten exakt zu lokalisieren, so daß sich unser Bild von der Gesamtausdehnung der antiken Stadt und ihrer morphologischen Gestalt vervollständigt.

Eine wiederaufgebaute Eckformation eines Tempels mit drei dorischen Säulen, Architrav und Sima (Farbt. 1) kennzeichnet die Lage des *Apollon Pythios-Tempels,* von dem nur noch spärlichste Fundamentreste entdeckt werden konnten. Westlich des Tempels erstreckt sich in Nord-Süd-Richtung das nach Norden geöffnete, fast vollständig von den Italienern rekonstruierte *Stadion* aus dem 2. Jahrhundert v. Chr., von dem nur wenige Stufen im Kurvenbereich Bauteile der antiken Anlage sind. Das nördlich anschließende *Theater* für etwa achthundert Zuschauer, das sich mit seiner Rückseite gegen die Stützwand der Tempelterrasse anlehnt und dessen Orchestra sich nach Osten öffnet, ist vollständig rekonstruiert (Abb. 23). Möglicherweise handelt es sich bei diesem kleinen Theaterrund um den Ort, an dem die berühmte rhodische Rednerschule des 1. Jahrhunderts v. Chr. tagte (S. 31).

Während westlich des Stadions zwischen der immergrünen Macchia, neben kleinen

St. Stefanus-Kirche, um 1830

Gräbern, ein aus dem Gelände herausgearbeitetes schönes hellenistisches *Felsengrab* erhalten ist, vermuten die Archäologen östlich der antiken Sportstätte (nahe des heutigen Parkplatzes) ein großangelegtes *Gymnasion;* hier fand man bisher mehrere Grundmauern und viele Inschriften.

Südwestlich der Akropolis verläuft die *Santurli-Schlucht* mit dem ›Malpasso‹ (›gefährlicher Paß‹); von dem im Mittelalter so bezeichneten Paß berichtet die Legende, daß hier der Ritter Dieudonné de Gozon ein Ungeheuer getötet habe; später wurde der Ritter in den Jahren 1346–1353 der dritte Großmeister der Johanniter.

Auf dem Monte Smith stand bis zum 19. Jahrhundert auch eine der schönsten byzantinischen Kirchen von Rhodos, die *St. Stefanus-Kirche.* Eine 1830 entstandene Zeichnung von Rottiers zeigt die elegante Tambourgliederung, wie sie bei der Ajios Jeórjios-Kirche (s. S. 145) und der Demirli-Moschee (s. S. 156) noch heute zu sehen sind.

Vorstadt Ajios Jeórjios und Rodini-Tal

Folgt man vom d'Amboise-Tor der um die Stadtmauer verlaufenden Vassílis Friderikis-Straße, vorbei an dem kleinen Gehege für Hirsche und Rehe, bis zur modernen St. Franziskus-Kirche (südlich des Koskinú-Tores), dann zweigt hier rechts die Odhos Stéfani Kásulli in Richtung Líndos ab. Die Straße führt dann durch den Vorort **Ajios**

Jeórjios und erreicht nach etwa 500 Metern eine Straßengabelung: rechts gelangt man über die breite Hauptstraße zum Rodini-Park und links in Richtung Kallithéa zur Ostküste. Nach etwa 400 Metern erreicht man bei dem Flüßchen Dhermén-Dheré Reste der antiken Stadt Rhodos, ihre südöstlichsten Ausläufer: Rechts der Straße liegen zu beiden Seiten des Baches Teile der *antiken Stadtmauer;* ebenfalls rechts führt die hier abzweigende Straße über eine *antike Brücke:* konstruiert aus zwei Rundbögen mit einem kräftigen Mittelpfeiler, gebaut aus sorgfältig bossierten Quadern. Südöstlich der Kreuzung liegen die Grundmauern eines *antiken Turmes,* der zur Sicherung der Stadt außerhalb der Befestigung errichtet worden war. Weiter zur Küste hin liegen Gräber einer *antiken Nekropole.*

Der nach etwa 3,5 km rechts der Straße von Rhodos nach Líndos sich ausbreitende **Rodini-Park** ist ein beliebtes Ausflugsziel der Griechen. Ein schattiges Tal, ein Bachlauf und angenehme Spazierwege an den südlichen Ausläufern des St. Stefanus-Berges mit der antiken Akropolis vergegenwärtigen dem Reisenden die antike Topographie der Stadt Rhodos. Von Quellheiligtümern und anderen antiken Kultstätten unter freiem Himmel, die es in dieser dafür prädestinierten Gegend sicherlich gegeben hat, haben die Archäologen bisher keine Überreste gefunden. Wohl aber entdeckte man mehrere Felsgräber, u. a. das bereits von vielen Reisenden beschriebene *›Ptolemäer-Grab‹.* Dieser Name hat aber nichts mit den Ptolemäern gemein, er wurde erstmals von den Reisenden des 18./19. Jahrhunderts geprägt – vielleicht in Erinnerung an Demetrios Poliorketes, der die Stadt 305/04 v. Chr. ein Jahr lang belagerte. Im griechischen Volksmund heißt der spätantike Grabbau ›Kufió Wunó‹ (= ›der hohle Berg‹). Das im Grundriß quadratische Felsengrab hat eine Seitenlänge von 27,80 Metern; die im Süden, Westen und Osten zerstörten Fassaden hatten wohl eine Höhe von etwa 5 Metern. Nur die Nordseite zeigt noch den Aufbau der Fassade; ähnlich dem griechischen Tempelbau ruht das Felsengebäude auf einem dreistufigen Stylobat. Insgesamt einundzwanzig nicht kannelierte Halbsäulen, stumpf aufstehend, gliedern die Wandfläche; darüber mögen weitere Bauglieder der griechischen Architektur wie Architrav, Metopen-Triglyphen-Fries und Sima aus dem Felsen gearbeitet gewesen sein; heute ist nichts mehr davon erhalten. In der Nordfassade befindet sich auch der Eingang zu dem Grab, das im Innern aus einer Vorhalle und einem langen schmalen Hauptraum besteht. Alle Innenwände beider Räume sind mit mehreren Nischen ausgestattet, in denen wahrscheinlich Urnen mit der Asche der Verstorbenen aufbewahrt worden sind.

Líndos

(Umschlagvorderseite, Farbt. 33–37, Abb. 82–86)

Die rhodische Küstenlandschaft bei Líndos ist anders als sonst irgendwo auf der Insel, sie ist streng und heroisch zugleich, aber auch sanft und empfindsam; sie berührt das Innere, lädt ein zum Verweilen und entführt die Gedanken ... Das hektische Treiben in Líndos selbst hingegen desillusioniert. Hier kann man Líndos in seiner historischen Dimension nicht begreifen; man muß den Ort von allen Seiten umkreisen, denn nur wandernd kann man den Zauber dieser mythischen Landschaft erfahren, kann die Faszination nachempfinden, die diese Bucht und ihre schroffen Felsen auf die ersten, aus fernen Ländern kommenden, hier siedelnden Menschen ausgeübt haben mag. Wer dieses Erlebnis von Líndos mitnehmen möchte, der sollte die Mühen nicht scheuen und zum ›Grab des Kleobulos‹ (s. S. 211; Abb. 86) wandern. Der Weg führt durch eine unwirtliche, steinige Ebene, in der selbst die stets genügsamen Ziegen nur schwer ihr Futter finden. Aber der Blick auf die sich in der Sonne ständig verändernde Bucht mit ihren drohenden Felsen, den Tempeln und der Burg offenbart eine dramatische Kulturlandschaft menschlichen Lebens aus mehr als dreitausend Jahren. Und dann die ›Küsten des Lichts‹ im Norden und Süden, die Farben, Bilder Griechenlands, die das Geheimnis der Ägäis ausmachen.

Wie heute wird auch in vorchristlicher Zeit dieser mit nur wenig Humus bedeckte Teil der Ostküste weder für den Ackerbau noch für die Viehzucht geeignet gewesen sein. Nur vereinzelte Weinstöcke und Feigenbäume, Pinien und Macchia gedeihen hier. Auch erinnern die Ortsnamen: Péfka (= ›Pinien‹-wald), südlich von Líndos, und Kálathos (= ›Korb‹ für Früchte – Weintrauben/Feigen – aller Art), nördlich der antiken Stätte an die Tätigkeit der Menschen, die hier vor Jahrhunderten gelebt haben. In erster Linie dürften die Menschen die Küste von Líndos aufgrund ihrer beiden geschützten (Hafen-) Buchten (Farbt. 33, 34) als Siedlungsort gewählt haben. So war es für die Menschen dieser Gegend naheliegend, sich dem Meer zu stellen: Gingen sie anfangs ›nur‹ dem Fischfang nach, so wurden im Laufe der Jahrhunderte aus Fischern kühne Seefahrer, die sich am Trojanischen Krieg beteiligten und Städte auf dem fernen Sizilien gründeten (s. S. 24).

Der etymologisch nicht griechische Name ›Líndos‹ beweist, daß er wohl von bronzezeitlichen Einwanderern des zweiten vorchristlichen Jahrtausends aus Anatolien mitgebracht worden ist. Ihre ersten Häuser mögen die Einwanderer aus Kleinasien dort errichtet haben, wo auch in den Jahrhunderten nach ihnen die Menschen siedelten und wo sich noch heute die Ortschaft ausbreitet. Damit bleibt die Erforschung der Siedlungskontinuität von Líndos den Archäologen für immer versagt, da die mittelalterlichen und modernen Häuser der Bewohner von Líndos die Stätte ihrer Vorfahren schützend überdecken, die so auch weiterhin viele Geheimnisse der Vorzeit bewahren wird.

In der Frühzeit scheinen also die Menschen nicht auf dem Felsplateau der Akropolis von Líndos gelebt zu haben, auch benutzten sie anfangs diesen Ort wohl nicht für die Verehrung ihrer aus Kleinasien importierten Göttin ›Lindia‹. Vielmehr deutet alles darauf hin, daß sie ihre Göttin in einer zum Meer hin geöffneten, schwer zugänglichen und bisher noch nicht erforschten Höhle direkt unter dem späteren Athena-Lindia-Tempel verehrt hatten. Jedenfalls beweisen Keramik-Oberflächenfunde aus dem Ende des 2. Jahrtausends v. Chr., eine Felsinschrift mit dem Namen ›Athena Lindia‹ aus dem 2. Jahrhundert n. Chr. (von dem lindischen Priester Lucius Aelius Anglochartus) und die Grundmauern einer byzantinischen Kapelle der Muttergottes (Panajía) die kultische Kontinuität dieser Grotte vom Ende der Bronzezeit bis zur byzantinischen Epoche.

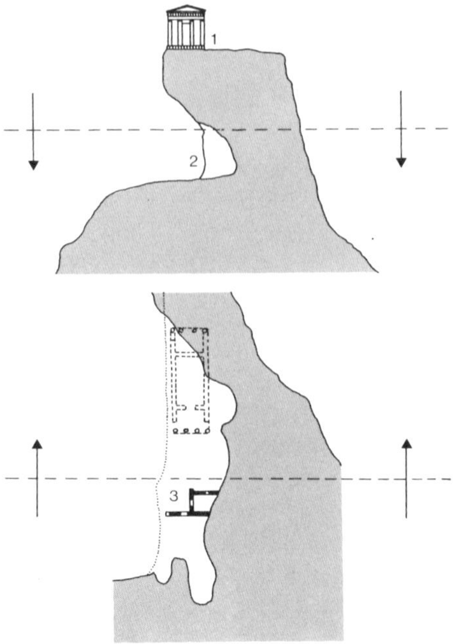

Die Grotte des Athena Lindia-Heiligtums, Grundriß und Schnitt

1 Athena Lindia-Tempel 2 Lindia-Kultgrotte
3 Grundmauern der Panajía-Kapelle

Dieser älteste uns bekannte Kultort von Líndos – die Grotte – und der mit ihm verbundene Kult der Göttin Lindia, die in ihrer Frühform eine Mutter- und Vegetationsgöttin gewesen zu sein scheint, sollten für Jahrhunderte, zumindest in seinen elementaren Grundzügen, den Kult selbst und die spätere architektonische Gestaltung der Akropolis bis in die hellenistische Zeit entscheidend bestimmen. Das älteste Kultbild der Göttin dürfte ein einfaches geschnitztes Brett gewesen sein; erst später modellierte man ganz allgemein in der griechischen Antike Götterplastiken aus Holz, ›Xoanon‹ genannt, die auf steinernen Füßen standen und denen man selten aus anderen Materialien (Ton, Metall) auch die Hände und den Kopf eingesetzt hatte. Deshalb sind in allen griechischen Landschaftsräumen vor der archaischen Epoche griechische Großplastiken kaum erhalten, da sie größtenteils dem Feuer oder anderen Katastrophen zum Opfer gefallen waren.

Mit der Einwanderung der Dorer nach Griechenland und Rhodos etablierte sich auch eine dem Wesen nach ganze andere Göttin in Líndos: Athena, Beschützerin der Städte, die aber auch die Geschicke des Krieges zu lenken verstand. Ihr brachte man im Gegensatz zur Lindia blutige Tier- und Brandopfer dar. Diese grundverschiedenen Opferriten, die mit den – patriarchalen und matriarchalen – Wesensmerkmalen der Göttinnen zusammenhängen, sind im lindischen Kult, nach Meinung einiger Religionsforscher, nie miteinander verschmolzen. Aus dem Lindia-Grottenheiligtum wurde zwar (allein durch die Namensverflechtung) das Athena Lindia-Heiligtum, die unterschiedlichen Opferzeremonien wurden aber an getrennten Kultorten ausgeführt. Wie schon Pindar in seiner 7. olympischen Ode zu berichten weiß, opferten die Bewohner von Líndos auf ihrer Akropolis den Göttern ›feuerlos‹ (s. S. 14). Sie schlachteten also keine Opfertiere, deren Fell, Fett und Gedärme sie auf einem Altar den Göttern zu Ehren verbrannten. Solche blutigen Opfer für Athena scheint es nach Ansicht der dänischen Archäologen, die Líndos erforscht haben, auf der Akropolis nie gegeben zu haben; eine Ansicht, die nicht von allen Forschern geteilt wird. Fest steht aber, daß nur auf der unteren Terrasse der Akropolis – nicht also im Temenosbereich des Tempels – sehr wenige Tierknochen gefunden wurden.

Griechische Inschriften an den Felsen im Bereich des Boukopion, die den Namen der Opferstätte nennen

Außerhalb der Akropolis aber, an der Südküste ihrer nordöstlich vorgelagerten Landzunge, liegen spärliche Baureste eines sogenannten ›*Boukopion*‹ (= ›Schlachtaltar für Stiere‹). Auch befinden sich in den Felseinschnitten nahe der Küste etwa vierzig griechische Inschriften mit dem Wort ›Boukopion‹, die sich aufgrund ihrer Typographie ins 6.–2. Jahrhundert v. Chr. datieren lassen; Keramikfunde aus diesem Areal reichen sogar bis in die Zeit um 1000 v. Chr. zurück. Eine Zeitgrenze, die etwa mit der dorischen Einwanderung auf Rhodos gleichgesetzt werden kann.

Noch vor der Ankunft der Dorer und ihrer Göttin Athena auf Rhodos verehrten die ersten Bewohner von Líndos ihre Göttin *auch* auf der Akropolis: eine einfache Holzstatue der Lindia, inmitten des angelegten Olivenhaines, mag den Gläubigen anfangs für ihre Verehrung ausgereicht haben. Später – wohl noch vor der Stadtgründung von Gela auf Sizilien im Jahre 690 v. Chr. – baute man der Göttin unmittelbar über der alten (nach wie vor verehrten) Kultgrotte für ihr Kultbild einen Tempel (wahrscheinlich aus Holz). Aber auch der Olivenhain fand zusätzlich weiterhin Verehrung; wahrscheinlich pflegten die Athena-Lindia-Priester den heiligen Olivenhain der Göttin noch im 2. Jahrhundert n. Chr. Ab wann das Heiligtum ›Athena Lindia‹ genannt wurde, ist ungewiß, möglicherweise schon vor dem ersten Tempelbau.

Welche architektonische Gestalt der erste Tempel gehabt hat, ist nicht mit Sicherheit zu sagen. Aufgrund eines aus dem Felsen gearbeiteten Sockels für den Stylobat (Standfläche der Säulen) des Tempels, läßt sich ein Prostylos vermuten. Die dänischen Archäologen glauben hingegen, daß der erste Tempel bereits, wie es die noch erhaltenen Architekturreste zeigen, ein Amphiprostylos gewesen ist, also ein Tempel ohne umlaufende Säulenstellung, aber mit einer Säulenhalle an der Rück- und Vorderseite und nicht ein Tempel mit nur einer Säulenhalle zur Frontseite hin.

Um 550 v. Chr., z. Zt. der vierzigjährigen ›Tyrannis‹ des Kleobulos (einer der sieben Weisen der Antike, s. S. 24), wurde der alte Tempel durch einen neuen Prostylos (?) aus Stein ersetzt. Ferner ließ Kleobulos den heutigen Tempelbezirk (Temenos) mit seinem Olivenhain durch eine Stützmauer abgrenzen. Eine aus dem Felsen gearbeitete Treppe verband die untere Terrasse mit dem Temenos (der Tempelterrasse) und eine weitere Felstreppe (von der noch Stufen erhalten sind, Farbt. 36) führte von den nördlichen Akropolisausläufern steil auf die Akropolis hinauf. Standort und Größe des Tempels haben sich nicht verändert; nach

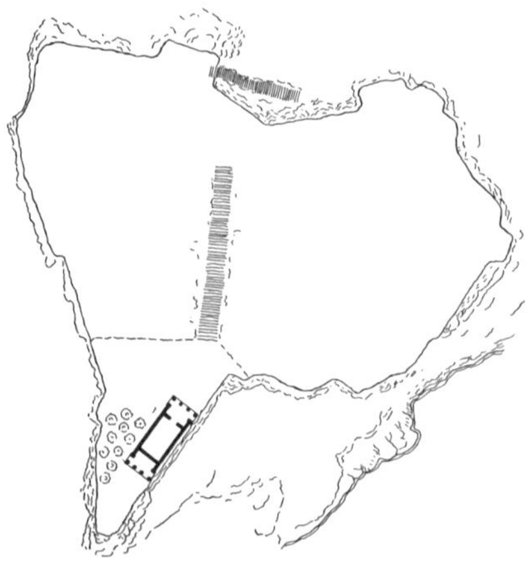

Athena Lindia-Tempel auf der Akropolis aus der Zeit des Kleobulos (6. Jh. v. Chr.), Grundriß; der hier dargestellte Amphiprostylos wurde erst gegen 300 v. Chr. errichtet; Kleobulos ließ wahrscheinlich einen Prostylos (ohne Säulenhalle) an der Rückseite errichten

wie vor schließt die Westseite des Tempels mit den Steilfelsen oberhalb der Lindia-Grotte ab; diese direkte räumliche Beziehung von Kultgrotte und Tempel blieb bis in die römische Kaiserzeit bewahrt (Farbt. 37)!

Erst etwa zweihundert Jahre später (im Jahre 342 v. Chr.), nachdem der zweite Tempel durch eine Brandkatastrophe zerstört worden war, mußte man der Athena Lindia einen neuen Tempel errichten. Wieder baute man einen Prostylos von gleicher Größe, direkt an dem altehrwürdigen kultischen Ort über der Grotte. Erst aus dem Bedürfnis heraus, die Akropolis auf Fernwirkung hin zu gestalten, erhielt der Tempel seine endgültige (von den Archäologen freigelegte) Amphiprostylos-Tempelform; um 300 v. Chr. erweiterte man den Tempel nach Norden hin mit einer Säulenhalle. Für diese Erweiterung war aber der Felssockel der Vorgängerbauten zu kurz, so daß man die gesamte nördliche Säulenhalle mit einer vierstufigen Krepis auf das Stylobatniveau des Tempels fundieren mußte. Diese bauliche Veränderung ist heute an den rekonstruierten Architekturgliedern des Tempels gut ablesbar!

Die Säulenhalle im Norden unterlag dem gleichen rationalen Schema wie der nun zum Amphiprostylos umgestaltete Grundriß des Prostylos. Die rein stereometrischen Bauformen und der Entwurf des Grundrisses kennzeichnen das Ende der klassisch-griechischen Architektur. Der Amphiprostylos-Tempel selbst steht in der Tradition des nicht mehr erhaltenen klassischen Ilissos-Tempels nahe Athen (eine Bauschöpfung vielleicht von Kallikrates?) und anderen klassischen und nachklassischen Tempelbauten, die alle in den Amphiprostylos des dorischen Artemis-Knakeatidos-Tempel von Tegea ihren archaischen Vorläufer haben. Die Durchbildung der Kapitelle mit ihren wenig ausladenden Echinus-Schrägen und die architektonischen Details des Gebälks weisen auf die Bauglieder des als Peripteros errichteten Zeustempels von Nemea (zwischen 430 und 420 v. Chr.) auf der Peloponnes hin. Steht der Tempel der Athena Lindia der Form nach ganz in der Tradition der Tempel des griechischen Festlandes, so zeigt er doch in seiner morphologischen Gestalt eine große Abweichung zu diesen: Während die Amphiprostylos-Tempel des Festlandes im Verhältnis 1:2 proportioniert sind, erreicht der sehr altertümlich wirkende Tempel von Líndos mit seinem langgestreckten Grundriß von 7,75 m × 21,65 m bei seinen Wand- und Säulenachsen ein Proportionsverhältnis von 1:3. Ein Rasternetz von 12 × 35 Quadraten mit einer Seitenlänge von 61,8 cm überspannt den gesamten Grundriß. Dieses sog. Modulus-Maß von 61,8 cm entspricht aber nicht mehr dem (natürlichen) griechischen Fußmaß, sondern ist künstlich durch Division der Gesamtmaße ermittelt worden (eine schon von Vitruv beschriebene Entwurfslösung der hellenistischen Epoche). Die Modulus-Einheit bestimmt alle Maßproportionen: so beträgt das Verhältnis der Gebäudeachsen 11 :33 Moduli (also 1 :3) und die Säulenhöhe mißt neun Moduli; Vorhalle, Tempelinnenraum und Rückhalle erhielten bei einer lichten Weite von zehn Moduli Maße von acht, sechzehn und acht Moduli, so daß sich Pronaos, Cella und Opisthodom wie 1 : 2 : 1 verhalten.

Im Laufe des 3. Jahrhunderts v. Chr. erhielt der bis zur Klassik natürliche Freiraum der Akropolis in dem Sinne eine tiefgreifende Veränderung, daß nun Landschaft und Architektur gemeinsam zu einer der großartigsten hellenistischen Architekturschöpfungen reifen konnte. »Doch muß die Einfühlung, mit der hier ein architektonischer, frei und hoch zur Landschaft geöffneter Raum bewußt der Landschaft gegenübertrat, überwältigend gewirkt haben; sie hat in griechischer und späterer Zeit kaum ihresgleichen. Die Erlebniskraft aufzurufen, das Auge des Menschen zu führen und zu bannen, ist denn auch die innere Absicht hellenistischer Bauten, die nicht länger, wie der klassische Tempel mit seiner in sich ruhenden Vollkommenheit, dem übermenschlichen Blick der Götter standzuhalten haben. Dies Neue will auf den Menschen wirken, will erscheinen, und findet dazu auch völlig neue Mittel ... Es ist bemerkenswert, bis zu welchem Grade seit dem 3. Jahrhundert die Tendenzen von Malerei und Architektur kommunizieren: Je wirklichkeitstreuer der Maler Tiefenwirkung und Beleuchtung auf die Fläche bannt, desto bildhafter wird der Baukörper auf das Auge bezogen.«[15]

Jede architektonische Erweiterung und Veränderung auf der Akropolis unterlag immer dem Zwang des Athena Lindia-Tempels, seine seit Urzeiten über der Lindia-Kultgrotte manifestierte Lage war die unumstößliche Determinante, der sich jede Architektur unterordnen mußte. Die schwierigste Aufgabe der Architekten bestand darin, eine Lösung zu finden, die auf eine durchgehende Mittelachse von der hinführenden Treppenanlage zum Tempel verzichten konnte. Für die erste bauliche Erweiterung der *Propyläen,* Anfang des 3. Jahrhunderts v. Chr., entfernte man die archaische Treppe und die Stützwand des Kleobulos, um eine sich breit hingelagerte Mittelhalle mit zwei flankierenden Risaliten im Osten und Westen errichten zu können.

Anders als bei den Propyläen auf der Akropolis in Athen erhielt in Líndos nicht der Mittelteil einen tempelartigen Giebelabschluß, sondern die beiden Risalite, die so wie freistehende kleine Tempelchen mit bekrönendem Giebel und Tympanon die zwanzig Meter breite Freitreppe mit ihren fünfunddreißig Stufen majestätisch – um zwei Joche nach Norden hinausstreckend – begleitend empfangen konnten. Die letzte Stufe der Freitreppe fluchtet mit den 7,5 m breiten und durch vier Frontsäulen gestalteten Risaliten. Dann folgt ein Freiraum von 5 Meter Tiefe, der im Süden von den zehn Säulen der Mittelhalle abgegrenzt wird, die mit den Anten der Eckbauten abschließen, so daß durch die beiden Joche der ›Risalit-Tempelchen‹ eine schmale, dreiseitig geschlossene Säulenhalle entsteht. Diese strenge Symmetrie bleibt auch noch in der Mittel-

Modell der Akropolis von Líndos mit dem Athena Lindia-Tempel (342/um 300 v. Chr.), den Propyläen vom Anfang des 3. Jh. v. Chr., der Stoa vom Ende des 3. Jh. v. Chr. und späteren Erweiterungen

halle selbst mit ihrer südlichen Türwand konsequent erhalten. Die Architektur der Propyläen lebt von der subjektiven Empfindung des Betrachters, die aber ganz raffiniert durch architektonische Mittel auf das Ziel des Heiligtums gelenkt und systematisch gesteigert wird. Die Kunstgriffe, mit denen hier Spannung in der Abfolge der zu durchschreitenden Architektur-Frei-Räume erzeugt wird, sind erstaunlich.

Auf dem Felsplateau angelangt, stand dem Besucher ehemals (vor Errichtung der Stoa) eine monumentale Freitreppe und eine aus achtzehn Säulen bestehende Front gegenüber. Erst durch das allmähliche Emporsteigen zum blauen Himmelsgewölbe nahm der Betrachter die differenzierte Architektur wahr: Ganz langsam werden die ›Risalit-Tempelchen‹ als vorspringende Baukörper erfaßt, erkennt man eine mittlere Säulenreihe und steht plötzlich auf einer Terrasse, die an drei Seiten von Säulen umgrenzt war. Nur der Blick zurück ist frei: nach Norden öffnet sich eine Theaterkulisse mit einer atemberaubenden Landschaft. Der Blick nach Süden bleibt verschlossen; kaum ein Sonnenstrahl vermochte ehemals die nur nach Norden geöffnete Säulenhalle zu durchdringen, hinter der sich das Mysterium verbarg. Anschließend hinter der südlichen Türwand der nur diffus belichteten Halle, die sich dem Tempelbesucher einst wie eine Sichtschranke geheimnisvoll entgegengestellt hatte, offenbarte sich eine Architektur in der Landschaft von unvergleichlicher Harmonie: Geschickt wußten die Architekten den Athena Lindia-Tempel in das Gesamtkonzept dominierend und zugleich der Landschaft gleichbedeutend in Szene zu setzen.

Geradezu als Umkehrung zur Nordseite der Mittelhalle erscheint auch im Temenos eine – nun aber nach Süden – geöffnete – Säulenhalle, die dem heiligen Bezirk als Rahmenarchitektur untergeordnet war. Höhepunkt des architektonischen Schauspiels bildete gleich einem Bühnenbild die offene Südseite mit ihrem zauberhaften Fernblick in die rhodische Landschaft, dem ganz beiläufig und doch bestimmend, links über dem steil abfallenden Felsrand thronend, der Athena Lindia-Tempel beigestellt war. Während im Norden und Westen je eine echte Säulenhalle und im Westen zusätzlich noch drei Räume für die Aufbewahrung von kultischen Geräten und die Abhaltung von festlichen Banketten errichtet werden konnten, war im Osten nur eine Kompromißlösung möglich, da der Tempel am Ostrand des Felsens nur Raum für eine schmale Pseudosäulenhalle bot. Ob im Temenos je ein Opferaltar stand, wird von den Archäologen unterschiedlich wertet, da außerhalb der Akropolis bei dem Boukopion der Athena Tier- und Brandopfer dargebracht worden sind (s. S. 17).

Bereits Ende des 3. Jahrhunderts v. Chr. genügte den Bewohnern von Líndos diese imposante Architekturkulisse für ihr Heiligtum nicht mehr. Nochmals steigerten sie mit einer 87 m breiten *Stoa* das großartige Architekturensemble, ohne das Bestehende in seiner Substanz zu verändern. Die architektonische Lösung ist einfach und deshalb wohl so verblüffend und überzeugend zugleich! Mit äußerstem Raffinement wurde hier vor allem die Wirkung von Licht und Schatten eingesetzt, zum anderen gewinnt die räumlich repräsentative hellenistische Säulenhalle als rein optische Kulissenarchitektur eine bestechende Raumwirkung. Das Einfache und Verblüffende der Entwurfsidee besteht darin, daß die zwanzig Meter breite Freitreppe in die Säulenhalle als ›lichtspendender Bauteil‹ integriert wurde. Nur dadurch war es möglich, die siebenundzwanzig Joche der Stoa mit ihren achtundzwanzig Säulen unmittelbar flankierend vor die unterste Stufe der Freitreppe vorbeizuführen; also eine exakte Umkehrung der Raumwirkung, wie sie bei den Propyläen erzielt wurde: dort läuft die Treppe auf ein dunkles Mysterium zu, hier reißt die Freitreppe den achtsäuligen Mittelteil auf, so daß er ganz vom Sonnenlicht durchflutet werden konnte (sehr schön bei dem Modell S. 173 zu erkennen). Links und rechts des Mittelteils mit seiner fassadenhaften Säulenstellung schließen die nur von Norden belichteten und zur Freitreppe hin geschlossenen Säulenhallen an. Risalite mit vier Jochen und einer viersäuligen, giebelbekrönenden Tempelfassade strecken sich zehn Meter weit nach vorn, so daß auch diese Säulenhalle wie bei den Propyläen eine dreiseitig geschlossene Terrasse (10 m × 68 m) einrahmt, die von einer dreizehn Meter breiten Freitreppe axial erschlossen wird.

Die 7,5 Meter tiefen durchgehenden Räume der Säulenhalle und der Risalite, die ja im Osten bzw. im Westen durch Seitenwände geschlossen waren, bildeten für die schlanken hellen Säulen mit ihren dorischen Kapitellen einen ungemein effektvollen Schattenhintergrund, der im Zusammenspiel mit dem lichtdurchfluteten Mittelteil eine grandiose Wirkung gehabt haben muß. Damit war bei der Durchbildung von Stoa und Propyläen ein doppeltes, in sich stets umgekehrtes Architekturerlebnis perfekt geschaffen!

Die späteren Erweiterungen und Umbauten in hellenistischer und römischer Zeit konnten dieses gelungene Architekturschauspiel nur zerstören. Schwerwiegend in diesem Sinne war im 1. Jahrhundert v. Chr. der Bau mehrerer *Zisternen* und der ihnen vorgelagerten Tonnengewölbe, die als Unterkonstruktion für die nach Norden verbreiterte *Terrasse* vor der Stoa dienten. Rücksichtslos verstellte man mit dieser Substruktion den freien Blick in die Architekturlandschaft der Akropolis von Líndos. Im 2. Jahrhundert n. Chr. verbaute man sogar den freien Blick gen Süden vom Temenos der Athena Lindia mit einer *ionischen Säulenhalle.* Am nördlichen Felsrand entstand im 3. Jahrhundert n. Chr., der Substruktion der Ostseite gegenüber, noch der Psithyros-Tempel, der wohl für den römischen Kaiserkult bestimmt war, von dem heute nur noch geringe Spuren erkennbar sind.

Welchen Ruhm das Athena Lindia-Heiligtum von Líndos in der Antike besessen hat, erfahren wir besonders gut aus der einzigartigen *lindischen Tempelchronik*[16], eine in Stein gemeißelte Aufzählung auch von älteren Weihegeschenken und ihren Künstlern, die aufgrund eines Volksentscheides im Jahre 99 v. Chr. von Timachidas und Tharsagoras verfaßt wurde.[17] Die Verfasser benutzten für ihre Inventaraufzählung vor allem ältere Tempelaufzeichnungen und Quellen von meist wenig bekannten Autoren der Antike. Sie berichten gleichermaßen über mythische Vorzeiten (wie z. B. über Minos und Kadmos) als auch über historische Persönlichkeiten (wie z. B. Alexander den Großen), aber auch über Epiphanien der Göttin Athena.

Eine dieser Traumerscheinungen soll sich im Jahre 490 v. Chr. ereignet haben: Das persische Heer des Darius belagerte unter dem Befehl des Datis zu Lande und zu Wasser die Akropolis von Líndos. Da die Menschen schon sehr unter Wassernot litten, entschied das Volk, die Festung den Persern zu übergeben. Doch zuvor erschien die Göttin einem Priester im Traum und versprach, zu helfen. Nun baten die Griechen die Perser um so viele Tage Waffenstillstand, wie sie noch Wasservorräte hatten. Die Perser willigten ein und verhöhnten Athena. Am letzten Tag des Waffenstillstandes nahte eine dunkle Regenwolke, die sich aber nur über die Akropolis ergoß. Daraufhin soll Datis all seinen Schmuck und andere wertvolle Opfergaben der Göttin geweiht haben, und er verließ, ohne Líndos erobert zu haben, die Küste von Rhodos.

Von all den in der Tempelchronik erwähnten Statuen und Schätzen ist heute nichts mehr vorhanden. Zahlreiche leere Sockel mit Inschriften erinnern auf der Akropolis an den einstigen Reichtum des Heiligtums. Schon die Kunsträuber der römischen Epoche haben gründliche Arbeit geleistet. Nach der hellenistischen und römischen Epoche verfielen die Bauten auf der Akropolis zunehmend. Aus der byzantinischen Zeit ist hier nur die Johanneskirche aus dem 13. Jahrhundert ruinös erhalten. 1312 zog sich der erste Großmeister der Johanniter Foulques de Villaret (1310–1319) mit seinen Anhängern nach Líndos zurück, um der Rebellion in der Stadt Rhodos zu entfliehen. Nun erhielt die Akropolis auch ihre mittelalterliche Festung und einen Palast. Die genaue Baugeschichte der stark zerstörten Johanniterfestung ist nicht mehr rekonstruierbar. Die ältesten auf der Akropolis gefundenen Wappen sind das von Antoine de Fluvian (1421–1437) und das von Pierre d'Aubusson (1476–1505). Nach 1522 bewohnte der türkische Kommandant den Johanniterpalast, und die Johanneskirche wurde als Moschee genutzt.

Die Akropolis

Öffnungszeiten
Täglich 8 bis 15 Uhr

1 *Drei Zisternen* auf dem oberen Treppenabsatz nach dem Eingang der mittelalterlichen Befestigung
2 Reste der *byzantinischen Befestigungsmauer*, die sich von den späteren Wänden dadurch unterscheiden, daß sie in den Stoß- und Lagerfugen mit Ziegelsplitt ausgefüllt ist.
3 Aus dem Felsen herausgearbeitete *Exedra* mit einem schmalen Felssockel, auf dem wohl ein Weihegeschenk in Form einer Statue stand. In der Felswand der Exedra ist ein Epigramm des lindischen Priesters Aglochartos eingemeißelt; die Inschrift aus dem 3. oder 4. Jahrhundert n. Chr. nimmt interessanterweise Bezug auf den Heiligen Olivenhain und hat folgenden Inhalt (nach G. Konstantinopoulos): »So wie Kleo der Deo die Erde voller Asche als Weihegeschenk seines Landlebens darbrachte, so wie Ikarios mit seinen Geschenken voll von Weintrauben des Dionysos seine Lieblingsbeschäftigung, die Landwirtschaft entdeckte, so schmückte auch Aglochartos die Akropolis der Athena mit Ölbäumen, die nie und nimmer einen Schaden anrichten.«
4 Felsrelief mit dem *Heck einer Triere* (Abb. 85) zu Ehren des Admirals Hegesandros von Mikion aus dem 2. Jahrhundert v. Chr. Hegesandros war einer der erfolgreichsten Kapitäne seiner Zeit, der mit den schmalen rhodischen Kriegsschiffen (Trieren) die Piraten bekämpfte. Schon zu Lebzeiten wurde er in Líndos mit einem goldenen Kranz ausgezeichnet und erhielt den Vorsitz bei den Festspielen von Líndos. Auf dem leicht auskragendem Felsblock stand wohl die Statue des Admirals, die nach dem Inhalt der dort angebrachten Inschrift von dem rhodischen Bildhauer Pythokritos geschaffen worden ist, der nach Meinung einiger Archäologen auch der Schöpfer der um 190 v. Chr. entstandenen Nike von Samothrake (s. S. 87) sein soll.
5 *Treppenaufgang* zur Akropolis (Farbt. 36): ganz links oben, direkt an der Festungsmauer, Reste der mittelalterlichen Treppe; in der Mitte Fragmente der aus dem Felsen gearbeiteten antiken Treppe; rechts moderne Treppenanlage.
6 *Eingang* zur Johanniterburg, links daneben befand sich wohl in der Antike der Zugang zur Akropolis.

1 RHODOS Apollon-Tempel auf der Akropolis ▷

2 RHODOS
Dorische Säulentrommeln
auf der Akropolis

3 RHODOS
Kanonentor an der
Südwest-Ecke des
Großmeisterpalastes

4 RHODOS
Ritterstraße ▷

5 RHODOS ▷▷
Blick von Süden auf die
Stadt und den
Großmeisterpalast

6 RHODOS Gasse an der Stadtmauer (Odhos Thimokreóntos)

7 RHODOS Gasse in der Altstadt

8 RHODOS Odhos Ajios Fanúrios in der Altstadt

9 RHODOS Gasse in der Altstadt

10 RHODOS Handelsgerichtshof (›Kastellania‹, 1503) der mittelalterlichen Stadt; Detail des Reliefs über dem Eingang im Obergeschoß: links des Engels das Ordenswappen der Johanniter, rechts das Wappen von Emery d'Amboise (1505–1512) ▷

11 RHODOS Ajios Jeórjios-Turm an der Westseite der Stadtmauer, Reliefdarstellung (an der Westseite) des drachentötenden Ajios Jeórjios (15. Jh.) ▷

10

11

12 RHODOS
Platía Ariónos mit dem Mustafa-Pascha-Bad und einer namenlosen (noch von der türkischen Minderheit benutzten) Moschee

13 RHODOS
Auf der westlichen Stadtmauer

14

15

16

17

14–16 RHODOS Großmeisterpalast, verschiedene römische Fußbodenmosaiken der Insel Kos: 14 Poseidon verfolgt den Giganten Polybotes 15 Eine Nymphe reitet auf einem Meeres-Mischwesen 16 Mosaik mit geometrischen Motiven

17 RHODOS Frühchristliches Mosaik (6. Jh.) im Südwesten der heutigen Neustadt (südlich der Enoplon Dhinaméon-Straße 112)

18

19

20

21

18–22 RHODOS Museum für dekorative Volkskunst (Arjyrokástru-Platz): 18–21 Rhodische Teller

22 Handbestickter Möbelbezug mit kretischen Einflüssen

23 Ostküste nördlich von Tsambíka, im Hintergrund Kap Wághia und Kap Ladhikó ▷

24

25

26

27

28

29

30 Landschaft beim Kloster Thári

◁ 24–29 Rhodische Flora
24 Rhodische Pfingstrose (Paeonia rhodia)
25 Asiatische Ranunkel (Ranunculus asiaticus)
26 Rhodische Schachblume (Fritillaria rhodia)
27 König Ferdinands-Spiegelragwurz (Ophrys speculum ssp. regis ferdinandii)
28 Weißbestäubte Akazie (Akacia dealbata), auch Mimose genannt
29 Quittenblüte (Cydonia oblonga)

31 Landschaft mit Olivenbäumen bei Plimýri (südliche Ostküste) ▷

32 Ostküste bei Kap Archángelos und Féraklos (südlich von Moní Tsambíka)

33 ›Hafen des Apostel Paulus‹, südlich von Líndos

34 LÍNDOS ▷ Johanniterfestung und Bucht

35 LÍNDOS Blick auf die Panajía-Kirche

36 LÍNDOS Treppenaufgang zur Akropolis ▷

38 FILÉRIMOS Grundmauern des Tempels der Athena-Polias und die rekonstruierte Johanniterkirche

◁ 37 LÍNDOS Akropolis mit dem Athena-Lindia-Tempel

39 KAMÍROS an der Nordwestküste, Ausgrabungsgelände

40 Pethalúdhes (Schmetterlingstal), südlich von Kalamón

41 Ajios Nikólaos-Kirche, südlich von Líndos

42 Papás Manólis Russós von Láerma mit der ›Wasilopúla‹ vom Kloster Thári ▷
43 Papás Stamátios Chatzizacharíu von Asklipiïon ▷
44 Detail des hölzernen Ikonostas (1701) aus der Ajios Nikólaos-Kirche südlich von Líndos (s. Farbt. 41) ▷
45 Tambourkuppel der Klosterkirche Thári, südwestlich von Láerma ▷
46 Ajios Jeórjios südlich von Lárdhos (Ostküste/westlich von Líndos) ▷
47 Klosterkirche Tsambíka (Ostküste) ▷
48 Ajía Iríni südöstlich von Málona ▷
49 Ajios Ioánnis in Kritinía (südlich von Kamíros) ▷
50 Ajios Nikólaos nordwestlich vom Kastell Féraklos bei Charáki (Ostküste) ▷

42

43

44

45

46

47

48

49

50

ΤΑΡΑΧ
Η ΥΠΑΠΑΝΤ ΤΟΥ ΚΥΡΙΟΥ

51
Ajía Anastasía auf dem Friedhof von Jenádhion (Ostküste); christologische Themen (oben) und Martyrium der Hl. Anastasía (unten) im südlichen Gewölbe (Anfang 17. Jh.)

52–55 ▷
LÍNDOS
Fresken in der Ajios Jeórjios Chóstos-Kirche:
52, 54 ikonoklastische Malereien mit geometrischen Motiven (8./9. Jh.?)
53 ikonoklastische Malereien (9. Jh.)
55 Ajios Chrysostomos (12. Jh.)

56 ▷
Fresken in der Ajios Jeórjios o Wárdhas-Kirche nördlich von Apolakkiá: Detail aus dem ›Einzug in Jerusalem‹ (1289/90)

57, 58 ▷
Fresken in der Ajios Ioánnis Theólogos-Kirche östlich von Paradhísion: zwei Details aus dem ›Einzug in Jerusalem‹ (1686)

52

53

54

55

56

57

58

59

60

61

62

63

64

65 Fresko in der Ajía Triás-Kirche südlich von Psínthos: Stifterinschrift und Stifterin mit Kirchenmodell (1407/08 mit Übermalungen des 17. Jh.)

◁ 59, 60 Fresken in der Klosterkirche Thári: Christus rettet die Seefahrer und Darbringung im Tempel (beide um 1620)

◁ 61 TRIÁNDA Fresko in der Ajios Nikólaos-Kirche: Christus Elkomenos (15. Jh.)

◁ 62 Fresko der Ajios Theodhóros von Tyron und Ajios Theodhóros von Stratilátis-Kirche südlich von Archángelos: Detail aus der ›Heilige vor dem König‹ (Ende 17. Jh.)

◁ 63, 64 Fresken in der Panajía Eleússa-Kirche am westlichen Ortsrand von Eleússa: Erschaffung Evas und Versuchung im Paradies (Wende 17./18. Jh.)

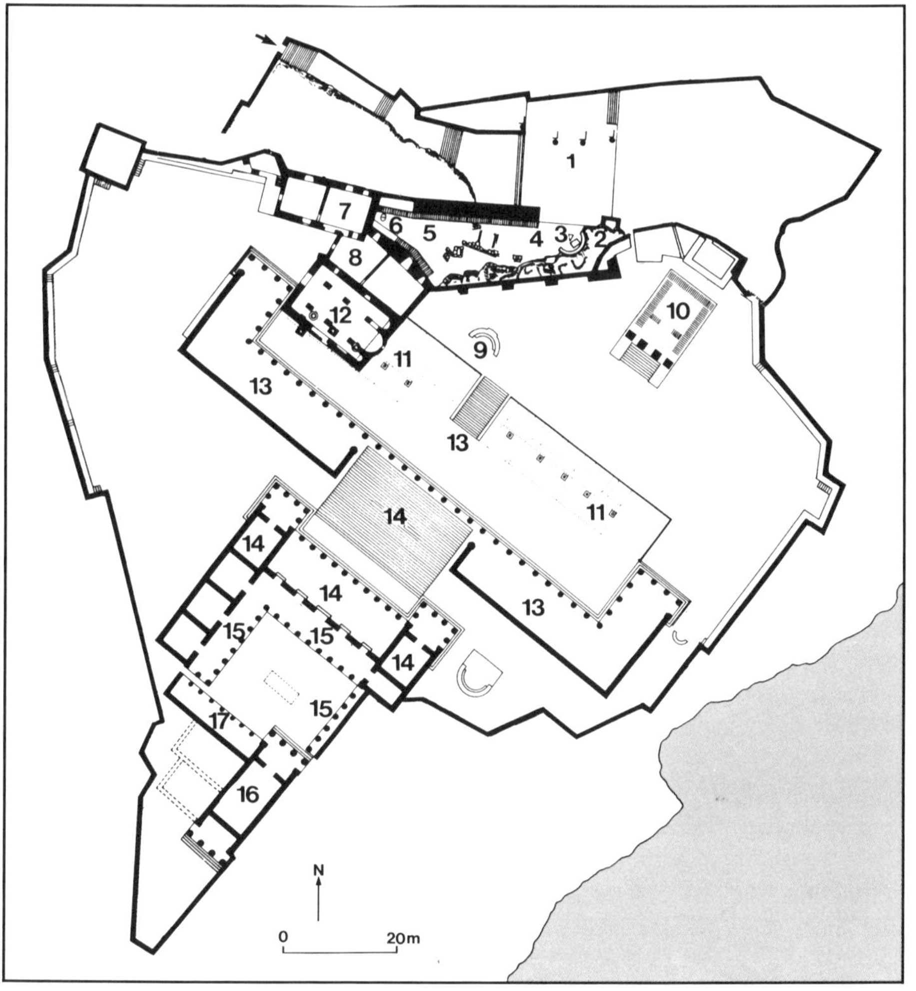

Antike Akropolis mit den baulichen Erweiterungen der Johanniter, Lageplan

7 Erdgeschoß der *Rittergebäude;* links vorn, gleich nach dem Eingang der tonnengewölbten Räume, befindet sich eine Wendeltreppe, die ins Obergeschoß führt (heute verschlossen).

8 Weitere tonnengewölbte (Magazin-) *Räume der Ritterwohnung.* Im ehemals ersten Raum (heute durchgehend gestaltet) erkennt man in der rechten Ecke aus dem Felsen gearbeitete Treppenstu-

fen aus der Zeit vor dem Tempelbau des Kleobulos (6. Jh. v. Chr.; s. Fig. S. 171).

9 *Exedra des Pamphilidas* aus dem 3. Jahrhundert v. Chr. Die Inschrift erwähnt u. a., daß der wohlhabende Priester aus Athen den berühmten Erzgießer Phyles, Sohn des Polygnotos aus Halikarnassos, beauftragte, sein Standbild zu modellieren. Der Künstler war in der Zeit 250–200 v. Chr. vor allem auf Delos und Rhodos tätig; keines seiner Werke ist erhalten.

10 *Phsithyros-Tempel* des römischen Kaiserkults aus dem 3. Jh. n. Chr.

11 *Zisternen* und *Substruktion* für die im 1. Jahrhundert v. Chr. verbreiterte Terrasse vor der hellenistischen Stoa.

12 *Johanneskirche* auf den westlichen Substruktionen aus dem 1. Jahrhundert v. Chr.; sie lehnt sich mit ihrer Nordwand an das Obergeschoß der Ritterwohnungen an. Die noch vor Ankunft der Johanniter auf Rhodos errichtete byzantinische Kirche stammt aus dem 13. Jahrhundert. Besonders an der Apsis mit ihren von Ziegeln eingefaßten zweifach abgestuften Rundbogenfenstern erkennt man die Formensprache der byzantinischen Architektur. Der Grundriß der Kirche zeigt eine langgestreckte Kreuzkuppelkirche nach Art einer Kuppelbasilika mit eingeschriebenem lateinischen Kreuz.
Der noch aufrecht stehende Ostteil zeigt die unterschiedlich hohen Tonnengewölbe des östlichen Kreuzarmes und der beiden Seitenkapellen. An der Schildwand im Norden läßt sich die Höhe der tonnengewölbten Kreuzarme im Norden und Süden ablesen.

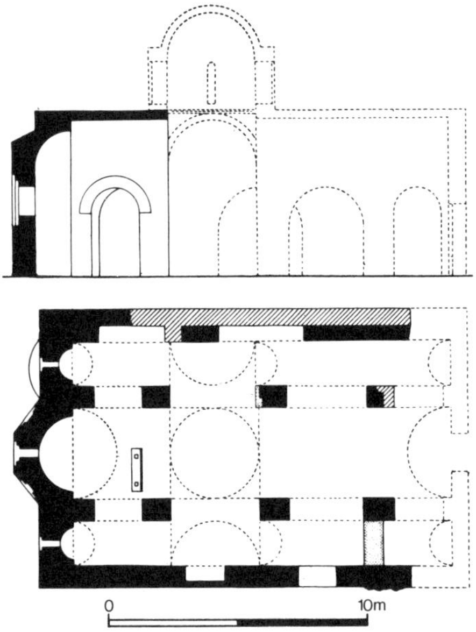

Johanneskirche auf der Akropolis von Lindos, Grundriß und Schnitt

Über der Vierung erhob sich einst eine Tambourkuppel. Unüblich für eine Kreuzkuppelkirche ist der langgezogene Westteil der Kirche, der hier die Wirkung einer dreischiffigen Basilika erzielt, so daß dieser Bau dem Typus der Kuppelbasilika zuzurechnen ist.

13 Dorische *Stoa* mit Treppe, Terrasse und Eckrisaliten aus dem des 3. Jh. v. Chr.

14 *Propyläen* mit Freitreppe und Eckrisaliten im dorischen Stil; hier sind die Triglyphen, entgegen der kanonischen Geflogenheit, teilweise auf vier Glieder verbreitert; Anfang 3. Jh. v. Chr.

15 Dreiseitig geschlossener Temenosbezirk der Athena Lindia; die *Säulenhallen* wurden zusammen mit den Propy-

läen Anfang des 3. Jahrhunderts v. Chr. errichtet.

16 *Tempel der Athena Lindia* (Farbt. 37), der aus zwei Baukörpern besteht: dem im Jahre 342 v. Chr. errichteten dorischen Prostylos und der um 300 v. Chr. hinzugefügten Säulenhalle im Süden, so daß sich ein Amphiprostylos herausgebildet hat.

17 *Ionische Säulenhalle* aus dem 2. Jahrhundert n. Chr., die heute nur noch in ihren Grundmauern erhalten ist.

Die Ortschaft Líndos und ihre Sehenswürdigkeiten

1 ›Grab des Kleobulos‹ (Abb. 86)

Die etwa 45minütige Wanderung zu dem fälschlich benannten ›Grab des Kleobulos‹ sollte aufgrund der heißen Mittagssonne entweder frühmorgens (ca. 8 Uhr) oder am späten Nachmittag (ca. 16 Uhr) durchgeführt werden. Ganz im Nordwesten der nördlichen Hafenbucht von Líndos führen am Ende der Straße, rechts neben einem Haus, aus dem Felsen gearbeitete Stufen den Hang hinauf. Nach der Treppe halte man sich schräg rechts, um das Plateau zu erreichen; nur dieses steile Wegstück ist etwas schwierig, danach folgt bis zur Mühle ein angenehmer Pfad. Die Lage und der sehr gute Erhaltungszustand des Rundgrabes machen den Besuch und die Wanderung dorthin zu einem unvergeßlichen Erlebnis.

Das vielleicht aus hellenistischer Zeit stammende Mausoleum ist ein Rundbau mit einem möglicherweise kegelförmigem Dach, das zusammengestürzt ist. Ein etwa ein Meter hoher kreisrunder Sockel lagert auf dem natürlichen Felsgelände und bildet die Basis des Rundbaues, dessen Durchmesser etwa 9,05 Meter beträgt. Drei unterschiedlich hohe Steinschichten (unten 60 cm, mitte 53 cm, oben 47 cm) aus gut bearbeiteten Quadern, die mörtellos übereinandergeschichtet sind, strecken sich bis zu den leicht auskragendem Gesims in die Höhe. Darüber erkennt man treppenartig abgestufte Steinschichten der Dachkonstruktion.

Ein Eingang im Nordwesten führt in die kleine Grabkammer (3,87 m × 2,34 m). Der zimmerähnliche Raum ist im Grund- und Aufriß unregelmäßig gestaltet; das Gewölbe besteht aus Kragsteinen nach Art der falschen Gewölbe in den mykenischen Kuppelgräbern. Rechts erkennt man eine Nische, in der der Verstorbene bestattet worden sein soll. Wenige Freskenfragmente, vor allem an der dem Eingang gegenüberliegenden Schmalseite mit einer apsisähnlichen Ausbuchtung im Südosten, erinnern daran, daß der spätantike Grabbau einst von den Hirten als Gotteshaus genutzt wurde, in dem sie den Heiligen Aemilianos verehrten.

Das antike Baumaterial der schön geformten Quader stammt aus den weiter westlich liegenden Steinbrüchen. Da weder Grabbeigaben noch Inschriften bisher entdeckt wurden, kann das Baudenkmal nicht genauer datiert werden.

2 Boukopion

Nordöstlich der Akropolis liegen die spärlichen Reste des Boukopion, einer Opferstätte der Göttin Athena (s. S. 17). Im Volksmund heißt diese Landzunge Wighlí, die vom Dorf aus in ca. fünfzehn Minuten sehr bequem zu erreichen ist. Die Grundmauern selbst und die griechischen Felsinschriften (s. Fig. S. 170) sind nur mühsam in dem

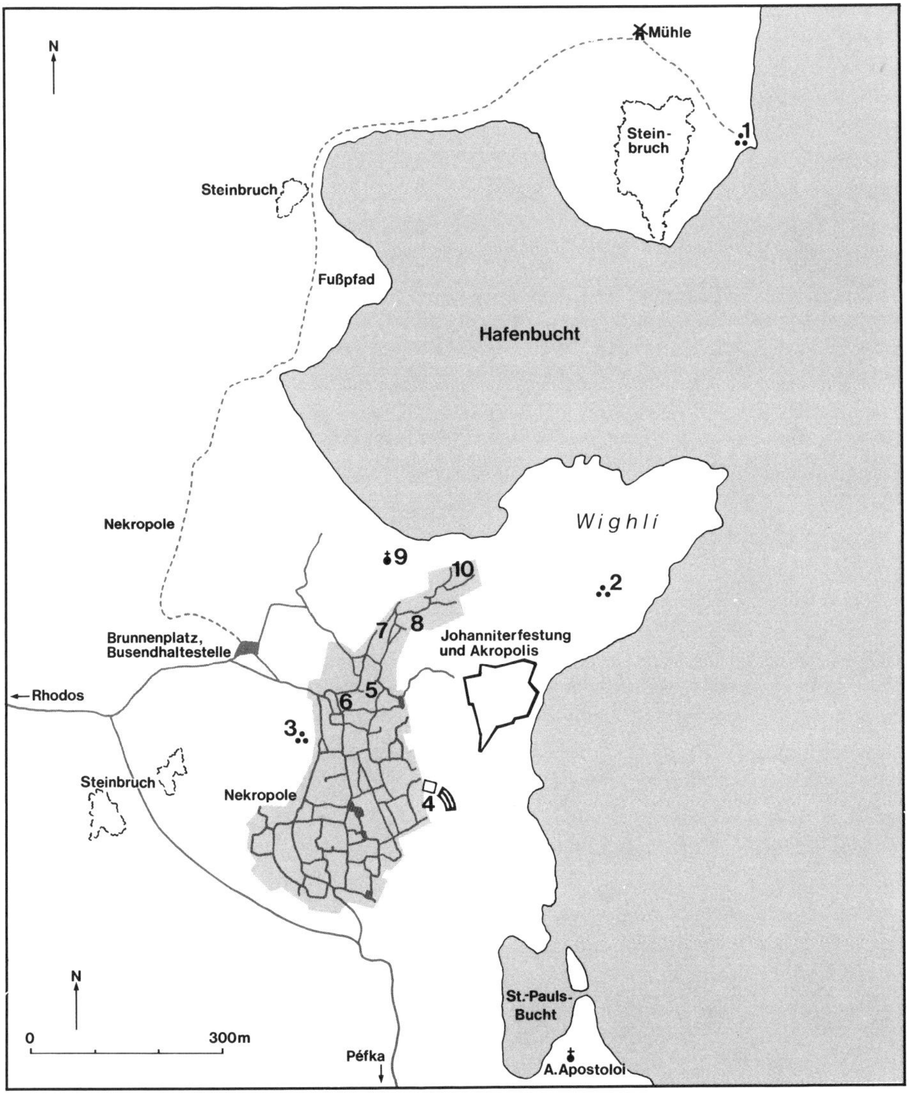

Lageplan der Ortschaft Líndos 1 ›Grab des Kleobulos‹ 2 Boukopion 3 Felskammergrab des Archokratos 4 Antikes Theater und Tetrastoon 5 Ajios Jeórjios Chóstos-Kirche 6 Panajía-Kirche 7 Ajios Jeórjios Pachymachiótes 8 Ajios Menas-Kirche 9 Sotíros Christú-Kirche 10 Mittelalterliche Wohnhäuser

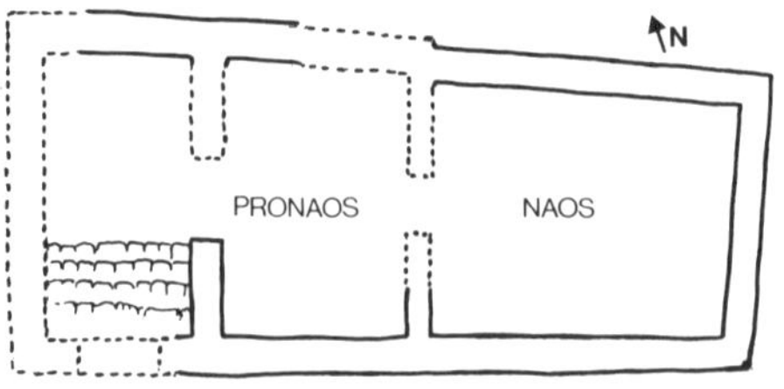

Boukopion, Grundriß

rauhen Gelände zu finden. Von hier aus hat man einen sehr schönen Blick auf die Akropolis und erkennt die über Jahrhunderte für das Heiligtum so wichtige räumliche Beziehung zwischen der Lindia-Grotte und dem Athena Lindia-Tempel (s. S. 169). Die an der Küste liegenden Mosaikfragmente gehören wahrscheinlich zu einer frühchristlichen Basilika.

3 Felskammergrab des Archokratos

Folgt man etwa 500 m von der Busendhaltestelle der schmalen ›Touristengasse‹ ins Dorf hinein, so zweigt rechts ein kleines Sträßchen ab, das zur ›Kampana‹ und zu dem Felskammergrab führt. Das Familienmausoleum des Archokratos aus der Zeit um 200 v. Chr. gehört zu den eindrucksvollsten hellenistischen Grabbauten der Insel Rhodos und erinnert an das ›Grab der Ptolemäer‹ im Rodini-Tal von Rhodos. Von der einst zweigeschossigen Blendfassade – wie sie bruchstückhaft noch in einer Zeichnung von Albert Berg aus dem Jahre 1861 zu erkennen ist und wie es eine Rekonstruktion der dänischen Archäologen zeigt – sind heute nur noch spärliche Fragmente erhalten; auch ist der Eingang zu den Innenräumen der Grabanlage verschlossen.

Die 22,5 Meter breite und 4 Meter hohe Fassade des Erdgeschosses ist in elf Joche unterteilt, die mit zehn dorischen Halbsäulen und je einer ½-Halbsäule in den Ecken gegliedert ist. Ein voll ausgebildetes Gebälk mit Architrav, Metopen, Triglyphen und angedeuteten Ziegeln einer imaginären Dachfläche bildeten die Längsseite eines Pseudoperipteros-Tempels nach. Im leicht zurückspringenden Obergeschoß wird das

Felskammergrab des Archokratos

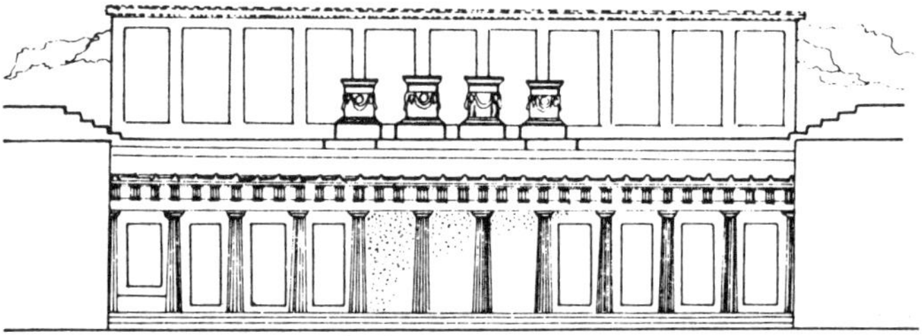

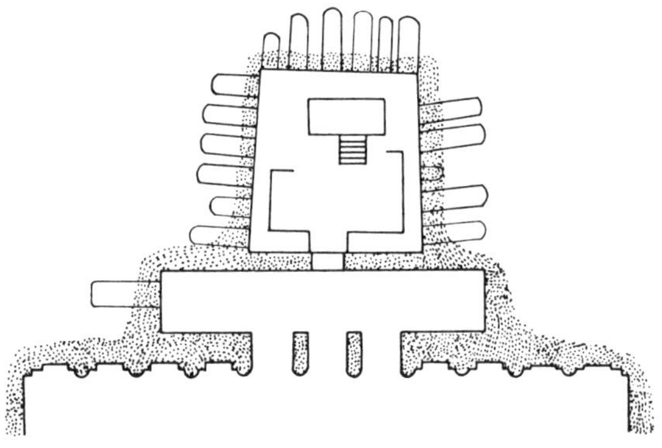

Felskammergrab des Archokratos, Grundriß und Rekonstruktion der Fassade

Motiv der aus den Felsen gearbeiteten Blendnischen in den Jochen des Erdgeschosses aufgegriffen, mit dem eine reine Scheinfassade gestaltet wurde. Den terrassenförmigen Absatz schmückten einst vier mit Girlanden und Stierköpfen geschmückte Rundaltäre, auf denen Namen der Verstorbenen eingemeißelt sind. Die drei mittleren Joche des Erdgeschosses reißen die massive Felswand auf und führen zu einem querliegenden Narthex, der die leicht rechteckige Grabkammer im Westen erschließt. Hier fanden die Totenfeiern für die Verstorbenen statt, die in kleinen Kammern der Seitenwände bestattet waren.

4 Antikes Theater und Tetrastoon (Abb. 83)

Südlich der Akropolis und im Südosten von Líndos liegen die spärlichen Ruinen eines aus dem Felsen gearbeiteten *Theaters* für etwa 1800 Zuschauer aus dem 4. Jahrhundert v. Chr. (?). Möglicherweise standen sowohl dieses Theater als auch das nordwestlich daran anschließende *Tetrastoon* aus der Wende vom 3./2. Jahrhundert v. Chr. im Zusammenhang mit den dionysischen Festen von Líndos. Das antike Theater war geschickt der Landschaft angepaßt und hatte zumindest von seinem Standort her eine ähnlich beziehungsreiche Lage wie das Dionysos-Theater unterhalb der Akropolis von Athen. Ohne große Mühen konnte man die unteren neunzehn und die oberen sieben Sitzreihen aus dem relativ weichen Felshang herausbrechen.

Oberhalb der letzten Stufe befinden sich, etwa auf der Mittelachse des Theaters, Grundmauern, die einige Forscher einem Dionysos-Tempel zuweisen. Die im Zentrum des Theaters befindliche kreisförmige Orchestra ist gleichermaßen wie das davor querliegende Bühnenhaus (Skene) nur an den Ausmaßen ihres Grundrisses zu erkennen.

Von dem 37,45 m × 31,10 m großen, für ebenfalls etwa 1800 Menschen dimensionierten Tetrastoon sind noch die Grundmauern von allen vier, ehemals völlig geschlossenen, Außenwänden erhalten. Der Innenraum war gleich einem monumentalen Atriumhof mit einer umlaufenden Säulenhalle gestaltet. Ein nach innen geneigtes Pultdach leitete das Regenwasser in den Hof. In der Mitte der Ostseite sind die spärlichen Grundmauern einer frühchristlichen Basilika (?) zu erkennen. Darüber stand bis 1924 die mit Fresken geschmückte byzantinische Kirche des Ajios Stefanos, die für die Erforschung dieses Areals abgetragen wurde. Bei den Abbrucharbeiten entdeckte man im Fußboden zwei Marmorplatten, auf denen die ›lindische Tempelchronik‹ verzeichnet ist (s. S. 175).

5 Ajios Jeórjios Chóstos-Kirche
(Farbt. 52–55, Abb. 84)

Folgt man in Líndos der Gasse zur Akropolis, so schlägt das Sträßchen nach der Panajía-Kuppelkirche erst einen Haken nach links und dann nach rechts. Hält man sich links, so erkennt man nach etwa hundert Metern auf der linken Straßenseite hinter einer brüstungshohen Mauer die Kuppel der

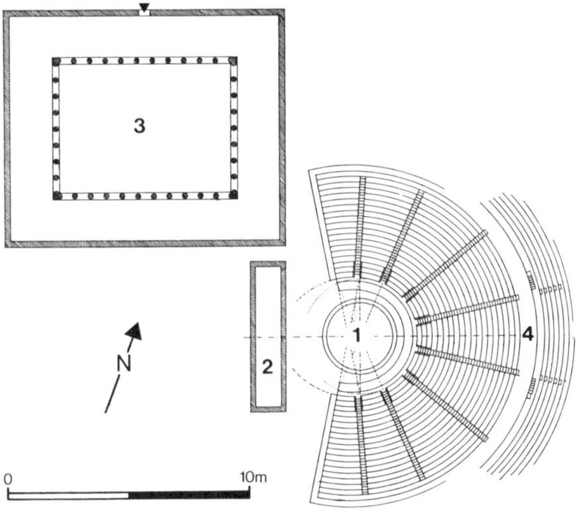

Líndos, antikes Theater und Tetrastoon
1 Orchestra des antiken Theaters aus dem 4. Jh. v. Chr. (?)
2 Skene (Bühnenhaus)
3 Tetrastoon (vierseitig geschlossener Säulenhof), 3./2. Jh. v. Chr.
4 Grundmauern (eines Dionysos-Tempels?)

Ajios Jeórjios Chóstos-Kirche. Der Schlüssel zu dem Kirchlein befindet sich bei der Familie in dem Haus Nr. 186 gleich rechts neben dem Eingang zum Hof der Kirche.

Datierung der Fresken: 8./9. Jahrhundert (?), 9. Jahrhundert und 12. Jahrhundert
Die Ajios Jeórjios Chostós-Kirche ist das älteste uns bekannte, mit Fresken geschmückte byzantinische Baudenkmal der Insel Rhodos. Es reicht weit in die Zeit des Ikonoklasmus hinein, einer Epoche, in der ein erbitterter Streit um die Berechtigung der bildlichen Darstellung Christi und der Heiligen entbrannte, der sich mit Unterbrechungen über nahezu ein Jahrhundert (von 726–780 und von 815–843) hinzog; dieser Streit wurde »mit allen Mitteln der Theologie, der kirchlichen Disziplin und der polizeilichen Gewalt ausgefochten« (Beck). Mit Fresken der ikonoklastischen Zeit geschmückte Kirchen gibt es in Griechenland nur noch wenige (z. B. auf den Inseln Naxos und Kreta), da nach dem Ikonoklasmus mit größter Gründlichkeit alle Kunstwerke dieser Epoche zerstört wurden, ähnlich wie nahezu alle frühchristlichen Kunstwerke dem ›Bildersturm‹ des 8./9. Jahrhunderts zum Opfer fielen.

Vergleicht man die Architektur des rhodischen Beispiels mit der Ajios Nikólaos-Kirche in Ajios Nikólaos (Merambéllo auf Kreta, hier werden die anikonischen Fresken von einigen Forschern in die 1. Hälfte des 10. Jahrhunderts und von anderen in die Mitte des 11. Jahrhunderts datiert), so fällt auf, daß beide Bauten dem Typus der Kuppelhalle angehören. Die Kuppelhalle ist eine architektonische Synthese aus einem dreijochigen Längsbau und einem Zentralbau mit bekrönender Tambourkuppel; eine Bauform, die in Griechenland selten, auf Rhodos und Kreta jedoch häufig vertreten ist und – wahrscheinlich von Armenien beeinflußt – sich auf diesen Inseln besonderer Beliebtheit erfreute. (Kuppelsäle sind in Armenien bereits seit der ersten Hälfte des 6. Jahrhunderts bekannt, sind dort seit dem 7. Jahrhundert besonders häufig vertreten und werden seit dem 11. Jahrhundert zum Grundtypus der armenischen Sakralarchitektur.)

Die Ajios Jeórjios Chóstos-Kirche von Líndos zeigt einen langgestreckten dreijochigen Rechteckgrundriß mit kurzen Kreuzarmen im Norden und Süden, die aber nicht aus der Flucht der Außenmauern herausbrechen, sondern nur materialsparend als Nische aus den Längswänden ausgespart, später aber spitzbogenförmig verändert wurden. Die vier Pendentifs des Kuppeljoches reichen mit ihren Spitzen in die Ecken der Nischen hinein; darüber erhebt sich der Tambour mit seinen vier schlitzartigen Fenstern, der von einer flachen, segmentförmigen Kuppelschale überwölbt wird. Der Altar vor der halbkreisförmig geschlossenen Apsis, die im Osten vom Straßenniveau überragt wird, besteht aus einem monolithischen Säulenschaft und einem antiken dorischen Kapitell. Als Altarschranke dienen ca. einen Meter hohe monolithische Marmorplatten, die auf den Fußboden und gegen die Längswände gestellt sind; in der Südwand des Altarraumes ist ferner ein Marmorstein mit einer antiken griechischen Inschrift eingemauert.

Der Innenraum der Kirche birgt spärliche *Freskenfragmente* aus mindestens vier Epochen: An der Nord- und Südwand des *Altarraumes* sind anikonische Fresken des 9. Jahrhunderts erhalten, sie zeigen unregelmäßige Kreise mit Zickzackornamenten und verschiedenen Kreuzsymbolen (Farbt. 53), im Norden auch Schiffsdarstellungen. Links neben der Apsis und in der nach Norden anschließenden Nische schmücken Reste von schönen polychromen Fresken des 8./9. Jahrhunderts (?) die Wandflächen. Ziegel des Ursprungsbaues und eine vorgemauerte Wand verdeutlichen die vielfältigen baulichen Veränderungen in dieser Kirche. Sowohl die leuchtenden Farben der sorgfältig geometrisch gemalten floralen Formen (Farbt. 54) als auch die Marmorimitation mit dem in einem Kreis eingeschlossenen Kreuz (Farbt. 52) erinnern an die frühchristliche Kunst, die hier im Ikonoklasmus noch weiterlebt.

Auch die polychromen Malereien in der Apsiswölbung greifen die frühchristliche Tradition auf und gehören zu der ältesten Ausschmückung der Kirche. Im zylindrischen Teil der Apsis wird die historische Dimension des ›Zwischenspiels‹ der ikonoklastischen Epoche bildlich begreifbar: mit den figuralen Motiven von Heiligen feiern die Vertreter der Bilderverehrung ihren Sieg. Sicherlich befinden sich unter den Fresken des 12. Jahrhunderts noch weitere anikonische Malereien. Die fünf frontal dargestellten ganzfigurigen Heiligen gehören zu den großartigsten Werken der byzantinischen Malerei auf Rhodos. Besonders die lineare Schematisierung und fast geometrische Strukturierung ihrer Gesichter mit fein abgestuften Farbkontrasten (Farbt. 55) weisen auf die hohe Kunstfertigkeit des Malers hin. Ikonographisch entspricht die Apsiskomposition nicht dem orthodoxen Kanon, da von den fünf Heiligen nur drei Kirchenväter sind. Von links nach rechts sind dargestellt; Heiliger Chrysostomos, Heiliger Gregorios (?), ein Soldatenheiliger (Merkurios?), Heiliger Nikolaus und Heilige Marina.

Die Malereien in den Nischen – der überlebensgroße berittene Heilige Georg im Norden und der überlebensgroße Erzengel Michael im Süden, aber auch die Darstellungen in den Bogenlaibungen – gehören sicherlich dem 18./19. Jahrhundert an.

6 Panajía-Kirche (Farbt. 35)
Datierung der Architektur: 14. Jahrhundert
Umbau: 1489/90
Restaurierung: 1927
Datierung der Fresken: 1637, 1675 Nebenkapelle, 1779 Kreuzkuppelkirche
Freskenmaler: Jeórjios von Sými (in der Kreuzkuppelkirche)

Die mitten in der Ortschaft liegende Panajía-Kirche ist ein Bau des 14. Jahrhunderts. In den letzten Jahrzehnten der Johanniterherrschaft ließ der Großmeister Pierre d'Aubusson die der Gottesmutter geweihte Kreuzkuppelkirche für die Errettung im Jahre 1480 ausbessern und durch einen offenen Narthex mit Kreuzrippengewölbe im Westen erweitern (1489/90). An der Südseite des Glockenturmes erinnern die Wappen von d'Aubusson und das des Ritters Ayper an die beiden Finanziers des Umbaus.

Der Grundriß der Kirche zeigt ein freistehendes lateinisches Kreuz, über dessen Vierung sich eine mächtige achteckige Tambourkuppel erhebt. Der Fußboden des Innenraumes besticht durch sein elegantes – typisch rhodisches – Kieselmosaik mit fantasiereichen geometrischen Mustern. Sowohl der holzgeschnitzte Bischofsthron vom Anfang des 17. Jahrhunderts als auch die wunderschöne vergoldete Altarschranke (Ikonostas) des ausgehenden 17. Jahrhunderts mit ihren zahlreichen Ikonen sind Meisterwerke der rhodischen Holzschnitzkunst.

Im nördlichen Kreuzarm führt eine Tür zu einem *Nebenraum*, der nach dem Inhalt einer Inschrift mit *Fresken* aus dem Jahre 1675 ausgeschmückt ist, von denen die Panagia Hodegetria (unter einem gemalten Bogen) und links daneben der ›Tod des Gerechten‹, der von den Engeln das letzte Abendmahl empfängt, noch gut erhalten sind.

Die *Innenwände der Kreuzkuppelkirche* wurden 1779 von Jeórjios von Sými mit christologischen, soteriologischen und mariologischen *Fresken* des alttradierten ikonographischen Programms – und zwar nicht nur inhaltlich, sondern auch formal – geschmückt.

An dieser Stelle sei auch erwähnt, daß mit Duldung der damaligen türkischen Herrschaft überall in Griechenland orthodoxe Kirchen neu gebaut oder umgestaltet werden konnten. Die türkische Obrigkeit hat also im großen Maße die Tolerierung der Religionsfreiheit für Griechen (und auch für Juden) praktiziert. Nur so ist es verständlich, daß der griechisch-orthodoxe Patriarch noch heute seinen Sitz in Konstantinopel/Istanbul hat.

Der Freskenschmuck

Altarraum: In der Apsiswölbung die seltene Darstellung der himmlischen Liturgie mit Christus und Gottvater. Zu ihren Füßen ein Cherub, links und rechts von ihnen die himmlischen Heerscharen, über ihnen das Evangelistensymbol des Adlers für Johannes, darunter die durch die gesamte Apsiswölbung verlaufende Apostelkommunion. Am zylindrischen Teil der Apsis vier ganzfigurig dargestellte Hierarchen, im Norden und im Süden je fünf ganzfigurige Hierarchen. Im Gewölbe über dem Altarraum die Himmelfahrt, im Norden darunter (im erzählenden Stil) die Opferung Isaaks, im Süden das Gastmahl des Abraham. – *Tambourkuppel* (Ort der himmlischen Hierarchie): Christus Pantokrator, der Allherrscher und Himmelsfürst, umgeben von seinen Hofrepräsentanten; Erzengel und Cherubinen und in der unteren Tambourzone Propheten und Heilige. An den Pendentifs sind die vier Evangelisten: Südosten Johannes der Theologe, Südwesten Lukas, im Nordwesten Markus und im Nordosten Matthäus.

Südlicher Kreuzarm, Südwand: Mariologischer Zyklus, unter dem Fenster links Anna und Joachim vor der goldenen Pforte, in der Mitte der Marientod, links daneben die Geburt der Gottesmutter, darunter über dem Portal die Stifterinschrift: »Unsäglich diese göttliche und sehr sakrale Kirche unserer hochheiligen Jungfrau der Gottesgebärerin, der in Lindos zur Unterstützung des hochgelehrten … Im Jahre des Herrn 1779 während des Monats Juni von der Hand des Jeórjios von Sými ausgemalt.«

Links neben der Tür überlebensgroß Erzengel Michael, rechts Petrus, Paulus und Lukas unter gemalten Arkaden. – *Östliches Gewölbe,* oberes Register: zwei Szenen mit Maria und Joseph; unteres Register: Panagia Zoodhochos Pege (Maria als lebensspendende Quelle), die Muttergottes sitzt mit dem Christuskind in einer Brunnenschale, der Genuß des Wassers treibt Teufel aus und heilt Kranke. Rechts daneben drei Heilige vor einem Altar. – *Westliches Gewölbe,* oberes Register: christologischer Zyklus mit der Geburt Christi und Verklärung Christi;

mittleres Register: zwei mariologische Szenen.

Im unteren Register beginnt der *Akathistos-Hymnus;* er ist ein Marienhymnus, der während der fünf ersten Wochen der Fastenzeit jeden Freitag in vierundzwanzig Strophen (Alpha bis Omega) in der orthodoxen Kirche gesungen wird. Er steht im Zusammenhang mit einer durch die Anrufung der Maria aufgehobenen Belagerung Konstantinopels. Der Hymnus wurde im Stehen gesungen, daher sein Name (Akathistos = nicht niedergesetzt). Dieses ikonographische Thema wurde in ganz Griechenland sehr selten in Kirchen dargestellt.

Die Illustrationen zum Hymnus beginnen mit den Szenen zu den Strophen Alpha, Beta und Gamma im südlichen Kreuzarm des unteren Registers im Gewölbe, danach folgen die Strophen Delta bis Ny im westlichen Kreuzarm des unteren Registers im Süden und setzen sich von Xi bis Psi im Norden desselben Kreuzarmes fort, um mit der vierundzwanzigsten Strophe Omega im nördlichen Kreuzarm zu enden.

Südlicher Kreuzarm, Westen, unteres Gewölberegister: Α *Alpha:* ›Der Engel erscheint...‹ – Der Erzengel Gabriel verkündet Maria die Menschwerdung Christi durch sie. Β *Beta:* ›Sehend die Heilige...‹ – Maria staunt über die wunderbare Empfängnis. Γ *Gamma:* ›Die unerklärbare Kenntnis...‹ – Erzengel Gabriel bestätigt die wunderbare Empfängnis, und Maria nimmt demütig die göttliche Entscheidung hin.

Westlicher Kreuzarm, Süden, unteres Gewölberegister: Δ *Delta:* ›Des Allerhöchsten Macht...‹ – Der Wille Gottes symbolisiert durch den Heiligen Geist und das von den beiden Engeln getragene Tuch kommt vom Himmel auf die Jungfrau Maria herab. Ε *Epsilon:* ›Ihr den Gott empfangender ... (Schoß)...‹ – Die Gottesmutter umarmt Elisabeth, die Johannes den Täufer erwartet. Ζ *Zeta:* ›Innere Unruhe habend...‹ – Joseph zweifelt an der Jungfräulichkeit Mariä, bis er vom Wirken des Heiligen Geistes erfährt. Η *Eta:* ›Die Hirten hörten...‹ – Die Verkündigung an die Hirten über die Geburt Christ. Θ *Theta:* ›Den Weg zum Gott weisender Stern...‹ – Der Stern führt die drei berittenen Magier zur Geburtshöhle. Ι *Jota:* ›Sahen die Kinder der Chaldäer...‹ – Die Magier beten Christus an. Κ *Kappa:* ›Überbringer der Heiligen Botschaft...‹ – Die Magier kehren zurück und verkünden in ihrem Land die Geburt Christi. Λ *Lambda:* ›Glanz in Ägypten...‹ – Die Heilige Familie flüchtet nach Ägypten wegen des Kindermordes durch Herodes. Μ *My:* ›Da Symeon sollte...‹ – Der alte Symeon empfängt das göttliche Kind. Ν *Ny:* ›Es zeigte eine neue Schöpfung...‹ – Gott offenbart seine durch die wunderbare Empfängnis Christi vollzogene Schöpfung: von einem Himmelssegment segnet er die vier Evangelisten und die Engelshierarchien.

Westlicher Kreuzarm, Norden, unteres Gewölberegister: Ξ *Xi:* ›Seltsame Geburt...‹ – Die thronende Gottesmutter mit dem Kind erscheint im Himmel; zu ihr richten den Blick Seligenscharen, die sich isoliert von der irdischen Welt, bereits mit dem Geist im Himmel befinden. Ο *Omikron:* ›Alles war in der Welt...‹ – Christus ist zweifach dargestellt, einmal zwischen Engeln im Himmel, ein zweites Mal auf der Erde unter Aposteln und anderen Menschen; damit wird gezeigt, daß die Menschwerdung Gottes sich nicht nur auf das Leben auf Erden beschränkt. Π *Pi:* ›Der Engel ganze Natur ...‹ – Engelscharen staunen über die Inkarnation des Erlösers. P *Rho:* ›Die vielstimmigen Rhetoriker ...‹ – Maria zwischen den Rednern, die ›wie Fische verstummen‹ angesichts der wunderbaren Empfängnis; diese Szene symbolisiert das Dogma der Jungfräulichkeit Mariä. Σ *Sigma:* ›Er wollte die Welt retten ...‹ – Christus ist schreitend zwischen Aposteln dargestellt; die Erlöserfunktion Christi wird hier angedeutet. T *Tau:* ›Du bist die Mauer unter den Jungfrauen ...‹ – Die das göttliche Kind tragende Gottesmutter ist von Jungfrauen, deren Schutzpatronin sie ist, umgeben. Y *Ypsilon:* ›Der ganze Hymnus ...‹ – Der thronende Christus wird im Himmel von Engeln flankiert und auf der Erde von Hierarchen und Seligen mit aufgeschlagenen Büchern angebetet; es wird die Unfähigkeit der Menschen, dem Erlöser ebenbürtig ihre Dankbarkeit zum Ausdruck zu bringen, angedeutet. Φ *Phi:* ›Die lichtempfangende Lampe ...‹ – Die das göttliche Kind tragende Gottesmutter erscheint auf einem Licht ausstrahlenden Himmelssegment, zu dem die in einer dunklen Höhle befindlichen Menschen ihren Blick richten; damit wird die durch die Inkarnation des Erlösers vollzogene Erleuchtung der bis dahin in geistiger Dunkelheit lebenden Menschheit symbolisiert. X *Chi:* ›Du wolltest Gnade bringen ...‹ – Christus zerreißt das Schuldbuch der Menschheit als Zeichen der Sündenvergebung. Ψ *Psi:* ›Deine Geburt lobpreisend ...‹ – Die thronende Gottesmutter mit dem Christuskind umgeben Erzpriester, Priester und Kirchensänger, die sie durch die wunderbare Empfängnis als lebenden Tempel Gottes preisen.

Nördlicher Kreuzarm, Westen, unteres Gewölberegister: Ω *Omega:* ›O tausendfach verehrte Mutter ...‹ – Die Gottesgebärerin erscheint auf einem Thron mit Fußschemel und Stufen; vor ihr bitten Könige, Erzpriester, Priester und Selige um ihre Erlösung.

Nördlicher Kreuzarm, östliches Gewölbe, oberes Register: Christus heilt einen Lahmen, der mit seinem Bett davongeht, Christus und die Samariterin; mittleres Register: thronende Muttergottes mit himmlischen Heerscharen; unteres Register: das Paradies und die thronende Muttergottes mit dem Christuskind. *Westliches Gewölbe,* oberes Register: Hadesfahrt, ungläubiger Thomas; mittleres Register: die Blindenheilung, Martyrium eines Heiligen; unteres Register: Omega-Strophe, Heilige verehren eine Christusikone. *Nördliche Wand,* oben: rechts und links des Fensters nicht identifizierbare Szenen; unten: Christus und der Samariter, Christus bringt den Samariter in eine Herberge. Über der Tür: Stifterinschrift, rechts daneben der Hl. Georg zu Pferde, links: drei überlebensgroße Heilige unter gemalten Arkaden.

Westlicher Kreuzarm, südliches Gewölbe, oberes Register (mit Themen der Schöpfungsgeschichte): Gottvater trennt das Chaos, Erschaffung der Welt, nicht identifizierbare Szene, Gottvater schaut mit seinen Hofrepräsentanten und den himmlischen Heerscharen auf die Weltkugel, Gott sprach: »Es werde eine Feste inmitten der Wasser, und sie scheide die Wasser voneinander«, Erschaffung der Pflanzen, Erschaffung von Tag und Nacht, Erschaffung der Tiere im Wasser, der Tiere auf dem Lande, »Und Gott schuf den Menschen (Adam) nach seinem Bilde«, Adam im Paradies. – Die Schöpfungsgeschichte setzt sich fort im *nördlichen Gewölbe des westlichen Kreuz-*

armes, oberes Register: Erschaffung Evas aus der Rippe Adams, Adam und Eva im Paradies, Adam und Eva bedecken ihre Scham, ein Erzengel weist Adam und Eva aus dem Paradies, Adam und Eva befinden sich außerhalb des Paradieses, sie bestellen die Äcker, sie pflügen. Kain bestellt den Akker, Abel hütet seine Herde, Kain und Abel, Kain erschlägt seinen Bruder Abel, »Da sprach der Herr zu Kain: Wo ist dein Bruder Abel?«

Südliches Gewölbe, mittleres Register (Christologischer Zyklus): Erweckung Lazarus, Einzug in Jerusalem, Christus mit den törichten und den klugen Jungfrauen, letztes Abendmahl, Fußwaschung, Christus auf dem Ölberg, Verrat des Judas, Petrus verleugnet den Herrn dreimal, Christus vor einem Hohenpriester, Christus vor Pilatus, Pilatus wäscht sich die Hände. *Nördliches Gewölbe, mittleres Register:* Drei weitere Szenen Christus vor Pilatus, Christus wird die Dornenkrone aufgesetzt, Christus zwischen Soldaten, Verspottung und Geißelung Christi, Christus trägt das Kreuz nach Golgatha, Kreuzigung Christi, Kreuzabnahme, Beweinung Christi. – In den unteren Wandzonen im Norden und Süden sind insgesamt je zehn Heilige unter gemalten Arkaden dargestellt.

Westwand: Die gesamte Westwand wird von dem Jüngsten Gericht eingenommen, das auch auf die Längswände übergreift. An der Westwand thront in der Mitte Gottvater, links von ihm die Muttergottes, rechts Johannes der Täufer, darunter Apostel und Engel, unter ihnen in der Mitte der Seelenwäger Erzengel Michael, seitlich von ihm die Sünder, die in den glutroten Höllenschlund geführt werden, daneben die verschiedenen, drastisch dargestellten Höllenstrafen. Links führt Petrus die Heiligen ins Paradies, das an der *Südwand* erscheint: Maria sitzt mit dem guten Schächer und den Erzvätern Isaak, Abraham und Jakobus, die Seelen in ihrem Schoß halten, in dem von vier Flüssen durchströmten Paradies. An der *Nordwand* gegenüber: Erweckung der Toten aus der Erde und dem Meer; die Gräber öffnen sich und die Meerestiere geben die Verstorbenen wieder frei.

In den *Gewölbescheiteln,* sowohl in dem des nördlichen und südlichen als auch in dem des westlichen Kreuzarmes sind zu beiden Gewölbeseiten Heilige in Medaillons gemalt; in den seitlichen Kreuzarmen je fünf Heilige, im westlichen Kreuzarm je fünfzehn Heilige.

7 Ajios Jeórjios Pachymachiótes

Kuppelhalle mit wenigen Freskenfragmenten aus dem Jahre 1393 und späteren Epochen. In der Apsis ist sehr schön die Wölbtechnik aus Quadersteinen zu sehen.

8 Ajios Ménas-Kirche

Kuppelhalle mit Freskenfragmenten aus dem 12. und 15. Jahrhundert. Während die Kirche allgemein aus gut bearbeiteten Quadern zusammengefügt ist, besteht die Tambourkuppel größtenteils aus grob bearbeiteten Feldsteinen. Die gequetschten Gewölbe und Pendentifs deuten auf das hohe Alter der Kirche hin; auch die innen und außen halbkreisförmig geschlossene Apsis ist ein Indiz dafür.

9 Sotíros Christú-Kirche (Umschlagrückseite, Umschlagvorderseite: Bildmitte vorn)

Kreuzkuppelkirche mit dem Grundriß eines freistehenden griechischen Kreuzes. Der Innenraum ist weiß getüncht, möglicherweise befinden sich unter dem Putz byzantinische Fresken. Der Altar ist aus einem antiken Rundaltar und einem rechteckigen Marmorblock gebildet.

10 Die mittelalterlichen Wohnhäuser

Die Hanglage von Líndos und ihre schmalen Treppenstraßen haben glücklicherweise bisher jeden Autoverkehr aus der Ortschaft verbannt. Fast alle Gebäude des Ortes stammen in ihrer Grundsubstanz aus dem 17./18. Jahrhundert, als die christlichen Kaufleute hier unter türkischer Herrschaft großen Wohlstand erwirtschaften konnten. Líndos ist eine der schönsten gewachsenen Ortschaften der Ägäis, die wie ein weißer Teppich den westlichen Akropolishang bedeckt. Gerade der Blick von der Akropolis auf die Ortschaft mit ihren verwinkelten Gassen, die sich hangaufwärts und hangabwärts durch das Häusermeer schlängeln, weckt die Erinnerung an frühmediterrane Siedlungen Griechenlands, wie etwa an die minoische Stadt Gourniá auf Kreta.

Das älteste (türkische!) Haus von Líndos trägt die Jahreszahl 1599. Alle späteren Bauten zeigen eine ähnliche, um einen Hof konzipierte, Architektur, die besonders fantasiereiche Fassadengestaltungen an Fenstern, Portalen und Gesimsen aufweist. Neben dem berühmten ›Kapitänshaus‹ (Abb. 82) gibt es viele andere sehenswerte Häuser. Gerade ein Blick in den Innenhof vermittelt etwas von der anheimelnden Wohnkultur des Mittelmeerraumes, wie sie seit Jahrhunderten von den dortigen Menschen gelebt wird.

Wohnhaus in Líndos, oberhalb der Ajios-Nikólaos-Kapelle am nordöstlichen Rand des Dorfes, Grundriß und Ansicht

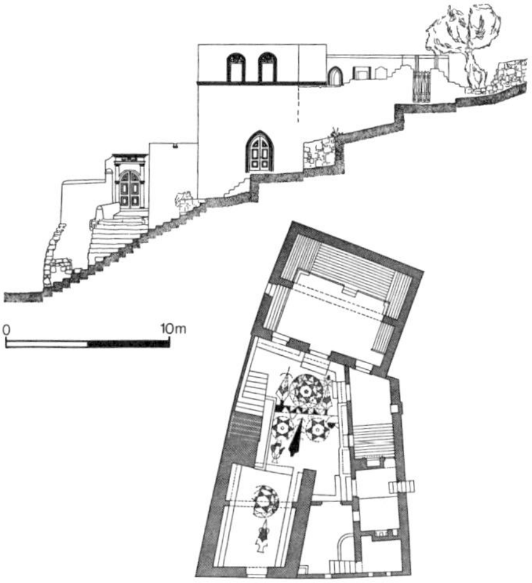

Kamíros

(Farbt. 39, Abb. 46–49)

Öffnungszeiten

Sommer (1.4. – 30.10.) täglich 8.30 – 18 Uhr, sonntags 10 – 14.30 Uhr; Winter (1.11. – 31.3.) täglich 10 – 16.30 Uhr

Kamíros war in der Zeit vor dem Synoikismus im Jahre 408 v. Chr. nicht nur die kleinste der drei rhodischen Städte, sondern auch der kleinste autonome ›Verwaltungsbezirk‹ der Insel. Das einst und noch heute sehr fruchtbare Gebiet von Kamíros erstreckte sich ehemals etwa in der Mitte der Westküste auf eine Länge von ca. 30 Kilometern, es war im Norden etwa 10 Kilometer breit und verringerte sich im Süden (bei Kamíros Skala) auf etwa 3 Kilometer.

Die älteste mythologische Erwähnung bringt Kamíros mit dem minoischen Kreta

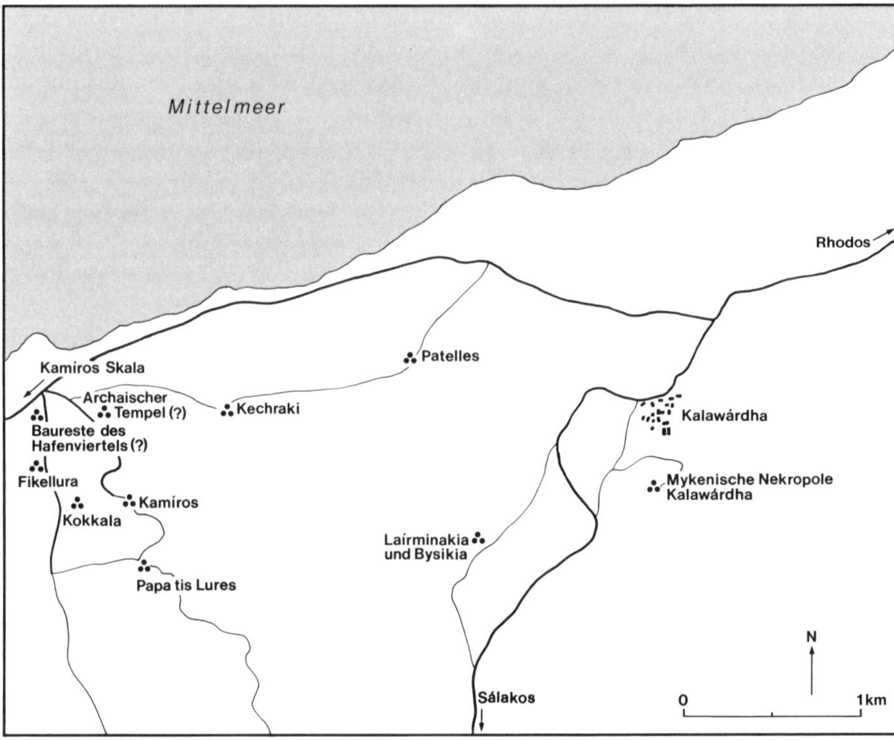

Die Lage der Nekropolen von Kamíros

in Verbindung, danach soll Althaimenes in diesem Küstenbereich Zuflucht gefunden haben (s. S. 12); ein Mythos, der eine minoische Kolonisation der Insel Rhodos (bei Kritinía?) zum Inhalt hat. Mit Sicherheit besiedelten spätestens im 14. Jahrhundert v. Chr. die Mykener den Landschaftsraum von Kamíros. Die reichhaltigen Funde aus der mykenischen Nekropole von Kalawárdha sprechen für eine frühe Blütezeit von Kamíros während des 14. bis 12. Jahrhunderts v. Chr. Nach der dorischen Einwanderung (s. S. 23f.) scheint Kamíros sowohl in der geometrischen als auch in der archaischen Epoche eine erneute Blüte erlebt zu haben. Die vielen Nekropolen in der Umgebung der ausgegrabenen Stadt bezeugen anschaulich, daß das sehr fruchtbare Gebiet immer stark besiedelt war; die Grabfunde selbst deuten daraufhin, daß in Kamíros wohl vorwiegend Bauern und Handwerker gelebt haben. Aus einer dieser Nekropolen stammt auch der weltberühmte Euphorbos-Teller (630/610 v. Chr.), der sich heute in London befindet (s. Fig. S. 62).

Nordwestlich von Kamíros erstreckt sich die Nekropole von Fikellura, die einer ganzen Keramikgattung ihren Namen gegeben hat (s. S. 81f., Abb. 38, 39). Genau zu der Zeit, im 6. Jahrhundert v. Chr., als in Kamíros die Fikellura-Keramik zu immer neuen schöpferischen Variationen reifte, wurden auch die ersten Münzen der Stadt geprägt, die, wohl auf ihre Landwirtschaft hindeutend, ein Feigenblatt als Symbol der Stadt zeigen (s. Fig. S. 11). In diesem Jahrhundert erlangte auch der Epiker Peisandros von Kamíros mit seiner ›Lebensbeschreibung des Herakles‹ großen Ruhm in der antiken Welt. Aus dieser wahrscheinlich letzten Blüte der Stadt sind bei den Ausgrabungen kaum bauliche Reste ans Tageslicht gekommen, nur die große Zisterne für etwa 600 cbm Wasser erinnert an diese Epoche.

Nach dem Synoikismus und der Gründung der Inselhauptstadt Rhodos verlor Kamíros immer mehr an Bedeutung. Aus Inschriften erfahren wir aber, daß in Kamíros noch vor dem lindischen Volksentscheid im Jahre 99 v. Chr., eine ›Tempelchronik‹ zu verfassen, schon 330 v. Chr. die Bürger sich auch dafür entschieden hatten, für ihr Hauptheiligtum des Apollon Pythios (?) eine ›Tempelchronik‹ zu führen. Der nichtgriechische und seiner Bedeutung nach unbekannte Name des Gottes Erethimios, der nördlich von Kamíros in Tholos (s. S. 306) verehrt wurde, geht wahrscheinlich auf eine volksetymologische Umdeutung des lydischen Schutzgottes für das Getreide zurück, der in Lydien Erythibios hieß. Zum einen ließe sich aus dieser Namensumdeutung eine lydische Einwanderung von Kleinasien herleiten und zum anderen paßt ein ›Schutzgott des Getreides‹ natürlich sehr gut zu dem Bild, das wir von der größtenteils akkerbautreibenden Bevölkerung von Kamíros gewonnen haben.

Ende des 3. Jahrhunderts v. Chr. (im Jahre 226) zerstörte ein Erdbeben so große Teile der Stadt, daß eine Erneuerung bzw. Reparatur der zerstörten Häuser nicht mehr sinnvoll erschien, so daß zur Jahrhundertwende der Wiederaufbau von Kamíros begann: Es entstand die hellenistische Wohnstadt mit Agorà und Heiligem Bezirk, die Anfang des 20. Jahrhunderts teilweise von italienischen Archäologen freigelegt wurde und die heute von den Reisenden besichtigt werden kann. Die archäologischen Ergebnisse legen die Vermutung nahe, daß die Stadt nach einem abermaligen Erdbeben im Jahre 142 n. Chr. oder etwas später für immer verlassen worden ist.

Die amphitheatralische Lage von Kamíros ist ein bewegendes Naturschauspiel. In einer nach Norden geöffneten Senke, dort, wo sich von Süden, Osten und Westen die Hänge talabwärts, zur Küste hin neigen, schmiegte sich einst, über mehrere Terrassen angelegt, das Häusermeer von Kamíros (s. Abb. 48); dicht aneinander gedrängte Wohnbauten, ähnlich den heutigen Ortschaften der Ägäis wie z. B. Líndos, wurden von Straßen durchzogen und von öffentlichen Plätzen aufgelockert. Von der morphologischen Gestalt der hellenistischen Stadt sind heute nur noch ihre Grundmauern, Plätze und Straßenzüge zu sehen; und

Lageplan der hellenistischen Stadt Kamíros ▷
1 Wohnhäuser 2 Hellenistische Stützwand 3 Tempelterrasse 4 Grundmauern (in tiefer liegender Grabungszone) 5 ›Platz der Altäre‹ 6 Verbindungstreppe 7 ›Brunnenplatz‹ 8 Tempel des Pythischen Apollon 9 Brunnenhaus 10 Hauptstraße 11 Öffentliches Bad 12 Hellenistisches Wohnhaus 13 Befestigung 14 Privathaus 15 Reste einer Badeanlage 16 Atriumhaus 17 Reste eines Altars 18 Zisterne der klassischen Epoche 19 Hellenistische Stoa 20 Akropolis, Reste des Tempels der Pallas Athene

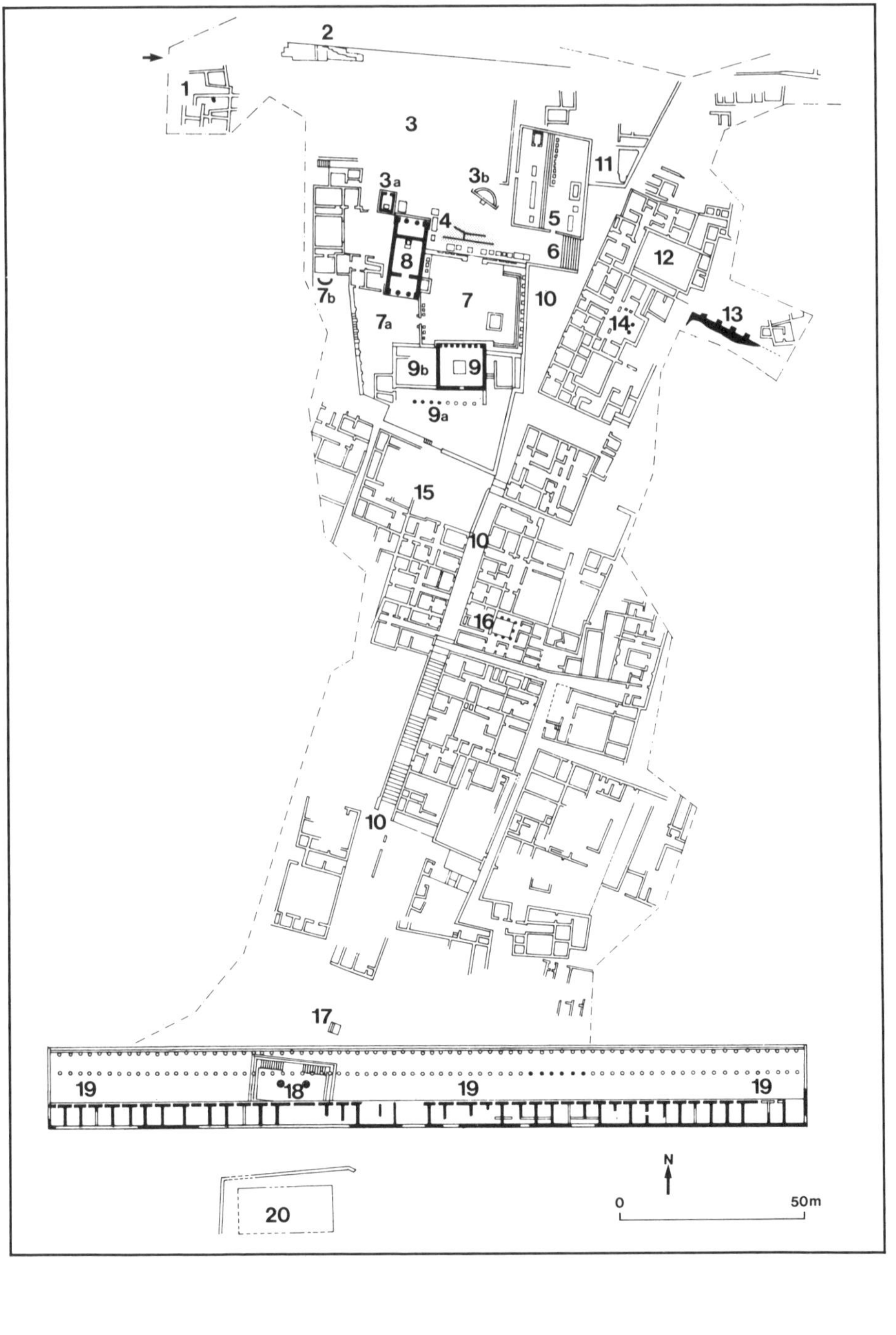
2
1
3
3a
3b
11
4
5
6
12
8
7b
7
10
13
7a
14
9b
9
9a
15
10
16
10
17
19
18
19
19
N
0
50m
20

zwar nur jene in der Senke und an den sanft ansteigenden Hängen. Die Stadtbereiche im Osten und Westen wurden bisher noch nicht ausgegraben. Jüngste archäologische Untersuchungen südwestlich der Abzweigung nach Kamíros scheinen zu bestätigen, daß direkt unterhalb der antiken Stadt der Hafen von Kamíros zu lokalisieren ist.

Ausgrabungsgelände

(der Blick zur Küste entspricht der Nordrichtung!)

1 **Wohnhäuser** aus verschiedenen Epochen

2 **Hellenistische Stützwand,** die die nach Süden planierte Tempelterrasse schützte

3 **Tempelterrasse** (Abb. 46)
Der gesamte Platz – die unterste Terrasse der bisher ausgegrabenen Stadt – stand einst voller Weihegeschenke, von denen heute nur noch zahlreiche Statuensockel mit Inschriften erhalten sind. Von hier aus mögen vielleicht auch kultische Prozessionen direkt zu dem Apollon Pythios(?)-Tempel (8) geführt haben, den man von der Terrasse aus aber nur mit seiner Rückseite einst gesehen hat. Die Prozessionen führten von der Terrasse in den Hof des Heiligtums (7) und erst dann rechts über einen Vorhof in den Tempel. Möglicherweise wurden die Kulthandlungen für die Prozession in dem kleinen hellenistischen Tempelchen (3a) rechts, mit ionischer Ordnung, an der Nordwestecke des Platzes vorbereitet, dessen Südseite sich direkt gegen die Opisthodom-Anten des Apollon-Tempels lehnten. Sowohl die schräg auf dem Platz stehende Exedra (3b) als auch die breite Treppenanlage (6) in der Südostecke des Platzes standen sicherlich in irgendeiner Beziehung zu den Kultprozessionen; die Treppe diente also nicht nur der Erschließung von Tempelterrasse und Nordsüd-Hauptstraße (10) der antiken Stadt. Die Mauerreste rechts vor dem kleinen Tempel gehören zu einem viel späteren Haus der römischen Epoche.

4 **Grundmauern** (in dem tieferliegenden Areal) der Stadt aus der klassischen Epoche (?)

5 **›Platz der Altäre‹**
Hellenistisches Heiligtum aus der Wende vom 3./2. Jahrhundert v. Chr. Das unter freiem Himmel gestaltete Heiligtum nimmt nahezu die gesamte Ostseite der Tempelterrasse ein; es wird noch heute im Osten von der Stützwand der großen Nordsüd-Straße der antiken Stadt begrenzt und war im Süden (in Verlängerung der nördlichen Treppenabmauerung), Norden und der westlichen Eingangsseite durch brüstungshohe Mauern eingefaßt. Im Heiligtum sind noch entsprechend der antiken Aufstellung zwei Reihen von Altären zu sehen, die, durch Treppenstufen räumlich unterteilt, auf zwei unterschiedlich hohen Terrassenniveaus stehen. Im Westen, direkt rechts beim Eingang, befindet sich wohl der (6,5 m lange und 1,3 m hohe) Hauptaltar, auf dem laut einer Inschrift (auf der Westseite) dem Sonnengott Helios geopfert wurde. In Verlängerung dieses Altares erkennt man vor der Nordwand die Grundmauern eines kleinen Tempels und weitere Inschriftensockel. Oberhalb der Stufen befinden sich neun Tuffsteinaltäre für verschiedene Gottheiten.

6 Verbindungstreppe (auch als Zuschauerplatz für kultische Prozessionen bestimmt?), die die Tempelterrasse mit der Nordsüd-Hauptstraße der antiken Stadt verbunden hat.

7 ›Brunnenplatz‹ (Abb. 47)
Zeremonialzentrum des Heiligtums. Ein etwa 25 × 20 Meter großer Platz bildet das Zentrum der verschiedenen Heiligtümer, die hier in hellenistischer Zeit verehrt wurden. Der Zugang von der Tempelterrasse aus führte durch ein Portal der Nordwand, die mit dorischen Halbsäulen gegliedert war. Die beiden Marmorblöcke auf den Sockeln, links und rechts gleich hinter dem Eingang, tragen griechische Inschriften und waren wohl für wichtige Weihegeschenke bestimmt; der Block links (im Osten) scheint ein unfertiges Relief zu sein, das vielleicht einen Stier darstellen sollte. Im Osten lehnt sich gegen die gesamte Länge der Stützwand ein dreiseitig geschlossener, dreistufiger Sitzbereich an; hier mögen vielleicht am Kult teilnehmende Priester den Prozessionen beigewohnt haben. Direkt davor breitet sich ein 4,4 × 3,7 Meter großes, mit Quadern eingefaßtes Areal aus, in dem hochkant stehende Steine in einer ganz bestimmten Reihung angeordnet sind; ob es sich hierbei um ein Heiligtum, einen Altar oder ein Weihegeschenk handelt, ist bisher noch nicht hinreichend geklärt. Im Westen gegenüber stehen weitere Sockel von Weihegeschenken; dahinter befindet sich der südliche Vorplatz (7a) zum Eingangsbereich des Apollon Pythios(?)-Tempels, der zum Hang hin mittels einer Stützwand begrenzt wird. Links neben der Nordwestecke der Stützwand ist in südlicher Richtung ein halbkreisförmiger Bauteil (7b) in den Hang hineingestellt, der vielleicht, wie auch die anderen Räume davor, aus der frühchristlichen Epoche stammt.

8 Tempel des Pythischen Apollon
Daß in Kamíros die Verehrung des Apollon Pythios zum Hauptkult der antiken Stadt gehörte, ist durch Inschriften gesichert, ob aber dieser dorische Tempel tatsächlich Apollon Pythion geweiht war, konnte bisher von den Archäologen nicht mit Sicherheit ermittelt werden. Auch über die architektonische Gestalt des Tempels gibt es unterschiedliche Rekonstruktionsvorschläge.

Heute wird allgemein von den Archäologen aufgrund der Krepis mit ihrem Stylobat, den Tempelwänden mit ihren Anten und den Säulen ein dorischer Doppelantentempel als verbindlicher Lösungsvorschlag anerkannt. Der Tempel war vom Süden, nicht von der Tempelterrasse im Norden, zugänglich; auch sei in diesem Zusammenhang erwähnt, daß der Bau von der sonst üblichen Ostwest-Richtung griechischer Tempel abweicht. Bemerkenswert ist ferner noch eine zwei Meter tiefe Schatzgrube (heute abgedeckt), die hinter dem Sockel der einst hier stehenden Kultstatue, die Nordwand leicht ausklinkend, aus dem Fußboden des Tempels ausgehoben ist. Die beiden kleinen Öffnungen in der Marmorumrahmung dienten einst der Aufnahme von Opfergaben.

9 Brunnenhaus
Eine von sechs dorischen Halbsäulen mit rückwärtiger Pfeilerform gegliederte Fassade führt vom Brunnenhof in das 279 v. Chr. errichtete Brunnenhaus. Von dem Brunnen, der einst in der Mitte des Hofes stand, sind nur noch die Fundamente der Umfassung zu erkennen. Ob der annähernd quadratische

Hof je überdacht war, läßt sich aufgrund der baulichen Fragmente nicht eindeutig klären. Die Ergebnisse der Grabung haben jedoch ergeben, daß hier in klassischer Zeit eine große Zisterne existiert hat, die in hellenistischer Zeit zu einem Brunnenhaus umgebaut wurde. Zwei in dem Raum gefundene Sokkel bezeugen, daß hier auch Weihegeschenke aufgestellt waren. Die vielen Mauern verschiedener Bauperioden im Süden und Westen des Brunnenhauses erschweren eine einigermaßen abgesicherte Deutung der verschiedenen Raumtrakte. – Völlig unklar ist die einer Stoa ähnliche Anlage (9a) im Süden, die vom Brunnenhaus über eine enge Treppe erreicht werden konnte. Der westlich anschließende Raum (9b) zeigt in seiner Südwestecke Reste eines Kieselmosaiks.

10 Eine der **Hauptstraßen,** die die antike Stadt in nordsüdlicher Richtung hangaufwärts erschloß

11 Öffentliches Bad
Das trapezförmige Wasserbecken mit halbkreisförmigem Wandabschluß im Süden dürfte das Schwimmbad gewesen sein. Spärliche Reste des Caldariums (Warmbad), der Hypokausten (Rohrleitungen des Heizungssystems) und der Feuerstellen für die Warmwasser- und Heißluftaufbereitung deuten die ausgereifte Technik dieser Anlage an.

12 Hellenistisches Wohnhaus

13 Befestigung aus der klassischen Epoche

14 Privathaus der hellenistischen Epoche mit einem eleganten Atriumhof und einer Treppenanlage, die einst in das Obergeschoß des Wohnhauses führte. Links und rechts der Straße, die im Hangbereich als Treppenstraße ausgebildet ist, liegen unterschiedlich große Wohnbauten, die alle nach dem Typus der mediterranen Atriumhäuser konzipiert sind.

15 Reste einer weiteren öffentlichen **Badeanlage,** die nur mit Phantasie zu einem Ganzen zusammengefügt werden kann.

16 Eines der schönsten **Atriumhäuser** (Abb. 49) der hellenistischen Stadt. Alle Räume des Hauses wurden von dem Innenhof aus erschlossen. Die an den vier Seiten angelegten Säulengänge boten Schutz vor der Sonne, ihre nach innen geneigten Pultdächer lenkten das Regenwasser in die unter dem Hof angelegte Zisterne.

17 Reste eines **Altars**

18 Zisterne der klassischen Epoche (6. Jh. v. Chr.).
Das 20 × 11 Meter große und ca. vier Meter tiefe Wasserbecken hat ein Fassungsvermögen von etwa 600 cbm. Zwei Treppen führen von Osten und Westen in die Zisterne hinunter. Mit den beiden Bodenöffnungen konnte man die unterirdische Wasserzufuhr in die Unterstadt regulieren, ein weiterer Beleg für die ausgereifte Technik schon während der Klassik. In hellenistischer und römischer Epoche wurden die Kanalisationsleitungen teilweise noch erheblich verbessert.

19 Hellenistische Stoa
Das eindrucksvollste Bauwerk der hellenistischen Stadt war sicherlich diese etwa 200

Meter lange monumentale Stoa mit doppelter dorischer Säulenstellung, die weithin vom Meer und von der Küste sichtbar war. Die etwa 5 × 5 Meter großen Räume hinter den sechs und acht Meter tiefen Säulenreihen dienten wahrscheinlich den Pilgern des Heiligtums als Aufenthaltsräume. Der Bau der Stoa machte aber die Zisterne der klassischen Epoche unbrauchbar, so daß in sechzehn Räumen der Stoa kleinere, untereinander mit Rohrleitungen verbundene Zisternen abgetrennt wurden, die die Wasserversorgung der Stadt sicherten. Die riesigen Dachflächen mögen ehemals das Regenwasser mit Hilfe einer ausgeklügelten technischen Konstruktion in die Zisternen gelenkt haben.

20 **Akropolis**
Etwa 120 Meter über dem Meeresspiegel waren einst auf einer Fläche von 200 × 80 Metern die verschiedenen Tempel und Heiligtümer der Akropolis errichtet, von denen heute nur noch geringste Spuren von spärlich erhaltenen Fundamenten zu erkennen sind. Das Wenige ergibt auch mit der kühnsten Phantasie kein Bild von der einstigen Gestalt der Akropolis. Die Aussicht auf das Meer, der Blick nach Süden zum Profitis Ilías und die hellenistische Stadt zu Füßen machen diesen (Aussichts-)Ort zu einem Erlebnis.

Vor mehr als einem Jahrhundert haben C. E. Biliotti und A. Salzmann in den Jahren 1852–1864 hier mit der archäologischen Erforschung von Kamíros begonnen; ihre Arbeiten wurden von 1928–1943 von Italienern fortgesetzt.

Die bruchstückhaften Fundamente des *Tempels der Pallas Athene* erlauben keine Aussage über die Architektur des Tempels, möglicherweise war er als Peripteros gebaut. Auch die nördlich und westlich verlaufenden Fundamente der Temenosmauer geben keine Anhaltspunkte über die Größe des heiligen Bezirkes der hellenistischen Epoche und schon gar nicht über die Bebauung während der klassischen Zeit.

Filérimos/Iálysos
(Das antike Achaia)

Öffnungszeiten:
Sommer und Winter
täglich 9–15.15 Uhr, sonntags 9–14 Uhr

Mit dem 267 Meter hohen Felsplateau nahe der Westküste, ca. zehn Kilometer südwestlich der Stadt Rhodos, verbinden sich mehrere Namen; sie alle sind stellvertretend für eine ganz bestimmte historische Epoche dieses Siedlungsgebietes. **Achaia,** der älteste Name, erinnert an die früheste Besiedlung während der Bronzezeit, etwa zur Mitte des 2. vorchristlichen Jahrhunderts. Die Achäer, die mykenischen Griechen aus Hellas, scheinen die indirekt durch den Vulkanausbruch von Santorin (um 1500 v. Chr.) mit einer zeitlichen Verzögerung von etwa fünfzig Jahren geschwächte Thalassokratie des minoischen Kreta militärisch und wirtschaftlich ausgenutzt zu haben. Sie besetzten Kreta und auch Rhodos. Wie in Kamíros sind auch an den Hängen des Filérimos und in der Küstenregion mykenische Nekropolen entdeckt worden. Um 1200 v. Chr. bedrohten die sogenannten Seevölker den ägäischen Raum; unabhängig von ihnen erreichte zeitlich etwas später von Norden aus die Einwanderungswelle der Dorer die mykenischen Zentren auf der Peloponnes (Mykene, Tiryns, Pylos); sie setzten dann auch zu den ägäischen Inseln wie z. B. nach Rhodos über. Die griechischen Mythen erwähnen im Zusammenhang mit der dorischen Einwanderung auf Rhodos durch den mythischen Helden Tlepolemos (s. S. 12) den Namen **Iálysos** für das antike Achaia und sprechen auch von einer phönizischen Kolonisation (s. S. 20).

Zum Herrschaftsbereich von Iálysos gehörte ehemals die gesamte Nordspitze der Insel; die fruchtbare Gegend erstreckte sich ungefähr 25 Kilometer nach Süden: an der Westküste bis in das heutige Gebiet von Soroní und an der Ostküste noch über Archángelos hinaus, etwa bis nach Charáki. Nach Gründung der Inselhauptstadt im Jahre 408 v. Chr. scheint Iálysos fast vollständig verlassen worden zu sein, da der größte Teil der Bevölkerung zu dem neuen Inselzentrum Rhodos umgesiedelt war. Antike Autoren (Strabon um 64/63 v. Chr. – um 23 n. Chr.) berichten, daß die Stadt Iálysos hauptsächlich nur noch aus strategischen Gründen weiterhin besiedelt gewesen sei und sie den Namen **Orýroma** (= ›Befestigung‹) gehabt habe. Der heutige Name des Berges geht auf die byzantinische Zeit des 13. Jahrhunderts zurück. Ein Einsiedler, der hier ein Kloster gegründet hatte, gab dem antiken Ort seinen mittelalterlichen Namen: **Filérimos** (= Freund der Einsamkeit).

Häufig war der Filérimos das erste Angriffsziel fremder Heere, die diese natürliche Festung vor den Toren der Stadt Rhodos als Ausgangspunkt ihrer weiteren Eroberungszüge auf der Insel wählten: 1248 eroberten die Genuesen unter Führung des Johannes Kantakuzenos Filérimos; 1306 besetzte Foulques de Villaret mit den ›Rittern des Heiligen Johannes von Jerusalem‹ den

Filérimos (Iálysos, das antike Achaia) 1 Byzantinische Klosterkirche 2 Ajios Jeórjios Chóstos-Kirche 3 Tempel der Athena Polias, frühchristliche Basilika und Ritterkirche 4 Byzantinische Festung 5 Dorisches Brunnenhaus

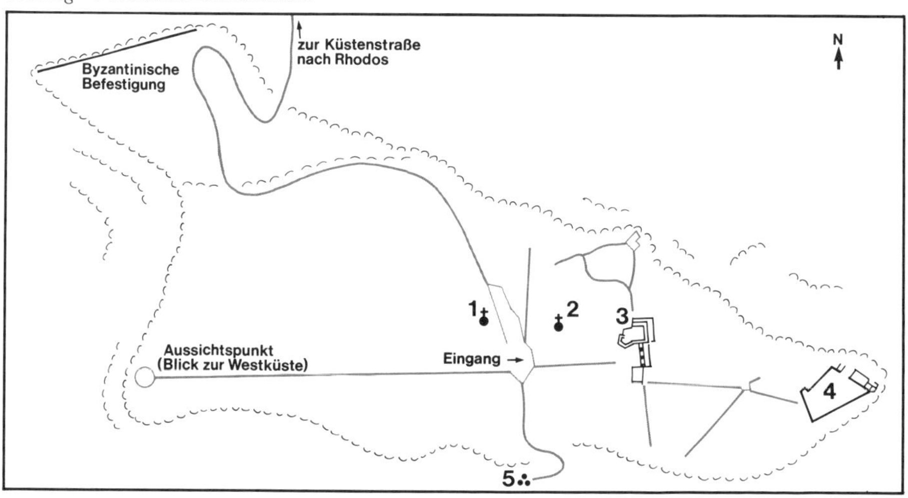

Festungsberg und erwarb vertraglich de jure von dem Genuesen Vignolo die Insel Rhodos, de facto konnte er jedoch erst am 14. August 1309 die Stadt Rhodos übernehmen; von nun an nahmen die Ritter zusätzlich zu ihrem Gründungsnamen Johanniter-Orden auch den Namen ›Rhodeser-Orden‹ an. Von gleicher Stelle aus werden zwei Jahrhunderte später die Ritter von Rhodos durch die Türken belagert: 1522 errichtet Sultan Süleiman der Große sein Hauptquartier auf dem Filérimos, am 20. Dezember des gleichen Jahres übergeben die Ritter den Türken die Stadt Rhodos.

Grundriß der byzantinischen Klosterkirche Filérimos

1 Byzantinische Klosterkirche

Das heute umzäunte, wieder von Gras und Sträuchern überwucherte Ausgrabungsgelände birgt die Grundmauern einer byzantinischen Klosteranlage aus dem 10. Jahrhundert. Sind die Raumgruppen des Klosters selbst nicht deutlich zu unterscheiden, so zeigen die bis zu einen Meter hohen Wände des Katholikons einen höchst interessanten Grundriß einer Kreuzkuppelkirche des einfachen Vierstützentypus. Reste eines sehr schönen Marmorfußbodens und die marmorne Altarschranke (heute im – noch nicht eröffneten – Byzantinischen Museum von Rhodos) weisen diesen Bau ins 10. Jahrhundert. Damit scheint dieser für die byzantinische Architekturgeschichte der Insel wichtige Bau nicht viel jünger zu sein als die beiden frühesten Viersäulenkirchen dieses Typus von Konstantinopel: die Nordkirche des Lips-Klosters aus dem Jahre 907 und die Bodrum Camii aus der Zeit vor 922. Diese Bauten haben ihren ältesten uns bekannten Vorläufer in der kappadokischen Höhlen-Kreuzkuppelkirche Kiliçlar kilise (Kapelle 29) in Göreme aus dem Ende des 9. Jahrhunderts.

Der Grundriß der Kirche zeigt eine annähernd quadratische Form mit einem vorgelagerten Narthex im Westen. Ein eingeschriebenes griechisches Kreuz mit einem Vierungsquadrat, gekennzeichnet von vier marmornen Säulenbasen, über dem sich einst die Tambourkuppel erhob, und die vier gleich langen Kreuzarme, die die vier Eckräume freistellen, bilden die Grundform der Kirche. Alle Raumteile waren wahrscheinlich mit Tonnengewölben überspannt. Im Osten stemmt sich zwischen den Säulenbasen eine Marmorschwelle, in der einst die Altarschranke befestigt war. Das Fehlen einer ähnlichen Konstruktion der Prothesis (im Norden) und Diakonikon (im Süden) beweisen, daß der Altarraum nach einer sehr altertümlichen Tradition nur im östlichen Kreuzarm, also in dem mittleren Teil der drei halbkreisförmig geschlossenen Räume des Allerheiligsten, durch eine Marmorschranke abgetrennt war.

2 Ajios Jeórjios Chóstos-Kirche

Ganz unscheinbar, schräg links hinter dem Eingang, liegt in einem Hang versteckt die Ritterkirche des Ajios Jeórjios Chóstos aus dem 15. Jahrhundert. Nur die Westwand mit ihrer Eingangsseite ragt aus dem Hang heraus. Die leider sehr schlecht erhaltenen Fresken der tonnengewölbten Einraumkapelle zeigen stilistisch und ikonographisch viele Einflüsse des Westens. Während im Gewölbe mariologische und christologische Themen dargestellt sind, schmücken die Längswände kniende Ritter und Wappen.

Ostwand (ohne Apsis!):
Nicht identifizierbare Szene im Giebel, darunter ein Fragment, ein Kreuzsymbol und der Heilige Georg zu Pferde.

Gewölbe:
Südseite: Verkündigung an Joachim, Verkündigung an Anna, Geburt der Gottesmutter, Tempelgang Mariens, Segnung der Gottesmutter;
Nordseite: Fragment, Judasverrat (?), Christus vor dem Hohenpriester, Geißelung Christi, Verspottung Christi, Christus trägt das Kreuz, Kreuzigung.

Längswände:
An beiden Seiten sind kniende Ritter mit ihrem Schutzpatron dargestellt, die von dem lebensgroßen Heiligen Georg zu Christus und den Aposteln Petrus und Paulus geführt werden, die im Giebel der *Westwand* (stark fragmentarisch) dargestellt sind. An der Südwand, ganz im Westen, das Stifterbild mit dem Wappen eines von Nantouillet.

3 Tempel der Athena Polias, frühchristliche Basilika und Ritterkirche

(Farbt. 38, Abb. 73)

Den ganzen östlichen Höhenzug des Filérimos, zu dem eine breite Treppe hinaufführt,

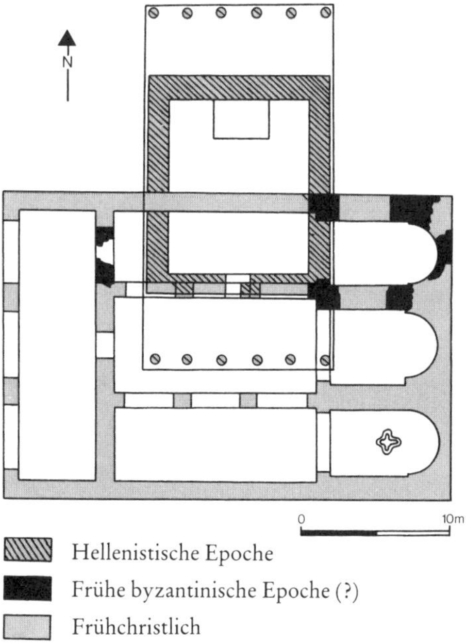

Tempelgrundriß der Athena Polias und Grundriß der frühchristlichen Basilika von Filérimos

nehmen heute die von den Italienern wiedererrichteten (nicht mehr sakral genutzten) Klostergebäude der Ritterzeit ein. Im Westen breiten sich vor dem Klosterhof und der Ritterkirche die Grundmauern aus der frühchristlichen und antiken Epoche aus, die an die mehr als 3000jährige Kontinuität dieses heidnisch/christlichen Kultortes erinnern.

An diesem Ort wurde mindestens seit dem 9. Jahrhundert v. Chr. irgendeine Gottheit verehrt. Die ältesten Baureste gehören zu dem Tempel der *Athena Polias* (Farbt. 38) aus dem 3./2. Jahrhundert v. Chr.; unter den Fußbodenplatten und den Quadersteinen des Stylobat befinden sich spärliche Baureste eines Vorgängerbaus. Der von den Archäologen freigelegte Tempelgrundriß zeigt einen 23,5 × 12,5

Meter großen dorischen Amphiprostylos mit höchstwahrscheinlich sechs (oder vier?) Frontsäulen, aber ohne Säulen zwischen den Anten im Süden, da eine von Anten gebildete Vorhalle hier fehlt.

Während der frühchristlichen Epoche wurde, wie überall in der antiken Welt, auch dieser heidnische Tempel Opfer des sich immer stärker ausbreitenden Christentums. Rechtwinklig zum Athena-Tempel wurde im 5./6. Jahrhundert n. Chr. mit dem antiken Baumaterial, direkt über dem südlichen Teil des Tempels, eine *frühchristliche Basilika* mit querliegendem Westnarthex errichtet. Warum der Bau so orientiert wurde, daß nur das nördliche und mittlere Schiff des dreischiffigen christlichen Gotteshauses den Tempel überlagern, ist ungeklärt. Die Ausbildung der langgestreckten Altarräume mit ihren drei halbkreisförmigen Apsiden, die in den außen geradlinigen Ostabschluß eingeschrieben sind, erinnern an frühchristliche Bauten des 6. Jahrhunderts n. Chr. aus Palästina, z. B. an die Kirche der Heiligen Petros und Paulos in Gerasa. Die Länge der drei Kirchenschiffe ist im Vergleich zur lichten Raumtiefe des Allerheiligsten wie 2:1 proportioniert: drei Arkaden (mit Pfeilerstellungen?) bildeten einst die räumliche Verbindung von den Seitenschiffen zum Mittelschiff.

Mit zu den interessantesten Baulichkeiten der Basilika gehört die Gestaltung der südlichen Kapelle, die als Baptisterium ausgebildet war. Noch heute erkennt man dort ein Taufbecken mit dem Grundriß eines freistehenden lateinischen Kreuzes (Abb. 73), das in den Fußboden eingelassen und mit Marmorplatten ausgekleidet ist; über drei Stufen im Osten konnte man in das Taufbecken hinabsteigen. Die Konstruktionsspuren einer Marmorschranke im Westen zum Seitenschiff hin zeigen, daß alle drei Räume im Osten – Prothesis, Altarraum und Baptisterium – einheitlich in einer Flucht zu den drei Kirchenschiffen hin abgegrenzt waren. Die im südlichen Schiff nachweisbaren Mauerreste einer Einraumkapelle einer anderen Epoche können zeitlich nicht sicher eingeordnet werden.

Erst verhältnismäßig spät, kurz vor 1480, ließ der Johanniterorden die ersten Bauten einer Gruppe von Ritterkirchen errichten. Östlich der Einraumkapelle, die sich über

Die zerstörte Ritterkirche im Jahre 1830

dem nördlichen Seitenschiff der Basilika erhob, entstanden zwei Kapellen mit je einem unregelmäßigen Sechseck als Grundriß. Sowohl diese Kapellen als auch die wenig später östlich anschließende Zweiraumkapelle und der Turm im Westen, über dem Altarraum der frühchristlichen Basilika, sind Werke des Großmeisters Pierre d'Aubusson (1476–1505). All diese Bauten waren Anfang unseres Jahrhunderts fast vollständig zerstört, sie wurden mit Hilfe der 1826 von Rottiers angefertigten Zeichnungen, die viel Liebe zum konstruktiven Detail verraten, rekonstruiert.

4 Byzantinische Festung

Von der ehemaligen byzantinischen Festung sind überall an den Steilhängen des Filérimos spärliche Reste erhalten. Ein völlig in sich geschlossenes byzantinisches Festungswerk nimmt der östliche Sporn des Felsplateaus ein, das von den Johannitern teilweise verstärkt und von den Italienern vor 1943 restauriert wurde. Die Nordostflanke der Festung sicherten einst kräftige Mauern, die durch Türme verstärkt waren. Der trapezförmige Hof war umlaufend von Mauern geschützt. In den zweigeschossigen Bauten an der Ostseite scheinen der Kommandant und die Mannschaft gewohnt zu haben. Der Raum im Turm der Nordwestecke soll einst die Kirche gewesen sein.

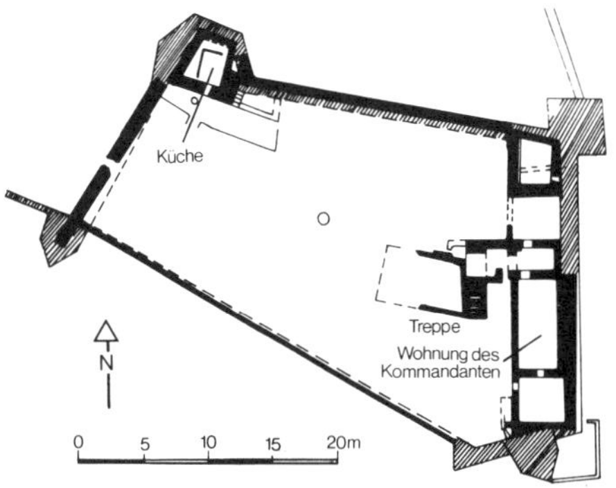

Filérimos, Grundriß der byzantinischen Festung

5 Dorisches Brunnenhaus

Südlich des Eingangs im umzäunten Besichtigungsbereich von Filérimos führt ein schmaler Weg zu den Steilfelsen des Plateaus hinunter. Nach wenigen Minuten erreicht man eine von Platanen bestandene Felsterrasse mit dem dorischen Brunnenhaus aus dem 4. Jahrhundert v. Chr. Mehrere Kanäle führten in der Antike das Wasser aus dem Innern des Berges zu einer Zisterne, die nach Süden abgemauert ist und deren Wand noch heute die dem Felsen zugewandte Rückwand des Brunnenhauses bildet. Eine Aussparung in dieser Wand leitete das Wasser von der Zisterne zu dem brüstungshohen Brunnenbecken. Sechs Pfeiler mit dazwischen gemauerten Steinbrüstungen grenzten das Becken nach vorne ab. Sowohl an der Rückwand als auch an der Brüstung schmückten Löwenkopf-Wasserspeier das Wasserbecken. Den vorderen Fassadenabschluß gestalteten die antiken Baumeister mit sechs dorischen Säulen. Eine bruchstückhafte spätantike Inschrift an dem dritten Pfeiler von rechts hat folgenden Wortlaut zum Inhalt, der die Benutzung des Brunnens regelte: »... der Freie muß in Drachmen bezahlen ... die der Göttin Pallas Athene gehören sollen, derjenige aber, der ihn erwischt bei der Gesetzesübertretung, soll ihn bei den Verwaltern anzeigen. Der Sklave soll ausgepeitscht werden mit mindestens hundert Stockschlägen«. (nach G. Konstantinopoulos)

Insel-Ortschaften mit den wichtigsten Sehenswürdigkeiten

Achaia s. Filérimos/Iálysos

Afándu

Das Katholikí befindet sich nicht in der Ortschaft, sondern weit außerhalb, nahe der Küste! Bei der Abzweigung rechts nach Afándu von Rhodos kommend, weiter Richtung Líndos. Links der Küstenstraße erstreckt sich das gepflegte Gelände des Golfplatzes Xenía Afándu, nach etwa 2 km rechts nach der Brücke abzweigen, dann rechts über die Brücke etwa 1 km Richtung Küste fahren: links der Straße liegt vor einer Kaserne das sehr altertümlich wirkende Katholikí von Afándu.

Katholikí

Architektur: frühchristliche Epoche des 5./6. Jahrhunderts bis 15./16. Jahrhundert

Fresken: 16. und 18. Jahrhundert

Der Baukörper der heutigen Kirche gleicht in seiner morphologischen Struktur einem Konglomerat aus verschiedenen Bauphasen. Von der wahrscheinlich dreischiffigen *Kuppelbasilika* des 5./6. Jahrhunderts ist noch sehr gut zusammengefügtes Quadermauerwerk erhalten. Besonders die Nordostecke zeigt interessante konstruktive Details, die uns ein Bild über die Gestalt des Aufrisses der frühchristlichen Anlage vermitteln: Oberhalb der dreiseitig geschlossenen Apsis der mittelalterlichen Kirche verläuft an der Ostseite ein durchgehendes, halbkreisförmiges Gesimsprofil, darüber streckt sich der Kämpferansatz eines Tonnengewölbes nach Osten, das ehemals den nördlichen Kreuz-

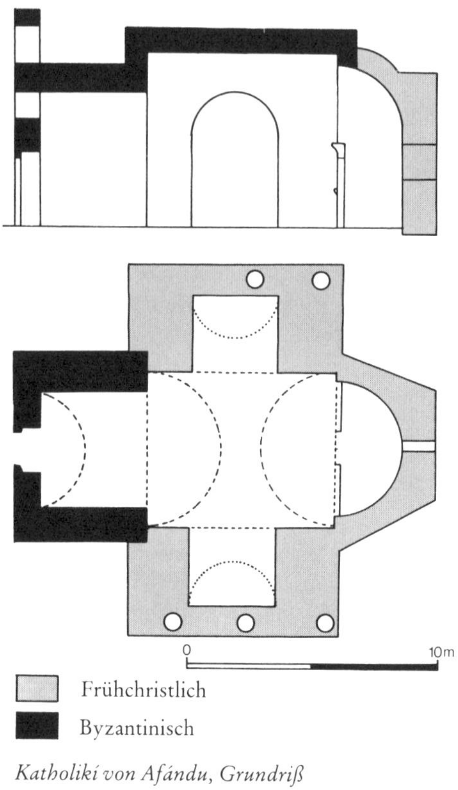

Katholikí von Afándu, Grundriß

Frühchristliche Kapitelle der Basilika von Afándu

arm der Kuppelbasilika überwölbte. An der Südostkante dieses Vierungspfeilers erkennt man sogar hoch oben den dreiecksförmigen Ansatz eines Pendentifs der ehemaligen Kuppel.

Durch welches Ereignis und wann der frühchristliche Bau zerstört wurde, ist nicht überliefert. Im 15./16. Jahrhundert errichtete man zwischen den teilweise noch aufrechtstehenden westlichen Vierungspfeilern, also über dem Mittelschiff der Basilika, eine neue Kirche von ganz besonderer architektonischer Gestalt. Säulen, Kapitelle und anderes marmornes Baumaterial wurden als Spolien in die mittelalterliche Kirche vermauert. Auch sind Teile des sehr schönen Intarsien-Marmorfußbodens im Innenraum erhalten; Muster und Ausführung erinnern an den spätantiken Fußboden nahe der Ajios Jeórjios-Kirche in der Ritterstadt (s. S. 146, Abb. 21). Der heutige Bau zeigt einen für Griechenland seltenen Grundriß einer *Kreuztonnenkirche,* die relativ häufig auf Kreta seit dem 14. Jahrhundert nachweisbar ist. Unser rhodisches Beispiel besteht aus einer überhöhten durchlaufenden Längstonne und zwei niedrigeren Quertonnen im Norden und Süden. Ob auch der westliche Kreuzarm mit seinem schmalen und niedrigen Tonnengewölbe zur gleichen Zeit gebaut wurde, ist ungewiß.

Im *Innenraum* grenzt ein seltener steinerner Ikonostas den Altarraum ab, der mit Fresken geschmückt ist. Marmorne (frühchristliche!) Konsolensteine schließen den Ikonostas nach oben ab und gliedern ihn horizontal in Brüstungshöhe. Dazwischen übernehmen lebensgroß dargestellte Heilige die Funktion von Ikonen.

Beschreibung des Freskenprogramms

Altarraum: In der Apsiswölbung Deesis mit dem thronenden Christus, der Muttergottes zu seiner Linken und Johannes dem Täufer zu seiner Rechten. In der Zone darunter (nur im Zentrum und im nördlichen Bereich erhalten) Apostelkommunion. Im zylindrischen Teil darunter fehlen die ganzfigurigen Hierarchen. Im Gewölbe über dem Altarraum ein schmaler Streifen mit Fragmenten der Himmelfahrt; Ikonostas: links Hl. Nikolaos (16. Jh.), rechts Johannes der Täufer (18. Jh.?; Abb. 91), darunter ein gemalter Vorhang.

Gewölbe des Kirchenraumes: Im Scheitel werden nach typisch rhodischer Art fünf Medaillons mit Heiligen dargestellt. *Südliches Gewölbe:* Verkündigung an Maria, Geburt Christi, Darbringung im Tempel. *Nördliches Gewölbe:* Taufe im Jordan, Verklärung Christi, Hadesfahrt. Links des Kreuzarmes lebensgroß dargestellter Heiliger Antonios.

Nördlicher Kreuzarm mit nur wenigen Fragmenten. Westwand: überlebensgroßer berittener Soldatenheiliger. Ihm gegenüber an der Ostwand: thronende Muttergottes

mit dem Christuskind (dieses Fresko und auch das des Hl. Nikolaus rechts daneben scheinen im 18. Jahrhundert übermalt worden zu sein); Muttergottes mit dem Christuskind übernimmt wie der Hl. Nikolaus und der Prodomos an der Ikonostas die Funktion von Kultikonen.
Südlicher Kreuzarm: An allen drei Wänden sind nur Fragmente erhalten. Im Westen ist schemenhaft ein Erzengel zu erkennen (wahrscheinlich der Hl. Michael). Ehemalige Westwand, die ausgebrochen wurde, um für den später hinzugefügten Narthex Raum zu schaffen, oben am Giebel (nach rhodischer Art!) Marientod.
Westlicher Narthex: Die Grenze zwischen der gebauten Architektur des Hauptschiffes und der Freskenschicht des Narthex zeigt deutlich eine durchgehende Fuge, ein weiterer Beweis, daß der Narthex aus späterer Zeit stammt. Im Gewölbe sind im Norden und Süden, im Scheitel aneinander anstoßend, die thronenden Apostel mit den himmlischen Heerscharen dargestellt. In den aufgeschlagenen Büchern, die sie auf ihrem Schoß halten, sind die Insignien ihrer Namen angegeben. Nordseite von links nach rechts: Paulus, Johannes, Lukas, Matthäus, Markus, Thomas. Südseite von links nach rechts: Die ersten drei sind nicht identifizierbar, es folgen Jakobus, Andreas und Petrus. Südliches Gewölbe bis zur Wandzone: Themen des Jüngsten Gerichtes, links ein Engel. Rechts des Heiligen ist ein Fragment zu erkennen mit den Insignien XC von einer älteren Freskenschicht mit einer Christusdarstellung, darunter fünf Bilder mit verschiedenen Höllenstrafen. Südliches Gewölbe: mittleres Bildfeld, das bis zur Wandzone hinunterreicht; Paradies, thronende Muttergottes mit einem Engel, auf der rechten Seite ein Erzvater, der die Seelen der Menschen in Form von Kindern in weiße Gewänder gewickelt in seinem Schoß hält. Darunter führt Petrus die Gläubigen ins Paradies. Rechts daneben die Ströme des Paradieses. Die Westwand weist keine Freskendarstellungen auf.

Ajía Warwára s. Mesanaghrós

Ajios Isídhoros

Etwa 1,5 km östlich von Ajios Isídhoros zweigt links eine landschaftlich schöne (Schotter-)Gebirgsstraße nach 'Embonas ab; nach ca. 3 km liegen rechts der Straße die Grundmauern eines byzantinischen Klosters aus dem 11./12. Jahrhundert. In der Antike folgte man von hier aus einem Gebirgspfad zum **Zeus-Heiligtum** auf dem *Attáwiros* (1215 m). Die wenig lohnende Wanderung zum karstigen Gipfel mit den nur schwer auffindbaren, spärlichen Mauerresten des antiken Heiligtums dauert etwa 2,5 bis 3,5 Stunden für eine Wegstrecke. In der Antike nannte man diesen Ort ›Artamítios‹[18] und wahrscheinlich wurde in dieser einst waldreichen Gegend die Jagdgöttin Artemis verehrt.

In byzantinischer Zeit weihte man hier dem Heiligen Johannes (von Artamítu) ein *Kloster.* Der byzantinische Gelehrte Nikephoros Blemmydes (1272 gestorben), Abt des Klosters Emathia bei Ephesos und zugleich Lehrer von Kaiser Theodoros II. Laskaris (1254–1258), der die Insel und das Kloster besucht hatte, berichtet von einer sehr wertvollen Bibliothek der Mönche, die heute verschollen ist. Die dreijochige *Kirche* mit ihren kräftigen Gurtrippen stammt aus dem 19. Jahrhundert, der hölzerne Ikonostas trägt die Jahreszahl 1870.

'Amarthu s. Moní 'Amarthu

Apolakkiá

Östlich der Ortschaft in Richtung Arnítha zweigt beim letzten Haus auf der linken Seite eine schmale Schotterstraße ab; sie führt durch ein Flußbett und gelangt nach 2,4 km zu einer Weggabelung, hier folge man links dem Weg weitere 1,2 km, bis man zur Ajios Jeórjios o Wárdhas-Kirche gelangt.

Ajios Jeórjios o Wárdhas (Farbt. 56)
Datierung: 1289/90, nach einer Stifterinschrift am Kämpfer der Apsiswölbung.
Eine in den Grundmauern erhaltene, halbkreisförmige Apsis bestätigt, daß die Ajios Jeórjios o Wárdhas-Kirche einen (vielleicht) frühchristlichen Vorgängerbau gehabt hat. Darüber erhebt sich heute eine tonnengewölbte Einraumkapelle mit einer für Rhodos typischen, außen dreiseitig geschlossenen Apsis. Das mit Mönch-Nonnenziegeln gedeckte Satteldach besteht zum größten Teil noch aus alten byzantinischen Ziegeln. Das sehr schöne Feldsteinmauerwerk der Kirche ist hier und dort mit flachen Ziegeln aufgelockert. Die Westfassade mit ihrem gedrungenen Portal, das von einer Tympanonwölbung abgeschlossen wird, zeigt einen völlig willkürlich angeordneten Zahnschnitt aus Ziegeln und einen marmornen Konsolenstein (links) mit einem Kreuzzeichen, der möglicherweise von dem Vorgängerbau stammt.

Beschreibung des Freskenprogramms
Altarraum: In der Apsiswölbung nur noch fragmentarisch die thronende Muttergottes, links noch ein Engel zu erkennen. Darunter ein Fries mit der Stifterinschrift, ganz rechts im Süden die Datierung der Kirche. Im Gewölbe des Altarraumes Himmelfahrtsdarstellung. Nördliche Wand, Sakramentsnische: Diakon Stefanos, darüber als Brustbild der Diakon Romanos. Ihnen gegenüber an der Südwand ganzfiguriger Hierarch (kaum noch erkennbar).
Gewölbe des Kirchenraumes: Ausnahmsweise beginnen wir mit der Nordseite, da hier der christologische Zyklus beginnt. Oberes Register: Ganz im Westen die Geburt Christi, Taufe Christi, Erweckung des Lazarus, Kreuzigung Christi. Südliches Gewölbe, von Osten nach Westen: Hadesfahrt, Einzug in Jerusalem (Farbt. 56), Tempelgang Christi und, ganz im Westen, als vierte Darstellung, zwei ganzfigurige Personen, evtl. Anna und Joachim an der goldenen Pforte. *Nordwand:* Unter den Gewölbefresken Fries mit insgesamt sieben Brustbildern von Heiligen, u. a. ganz im Westen durch Inschrift zu erkennen der Hl. Mammas mit einem Lamm auf dem Arm. Ebenfalls zu erkennen Damianos, Kosmas und Pandeleimon; darunter Fragmente von drei ganzfigurigen Heiligen, Hl. Tryphon, der Hl. Nikitas, der dritte ist nicht zu identifizieren. Ganz im Osten thronender Christus, rechts daneben die Muttergottes mit dem Christuskind. *Südwand:* Unter den Gewölbefresken Fries mit Brustbildern von heiligen Frauen: Kyriake, Ornament, Eirene, Barbara, nicht identifizierbar; darunter der Heilige Georg zu Pferde, Erzengel Michael und zwei ganzfigurige Heilige.

Die sehr altertümlichen Fresken der Paläologenzeit (z. Zt. Andronikos II. 1282–1328 entstanden) zeigen noch viele Reminiszenzen der komnenischen Stilrichtung; ihre Qualität ist minderwertig, dies fällt besonders anhand der häßlichen Gesichter und z. B. an dem schief gemalten Stirnband des ganzfigurigen Heiligen an der Nordwand auf.

Archángelos

Auf dem **Kastell** mitten in der Ortschaft ist außer einer einfachen Einraumkapelle des Heiligen Georgios nichts mehr von den Ritterbauten erhalten. Die noch bis zu 5 m aufrecht stehenden Festungsmauern schmükken aber links neben dem Eingang vier Wappen der Johanniter. Ebenfalls mitten in der Ortschaft, etwas südlich an einem kleinen Platz, erhebt sich die Ajios Ioánnis-Kirche.

Ajios Ioánnis-Pródromos-Kirche (Abb. 92)

Datierung der Fresken: 14. und 15. Jahrhundert

Einfache Einraumkapelle mit nur noch spärlichen Freskenfragmenten.

Beschreibung des Freskenprogramms

Altarraum: In der Apsiswölbung Deesis mit Christus, der Muttergottes und Johannes dem Täufer. Darunter, aber über dem Apsisfenster, sind auf der linken Seite Engel, auf der rechten Seite Fragmente von ganzfigurigen Heiligen (wahrscheinlich gehörte diese Szene zur Apostelkommunion). In dem zylindrischen Teil der Apsis befinden sich Fragmente von drei frontal dargestellten Heiligen unter gemalten Arkaden. Am Triumphbogen über der Apsiswölbung Mandylion. Rechts und links darunter ein seltenes Thema für die rhodischen Kirchen, die Verkündigung an Maria, links der Engel, rechts Maria. Darunter, links und rechts der Apsis, ornamentale Darstellungen.

Gewölbe über dem Altarraum: Himmelfahrt Christi, an der Südwand Fragmente der Opferung Isaaks, darunter in einer Sakramentsnische, links und rechts der Laibung, je ein Kreuzsymbol und ein weiteres Kreuzsymbol mit Inschriften, darüber eine Freskenschicht aus jüngerer Zeit. Im Norden, unter der Himmelfahrtsszene, erscheint ein nicht identifizierbares hagiologisches Thema mit einem Baldachin und zwei Heiligen. Darunter an der Wandfläche ein ganzfiguriger Kirchenvater unter einem gemalten Dreipaßbogen.

Südwand des Kirchenschiffes: Als Übergang von der Bemalung des Altarraumes zur Nische ist ein Ornament angegeben; in der Nische der geflügelte Johannes der Täufer (Abb. 92), er hält eine liturgische Inschrift in der Hand. Unter der Inschrift ist ein Stück Fresko herausgearbeitet, so daß dort eine noch ältere Freskenschicht sichtbar wird. Links daneben ist eine Inschrift angebracht. Ferner folgen rechts: ein überlebensgroßer Erzengel unter einer gemalten Arkade, rechts daneben steht eine kleine Figur, wahrscheinlich der Stifter; Hl. Nikolaos, der von Christus (oben) die Bestätigung seiner Bischofswürde erhält und ihm das Heilige Buch übergibt, rechts daneben die Muttergottes mit den Bischofsgewändern. Direkt anschließend der Hl. Georgios. *Westwand:* links neben der Tür ein Stifterbild: Stifterin und Stifter tragen das Modell der Kirche, darunter dargestellt ein Kind.

Die Malereien dieser Kirche mit ihren breit gezogenen Gesichtern und den eng nebeneinander gestellten Augen sind sehr provinziell. Das Gesicht des Erzengels an der Südwand gehört wahrscheinlich dem 14. Jahrhundert an und erinnert an ähnliche provinzielle Darstellungen von Euböa.

Folgt man von Archángelos der Küstenstraße in Richtung Líndos, so erreicht man nach 1,7 km die Ajioi Theodhóroi-Kirche, die einsam links oberhalb der Straße steht.

Ajios Theódhoros von Týron und Ajios Theódhoros Stratilátis-Kirche

Datierung der Fresken:
1377 nach Stifterinschrift an der Westwand

(Abb. 96), 16./17. Jahrhundert die Darstellungen in dem Blendbogen an der Nordwand,
17. Jahrhundert die Themen aus dem Synaxarium der Heiligen auf dem Blendbogen (Farbt. 62).

Die langgestreckte Einraumkapelle birgt kostbare Fresken von hervorragender Qualität, wie sie auf Rhodos nur selten vertreten sind. Datierte Fresken dieses reifen Paläologenstils sind im ganzen byzantinischen Kulturraum (mit Ausnahme auf Kreta) kaum erhalten geblieben. Während die dargestellten Personen volkstümlich stilisiert sind, zeigen die Stifter an der Westwand und die Heiligen individuell ausgeprägte Gesichtszüge.
Altarraum: In der Apsiswölbung Deesis mit Christus, Muttergottes und Johannes dem Täufer, in der Kämpferzone ein etwa 15 cm breites Band mit schönen Ornamenten, im zylindrischen Teil der Apsis sechs ganzfigurige Hierarchen in Seitenansicht; im Gewölbe Himmelfahrt Christi; im Norden darunter ganzfiguriger Kirchenvater in Seitenansicht und ein Diakon über der Sakramentsnische, die mit Ornamenten und einem Kreuzsymbol geschmückt ist; auf der gegenüberliegenden Seite im Süden zwei ganzfigurige Kirchenväter in Seitenansicht.
Gewölbe des Kirchenraumes, Süden (von Ost nach West): Verkündigung an Maria, Geburt Christi, Tempelgang Christi, Taufe Christi, Verklärung; der christologische Zyklus setzt sich links im *Norden* fort: Erweckung des Lazarus, Einzug in Jerusalem, Kreuzigung Christi, Hadesfahrt, Pfingsten; unter den Gewölbefresken je ein Medaillonfries mit sechs (im Norden) und zehn (im Süden) Heiligen.
Nordwand: sechs ganzfigurige Heilige: Marina, Pandeleimon, Merkurios, Soldatenheiliger Theodoros (?), Nikitas (?) und Georgios, Blendbogen mit übermaltem Soldatenheiligen (16./17. Jh.) und Martyriumsszenen der Heiligen Theodoros von Týron und Theodoros Stratilátis (17. Jh.). *Südwand:* Deesis, Nikolaus, ein Erzengel, Paulus (?), Heiliger (?), Antonios, Kaiser Konstantin und Kaiserin Helena, die beide das Kreuz des Christentums halten, ganz rechts der Heilige Onuphrios. *Westwand:* im Giebel Fragment des Marientodes; links der Tür zwei Frauenheilige, darüber Stifterinschrift; rechts das Stifterpaar mit dem Kirchenmodell in den Händen, darüber Stifterinschrift (Abb. 96).

Arnítha

In der Ortschaft selbst befindet sich am südwestlichen Rand die kleine *Kirche des Heiligen Nikon,* die mit schönen Fresken des 14. Jahrhunderts ausgeschmückt ist. – Außerhalb, im Westen von Arnítha, steht ein weiteres *Kirchlein,* das den *Heiligen Theodoros von Tyron und Theodhoros Stratilátis* geweiht ist; auch dieses Kapellchen birgt fragmentarische Fresken des 14. Jahrhunderts.

Die Hauptsehenswürdigkeit von Arnítha ist jedoch der weit außerhalb, im Norden, befindliche frühchristliche Bischofssitz Ajía Iríni. Es gibt kein Grabungsgelände der frühchristlichen Epoche auf Rhodos, das den Besucher so sehr in seinen Bann zieht. Inmitten einer Landschaft, die voller Zartheit und Poesie ist, wird hier fern jeder hektischen Geschäftigkeit die Vergangenheit gegenwärtig.

Folgt man der Straße nach Apolakkiá, so halte man sich nach 2 km rechts und gleich wieder links über die Brücke, in Richtung 'Istrios; nach etwa 1,1 km erkennt man links ein verlassenes Haus, etwa 200 m dahinter breitet sich das frühchristliche Ruinenfeld Ajía Iríni aus.

Ajía Iríni (Abb. 76)

Datierung der frühchristlichen Bauten: 6. Jahrhundert

Am äußersten rechten Rand (im Norden) des Ruinenfeldes sind die Grundmauern einer *Tetrakonchos-Taufkirche* erhalten. Die Taufkirche hat einen quadratischen Grundriß, aus dessen Seitenwänden die vier Konchen der Kreuzarme ausscheiden. Die noch erhaltenen Fußbodenmosaiken sind mit Plastikbahnen und Sand schützend abgedeckt. Direkt im Süden anschließend erkennt man die Grundmauer des Altarraumes der dreischiffigen *Bischofskirche* mit querliegendem Narthex im Westen. In der außen fünfseitig geschlossenen Apsis sind an der halbkreisförmigen Innenseite sieben Stufen des Synthronon angelegt, die den Priestern und Bischöfen bei den liturgischen Feiern vorbehalten waren. Die beiden marmornen Säulenstümpfe gehörten wahrscheinlich zu einem frühchristlichen Ciborium (= baldachinartiger Altarüberbau).

Eine *zweite*, zeitlich etwas später anzusetzende einschiffige *Kirche* greift etwa 5 m mit ihrer dreiseitig geschlossenen Apsis in Verlängerung des südlichen Seitenschiffes über die Bischofskirche nach Osten hinaus. In der Südostecke des Altarraumes dieser Einraumkirche sind wenige Fußbodenmosaiken erhalten.

Noch weiter südlich schließt eine *Dikonchoskirche* an, von der die halbkreisförmige Nord- und Südkonche und die außen dreiseitig geschlossene Ostapsis erhalten sind; letztere fluchtet mit der Apsis der Bischofskirche. Im Südwesten dieses Gebäudekomplexes, etwa 50 m von dem Dikonchos entfernt, liegen die spärlichen Grundmauern einer dreischiffigen Basilika, die nur im nördlichen Seitenschiff und im Mittelschiff mit einer halbkreisförmigen Apsis ausgebildet ist.

Ajía Iríni bei Arnítha, frühchristlicher Gebäudekomplex, Grundriß

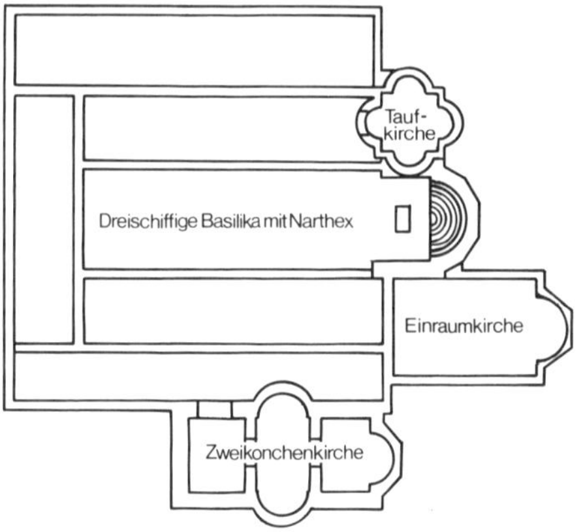

Asghurú

Ajios Ioánnis

Datierung: 15./16. Jahrhundert

In Asghurú (südlich der Stadt Rhodos) befindet sich ein weiteres Beispiel einer Kreuzkuppelkirche mit dem Grundriß eines freistehenden lateinischen Kreuzes und einer *typisch rhodisch* gegliederten Tambourkuppel. Wie bei der Ajios Jeórjios-Kirche in Rhodos, der Ajios Nikólaos Funtúkli-Kirche, der Muttergotteskirche von Sálakos und der Klosterkirche Thári ist auch dieser Tambour mit rundbogenförmigen Nischen architektonisch bereichert.

Asklipiïon

An die antike Besiedlung dieser Ortschaft (4 km landeinwärts von der Bucht von Lárdhos, Ostküste) erinnert heute nur noch der Name Asklipiïon (Asklepios = griechischer Gott der Heilkunde). Von der mittelalterlichen Zeit der Ritter des Johanniterordens sind noch eindrucksvolle Mauerreste des Kastells erhalten, das man oberhalb des Dorfes, hoch oben auf einem karstigen Felsvorsprung, angelegt hat. In der Dorfkirche der Muttergottes hingegen befindet sich *die* Sehenswürdigkeit von Asklipiïon: ein ›Freskenmuseum‹.

Der gesamte Innenraum der Kirche ist mit nachbyzantinischen Fresken ausgeschmückt, die während der Türkenherrschaft nach dem tradierten byzantinischen Bildprogramm nicht nur inhaltlich, sondern auch formal entstanden sind. Den Schlüssel der Kirche hütet der Dorfpriester Papás Stamátios Chatzizacharíu (Farbt. 43) wie einen kostbaren Schatz; bereitwillig schließt er aber gern jedem Fremden ›sein‹ Gotteshaus auf und erklärt gestikulierend, so daß auch der nicht Griechischkundige vieles versteht, sofern der Priester spürt, daß beim Besucher echtes Interesse besteht, und zwar nicht nur an den Kunstwerken als solchen, sondern auch an deren religiösen Inhalten.

Kímisis Theotóku-Kirche (Abb. 88)
Datierung der Architektur:
1060 (?) Kreuzkuppelkirche nach einer Datierung über dem Portal, die sich aber nicht eindeutig auf diesen Bau beziehen muß, 17./18. Jh. Anbau der beiden ›Seitenschiffe‹
Datierung der Fresken:
1646 und 1677 nach einer Stifterinschrift, 1923 Übermalungen
Der heutige Bau der Kímisis Theotóku-Kirche besteht mindestens aus zwei Baustufen. Der Ursprungsbau hatte die Grundrißform eines freistehenden lateinischen Kreuzes. Ob sich die Jahreszahl 1060 über dem Westportal tatsächlich auf diesen Gründungsbau bezieht, kann nicht mit Sicherheit gesagt werden. Erst eine Restaurierung wird eine Mauerwerksanalyse ermöglichen, die dann vielleicht aufgrund uns bekannter byzantinischer Mauerwerkskonstruktionen des 11. Jahrhunderts die oben erwähnte Datierung bestätigt. Möglicherweise befinden sich auch unter den nachbyzantinischen Fresken wertvolle Kunstwerke der frühen mittelbyzantinischen Epoche. Der Grundriß hingegen deutet auf eine spätere Epoche hin: zum einen sind die langen Kreuzarme für das 11./12. Jahrhundert wenig wahrscheinlich, zum anderen ist die weite, halbkreisförmige Apsis für Rhodos unüblich; die uns bekannten ältesten rhodischen Beispiele sind meist außen dreiseitig geschlossen; ferner deutet das leicht spitzbogenförmige Tonnengewölbe auf westliche Einflüsse während der Ritterzeit hin, die jedoch im Zuge einer Restaurierung entstanden sein können. Im 17./18. Jahrhundert erweiterte man den Gemeinderaum, indem die sich im Grundriß aus der Kreuzform ergebenden freien Ecken im Norden und Süden zu Seitenschiffen gestaltet wurden, die durch einen (im Süden) bzw. zwei Mauerwerksdurchbrüche mit dem westlichen Kreuzarm verbunden wurden. Diese ›Seitenschiffe‹ werden von kräftigen Kreuzrippengewölben überspannt. Beson-

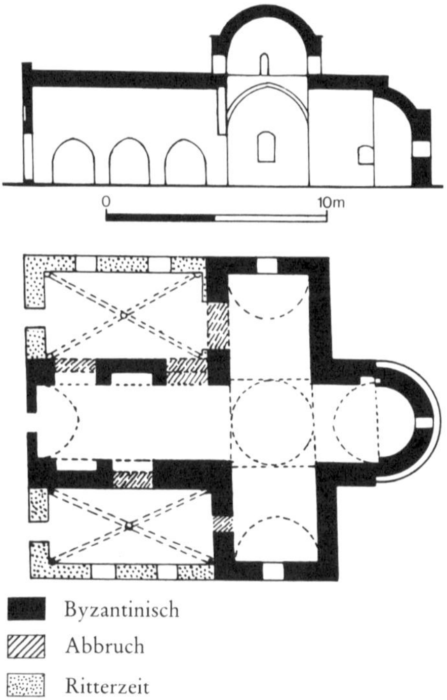

Kímisis Theotóku-Kirche von Asklipiïon, Grundriß und Schnitt

ders beachtenswert ist der kostbare Ikonostas (Abb. 88), der den Altarraum der Kreuzkuppelkirche abgrenzt.

Beschreibung des Freskenprogramms

Altarraum (mit Übermalungen von 1923): In der Apsiswölbung thronende Muttergottes mit dem Christuskind, flankiert von zwei Erzengeln; darunter, noch über dem Apsisfenster, Apostelkommunion; im unteren Bereich der Apsis insgesamt sechs Kirchenväter in Seitenansicht, zwischen ihnen aber, unter dem Apsisfenster, die für Rhodos sehr seltene Melismos-Darstellung mit zwei Cherubinen. Im Gewölbe des Altarraumes Himmelfahrt, an der Nordseite darunter Brustbild des Diakon Stefanos, daneben die Opferung Isaaks, darunter an der Wandfläche ein ganzfiguriger Kirchenvater, in der Sakramentsnische Christus, der Schmerzensmann. An der Südseite, unter der Himmelfahrt, Gastmahl des Abraham, rechts daneben der Diakon Laurentius, darunter die drei Kirchenväter Minas, Kyrillos, Johannes Eleïmon.

Nördlicher Kreuzarm, östliches Gewölbe: Im Scheitel verläuft ein geometrisches Muster, links und rechts dazu in Medaillons je zwölf verschiedene Propheten; oberes Register, von links nach rechts: Frauen am Grabe, Christus in Emmaus, Verteilung des Brotes, zwei Heilige vor dem leeren Grab, Christus rettet Petrus aus dem Meer; unteres Register: Christus heilt einen Menschen, der das Bett nimmt und fortgeht, Christus und die Samariterin, Christus heilt einen Blinden (links: er heilt den Blinden, rechts: der Blinde wäscht sich mit dem Wasser die Augen), Christus heilt einen Aussätzigen. *Östliche Wandzone:* fünf ganzfigurige Heilige, u. a. Hl. Nikolaus, rechts von ihm überlebensgroße Darstellung des Erzengels Michael, der mit seinem Kopf und mit seinen Flügeln in die beiden Bildfelder des unteren Registers hineinreicht. Rechts von seiner Hand die Stifterinschrift mit der Datierung 1677, der Erzengel Michael hält in seiner Hand die Seele eines Kindes und zu seinen Füßen liegt der erschlagene Feind. *Westliches Gewölbe,* oberes Register: Kreuzigung, Beweinung Christi, Hadesfahrt, ungläubiger Thomas; unteres Register: vier Samariterszenen: 1 der Samariter wird ausgeraubt und geschlagen, 2 Christus salbt den Geschlagenen, 3 Christus bringt den Samariter mit einem Esel fort, 4 Christus läßt den Samariter in einer Herberge; westliche

Wandzone: acht ganzfigurige Heilige, die mittleren vier sind durch einen Wanddurchbruch (bauliche Veränderung des 17./18. Jh.) zerstört, u.a. sind zu identifizieren: von links nach rechts: Anastasios, Ephraim, Antonios, ganz rechts in der Ecke der Soldatenheilige Merkurios. Nordwand: das ganze Giebelfeld wird eingenommen durch eine erzählende Darstellung des Kindermordes in Bethlehem; darunter, links neben dem großen Fenster, Konstantin und Helena, rechts eine seltene Darstellung des Hl. Mammas, der auf einem Löwen reitet.

Südlicher Kreuzarm: Das ikonographische Zentralthema, das hier auf die Gewölbe- und Wandflächen gemalt worden ist, hat die Apokalypse zum Inhalt: Jene Enthüllungen, die der Heilige Johannes in Form von Visionen von Gott mitgeteilt bekommen hat und die uns als ›Offenbarung des Johannes‹ überliefert sind, werden hier in Symbolsprache malerisch umgesetzt. In der byzantinischen Zeit sind Freskenzyklen der Apokalypse sehr selten, sie gelangen erst in der nachbyzantinischen Zeit in das Repertoire der byzantinischen Ikonographie, bleiben aber auch nach 1453 Einzelerscheinungen.

Südwand: im Giebel Marientod, darunter links neben dem Fenster Gregorios, Basileios und Chrysostomos, rechts die vierzig Märtyrer.

Kuppelzone (mit Übermalungen von 1923): In der Kuppelwölbung Christus Pantokrator, darunter die himmlischen Heerscharen, in der Tambourzone sechzehn ganzfigurige Apostel, Propheten und Heilige; an den Pendentifs sind die vier Evangelisten dargestellt.

Westlicher Kreuzarm: Gurtbogen im Osten, auf jeder Seite sieben Heilige in Medaillons; *nördliches Gewölbe, oberes Register:* Darstellung des Paradieses mit sehr schönen Blumen, Vertreibung aus dem Paradies, Adam und Eva, Adam und Eva arbeiten, Geburt des Kain, Kain bestellt den Acker, Abel hütet die Herde, das Opfer von Kain und Abel, Kain erschlägt seinen Bruder Abel, »da sprach der Herr zu Kain: wo ist dein Bruder Abel?«; *mittleres Register:* ganzfigurige Prophetendarstellung, Judasverrat, Christus vor den Hohenpriestern, dreifache Verleumdung von Petrus, Christus vor Pilatus, Verspottung Christi, Geißelung Christi, Judas bringt die Silberlinge zurück (links oben erhängt sich Judas an einem Baum), Simon von Cyrene trägt das Kreuz Christi; *unteres Register:* verschiedene Szenen von Heiligen: Austreibung von Teufeln, eine Frau, ein Engel, die beiden nächsten nicht identifizierbar, Fragment, der Hl. Nikolaos erscheint Kaiser Konstantin im Traum, der daraufhin die unschuldig verurteilten Soldaten befreit, Säulenheiliger, Medaillon mit Muttergottes und Christuskind, ein Engel spricht zu Daniel, Daniel deutet den Traum Nebukadnezars, Daniel in der Löwengrube, der von einem Engel getragene Habakuk bringt Daniel Speisen, die drei Jünglinge von Babylon (Martyrium des Feuerofens).

Nördliche Wandzone (v.l.n.r.): Höllenstrafen, in der unteren Bogenlaibung je ein Soldatenheiliger, an dem Pfeiler zwischen den beiden Blendbögen nicht identifizierbare Heilige, an der Wand der mittleren Nische: der geflügelte Johannes der Täufer, in den Laibungen je eine ganzfigurige Heilige, am Pfeiler zwischen mittlerem und östlichem Blendbogen Heilige Kyriake, links und rechts davon jeweils eine heilige Frau in Medaillons, in den Laibungen des östlichen Blendbogens zwei Säulenheilige; rechts des letzten Bogens ein Heiliger und ein Soldatenheiliger und ein weiterer Heiliger als Brustbild; ganz im Osten folgt ein Ornament, darüber die Stifterinschrift von 1646. *Südliches Gewölbe, oberes Register:* Erschaffung der Welt, Erschaffung der Engel, Erschaffung von Sonne und Mond, Gott trennt die Meere von der Erde, Erschaffung von Tag und Nacht, Erschaffung Adams, Adam im Paradies mit den Tieren, Erschaffung Evas, Adam und Eva im Paradies, Eva und die Schlange, Versuchung Adams durch Eva, Gott spricht mit Adam und Eva im Paradies (die Schöpfungsgeschichte setzt sich fort mit der Vertreibung aus dem Paradies im nördlichen Gewölbe); *mittleres Register:* Geburt Christi, Tempelgang Christi, Taufe Christi, Verklärung Christi, Auferweckung des Lazarus, Einzug in Jerusalem, letztes Abendmahl, Fußwaschung Petri, ganzfiguriger Heiliger; *unteres Register:* Verkündigung an Anna, Verkündigung an Joachim, Joachim und Anna an der goldenen Pforte, Geburt der Gottesmutter, Tempelgang Mariens, Darbringung im Tempel (die Muttergottes mit den hebräischen Jungfrauen), zwei nicht identifizierbare Szenen mit einem König, der auf einem Musikinstrument spielt, und zwei Engel, das Paradies, ganz im Westen verschließt ein Cherub die Himmelspforte (links sieht man den guten Schächer und die Propheten mit den Seelen), gehört thematisch zum Jüngsten Gericht an der Westwand; *südliche Wandzone:* ganz im Osten sechs Heilige, zwei ganzfigurige Heilige und an dem Pfeiler zwischen den beiden Blendbögen Marina, rechts daneben Auferstehungsszene des Jüngsten Gerichtes: das Meer gibt die Verstorbenen wieder frei (Fischdarstellungen, aus denen Hände, Arme und andere menschliche Körperteile herausschauen); in der Nische der berittene Demetrios, in den Bogenlaibungen je ein ganzfiguriger Heiliger.

Westwand: Jüngstes Gericht, hoch oben Christus in einer Mandorla, links und rechts flankiert von Engeln, darunter weitere Engel und die Menschen, die zum Jüngsten Gericht kommen, ihre Seelen werden abgewogen; auf der rechten Seite neben der Tür der Höllenschlund und die Sünder, die in das Fegefeuer kommen, auf der linken Seite der Tür Auferstehung aus der Erde mit den geöffneten Gräbern, links daneben an der Südwand sahen wir schon die Auferstehung der Toten aus dem Meere.

Schwerer Athosstil!

Charáki

Der kleine Fischerort an der Ostküste der Insel (nördlich von Líndos) verfügt bisher über keine Hotelbauten, aber dennoch wird diese kleine Bucht im Sommer sehr häufig von Fremden und Einheimischen aufgesucht. Am nordwestlichen Rand der Ortschaft liegen die archäologisch noch nicht erforschten Grundmauern einer **frühchristlichen Basilika**. Im Norden lagert ein mächtiger Felsblock, der sich als Halbinsel ins Meer hinausstreckt; hoch oben überragen Reste der **Festung Féraklos** das felsige Gelände, die, 1306 errichtet, 1470 von dem Großmeister degl'Orsini erneuert wurde. Ein kleiner Spaziergang zu der Festung ist hinsichtlich der spärlich erhaltenen Ritterbauten wenig lohnend. Der Blick in die weite Landschaft nach Norden bis zum Strand nach Faliráki und nach Süden bis zum Burgberg von Líndos entlohnen die geringen Mühen des Aufstieges. Auch wächst hier oben im Frühjahr ein buntes Blumenmeer, das dem botanisch Interessierten viele Arten der rhodischen Pflanzenwelt bietet. Außerhalb der Ortschaft im Norden und Westen gibt es vier byzantinische Kapellen, die teilweise mit Fresken ausgeschmückt sind.

Wenn man von Rhodos kommend links nach Charáki abzweigt, halte man sich nach etwa 300 m wieder links und folge nach ca. 500 m links einem Feldweg, der nach etwa 400 m (bei der Weggabelung links halten) zur Panajía-Kirche führt.

Panajía Kaminariótissa

Datierung der Fresken: 1611 nach Inschrift

Einfache Einraumkapelle. Im Innenraum ist im Westen der Nordwand eine tiefe Nische mit Rundbogenabschluß erhalten; hier befindet sich auch das einzige Fresko mit der Panagia Hodegetria (Gottesmutter mit dem segnenden Christus-Knaben); eine Inschrift erwähnt die Jahreszahl 1611. Weit verstreut findet man hier Architekturfragmente vergangener Epochen, die einen Vorgängerbau wahrscheinlich erscheinen lassen.

Zu der Schotterstraße (nach 400 m) zurückgekehrt, halte man sich links ca. 1,5 km immer geradeaus (bei der dritten Weggabelung links der Spitzkehre folgen); am Ende der Straße erkennt man bereits links die Ajios Jeórjios-Kapelle.

Ajios Jeórjios-Kirche

Datierung der Architektur: 13./14. Jahrhundert (?)

Die Grundmauern östlich der Kirche deuten auf einen frühchristlichen Vorgängerbau hin. Die Kreuzkuppelkirche mit dem Grundriß eines freistehenden Kreuzes ist innen und außen weiß übertüncht, so daß erst eine Restaurierung klären wird, ob unter dem Putz noch Fresken erhalten sind. Beachtenswert ist der Altarraum der Kirche, der mit zwei innen und außen halbkreisförmig geschlossenen Apsiden ausgestattet ist; dieses Doppel-Patrozinium der byzantinischen Sakralarchitektur gab es in allen Landschaftsräumen des byzantinischen Reiches nur sehr selten.

Zurück zur Asphaltstraße, die links nach Charáki führt, von hier aus folge man der Straße etwa 1,2 km, bis links ein altes Schild ›Bungalow-Hotel‹ erscheint; hier zweigt links ein Schotterweg zur Feráklos-Festung ab, kurz zuvor folge man links ca. 300 m dem Weg, dann steht rechts die Ajios Nikólaos-Kirche.

Ajios Nikólaos-Kirche (Farbt. 50)

Datierung der Architektur: 15./16. Jahrhundert (?)

Datierung der Fresken: 17./18. Jahrhundert (?) mit Übermalungen

Die dreijochige *Kuppelhalle* mit Nischen in den Seitenwänden birgt nur in der Kuppel und in der nördlichen Nische des Kuppeljoches Fresken; möglicherweise befindet sich unter dem neuzeitlichen Putz noch weiterer Freskenschmuck.

Fresken in der Kuppel: Pantokrator (Christus als Weltenherrscher und -erhalter); nördliche Nische: überlebensgroßer Heiliger Nikolaus, der von Christus (oben links) und der Gottesmutter (oben rechts) die Bischofsweihe erhält.

Nördlich der Festung Feráklos breitet sich eine landschaftlich reizvolle Bucht mit schönem Sandstrand aus. Etwa 100 m von der Küste entfernt erkennt man die Reste einer **antiken (?) Stadtmauer** (Abb. 45). Die Rohbauten an der Südseite der Bucht gehören zu einer von der Militärdiktatur (1967–74) geplanten Hotelanlage. In den nördlichen Steilfelsen der Bucht, etwas oberhalb der Wasserstelle, finden wir eine für Griechenland seltene Felsenarchitektur: eine der Ajía Aghàti geweihte byzantinische

Felsenkapelle. Die großartigsten Beispiele byzantinischer Höhlenarchitektur mit kostbaren Fresken kennen wir von Göreme in Kappadokien.

Ajía Agáthi-Felsenkapelle

Datierung der Höhlenarchitektur: 12. Jahrhundert (?)

Datierung der Fresken: Ende 12./Anfang 13. Jahrhundert und 15./16. Jahrhundert mit Übermalungen

Die nach Osten ausgerichtete Höhlenkirche ist als Einraumkapelle mit zwei Apsiden gestaltet. Die Apsiden zeigen sowohl im Grundriß als auch am Triumphbogen einen Korbbogenabschluß. Der Innenraum der Kapelle verjüngt sich von Osten nach Westen und ist im Westen niedriger als im Altarbereich. Auch das ›Gewölbe‹ der Kapelle ist korbbogenförmig aus dem gewachsenen Felsen herausgebrochen. An der Südwand ist eine schmale Nische ausgespart, die über den Gewölbeansatz hinaus aus dem Felsen gearbeitet worden ist. Der Ikonostas gehört nicht zur Felsenarchitektur, er ist aus Quadersteinen zusammengefügt.

Beschreibung des Freskenprogramms

Altarraum (12./13. Jh.) nördliche Apsis: für Rhodos seltene Apsisdarstellung der Deesis (mit Christus, Muttergottes und Johannes dem Täufer); für den gesamten byzantinischen Kulturraum völlig ungewöhnlich sind die drei frontal dargestellten Kirchenväter in der südlichen Apsis. Über dem Pfeiler, der beide Apsiden voneinander trennt, ist ein Erzengel im Medaillon dargestellt. Alle anderen Flächen des Trimphbogens sind mit typisch ornamentalen Darstellungen des 12./13. Jahrhunderts geschmückt. Beide Apsiden haben einen zweistufigen Altaraufbau, der im unteren Bereich etwa 50 cm hoch ist. An dem Pfeiler und an den seitlichen Flächen der Apsiden sind rechteckige Kämpfer aus dem Felsen herausgearbeitet. Das gesamte flache Korbbogengewölbe zeigt gemalte Marmorimitationen, die wohl zu einer jüngeren Freskenschicht gehören. Zu der älteren Freskenschicht im Altarraum gehören in der Nordwand rechts neben dem Ikonostas die thronende Muttergottes mit dem Christuskind, rechts neben ihr der Erzengel. Der Muttergottes gegenüber stehen zwei frontal dargestellte Heilige an der Südwand (rechts Johannes der Täufer, am Fellmantel zu identifizieren). Die Bewegtheit der Gewänder und die Schlankheit der Gestalten deuten darauf hin, daß auch diese Darstellungen dem 12./13. Jahrhundert zuzuschreiben sind. Die Gesichter der Heiligen und das des Christuskindes sind alle zerstört. In den erhaltenen Gesichtern sind die Schatten auffallend grün gemalt (15. Jh.!).

Fresken des Kirchenraumes (spätkomnenisch 13. Jh. und 15./16. Jh. mit Übermalungen): An der Nordwand, ganz im Westen (von links nach rechts): Ganzfiguriger Heiliger an der Geißelsäule, rechts daneben Heiliger Georgios zu Pferde (13. Jh.), der den Drachen tötet und die Königstochter errettet; ganz rechts die königliche Familie auf den Zinnen ihrer Burg, darunter die Königstöchter. Unter dieser Freskenschicht erkennt man deutlich die ältere Malschicht des 12./13. Jahrhunderts (?). Das zerstörte Gesicht der Prinzessin wurde übermalt. An der Südwand gegenüber, rechts neben dem Ikonostas, ganzfiguriger Heiliger; es folgt eine Nische mit einer ganzfigurigen Heiligen, wahrscheinlich handelt es sich hier um die Kirchenpatronin Agatha. Links und rechts sind die Laibungen mit Ornamenten ausgemalt, die der zweiten Malschicht angehören, darunter, im oberen Bereich, erkennt man die ältere Malschicht. Im Bereich des Gewölbes dieser Nische sind keine ikonographischen Themen zu identifizieren, es sind aber auch hier zwei Malschichten vorhanden. Rechts daneben als Kirchenwächter eine überlebensgroße Darstellung eines Erzengels, wahrscheinlich handelt es sich um Michael, zu erkennen an den Attributen Zepter und Weltkugel, die fragmentarisch in seiner Hand erhalten sind.

Wichtigste stilistische Kriterien dieser Malereien sind die schlanken Gestalten und die Ornamente, die der komnenischen Kunst des 12./13. Jahrhunderts zuzuschreiben sind. Ganz erstaunlich sind der große Christuskopf in der Deesis und die drei Kirchenväter in der südlichen Apsis, die völlig singulär auf Rhodos erscheinen und auch sonst im byzantinischen Kulturraum höchst selten anzutreffen sind. In die spätkomnenische Epoche des 13. Jahrhunderts gehören die Prinzessin und die Manier der Wandgestaltung in der Szene des drachentötenden Georgs.

Dhamatría

Weit außerhalb, nordöstlich von Dhamatría, befindet sich in den südlichen Steilfelsen des Paradhíssi-Berges (nahe Westküste, Nordteil der Insel) eine weitere Felsenkapelle. Die *Höhlenkirche des Heiligen Nikítas* birgt Freskenfragmente des 13. Jahrhunderts. Der Weg hangaufwärts durch die stachelige Macchie (1,5 Stunden) ist sehr mühsam (und nur für kunstgeschichtlich sehr interessierte Reisende lohnend). Von dem Dorfplatz in Dhamatría kann man bereits den Eingang zu der Kapelle ausmachen; in Blickrichtung zu dem Berg erkennt man weit rechts eine Hangstraße, dort, wo die Straße fast das Felsplateau erreicht, liegt etwa 500 m weiter links die Nikítas-Felsenkapelle. Vom Dorfplatz aus halte man sich bei der Straßengabelung links. Anfangs ist die Schotterstraße noch gut befahrbar, dann ist die Trasse durch Sturzbäche der Regenzeit aufgerissen. Der Berg läßt sich von keiner anderen Seite begehen, da er zum militärischen Sperrgebiet gehört! Südlich des Weges liegt die Rollbahn des alten Zivilflughafens.

Eleússa

Folgt man von Eleússa der Straße nach Westen zum Profítis Ilías und zur Ajios Nikólaos Funtuklí-Kirche (s. S. 251), so liegt gleich am Dorfrand, nach dem großen, kreisrunden Wasserreservoir rechts unterhalb der Straße, die Panajía Eleússa-Kirche. Das Kirchlein ist außer in den Abendstunden fast immer verschlossen; den Schlüssel erhält man bei einer alten Frau im Südwesten der Ortschaft (der Wirt im Kafeníon unten am Dorfplatz ist stets hilfsbereit, den Schlüssel zu besorgen). Der große Platz mit den zweigeschossigen Bauten (in denen heute Militär untergebracht ist), gleich am Anfang des Dorfes, von Archípolis kommend, wurde von den Italienern vor 1943 als Ortszentrum im Sinne einer italienischen Piazza errichtet.

Panajía Eleússa-Kirche (Farbt. 63, 64)
Datierung der Architektur: 15. Jahrhundert mit späteren Erweiterungen
Datierung der Fresken: Ende 15. und 18. Jahrhundert
Die Einraumkapelle mit Narthex im Westen ist der Gottesmutter des Erbarmens geweiht. Der östliche Kapellenraum zeigt heute keine Fresken, er ist neuzeitlich als Himmelsgewölbe mit gelben, roten, blauen und grünen Sternen ausgemalt. Im Narthex hingegen befinden sich Fresken. Es ist möglich,

daß der Narthex ursprünglich eine selbständige kleine Einraumkapelle war, die irgendwann, völlig unüblich, nach Osten verlängert wurde. Möglicherweise befinden sich aber noch unter der Bemalung der Kapelle ältere Fresken, die bestätigen, daß der Narthex ein späterer Anbau ist.

Beschreibung des Freskenprogramms

Ostwand: über dem Bogen Philoxenia (Gastmahl des Abraham, nur noch fragmentarisch erhalten), links daneben Opferung Isaaks; darunter: der Heilige Onuphrios erhält von einem herbeifliegenden Engel die wöchentliche Kommunion (?), am unteren Wandbereich: Maria Aigyptiaca und der Heilige Zosimos. Oben rechts, neben der Bewirtung der Engel durch Abraham, nicht identifizierbare Szene (Rebekka und Elieser?), darunter zwei Freskenfragmente. In den Laibungen je ein ganzfiguriger Heiliger.

Die Gewölbeflächen des Narthex und der Westwand haben zwei Themen zum Inhalt: die Erschaffung der Welt und das Jüngste Gericht. Im *oberen Register des südlichen Gewölbes:* Erschaffung der Welt aus dem Chaos, »Und Gott nannte das Licht Tag und die Finsternis nannte er Nacht«, Gott trennt die Wasser von der Erde; *mittleres Register:* Erschaffung Adams; dieser Schöpfungsbericht setzt sich gegenüber im *oberen Register des nördlichen Gewölbes* fort: Adam im Paradies, Gott schafft Eva aus der Rippe Adams (Farbt. 63), die Schlange spricht zu Eva und die Versuchung (Farbt. 64). Unter der Schöpfungsgeschichte ein großes Bildfeld von vollendeter Komposition: die Erweckung der Toten aus der Erde (links) und die Erweckung der Toten aus dem Meer, in einer Nische der Wandzone der Hl. Onuphrios (spätes 15. Jh.): rechts neben der Nische verschiedene Fragmente, hier zeigt sich eine ältere und eine jüngere Freskenschicht, die Ornamente gehören zur jüngeren, die figuralen Motive zu einer älteren Schicht.

Südliches Gewölbe: unteres Register links, zwei Bilder übereinander, die nicht bestimmt werden können (Szenen aus dem Synaxarium des Daniel?), rechts daneben ein großes Bildfeld mit den Winden der antiken Welt: links oben Notos (regenbringender Südwind), rechts oben Boreos (Nordwind), Euros (Ostwind) links unten und Zephyros (Westwind) rechts unten. Die als blasende Masken dargestellten Winde verkörpern die windhaltenden Engel der Apokalypse.

Westwand: Die Westwand wird ganz vom Jüngsten Gericht eingenommen. Hoch oben im Giebel thront Christus mit den himmlischen Heerscharen, teilweise zerstört (vor allem im mittleren Bereich), darunter sitzen Apostel und Engel. Links neben der Tür Abwägen der Seelen, rechts Höllenschlund mit Höllenhund und reitendem Teufel, der sich bis in die Nordwand hineinzieht. Links und rechts des Westgiebels ist an dem westlichen Rand der beiden Gewölbeflächen ein schmaler Streifen gemalt, hoch oben im Himmel sieht man Christus, der seine Hände ausstreckt, um die Gläubigen zu retten, die über eine Leiter in den Himmel steigen. Auf der linken Seite die Sünder, die vom Teufel zurückgehalten und in die Hölle gezerrt werden; auf der rechten Seite die Heiligen, die in den Himmel Einlaß bekommen. Im Scheitel des Gewölbes sind links und rechts je sechs Propheten in Medaillons dargestellt. – Dieser naive und volkstümliche Freskenschmuck gehört mit zu den interessantesten rhodischen Kunstwerken des 18. Jahrhunderts.

'Embonas

Eines der größten rhodischen Gebirgsdörfer. Ausgangspunkt für eine Wanderung (nicht sehr lohnend, 3–4 Stunden einfach) zu den spärlichen und schwer auffindbaren Resten des *Zeus-Heiligtums* auf dem *Attáwiros* (1215 m). Es empfiehlt sich, einen Bergführer des Dorfes mitzunehmen.

'Epta Pijí

Landschaftlich reizvolle Waldgegend mit mehreren Quellen ('Epta Pijí = sieben Quellen), die an Wochenenden gern von Griechen zum Picknick aufgesucht wird (etwa 4 km südlich von Afándu, bei Kolímbia, ins Inselinnere abbiegen). Für botanisch Interessierte lohnender Ausflug!

Exochí

Nur etwa zwanzig Minuten nordöstlich von Lárdhos liegt (östlich der Küstenstraße) in einer ausgetrockneten Flußniederung, der man vom Dorf aus folgen kann, die von der 1. Hälfte des 8. Jahrhunderts v. Chr. bis zum 1. Viertel des 7. Jahrhunderts v. Chr. benutzte Nekropole Exochí. Die nicht sehr hohe felsige Erhebung von etwa 230 m Nordsüdausdehnung und 90 m maximaler Breite erhielt von der Bevölkerung aufgrund ihrer natürlichen Beschaffenheit den Namen Exochí (= hügelartige Erhöhung). Anfang des 20. Jahrhunderts wurde ein Großteil der Gräber (im Plan mit + gekennzeichnet) von den hier ansässigen Bauern ausgeplündert. 1905 besuchten Johannes K. Kinch, der dänische Ausgräber von Líndos, und der weltberühmte Forscher der ›Griechischen Religionen‹, Martin P. Nilsson dieses Gelände. Erst rund fünfzig Jahre später führte Kinch die archäologischen Untersuchungen durch. Bisher konnte nur die Nekropole, nicht aber eine dazugehörige Siedlung gefunden werden. Die Bestattungen wurden in einfachen, aus dem Felsen herausgearbeiteten Schächten beigesetzt, die heute größtenteils von Macchie überwuchert sind.

Der Hügel der Nekropole fällt zu allen Seiten mit steilen Felsen schroff ab; er ist am besten von der etwas flacheren Südseite her zu begehen. Auch wenn die einzelnen Gräber wenig Sehenswertes bieten, so ist doch der Ort selbst das eigentlich Interessante. Nur an wenigen Plätzen der Insel findet man eine landschaftlich so dominierende und zugleich eindrucksvolle Lage einer letzten Ruhestätte, von der man in Richtung Süden einen weiten Blick über das Meer und die Ostküste hat.

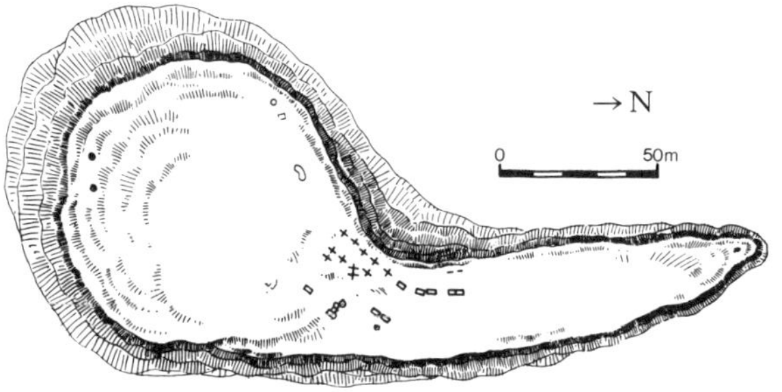

+ ausgeplünderte Gräber
□○ archäologisch erforschte Gräber

Nekropole Exochí bei Lárdhos, Lageplan

Féraklos Charáki

Filérimos s. S. 229ff.

Funtuklí

Ajio Nikólaos Funtuklí-Kirche

Datierung der Architektur: 14./15. Jahrhundert

Datierung der Fresken: 14./15. Jh. mit vielen Übermalungen, die die Charakteristika eines evtl. spätpaläologischen Stils zerstörten. Die nur mit größter Unsicherheit datierbaren Fresken rücken diese Kapelle in das 14./15. Jahrhundert. Einige ikonographische Besonderheiten, z. B. bei den beiden Stifterbildern und der Taufe Christi, lassen vermuten, daß ein hoher byzantinischer Verwaltungsbeamter (der in der fragmentarisch erhaltenen Stifterinschrift mit dem byzantinischen Titel ›Logothet‹ bezeichnet ist) in dieser grandiosen Landschaft, oberhalb der Steilfelsen des Profítis Ilías (900 m), für seine vielleicht durch eine Pest umgekommenen drei Kinder dem Hl. Nikolaus diese Kirche weihte. Der Beiname ›Funtuklí‹ bedeutet im Griechischen ›Haselnüsse‹ (= tó funtúki) und mag vielleicht daran erinnern, daß in dieser Gegend einst viele Haselnußsträucher wuchsen. Von dem ehemaligen Kloster, das hier noch bis zum 19. Jh. existiert hat, sind nur spärliche Grundmauern erhalten.

Der Brunnen vor der Kirche und der sehr schöne Blick zur Westküste laden zu einem längeren Verweilen ein; ferner gehört der Profítis Ilías zu den botanisch interessantesten Landschaftsräumen der Insel (s. S. 318).

Architektonisch zeigt das Kirchlein zwei Besonderheiten: zum einen hat der Grundriß die Gestalt eines Tetrakonchos und zum anderen ist der Tambour nach typisch rho-

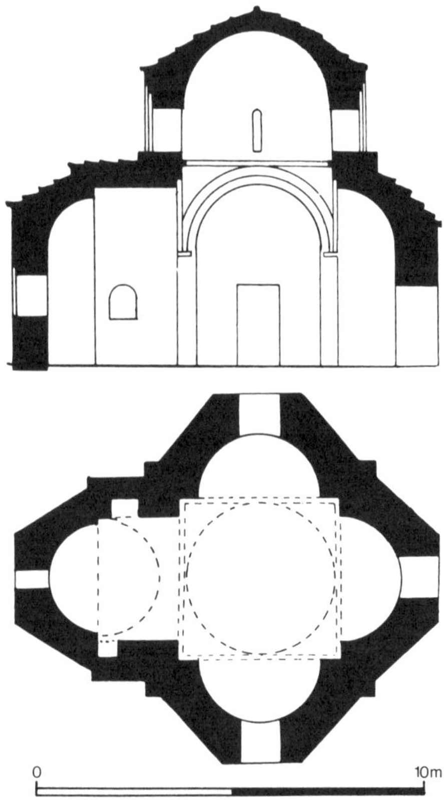

Ajios Nikólaos-Funtuklí-Kirche, Grundriß und Schnitt

discher Art mit schlanken Nischen gegliedert. Diese Vierkonchenanlagen aus der mittelbyzantinischen Epoche gibt es auf Rhodos nur noch in zwei weiteren Beispielen: Ajios Jeórjios in Rhodos und Kímisis Theotóku in Sálakos. Mit Nischen gestaltete Tambourkuppeln haben neben den drei Vierkonchenanlagen auch die Klosterkirche Thári, die Ajios Ioánnis-Kirche ins Asghurú und die zur Demirli umgebaute Moschee in Rhodos. Das kleine Ajios Nikólaos-Kirchlein hat im Norden, Süden und Westen je einen dreiseitig geschlossenen Kreuzarm, der im Osten – im Bereich des Altarraumes – durch einen tonnengewölbten Raumteil verlängert ist. Das Zentrum der Anlage wird also durch das Kuppelquadrat gebildet, an dem direkt – außer im Osten – die halbkreisförmigen Konchen anschließen. Das Tympanonfeld über dem Nordportal zeigt noch wenige Freskenfragmente, darüber sind in der Wand Keramikschalen eingelassen, wie es bei den Bauten der spätbyzantinischen Architektur üblich war, um das *unverputzte* Mauerwerk dekorativ zu beleben.

Beschreibung des Freskenprogramms

Altarraum (östlicher Kreuzarm): in der Apsiswölbung Deesis mit Christus, Muttergottes und Johannes dem Täufer, darunter Apostelkommunion (links erscheint Petrus, er nimmt das ihm von Christus überreichte Brot, rechts trinkt Paulus den ihm von Christus entgegengereichten Wein); darunter im Norden zwei ganzfigurige Heilige, rechts daneben eine Sakramentsnische mit einem Kreuzsymbol im Süden, links neben der Sakramentsnische zwei Brustbilder übereinander mit Heiligen, rechts daneben Brustbild des Hl. Nikolaus unter einer gemalten Arkade; darunter verläuft ein geometrisches Muster.

Kuppelraum: In der Kuppelwölbung fehlt der hier übliche Pantokrator; am Tambour die Zwölf Apostel (die Malereien stammen wahrscheinlich aus einer jüngeren Phase, vielleicht war die Kuppel zerstört); an den Pendentifs die vier Evangelisten; an den Wandflächen der Ecken links und rechts unter den Pendentifs, die zu den jeweiligen Kreuzarmen überleiten, sind verschiedene Heilige dargestellt. Nordostecke: Brustbild eines Heiligen und drei ganzfigurige Heilige, u. a. eine hl. Frau, die das Medaillon von Christus trägt. Südostecke: Osten thronende Muttergottes, darunter Johannes der Täufer; Süden Brustbild eines Heiligen, darunter ein Diakon. Südwestecke oben: zwei ganzfigurige Heilige, Süden Pandeleimon, darunter drei Medaillons mit Heiligen; Westen ganzfiguriger Heiliger, darunter das Brustbild des Hl. Theódoros Stratilátis, darunter fragmentarische Stifterinschrift. Nordwestecke oben und unten je zwei ganzfigurige Heilige, Westen Heiliger Onuphrios.

Thematisch beginnt der christologische Zyklus in der Kuppelschale des *südlichen Konchenarmes:* oben Geburt Christi, darunter Flucht nach Ägypten, Darbringung Christi im Tempel und Taufe Christi (abweichend von der byzantinischen Ikonographie werden hier nicht ein antiker Flußgott und/oder Fische dargestellt, sondern – wohl auf das tragische Schicksal der Stifter hindeutend – spielende Kinder, wobei eines auf einer Schildkröte oder einem Frosch reitet). *Westlicher Konchenarm:* oben ein Thema, das vom christologischen Zyklus abweicht, der Marientod, darunter Verklärung Christi, Auferweckung des Lazarus und Einzug in Jerusalem. *Nördlicher Konchenarm:* oben Kreuzigung Christi, darunter trägt Simon das Kreuz Christi, Hadesfahrt, die Frauen am leeren Grabe, unteres Register (Szenen aus dem Synaxarium verschiedener Heiliger, v. l. n. r.): ein Engel übergibt dem Heiligen Pachomios (Mönch aus Oberägypten 287–347), der mit einem Asketengewand bekleidet ist, die Ostertafeln; nicht identifizierbare Szene mit dem Hl. Nikolaus (?); Christus erscheint Petrus von Alexandrien (diese Szene nimmt Bezug auf seine Einkerkerung durch Diokletian in Nikomedien).

Zylindrischer Teil der Kreuzarme: nördliche Konche, links neben der Tür drei ganzfiguri-

ge Heilige (Jerasismos, Theodosios und Sawas), rechts neben dem Portal Konstantin und Helena. *Südliche Konche:* unter den christologischen Themen fünf Medaillons mit Heiligen (u.a. Kosmas, Damianos und Paulus von Theben), darunter links neben der Tür Erzengel Michael und ein ganzfiguriger Heiliger (größtenteils zerstört), rechts neben der Tür der Hl. Georgios mit einem Kind, der durch einen Fluß reitet.
Westlicher Konchenarm: links neben der Tür das Stifterpaar mit dem Modell der Kirche (dieses Modell entspricht fast dem Original, es zeigt auch über den Portalen Keramikschalen). Bedeutend an dieser gemalten Kirche ist die Komposition mit dem Dreipaßbogen, darüber segnet Christus die Frau des Stifters, links oben in der Ecke Maria, rechts oben Johannes der Täufer. Rechts neben der Tür das interessantere Stifterbild mit den drei verstorbenen Kindern des Stifterehepaares: Der Künstler malte wohl auf Wunsch des Stifters das Paradies, in das die Kinder bereits Eingang gefunden haben; Elemente der verschlungenen Reben und Vogelmotive sind in der christlichen Ikonographie Symbol für das Paradies. Genauso bedeutungsvoll ist, daß nicht der bärtige Christus vom Himmel herab die Kinder segnet, sondern das Christuskind (!), links oben Maria, rechts Johannes der Täufer.

Fúrni s. Kap Fúrni

Iálysos s. Filérimos S. 229ff.

'Istrios

Auf dem Friedhof von 'Istrios (knapp 10 km nordöstlich von Apolakkiá) erhebt sich die sehr altertümliche Einraumkapelle des Heiligen Merkurios. Unter dem Außenputz wird an einigen Stellen gutes Quadermauerwerk mit Ziegeleinlagen sichtbar, das diese Kapelle an den Anfang der mittelbyzantinischen Epoche rückt. Das Fresko mit der überlebensgroßen Darstellung des Heiligen Merkurios an der Nordwand stammt aus dem 15./16. Jahrundert (?).

Jenádhion

Nordwestlich von Jenádhion befindet sich der Friedhof mit der Ajía Anastasía-Kirche. Von Líndos kommend folge man kurz vor der Ortschaft rechts der Asphaltstraße in Richtung Wátion/Apolakkiá und halte sich nach etwa 500 m gleich wieder links; vor der Ortseinfahrt zweigt rechts eine Straße zum Friedhof ab (den Schlüssel zur Kirche erhält man beim Dorfpriester, der im Zentrum der Ortschaft wohnt). Mehrere antike Architekturfragmente aus Marmor, eine monolithische Säule und ein Rundaltar, der mit Stierköpfen und Girlanden geschmückt ist, bezeugen eine Besiedlung, die zumindest bis in die spätantike Epoche zurückreicht. Während der frühchristlichen Zeit des 6. Jahrhunderts stand anstelle der heutigen Einraumkapelle eine dreischiffige Basilika, von der noch die Grundmauern der dreiseitig geschlossenen Mittelapsis erhalten sind. Die außen halbkreisförmige Apsis der Ajía Anastasía-Kapelle wurde exakt in die Mittelapsis der Basilika hineingebaut.
Ajía Anastasía-Kirche (Farbt. 51)
Datierung der Architektur: 14./15. Jahrhundert (?)
Datierung der Fresken: Anfang des 17. Jahrhunderts
Dreijochige Einraumkapelle mit offenem Narthex im Norden, der von einem Kreuzrippengewölbe überspannt wird. Die östlichen Auflager des Gewölbes werden durch

antike korinthische Kapitelle gebildet. Im Innenraum trennt ein sehr gut erhaltener hölzerner Ikonostas des 18. Jahrhunderts den Altarraum vom Gemeinderaum ab.

Beschreibung des Freskenprogramms

Die Szenen haben neben christologischen und mariologischen Themen auch das Synaxarium der Heiligen ›Anastasia Romana‹ zum Inhalt, die während der Christenverfolgungen der Kaiser Decius (249–251) und Valerian (253–260) nach qualvoller Folter durch Kreuzigung und Enthauptung den Tod erlitt.

Altarraum, östliches Joch: In der Apsiswölbung die thronende Muttergottes mit dem Christuskind, links und rechts von zwei Engeln flankiert, darunter Apostelkommunion, am zylindrischen Teil der Apsis unter gemalten Arkaden: bartloser Christus, Kyrillos, Johannes Chrysostomos, Apsidenfenster (darüber ein Engel mit liturgischen Inschriften), Basileios, Gregorius, Beologros (?) Nikolaus; links unter der Christusdarstellung, in einer kleinen Sakramentsnische, Christus der Schmerzensmann; Sokkelpartie der Apsis mit einem gemalten Vorhang; oben am Triumphbogen Mandylion, rechts und links darunter Ornamente; *Gewölbe* des Altarraumes *Süden, oberes Register:* Verkündigung an Maria, Geburt Christi, Taufe Christi; *unteres Register:* Christus auf dem Ölberg, Heilige Anastasia vor dem Archonten, Martyrium der Hl. Anastasia; in der Zone darunter ein Medaillonfries mit insgesamt vier Heiligen; *nördliches Gewölbe, oberes Register:* Christus und Samariterin, Christus heilt einen Blinden, Himmelfahrt Christi; *unteres Register:* Geißelung der Heiligen Anastasia, Enthauptung der Hl. Anastasia, Christus heilt einen Tauben; darunter ein Medaillonfries mit vier Heiligen; *Südliche Wandzone:* im Blendbogen Hl. Anastasia Romana, rechts im Blendbogen Hl. Marina.

Nördliche Wandzone: im Blendbogen Erzengel Michael, links daneben ein ganzfiguriger Heiliger. Im Gurtbogen zum Kirchenschiff hin: zwölf Medaillons mit Heiligen.

Mittleres Joch, südliches Gewölbe (Farbt. 51), *oberes Register:* Tempelgang Mariens, Verklärung Christi, Christus auf dem Ölberg, *unteres Register:* Martyrium des Rades, Heilige Anastasia hängt mit den Händen gefesselt an einem Galgen (Martyrium des Kratzens), Anastasia steht vor dem Archonten und wird gegeißelt. In der Zone darunter ein Fries mit fünf Heiligenmedaillons: Athanasios, Kyrillos, Nikolaus, Andreas, Philippos; *nördliches Gewölbe, oberes Register:* ungläubiger Thomas, hl. Frauen am leeren Grabe, Christus heilt den Gelähmten; in der *unteren Zone* folgen drei Martyriumsszenen der Hl. Anastasia: Anastasia im Gefängnis, der Heiligen werden die Fingernägel ausgezogen, der Heiligen werden die Zunge und die Brust abgeschnitten, darunter Medaillonfries mit fünf Heiligen (Kosmas, Damianos, Pandeleimon, Johannes der Theologe, Elias).

Westliches Joch, südliches Gewölbe, oberes Register: Judasverrat, Christus vor Pilatus, Christus trägt das Kreuz nach Golgatha; *unteres Register:* Christus vor dem Hohenpriester, Erweckung des Lazarus, Einzug in Jerusalem; *nördliches Gewölbe: oberes Register:* Kreuzigung Christi, Beweinung Christi, Hadesfahrt; *unteres Register:* Verkündigung an Anna und Joachim, Geburt der Gottesmutter, Tempelgang der Muttergottes (gemeinsam mit zwei anderen Kindern, ferner erscheint neben Anna und Joachim noch eine weitere Frau).

Längswände, Mittleres Joch, Südwand: Im Blendbogen links des Fensters Basileios, rechts Gregorios der Theologe, unter dem Fenster Johannes Chrysostomos; links oben neben dem Blendbogen Hl. Mammas auf dem Löwen reitend, rechts Konstantin und Helena; *Nordwand:* die Heiligen Demetrios und Georgios zu Pferde. Diese Szene ist sehr selten, denn die Errettung der Königstochter wird sonst stets nur mit Georgios dargestellt, das Fresko ist durch ein neuzeitliches Fenster zerstört. Links oben neben dem Blendbogen der Soldatenheilige Theodoros, rechts der Hl. Tifon (?).

Westliches Joch, Nordwand: Im Blendbogen befindet sich der Haupteingang, darüber eine Inschrift, über dieser ist dargestellt Christus im barocken Rahmen, links von ihm Petrus, rechts Paulus (beide in Medaillons), ganz links oben die Hl. Eirene, darunter die Hl. Barbara unter einer gemalten Arkade, die das Kirchenmodell in ihrer Hand hält, ganz rechts (neben Paulus) Hl. Marina, darunter Hl. Paraskeue, ebenfalls unter einer gemalten Arkade. *Südwand:* Links der überlebensgroße Erzengel Michael, rechts Paradies (Petrus führt die Gläubigen ins Paradies, er öffnet mit dem Schlüssel die Paradiestür, oben die Propheten und der gute Schächer, links der Paradiesgarten mit Abraham und die Muttergottes). Die Darstellung, in der Petrus die Heiligen ins Paradies führt, geht rechts bis zur Westwand weiter.

Westwand: Jüngstes Gericht, hoch oben Christus, links und rechts von ihm die Apostel, darüber die himmlischen Heerscharen, darunter der himmlische Thron Gottes, ganz unten das Wägen der Seelen, links davon die Engel, die die Menschen ins Paradies führen (diese Szene ist thematisch mit dem Paradies der Südwand verschmolzen). Rechts werden die Sünder von den Teufeln in die Hölle hineingetrieben, unter gemalten Arkaden die Höllenstrafen der Sünder.

Schon das Patrozinium der Kirche zeigt deutlich den *westlichen Einfluß:* die Kirche ist nicht der byzantinischen Heiligen Anastasia von Sirmium, sondern der Heiligen Anastasia von Rom geweiht, was eindeutig aus der Stifterinschrift im östlichen Joch der Südwand zu entnehmen ist. Dieser westliche Einfluß zeigt sich sowohl formal als auch inhaltlich bei den ausgeführten Malereien; viele ikonographische Details gehen auf westliche Vorbilder zurück (z. B. die verschiedenen Architekturlandschaften, die Szene der ›Höllenfahrt‹ – in der byzantinischen Ikonographie = Hadesfahrt – mit dem offenen Grab u. a.); der vom Westen beeinflußte Stil zeigt auch kretische Elemente. Insgesamt sind die Malereien als künstlerisch schwach einzustufen. Die Ausschmückung der Kirche ist aber ein wichtiges Beispiel für die orthodoxe Kunst und Religionsfreiheit während der Türkenherrschaft.

Kálathos

In der Ortschaft Kálathos (knapp 6 km vor Líndos) und weiter nördlich befinden sich für architekturgeschichtlich Interessierte vier wichtige byzantinische Baudenkmäler.

Ajía Kyriakí-Kirche

Von Rhodos kommend, liegt das Kirchlein am Ende der Ortschaft rechts oberhalb der Straße; folgt man rechts der Abzweigung, dann liegt bereits nach 200 m die Kapelle auf einem freien Platz.

Die einfache Einraumkapelle besteht mindestens aus zwei Baustufen. Im Westen ist das Kirchlein durch einen offenen, tonnengewölbten Raumteil narthexähnlich verlängert. An der Südwand befinden sich zwei Gräber, die möglicherweise aus der Ritterzeit stammen. Das Mauerwerk der Kapelle läßt unter dem Putz Ziegeleinlagen erkennen, die auf eine byzantinische Gründung schließen lassen. Im westlichen Teil des Innenraumes (zweite Baustufe) sind nur noch wenige Fresken (des 15./16. Jh.?) erhalten; möglicherweise befinden sich unter dem Putz und in der ersten Baustufe (im Osten) noch weitere Malereien.

Gewölbefresken (fragmentarisch erhalten), *Süden:* Geburt Christi (links erkennt man Joseph) und Einzug in Jerusalem (die Läufe und der Kopf des Reittieres und die Kinder sind zu erkennen); *Norden:* Kreuzigung und Hadesfahrt. Nordwand: nicht identifizierbare Fragmente (Heilige Georgios zu Pferde und Kyriake?); Südwand (v. l. n. r.): Fragmente von ganzfigurigen Heiligen; der Heilige Nikolaus erhält von der Muttergottes (rechts oben) und von Christus die Bestätigung seiner Bischofsweihe; Antonios (?) und eine ganzfigurige heilige Frau.

Ajios Ioánnis Pródromos-Kirche

Bei der Rückfahrt nach Rhodos folge man etwa 0,5 km nach Kálathos (1 km nach der Ajía Kyriakí-Kirche) rechts einer Asphaltstraße bis zu ihrem Ende; links gelangt man nach 0,9 km zu dem Kirchlein.

Die Ajios Ioánnis Pródomos-Kirche ist ein schönes Beispiel für den häufig auf Rhodos gebauten Typus einer dreijochigen Kuppelhalle. Quader und Ziegeleinlagen unter dem Putz bestätigen die byzantinische Bautradition. Der Innenraum ist völlig überputzt und zeigt keinerlei Fresken.

Frühchristliche Basilika (Abb. 70)

Von der Abzweigung (nach Kálathos) zum Ajios Ioánnis Pródomos-Kirchlein folge man der Asphaltstraße Richtung Rhodos weitere 0,5 km. Rechts zweigt eine Schotterstraße ab, nach ca. 500 m halte man sich rechts: von Gras und Sträuchern überwuchert, breitet sich weiter südlich das Grabungsgelände aus.

Die dreischiffige Basilika mit halbkreisförmig geschlossener Nordapsis und einer außen dreiseitig geschlossenen Mittelapsis gehört dem 5./6. Jahrhundert an und wurde erst vor wenigen Jahren freigelegt. Bereits im 19. Jahrhundert und früher transportierten die Bewohner von Mássari Bauteile (korinthische Kapitelle, monolithische Säulen u. a.) der Basilika zu ihrem Dorf, die sie 1834 nach einem Erdbeben für die Errichtung der außerhalb liegenden Ajios Ioánnis-Kirche benutzten. Auf dem Kirchplatz der Panajía-Kirche in Mássari steht ein sehr schönes korinthisches Kapitell.

Im Nordschiff der Basilika, im Bereich der Apsis, ist ein Taufbecken aus Marmor erhalten (Abb. 70). Die Seitenschiffe messen etwa 4,5 bis 5 m, das Mittelschiff dagegen ca. 7 m. Eine Apsis im südlichen Seitenschiff fehlt. Das Seitenschiff stößt unmittelbar an die Ostwand an. Die Länge der Basilika beträgt bis zur Westwand ca. 26 m. Die Breite des Westnarthex beträgt ca. 4,50 m. Dem Narthex scheint ein Atriumhof vorgelagert zu sein, der aber (wie viele andere Raumteile der Basilika) noch nicht ausgegraben ist.

Nördlich der Basilika sind Fußbodenmosaiken erhalten, die evtl. zu Nebenräumen der Basilika oder zu einer Nebenkirche gehört haben. Lediglich die schiefwinklige Ausrichtung deutet darauf hin, daß es sich wahrscheinlich um Nebengebäude handelt. Der Marmorfußboden der Basilika scheint nur im Bereich des Mittelschiffes existiert zu haben, nur hier sind Fragmente nachweis-

60 MESANAGHRÓS Kímisis Theotóku-Kirche, monolithische Säule der frühchristlichen Basilika der Ortschaft als Türsturz der Kirche

61–68 Frühchristliches und antikes Baumaterial
61 MONÍ 'AMARTHU Frühchristliches Kapitell und Fragment einer Altarschranke
62 MARITSÁ Marmorfragmente einer frühchristlichen Basilika

63 RHODOS Spätantikes Kapitell der Akropolis

64 RHODOS Akropolis, Marmorfragment mit Inschrift

65 MÁLONA ›Altartisch‹ der Ajía Iríni-Kirche

66 KOLÍMBIA Säulenbasis der frühchristlichen Basilika

67 MONÍ ELEÚSSA Frühchristliches Marmorkapitell

68 AJÍA WARWÁRA bei Mesanaghrós, frühchristliches Kapitell der Basilika A

69–73 Frühchristliche Taufbecken

69 Mesanaghrós, Basilika A, befindet sich heute in der Kímisis Theotóku-Kirche von Mesanaghrós

70 KÁLATHOS Frühchristliche Basilika

71 KOLÍMBIA Basilika

72 LACHANIÁ Ajía Iríni, erhebt sich über den Grundmauern einer frühchristlichen Basilika

73 FILÉRIMOS (Iálysos) Taufkirche)

74 AJÍA WARWÁRA bei Mesanaghrós, Synthronon der frühchristlichen Basilika C

75 AJÍA WARWÁRA bei Mesanaghrós, Apsis der frühchristlichen Basilika A mit Fragmenten des Fußbodens

76 AJÍA IRÍNI weit außerhalb von Arnítha, Synthronon der frühchristlichen Basilika und Tetrakonchos-Taufkirche

77 MESANAGHRÓS Kímisis Theotóku, Apsiden der frühchristlichen Vorgängerbauten: Basilika A und B

78 PARADHÍSION Ajios Hábakuk-Kirche, antike Quelleinfassung unter dem Fußboden der byzantinischen Kirche

79 KAP FÚRNI Frühchristliche (?) Felsenkirche

80 MONÍ SKÍADHI
Klosterkirche

81 MONÍ KÁMIRO Herdstelle im Klosterhof

82 LÍNDOS Fassadendetail des ›Kapitänshauses‹ (17. Jh.)

83 LÍNDOS Theater am westlichen Akropolis-Hang

84 LÍNDOS Ajios Jeórjios Chóstos-Kirche (8./9. Jh.?)

85 LÍNDOS Akropolis, Felsrelief beim Treppenaufgang, Opferaltar: Heck einer Triere (2. Jh. v. Chr.)

86 LÍNDOS ›Grab des Kleobulos‹ (2. oder 1. Jh. v. Chr.)

87 Ajios Wassilios bei Lárdhos mit frühchristlicher Altarschranke

88 ASKLIPIÏON Holzschnitzerei des Ikonostas

89 PROFÍLIA Ajios Jeórjios-Kirche, Fresko des Hagios Antonios (17. Jh.?) ▷
90 MONÍ SKIÁDHI Klosterkirche, Fresko des Kirchenvaters Hagios Kyrillos (18./19. Jh.) ▷
91 AFÁNDU Katholikí, Fresko Johannes des Täufers (18. Jh.?) ▷
92 ARCHÁNGELOS Ajios Ioánnis Pródromos-Kirche, Fresko des geflügelten Johannes des Täufers (14./15. Jh.) ▷
93 MÁLONA Ajía Iríni-Kirche, Inschrift mit der Jahreszahl 1728 ▷
94 MONÍ THÁRI Inschrift mit der Jahreszahl 1506 ▷

89

90

91

92

93

94

95 KATTAWÍA Kímisis Theotóku-Kirche, Auferstehung des Lazarus, Einzug in Jerusalem und fünf Heilige in Medaillons (17. Jh.)

96 ARCHÁNGELOS Ajioi Theodhóroi von Týron und Stratilátis-Kirche, Stifterbild (1377)

97 PÝLON Kýra Pylóna-Kirche, Freskendetail aus der Geburt der Muttergottes (16. Jh.?)

98 PROFÍLIA Ajios Jeórjios, Fresko mit der Kreuzigung Christi (17. Jh.?)

99 TRIÁNDA Ajios Nikólaos-Kirche, Fresko mit der Verspottung Christi (15. Jh.)

100 MONÍ THÁRI Prophet Bileam auf dem Wege zum Moabiterkönig Balak, Fresko (1620)

101 MONÍ THÁRI Prophet Bileam vor dem Moabiterkönig Balak, Fresko (1620)

bar. Im nördlichen Seitenschiff sind beim westlichen Eingang vom Narthex aus Mosaikreste zu erkennen. Das Außenmauerwerk zeigt wohlgeordnete Quadern, gut behauen, die auf eine sehr reiche Basilika bzw. ein reiches Episkopat schließen lassen.

Ajios Jeórjios-Kirche

Von der Abzweigung zur Basilika erkennt man bereits weiter nördlich, etwa 200 m links der Asphaltstraße in Richtung Rhodos, das kleine Kuppelkirchlein. Auch die Ajios Jeórjios-Kirche zeigt den auf Rhodos sehr beliebten Typus einer Kuppelhalle, die, wie alle anderen Bauten auf der Insel, atektonisch gegliedert ist: Der Baukörper erscheint, aufgrund seiner Giebelausbildung im Norden und Süden des Kuppeljoches, wie eine einfache Kreuzkuppelkirche mit eingeschriebenem Kreuz und freien Eckkompartimenten, der Grundriß und der Innenraum haben hingegen die Gestalt einer Kuppelhalle. Der Innenraum der Kirche ist völlig überputzt, nur in der Kuppelschale schimmert ein Fresko mit einer Pantokrator-Darstellung hindurch.

Kalawárdha

Südlich der Ortschaft (Westküste, kurz vor Kamíros) liegt eine **mykenische Nekropole,** die aufgrund ihrer Grabbeigaben zu den bedeutendsten mykenischen Totenstätten von Rhodos gehört, wenn auch die Gräber selbst für den Laien kaum sehenswert sind. Das Gelände und die Gräber sind nur schwer auffindbar; es empfiehlt sich, einen Führer aus dem Dorf mitzunehmen.

Kalithié

Folgt man von Kalithié (rund 15 km südlich von Rhodos) der Straße nach Pastídha, so gelangt man nach ca. 500 m zu einer Abzweigung, die rechts zu dem verlassenen **Kloster Panajía Eleússa** (Gottesmutter des Erbarmens) führt, das heute inmitten eines militärischen Geländes liegt. Ein schönes, frühchristliches Kapitell (Abb. 67) und eine monolithische Marmorsäule erinnern an eine frühchristliche Basilika, die bisher nicht gefunden wurde. Der Innenraum der Kirche ist mit volkstümlichen Fresken aus dem Jahre 1784 (Maler Neophytos von Sými) ausgeschmückt, die starken westlichen Einfluß verraten (Hadesfahrt, die vier Evangelistensymbole u. a.).

Kamiró s. Moní Kamiró

Kamíros s. S. 222 ff.

Kamíros Skala

Kamíros Skala ist heute ein kleiner unbedeutender Hafenort in der Mitte der Westküste. Die natürlich geschützte Hafenbucht war schon in der vorchristlichen Zeit besiedelt. Ein nicht vollendetes **Felsengrab** nach lykischer Art (Abb. 50), das aus der nördlichen Felswand geschlagen wurde, erinnert an die spätantike Epoche.

Aus frühchristlicher Zeit sind die Reste einer 9,70 m × 33,50 m großen dreischiffigen **Basilika** erhalten, die heute teilweise vom Meer überspült wird. Marmorfragmente, Wände mit Ziegeleinlagen und Reste von Fußbodenmosaiken ermöglichen eine

Basilika von Kamíros Skala, Grundriß

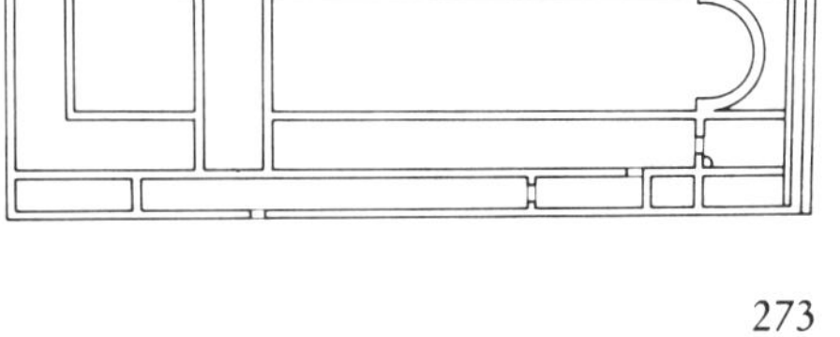

Datierung ins 6. Jahrhundert. Ungewöhnlich für die frühchristliche Architektur auf Rhodos ist hingegen die Grundrißgestalt der ›Apsiden‹. Die dreischiffige Anlage mit querliegendem Narthex und offenem Atriumhof endet nur im Mittelschiff mit einer halbkreisförmigen Apsis, im Norden und Süden ergeben sich in Verlängerung der Seitenschiffe kleine Nebenräume, die vom Altarraum aus nicht zugänglich waren. Ähnliche Anlagen gab es in fast allen byzantinischen Landschaftsräumen stets nur vereinzelt; dieser Entwurf läßt sich also nicht als landschaftlich gebundener Typus nachweisen. Als weitere griechische Beispiele dieses Typs seien erwähnt: Basilika B in Chersónissos (Kastrí) auf Kreta aus dem 5. Jahrhundert; Basilika von Toumba bei Thessaloniki, 5./6. Jahrhundert und Basilika von Hypsilo von Metopo auf Lesbos, 6. Jahrhundert.

Kap Fúrni

Dieser landschaftlich sehr reizvolle südwestliche Teil der Insel mit dem *Akramítis-Berg* (825 m) und seinen weit ausgedehnten einsamen Sandstränden blieb bisher vom Massentourismus verschont. In der Ortschaft Monólithos findet man preiswerte Privatquartiere, die einen längeren Aufenthalt sehr angenehm gestalten.

Im Norden der *Apolakkiá-Bucht* streckt sich ein schmaler Felsrücken nach Süden als Halbinsel in das Meer. Ihre östlichen Steilfelsen sind von spätantiken Gräbern und frühchristlichen Felsenkapellen ausgehöhlt, die bereits 1881 die beiden französischen Forscher Edouard Biliotti und Abbé Cottret besucht haben: »Im Süden«, so schreiben sie, »von Monólithos, am Cap Fúrni, ist in der Nähe eines halbeingestürzten Turmes der Felsen abgeflacht worden, und es wurde eine Kammer mit zwei Abteilungen ausgehöhlt. Wenn man der südlichen Flanke des Kaps folgt, erreicht man bald drei Grotten, die nicht das Werk der Natur sind. Zahlreiche Nischen, die in die Wände gegraben sind, deuten auf antike, hellenistische Gräber hin. Und in der Folge bedienten sich ihrer die frühen Christen, wie dies Kreuze, die überall in den Felsen geritzt sind, bezeugen. Terrakotten, die man dort fand, bestätigen unsere Annahme.«[19]

Vom *Kastell Monólithos* bis zum Strand sind es insgesamt 2,2 km (vom Dorf aus weitere 2,4 km). Am Strand angelangt, halte man sich links bis zu den steilen Felsen; dann links über eine kleine Felsnase hinweg, um auf eine etwa 50 m breite felsige Landzunge zu gelangen, an deren südlicher Spitze sich ein *Gebäude* befindet: es hat eine kreisrunde Basis aus wohlbearbeiteten Quadern, darüber erheben sich fünf Mauerwerksschichten. Das Bauwerk scheint ein Leuchtturm o. ä. gewesen zu sein. Vielleicht war es die Basis für eine Statue während der Spätantike.

Im gesamten Bereich der Südspitze sind viele Keramikscherben vorhanden, die die von Biliotti und Cottret erwähnte spätantike Siedlung bestätigen. Beide Buchten im Norden und Süden haben schöne einsame Strände. Etwa 100 m vor der Kapspitze liegt an einem kleinen Felsvorsprung der von Biliotti und Cottret beschriebene Zweikammerraum, beide Räume sind durch eine aus dem Felsen herausgearbeitete Trennwand abgeteilt und noch mit Gebeinen gefüllt.

Steigt man an der Südseite dieses Turmes hinunter und wendet sich wieder Richtung Küste, so ist gleich auf der linken Seite (Osten), nach etwa 100 m, der Eingang zu einer **frühchristlichen Kapelle** (?) zu sehen. Die Kapelle (Abb. 79) hat die interessante Form eines freistehenden griechischen Kreuzes. In dieser Kirche wurde kein Himmelsgewölbe nach Art der kappadokischen Höhlenarchitektur gebaut, sondern die vier Kreuzarme sind rundbogenförmig, also als Tonnengewölbe herausgearbeitet, so daß sich an ihren Verschneidungslinien zwangsläufig Kreuzgratgewölbe ergeben. Am Scheitel dieses Kreuzgratgewölbes ist ein Kreuzsymbol in den Felsen eingearbeitet (wahrscheinlich aus der Zeit der Ritter).

Zurück zur Kapspitze halte man sich wieder landeinwärts; etwa 100 m nach den Kammergräbern, nahe bei einem Macchiastrauch, gelangt man rechts (Osten) in drei **Höhlen**. In dem sehr steilen Felsen sind verwaschene Stufen ausgearbeitet, die zur Plattform der Höhlen hinunterführen. Diese drei Höhlen sind mit kleinen Nischen ausgearbeitet, sie zeigen ein kuppelartiges Gewölbe; aus der Felsendecke sind kleine Stege ausgebildet, von denen ursprünglich Gegenstände herunterhingen. Die ersten beiden Höhlen sind durch eine dünne Stegwand voneinander getrennt, ein kleines ›Schlupfloch‹ verbindet sie. Eine kleine Schiffsdarstellung in der mittleren Höhle stammt wahrscheinlich von den Fischern dieser Gegend. Die interessanteste Höhle ist die erste, es ist ein Raum von ungefähr 4,50 m Durchmesser, die Höhe beträgt ca. 2,20 m. Richtung Nordwesten sind aus der Felsenkapelle zwei Apsiden herausgearbeitet, sie erinnern an die Felsenkapelle der Ajía Agháti bei Charáki (Kapellen mit Doppelnischen scheinen hier auf Rhodos besonders beliebt gewesen zu sein). Die verschiedenen Ornamente und Schriftzeichen stammen aus allen Jahrhunderten. Etwa in der Mitte der rechten erkennt man eine weitere kleine angedeutete Apsidiole, rechts davon ein reliefartiges Andreaskreuz. An der Felswand zwischen der zweiten und dritten Grotte zeigt die Südfassade vier vertieft liegende Reliefs mit angedeuteten Kreuzsymbolen. Am linken Eingang zur ersten großen Hauptgrotte befinden sich ebenfalls tieferliegende Flächen mit Schriftzeichen.

Kastell Kamíros

Das Kastell Kamíros (Abb. 44), nur wenige Kilometer südlich von Kamíros Skala entfernt, ist eine der besterhaltenen mittelalterlichen Burgen der Johanniter. Es stammt aus dem Anfang des 14. Jh. und wurde 1472 von dem Großmeister degl' Orsini restauriert; später von d'Aubusson und del Carretto erweitert, hielt diese Festung der türkischen Belagerung bis zum Ende der Ritterzeit stand. Die teilweise bis zu ihren Zinnen noch aufrechtstehenden Mauern umschließen ein steil abfallendes Felsgelände, auf dem die Ritter terrassenförmig ihre Gebäude errichteten. An dem höchsten Punkt der Burg, im Süden, zu dem eine aus dem Felsen gearbeitete Treppe hinaufführt, stehen Reste eines kleinen bastionartigen Turmes, von dem man nach Norden und Süden einen weiten Blick über die Westküste der Insel hat.

Direkt an der Innenseite der südlichen Verteidigungsmauer oberhalb des Kastell-Eingangs erhebt sich die **Ajios Jeórjios-Kirche** (?). Die aus schönem Quadermauerwerk gebaute Ritterkirche ist noch fast vollständig erhalten. Zwei große Zisternen, die aus dem Felsen des Hanggeländes ausgearbeitet wurden, sicherten einst die Wasserversorgung für die Rittermannschaft der Festung.

Katholikí s. Afándu

Kattawía

Die Südspitze der Insel Rhodos bei Kattawía ist heute nahezu entvölkert. Die antike Siedlung von **Wruliá** an der westlichen Bucht, direkt an der Inselsüdspitze, die zur Halbinsel Prassoníssi überleitet, und die vielen, weit im Umkreis von Kattawía und in der Ortschaft selbst verstreuten antiken Fragmente in Form von marmornem Baumaterial, Grundmauern einer archaischen Siedlung, Zisternen, Wasserleitungen und Gräbern, belegen, daß dieser Inselteil vor dem Synoikismus im Jahre 408 v. Chr. (s. S. 26, 85) eine große Bedeutung gehabt haben muß. Heute ist die Landschaft im Süden der Insel wenig einladend; nur die stachelige, immergrüne Macchie überzieht die sanftgeschwungenen Hügel und Hänge. Ackerbaukultur sowie Schaf- und Ziegenwirtschaft und selbst die Olivenbäume bringen den Bauern nur kärgliche Erlöse.

Fragmente der frühchristlichen Basilika von Kattawía

Am südöstlichen Rand der archäologisch noch nicht untersuchten lockeren Streusiedlung von Kattawía steht auf einem Friedhof die Kímisis Theotóku-Kirche, die auf den Grundmauern einer frühchristlichen Basilika errichtet wurde, die einst an der Stelle eines antiken Apollotempels stand.

Kímisis Theotóku-Kirche

(Den Schlüssel der Kirche erhält man beim Dorfpriester)

Datierung der Architektur:
14. Jahrhundert (?)

Datierung der Fresken: in der Apsis 19., teilweise 16. Jahrhundert (?), 17. Jahrhundert mit Übermalungen im Gemeinderaum

Die mittelalterliche Kreuzkuppelkirche mit ihrer achtseitigen Tambourkuppel erhebt sich über dem Grundriß eines freistehenden lateinischen Kreuzes. Der westliche Anbau (17./18. Jh. ?) besteht aus zwei voneinander getrennten Raumteilen: einem Narthex, der nach Norden geöffnet ist und einem Beinhaus; beide Räume werden von Kreuzrippengewölben überspannt. Zwei Schießscharten in der Westwand des Beinhauses deuten darauf hin, daß dieser Bau früher auch als Wehrkirche genutzt wurde. Der westliche Kreuzarm ist noch mit sehr altertümlichen Dachziegeln gedeckt.

Beschreibung des Freskenprogramms

Altarraum (östlicher Kreuzarm): In der Apsiswölbung oben als halbkreisförmiges Bildfeld Mandylion, darunter König David, thronende Muttergottes mit Christuskind und zwei adorierenden Engeln, rechts der Prophet Joel, darunter Apostelkommunion; im zylindrischen Teil der Apsis links Diakon Romanos und ganzfigurige Kirchenväter. Rechts über der Nische ein weiterer Diakon. *Gewölbe* Norden: Himmelfahrt, darunter Opferung Isaaks, am Wandteil sind die Fresken zerstört; Süden: Fragmente der Pfingstdarstellung, alles andere ist zerstört.

Kuppelraum: (19. Jh.) In der Kuppel ein kleines Rundbild mit Christus, radial um ihn herum die himmlischen Heerscharen, an dem Tambour siebzehn ganzfigurige Heilige, an den Pendentifs die vier Evangelisten. *Nördlicher Kreuzarm:* westliches Gewölbe, oberes Bildfeld: Kreuzabnahme, darunter ungläubiger Thomas, am Übergang von der Wandfläche zum Gewölbe drei Heilige in Medaillons, an der Wandfläche Kaiser Konstantin und Helena; östliches Gewölbe die Beweinung Christi, darunter Hadesfahrt, am Übergang zur Wandfläche ein Fries mit drei Heiligen in Medaillons; Wandzone: zwei ganzfigurige Heilige. *Nördliche Wand,* oberes Giebelfeld, links und rechts je ein Brustbild eines Heiligen, in der Mitte Kreuzigung Christi, unteres Register: Frauen am leeren Grabe, Christus und die Samariterin, Christus heilt einen lahmen Mann, Blindenheilung; Wandzone: fünf ganzfigurige Heilige (u. a. Antonius, Elias, Pandeleimon, Andreas).

Südlicher Kreuzarm, östliches Gewölbe: Geburt Christi, darunter nicht identifizierbare Szene, im Wandbereich nichts erhalten; westliches Gewölbe: Geburt Christi (zweimal), Taufe Christi darunter Medaillonfries mit drei Heiligen; südliche Wand: Giebelfeld, Kindermord von Bethlehem, unteres Register: ganz links zerstört, Auferweckung des Lazarus, Einzug in Jerusalem (Abb. 95), Enthauptung Johannes des Täufers (?); darunter Medaillonfries mit noch sieben erhaltenen Heiligen; in der Wandzone sind nur noch zwei Kirchenväter erhalten.

Westlicher Kreuzarm, nördliches Gewölbe, oberes Register (mit seltenen Darstellungen der Schöpfungsgeschichte): Gott erschafft die Erde, Gott erschafft Sonne und Finsternis, nicht identifizierbare Szene, Gott scheidet die Wasser von der Erde; *mittleres Register:* Erschaffung der Tiere, Erschaffung Adams, nicht identifizierbare Szene, Adam und Eva im Paradies; *unteres Register:* Kain

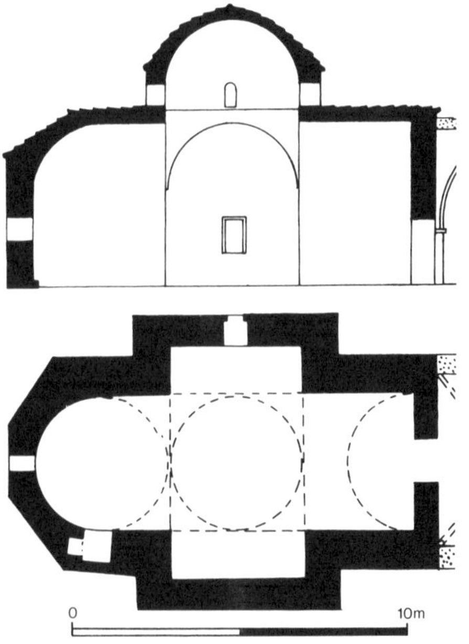

Kímisis Theotóku-Kirche von Kattawía, Grundriß und Schnitt

bestellt seinen Acker, Abel hütet seine Herde, nicht identifizierbare Szene, Kain erschlägt seinen Bruder Abel, nicht identifizierbare Szene, darunter Medaillonfries mit sieben Heiligen; Wandzone drei ganzfigurige Frauenheilige (u. a. Barbara, Eirene). *Südliches Gewölbe:* Jüngstes Gericht; darunter in der mittleren Szene in Wolkenbildern dargestellt der Einzug zum Jüngsten Gericht, heilige Frauen, Bischöfe, Priester u. a. Ganz rechts der Höllenschlund, der sich bis ins untere Register fortsetzt, links ist Maria von Ägypten zu erkennen; in der untersten Szene fragmentarisch Höllenstrafen. *Westwand:* im Giebelfeld drei Paradiesszenen, darunter Adam und Eva im Paradies, Vertreibung aus dem Paradies durch einen Engel, Adam und Eva beklagen die Ausweisung aus dem Paradies, Adam und Eva bestellen den Acker, nicht identifizierbare Szene, unteres Register: Geburt der Gottesmutter, Tod der Gottesmutter, Tempelgang Mariens. An der unteren Wandzone: Erzengel Michael als Beschützer der Kirche, an dem Holzbalken über der Tür sind noch Fragmente einer Inschrift zu erkennen.

Die Fresken zeigen jenen schweren ›Athos-Barock‹ wie die Malereien von Asklipiïon.

Kiotári

Kleiner Weiler, im Süden an der Ostküste (4 km nördlich von Jenádhion), der bereits in der Antike besiedelt war; bisher archäologisch noch nicht erforscht. Von dem byzantinischen *Kloster Metamórphosis* (›Verklärung des Herrn‹, 6. August) sind ebenfalls keinerlei Bauten mehr erhalten. Nur in der dreijochigen *Einraumkapelle* und ihrem kräftigen Kreuzrippengewölbe sind antike Spolien (ein korinthisches Kapitell im Westen) als Kämpfer vermauert.

Kolímbia

Von der Küstenstraße Rhodos – Líndos zweigt etwa 6 km nach Afándu in Richtung Osten eine Asphaltstraße zu der schönen *Bucht von Wághia* ab. Nach einer Rechts- und Linksbiegung fährt man durch eine Eukalyptus-Allee. Nach ca. 100 m liegen rechts eingezäunt die Grundmauern einer frühchristlichen Basilika aus dem 5./6. Jahrhundert. Die dreischiffige Anlage zeigt eine außen dreiseitig geschlossene Mittelapsis und einen querliegenden Westnarthex, dem ein Atrium vorgelagert war. Im Altarbereich sind Reste eines Mosaik- und Marmorfußbodens erhalten. Im nördlichen Teil des Atriums scheint ein Baptisterium existiert zu haben, von dem noch das in dem Fußboden eingelassene Taufbecken (Abb. 71) vorhanden ist. Das Taufbecken war ursprünglich mit Marmorplatten ausgekleidet. – Westlich davon liegt ein schönes fragmentarisches Fußbodenmosaik, gebildet aus halbierten Kieselsteinen mit roten Ziegeleinlagen, die zu dekorativen Fisch- und Rautenmotiven geformt sind; ganz in der Nähe Marmorfragmente des Ikonostas, Kapitelle und eine Basis aus rotem Sandstein (Abb. 66). Die halbkreisförmige Form einer Exedra im Atrium, die mit Marmorplatten ausgelegt ist, könnte einst zu einem Brunnen gehört haben.

Kritinía

Kritinía ist eines der reizvollsten rhodischen Gebirgsdörfer. Der idyllische Dorfplatz mit seinen schattigen Platanen lädt zum Verweilen ein. Von hier aus lassen sich ergiebige Wanderungen in einen botanisch sehr interessanten Landschaftsraum unternehmen. Südwestlich von Kritinía liegt im Schatten zweier alter Zypressen das Ajios Ioánnis-Pródomos-Kirchlein (Farbt. 49). Vom Dorfplatz folge man der Straße nach Süden, die nach ca. 2 Minuten in einen schmalen Weg übergeht, der bald rechts abzweigt und als schmaler Pfad nach insgesamt fünf Minuten zum Kirchlein weiterführt. Das bescheidene, weißgetünchte Gotteshaus hoch oberhalb der Westküste, im Norden das Kastell Kamíros mit weitem Blick nach Westen bis zur Insel Kárpathos, strahlt mythisches Fluidum aus.

Ajios Ioánnis Pródromos-Kirche

(Den Schlüssel der Kirche besorge man sich beim Dorfpriester!)

Datierung der Architektur: unbestimmbar, sehr altertümlich (12./13. Jh.?)

Datierung der Fresken: Erste Schicht 13. Jahrhundert, zweite Schicht 15. Jh.
Einfache Einraumkapelle mit innen und außen halbkreisförmig geschlossener Apsis. Das Mauerwerk zeigt teilweise Ziegeleinlagen, die Dachziegel bestehen aus dünnen Sandsteinplatten. Die Fresken des Innenraums werden erst nach ihrer dringend erforderlichen Restaurierung ihre ganze Schönheit erkennen lassen.
Beschreibung des Freskenprogramms
Altarraum: In der Apsiswölbung nicht identifizierbar (Christus oder Muttergottes); am Triumphbogen, der für Rhodos völlig unüblich sehr breit ausgebildet ist, die ebenfalls für die rhodischen Kirchen an dieser Stelle sehr seltene Szene der Verkündigung an Maria, links und rechts darunter je ein Diakon, im zylindrischen Teil die beiden ganzfigurigen Kirchenväter Chrysostomos und Basileios; in der Mitte unter dem Apsisfenster rot eingerahmt ein gemalter Altartisch ohne Melismos (eine für Rhodos gleichfalls seltene Darstellung). Links und rechts unter den Diakonen ist noch die ältere Freskenschicht des 13. Jahrhunderts zu erkennen, dort ist ebenfalls auf der rechten Seite ein Kirchenvater in Seitenansicht dargestellt, wahrscheinlich handelt es sich hier um den Hl. Nikolaus (?). Im Gewölbe des Bemas fehlen die für das ikonographische Programm wichtigen Darstellungen Pfingsten und/oder Himmelfahrt, dafür sind dargestellt im Norden Taufe Christi und im Süden Kreuzigung Christi; nördliche Wandfläche: ein Kirchenvater in Seitenansicht zum Altar hingewandt und ein weiterer Diakon; südliche Wandfläche Medaillonfries mit Heiligen, darunter zwei Kirchenväter (und zwei ganzfigurige Heilige, links ein Kirchenvater und ein weiterer Diakon).
Gewölbe des Kirchenraumes, Süden: neben der Kreuzigung im Altarraum folgen die Hadesfahrt und Frauen vor dem leeren Grabe; Norden: großangelegte Szene mit dem Festmahl des Herodes Antipas, dem Tanz der Salome und der Enthauptung Johannes des Täufers; unter der Gewölbeszene ein Fries mit gemalten Rauten, in diesen befinden sich Porträts von Heiligen (drei weibliche und drei männliche Heilige). Darunter an der *Nordwand:* ganzfigurige Heilige (u.a. ein Soldatenheiliger und ganz rechts neben dem Ikonostas Johannes der Täufer); *Südwand:* neben dem Ikonostas Fragment einer Heiligen Frau (Muttergottes?), zwei ganzfigurige Heilige und ganz im Westen der Hl. Christophoros. Giebel der *Westwand:* Marientod, links von der Tür ein Soldatenheiliger zu Pferde.

Kymisála

Nördlich von Siánna zweigt nach ca. 2 km in Richtung Westen (geradeaus Straße nach Rhodos) eine Schotterstraße ab, die nach 1,4 km zu einer landschaftlich reizvollen und botanisch interessanten Ebene führt. Links erhebt sich die Einraumkapelle **Panagia Zoodhochos Pijí** (›Maria als lebensspendende Quelle‹), die noch wenige volkstümliche, grob-bäuerliche *Fresken* des 15. Jahrhunderts mit vielen Übermalungen birgt; die künstlerisch wertvollste Darstellung befindet sich in der Apsiswölbung: thronende Muttergottes mit dem Christuskind; ferner sind folgende Fragmente erhalten, südliches Gewölbe: Taufe Christi, Erweckung des Lazarus; nördliches Gewölbe: eine sehr grobe Darstellung (18. Jh.) Verklärung Christi, an der Wandzone neben der Panagia Zoodhochos zwei ganzfigurige Heilige.

Nach etwa 300 m zweigt links ein Sträßchen zum Kastell Monólithos ab. Rechts breitet sich ein felsiger Hügel aus, auf dem die sehr spärlichen Reste der antiken Stadt **Kymisála** liegen. Das Gelände wurde bisher archäologisch noch nicht erforscht.

Lachaniá

(Südteil der Insel, nahe Ostküste)
Kurz vor der Ortseinfahrt nach Lachaniá liegt, von Süden kommend, links der Straße die dreijochige **Kirche der Ajía Irína**. Am Architrav des Westeingangs liest man eine Inschrift mit der Jahreszahl 1760. Die Kirche steht auf den Grundmauern einer frühchistlichen Basilika, von der Baumaterial in dem Nachfolgebau verarbeitet wurde. Die dreiseitig geschlossene Apsis der Ajía Iríni überdeckt teilweise die halbkreisförmige Apsis des Mittelschiffes der Basilika. An der Südseite der Kirche steht ein höchst interessantes *Taufbecken* (Abb. 72) der frühchristlichen Epoche (6. Jh.): aus einem kreisförmigen monolithischen Marmorblock wurde ein Taufbecken mit vier kreisförmigen Kreuzarmen herausgearbeitet; die inneren Spitzen des oberen Randes schmücken vier Kreuzsymbole.

Láerma

(Inselmitte)
Ausgangspunkt für die Besichtigung der 4 km entfernt liegenden Klosterkirche **Thári** (s. S. 292). In der **Panajía-Kirche** des Dorfes bewahrt der Priester die ›Wasilopúla‹ auf (Farbt. 42; s. S. 292).

Lárdhos

Lárdhos ist der Ausgangspunkt für die zwanzigminütige Wanderung zur antiken Nekropole von **Exochí** (s. 250). Östlich der Ortschaft und östlich der Küstenstraße (ca. 100 m vor der Abzweigung nach Lárdhos von Líndos kommend, etwa 100 m links der Straße) liegen versteckt zwischen Weinstökken und unter Olivenbäumen die Grundmauern einer dreischiffigen **Basilika** der frühchristlichen Epoche des 5./6. Jh. Hier fand man Reste eines sehr schönen Ambo aus Marmor, der ehemals vor der Chorschranke im Mittelschiff der Basilika stand.

Heute erhebt sich dort eine mittelalterliche Einraumkapelle. Der mit Freskenfragmenten aus dem 15. Jahrhundert ausgeschmückte Bau wird heute ›**Katholikon**‹ genannt. *Freskenschmuck:* Deesis in der Apsiswölbung, darunter links Fragment der Apostelkommunion, im zylindrischen Teil sechs Kirchenväter in Seitenansicht unter gemalten Arkaden und Melismos (sehr selten für Rhodos!); am Triumphbogen Mandylion. In den Nischen, Norden: Georgios zu Pferde, Süden: thronende Muttergottes.

Östlich der Küstenstraße Líndos – Kattawía, die an Lárdhos vorbeiführt, also Lárdhos gegenüber, zweigt in spitzem Winkel Richtung Süden eine Schotterstraße ab, über die man nach Péfka und durch eine sehr schöne Küstenlandschaft ebenfalls nach Líndos gelangt. Nach bereits 1 km liegt links, oberhalb einer Terrasse, zu der eine breite Treppe hinaufführt, die **Ajios Jeórjios-Kapelle** (Farbt. 46). Die gesamte Strekke von der Küstenstraße um den *Marmári-Berg* (458 m) herum bis nach Líndos eignet sich besonders gut für eine ausgedehnte Wanderung (insgesamt ca. 8,5 km bzw. 3–4 Stunden); ein schöner Strand und Tavernen in Péfka laden zu einer Pause und zum Verweilen ein.

Die einfache Kreuzkuppelkirche des Ajios Jeórjios, die sich über dem Grundriß

Ambo (Lesebühne) der frühchristlichen Basilika von Lárdhos. Byzantinisches Museum, Rhodos

eines freistehenden lateinischen Kreuzes erhebt, stammt wohl aus dem 15./16. Jahrhundert (?) und ist innen und außen überputzt. Von einem früheren Freskenschmuck ist aufgrund des neuzeitlichen Innenputzes nichts zu sehen. Im Westen zeigt der Bau einen offenen, tonnengewölbten Narthexanbau; die Apsis ist dreiseitig geschlossen. Völlig singulär für Rhodos ist die architektonische Gestalt der Tambourkuppel (Farbt. 46): gleich einer Krone leitet ein umlaufender *romanischer Bogenfries* von dem runden Tambour zur Kuppelwölbung über.

Folgt man der Küstenstraße von der südlichen Ausfahrtsstraße Lárdhos in Richtung Kattawía , so gelangt man nach ca. 0,5 km (kurz vor der Straßenbrücke) rechts zu einer Schotterstraße; nach 100 m links und weiteren 200 m links erkennt man nach ca. 400 m rechts die Ruine der **Ajios Wassílios-Kreuzkuppelkirche.** Die mittelbyzantinische Kirche zeigt den Grundriß eines freistehenden lateinischen Kreuzes, von der die Außenmauer und die Apsis noch gut erhalten sind. Das Bema wird heute von zwei frühchristlichen Altarschranken (Abb. 87) mit Kreuzsymbolen vom Naos abgetrennt. Material und Ornamentik der Altarschranken erinnern an die Spolien des ›Katholikon‹ von Lárdhos. Etwa 300 m südlich der Kirche ist schönes Quadermauerwerk einer *spätantiken Stadtmauer* erhalten.

Líndos s. S. 167ff.

Málona

Von der neuen Küstenstraße Rhodos – Líndos zweigt nach dem Profítis-Ilías-Berg (512 m) in Höhe des Kastells Féraklos eine Straße nordwestlich nach Málona ab; schon nach 500 m folge man links einem Schotterweg, nach weiteren 200 m erkennt man rechts am Hang einer kleinen Anhöhe, inmitten eines Olivenhaines, die Ajía Iríni-Kirche; ca. 1 km nordwestlich der Kapelle liegt die Ortschaft Málona.

Ajíi Irína-Kirche (Farbt. 48, Abb. 65, 93)

Datierung der Architektur: 14./15. Jahrhundert (?)

Datierung der Fresken: 1728 (nach einer Stifterinschrift und ältere Schichten übertüncht)

Der langgestreckte Baukörper der dreijochigen Kuppelhalle lehnt sich mit seiner Westwand an ein 1,50–2 m hohes felsiges Hanggelände an. Die Tambourkuppel hat zu allen vier Himmelsrichtungen je ein schlitzartiges Fenster, die unmittelbar an der quadratischen Grundfläche, dort wo der Tambour mit dem Kubus des Kuppelraumes verschneidet, ansetzt. Im westlichen Giebel ist oben ein kreisrundes Fenster eingelassen. Die Ostapsis zeigt ein schlitzartiges Fenster. Der Hauptzugang der Kirche befindet sich im westlichen Joch, in der Südwand. Im nördlichen und südlichen Bereich des Kuppeljoches und an der Westfassade erkennt man Blendbögen. Erst durch eine Restaurierung, bei der man den gesamten neuen Putz abschlagen mußte, ist die Morphologie dieser für Rhodos seltenen Architektur deutlich geworden; die reinen Formen der Außenarchitektur sind so nicht sichtbar. Die überputzten Fassaden lassen Elemente der komnenischen Blendarkadenarchitektur vermuten, die seit dem 11. Jahrhundert in Konstantinopel gebräuchlich waren und verhältnismäßig schnell auch in allen griechischen Landschaftsräumen – vorwiegend bei Kreuzkuppelkirchen, seltener bei Kuppelhallen – der gegliederten Architektur mit tektonisch und atektonisch gestalteten Fassaden ganz neue Impulse gab. In der näheren und weiteren Umgebung dieser Kirche befinden sich unter den Olivenbäumen viele Keramikscherben und Marmorfragmente, die darauf hindeuten, daß hier eine alte Tradition weiterlebt und dieser Baukörper vielleicht auf einem (frühchristlichen?) Vorgängerbau steht.

Innenraum der Kuppelhalle ist in drei Joche unterteilt. Das östliche Joch ist etwas breiter als das westliche, am breitesten ist das Kuppeljoch. Entsprechend der Kuppeljochkonstruktion mit tiefen Nischen nach Norden und Süden hat man auch im Osten und Westen die Joche jeweils mit rundbogenförmigen Nischen ausgebildet. Die Abgrenzung vom östlichen bzw. westlichen Joch zum Kuppeljoch vollzieht sich nicht mit einem Gurtbogen, sondern die Tonnen enden mit ihrer gekrümmten Kuppelkante direkt zum Kuppeljoch. Pendentifs tragen den sehr hohen Tambour. Der Fußboden zeigt ein typisch rhodisches Kieselmosaik. Der Altartisch wird aus einem Säulenstumpf und einem mächtigen korinthischen Kapitell (Abb. 65) gebildet, die beide weiß übertüncht sind. Im Altarraum befindet sich in dem nördlichen Blendbogen eine Sakramentsnische, die an der Nord- und Ostseite eine Inschrift zeigt, an der Nordseite zusätzlich ein Kreuzsymbol; darüber befindet sich die Stifterinschrift mit der Jahreszahl 1728 (Abb. 93).

Beschreibung der Fresken (nur noch im Kuppeljoch fragmentarisch erhalten):

Nordseite: überlebensgroße Darstellung der Hl. Eirene, die nur noch mit ihrem Oberkörper erhalten ist. Sie wird umrahmt von einem inneren umlaufenden Ornamentband mit schönen Blumenmotiven, das von zwei Flechtbändern begleitet wird. Ornamente dieser Art sind aus der byzantinischen Emailkunst des 14. Jahrhunderts übernommen (was sowohl für die Entstehungszeit der Fresken als auch für diese provinzielle postbyzantinische Kunst unter türkischer Herrschaft sehr erstaunlich ist). Im Scheitel des Blendbogens Christus Emanuel; darunter links und rechts Ornamente aus Blumenmotiven und eine Zickzack-Zierleiste; vertikale Laibung im Osten: Muttergottes mit dem Christuskind, ihr gegenüber die Hl. Katharina (beide sind ebenfalls nur mit ihrem Oberkörper erhalten): Im *südlichen*

Blendbogen sind nur wenige Freskenfragmente erhalten: vertikale Laibung im Osten: Christus als Bischof, ihm gegenüber eine stark zerstörte Darstellung des Hl. Pandeleimon (zu seinen Füßen eine Inschrift); an der Südwand im westlichen Bereich ein ganzfiguriger Heiliger; zu seinen Füßen links eine Inschrift, eine weitere rechts bei dem Freskenfragment einer ganzfigurigen Heiligendarstellung. Besonders die Darstellung der Heiligen Eirene ist von einer bestechend guten Ausführung und stammt von einem Künstler, der damit eine große Malerei geschaffen hat, die zu den besten des 18. Jahrhunderts gehört, die hinsichtlich ihrer malerischen Qualitäten sogar an das 14. Jahrhundert erinnert.

Maritsá

In der näheren und weiteren Umgebung von Maritsá gibt es drei sehenswerte byzantinische Kapellen und die Grundmauern einer frühchristlichen Basilika. Eine Wanderung durch eine reizvolle Landschaft führt zu dem *Kúmbuli-Gebirge* mit der höchsten Erhebung des *Psínthos* (480 m), an dessen nördlichen Ausläufern, ganz in der Nähe der Basilika, das Ajios Nikólaos-Kirchlein liegt (botanisch interessantes Gebiet; weiter südwestlich liegt Petalúdhes, das ›Schmetterlingstal‹, s. S. 317).

Ajios Nikólaos-Kirche

Vom Dorfplatz folge man der südlichen Ausfahrtstraße (Richtung Psínthos), nach etwa 200 m zweigt rechts eine Schotterstraße Richtung Kalamón ab, die nach 0,7 km über eine kleine, kaum erkennbare Brücke führt, links gelangt man nach 400 m zur Ajios Nikólaos-Kirche.

Datierung der Architektur: 13./14. Jh. (?)
Datierung der Fresken: 1434/35 (nach der Stifterinschrift) mit Übermalungen, darunter ältere Freskenschicht

Das Kirchlein ist eine der kleinsten, zimmerähnlichen Einraumkapellen von Rhodos. Der Bau zeigt grobes, weiß geschlämmtes Quadermauerwerk mit einer halbkreisförmigen Apsis im Osten und einem kreisförmigen Apsidenfenster. Stufen führen durch ein niedriges Portal in den Innenraum, der mit schönen Fresken ausgeschmückt ist. Die hier und oftmals auch in anderen Kirchen zerstörten Augen der Heiligen erinnern an einen alten Aberglauben: bei Augenkrankheiten, die im Mittelalter in Griechenland sehr verbreitet waren, stocherte man Mörtel aus den Augen der Heiligen, mischte ihn zu einem Brei, trank ihn und/oder machte Umschläge auf die erkrankten Augen in dem Glauben, der Heilige möge so das Leiden lindern.

Beschreibung des Freskenprogramms

Altarraum: Deesis, rechts Kopf Johannes des Täufers; darunter Fragment eines Kirchenvaters in Seitenansicht, an der linken Seite sieht man unter dem Kirchenvater das Fragment einer älteren Freskenschicht. Nordseite über der Sakramentsnische (mit Kreuzsymbol): Opferung Isaaks; Süden: Brustbild des Hl. Triphon. Im Sockelbereich gemalter Vorhang, das Fresko an der Nordseite gehört zur älteren Schicht.

Gewölbe des Kirchenschiffes: Auch in dieser kleinen Einraumkapelle ist das kanonisch-rhodische Freskenprogramm eingehalten. Süden: Verkündigung an Maria, Geburt Christi, Taufe Christi, Verklärung Christi. Das christologische Thema setzt sich im Westen des nördlichen Gewölbes fort: Einzug in Jerusalem, Kreuzigung Christi, Hadesfahrt, nicht identifizierbares Thema (Himmelfahrt Christi?), im Scheitel des Ge-

wölbes acht fragmentarische Medaillons (fünf Medaillons mit Heiligendarstellungen gut erkennbar). Wie schon in den anderen Kirchen, werden die Medaillons mit Schlaufen aneinander gebunden (die Köpfe der Heiligen stehen zueinander gewandt, dann wieder entgegengesetzt).
Nordwand: Unter den Gewölbedarstellungen ganz im Westen die Stifterinschrift mit der Jahreszahl 1434/35, daran anschließend ein Medaillonfries mit drei Heiligen, unter der Stifterinschrift ganzfiguriger Hl. Mamas unter einer gemalten Arkade, rechts von ihm folgen drei Kirchenväter unter gemalten Arkaden (u. a. Basileios und Gregorios der Theologe), rechts daneben die überlebensgroße Darstellung des Kirchenpatrons Hl. Nikolaos (diese Darstellung gehört wohl einer noch jüngeren Stilphase an und ist im 19./20. Jahrhundert übermalt worden). *Südwand:* Rechts neben dem Ikonostas die überlebensgroße Darstellung des Erzengels Michael (der Kopf ist nicht mehr erhalten), rechts von ihm folgt im Bereich unter den Gewölbefresken ein Medaillonfries mit vier Heiligen (alle stark zerstört), darunter drei ganzfigurige Heilige unter gemalten Arkaden (stark zerstört); *Westwand:* Im Giebelfeld Marientod, links der Tür Fragment, rechte ein Fragment eines ganzfigurigen Heiligen unter einer gemalten Arkade.

Frühchristliche Basilika

Folgt man der Schotterstraße vom Ajios Nikólaos-Kirchlein weiter Richtung Süden, so gelangt man nach 1,5 km zu einer schönen waldreichen Gegend. Unterhalb der nördlichen Steilfelsen, dort, wo sich eine Quelle befindet, liegt ca. 200 m vor dem Quellgebiet, links des Weges, eine Kirchenruine von ganz besonderem Reiz. Sie zeigt die Kontinuität von der frühchristlichen Epoche bis weit ins Mittelalter. Viele Scherben, vor allem Marmorfragmente von einer Altarschranke, schöne Kapitelle, Basen und ein monolithischer Marmorschaft erinnern an die einst prachtvolle Basilika (Abb. 62). Archäologisch erforscht ist dieses Gebiet noch nicht, um so interessanter für jeden Besucher. Nur im Westen erkennt man ein Stück Narthexmauerwerk, alles andere liegt noch verborgen im Erdreich. Im Osten zeichnet sich die halbkreisförmige Apsis der alten Basilika ab. Die Kirchenruine über der Basilika blickt ebenfalls auf mehrere Epochen zurück. Die Südwand ist älter als die Nordwand und die Apsis. Hier erkennt man noch einen Blendbogen, dort Quadermauerwerk, mäßige Freskenfragmente erinnern an den prachtvollen Schmuck dieser einstigen Kirche. Bei der Nordwand sind im unteren Wandbereich grobe Quader übereinander geschichtet, darüber das Gewölbe aus gut gearbeiteten Quadern aus der Ritterzeit; Quader bilden auch die Wölbung der Apsis, in der wenige Freskenfragmente zu erkennen sind. Auch als Ruine wird dieser Ort noch immer von den Gläubigen aufgesucht: sie tragen ihre Öllämpchen und Ölkrüge herauf. Hier oben spürt man etwas von der lebendigen Kontinuität, die von der frühchristlichen Epoche bis ins 20. Jahrhundert an Landschaftsräume wie das Quellgebiet von Maritsá gebunden ist.

Sotíros Christú-Kirche

Vom Dorfplatz in Maritsá aus folge man der Straße nach Psínthos; nach ca. 2,5 km links bei dem Schild OTE der Schotterstraße folgen, nach weiteren 500 m liegt auf einem terrassenartigen Gelände die Kirche.
Datierung der Architektur: unbestimmbar
Datierung der Fresken: 1689 (nach einer Inschrift)

Einfache Kreuzkuppelkirche mit dem Grundriß eines freistehenden lateinischen Kreuzes. Halbkreisförmige Apsis mit zwei Fenstern, der Tambour ist kreisförmig und zeigt nur im Norden, Süden, Westen je ein Fenster. Der ganze Bau zeigt neuzeitliche Formen, er wurde neu verfugt und mit modernen Dachziegeln eingedeckt.

Nur noch im südlichen und nördlichen Kreuzarm sind wenige *Fresken* erhalten. *Südlicher Kreuzarm:* Blumenranken, die ehemals ein großes Fresko eingerahmt haben; in den Bogenlaibungen links und rechts je zwei ganzfigurige Heilige. In den oberen Wandzonen im Osten geflügelter Johannes der Täufer, ihm gegenüber, im Westen, der Hl. Michael (nicht als Engel, sondern als Bischof). Nördlicher Kreuzarm: Hl. Georgios tötet den Drachen und rettet die Königstochter, rechts erkennt man das Königspaar auf den Zinnen ihrer Burg; darunter das Martyrium des Hl. Georgios im Feuerofen, rechts neben diesen beiden Darstellungen ein Fenster, darunter ganzfiguriger Heiliger, zu seinen Füßen die Inschrift 1689; rechts daneben fragmentarisch eine ganzfigurige Hl. Frau und ein ganzfiguriger Heiliger (Ajios Nikólaos ?). Künstlerisch provinzielle Malereien von mäßiger Qualität.

Ajios Jeórjios-Kirche

Vom Dorfplatz in Maritsá aus folge man der Straße nach Kremastí zur Westküste; nach 1,8 km liegt auf der linken Straßenseite das Ajios Jeórjios-Kirchlein, eine einfache Einraumkapelle.

Datierung der Architektur: 15. Jahrhundert
Datierung der Fresken: 15. Jahrhundert.
Beschreibung des Freskenprogramms
Altarraum: Die Fresken haben den gleichen stilistischen Charakter wie jene in der Ajios Nikólaos-Kirche, die mit 1434/35 datiert ist; auch hier sind die ganzfigurigen Heiligen unter ähnlich gemalten Arkaden dargestellt, auch die Gewänder gleichen jenen der dargestellten Heiligen in der Ajios Nikólaos-Kirche. In der Apsiswölbung Deesis mit Christus, Panagia und Johannes dem Täufer (die Gesichter von Christus und Muttergottes sind zerstört); im zylindrischen Teil der Apsis links und rechts je drei ganzfigurige Kirchenväter in Seitenansicht dargestellt (jene auf der linken Seite stark zerstört); unter dem Apsisfenster ein gemalter Altartisch. Am Triumphbogen Mandylionfragment, links und rechts Ornamente; rechts der Apsis ein ganzfiguriger Diakon, Südwand: Diakon und ganzfiguriger Erzengel; darüber Brustbild eines Kirchenvaters unter einer gemalten Arkade. *Südwand:* Johannes der Täufer und vier ganzfigurige Kirchenväter unter gemalten Arkaden, alle in prunkvollen Gewändern dargestellt. Ganz rechts, vor der Westwand, ein ganzfiguriger Heiliger (Hl. Antonios?). *Nordwand:* unter dem Gewölbe Fragment eines gemalten Bogenfrieses, mit Heiligen in Brustbildern, darunter mehrere Fragmente; ganz im Osten Hl. Georgios zu Pferde, der den Drachen tötet (das Fresko ist durch eine neuzeitliche Nische stark zerstört).

Mássari

3,3 km südlich von Mássari (Ostküste) erhebt sich rechts an der alten Küstenstraße (nach Kilometerstein 44) in Richtung Líndos, oberhalb einer nicht sehr hohen Felsterrasse, zu der Stufen hinaufführen, das Ajios Jeórjios-Lórima-Kirchlein.

Ajios Jeórjios-Lórima-Kirche

Datierung der Architektur: 14. Jahrhundert
Datierung der Fresken: 2. Hälfte 14. Jahrhundert.

Hoch gestreckte Einraumkapelle mit leicht spitzbogenartigem Gewölbe, ohne Jochunterteilung. Die Ostwand des Altarraumes zeigt eine für Rhodos völlig unübliche architektonische Gestaltung: die halbkreisförmige Apsis ist so schmal, daß links und rechts ein breiter Triumphbogen gebildet wird, der (wie im übrigen Griechenland) für die Darstellung der Diakone bestimmt ist; auch die nördliche Apsidiole in der nach byzantinischer Art häufig der Schmerzensmann dargestellt ist, gehört nicht zur rhodischen Bautradition.

Beschreibung des Freskenprogramms

Altarraum: im südlichen Gewölbe Fragment der Himmelfahrt Christi; nach Westen schließt das Gewölbe des Kirchenraumes an, im Scheitel nach rhodischer Art Medaillons mit Heiligen. *Südliches Gewölbe* (von Osten nach Westen): Geburt Christi, Tempelgang Christi, Taufe Christi. *Nördliches Gewölbe* (von Westen nach Osten): Fragment, Einzug in Jerusalem, Kreuzigung Christi, Hadesfahrt Christi. Im nördlichen Gewölbe unter den Gewölberegistern Fries mit sieben Brustbildern von Heiligen (hauptsächlich Mönchsheilige). *Nordwand:* links drei ganzfigurige Heilige, rechts folgen Deesis (Christus in der Mitte, links Gottesmutter, rechts Johannes der Täufer). *Südwand:* direkt anschließend an den ehemaligen Ikonostas Hl. Georgios zu Pferde, der die Königstochter rettet, links oben erscheint auf einem Turm das königliche Elternpaar, darunter vor dem Turm die Prinzessin (dieses Fresko ist übermalt). *Westwand:* Fragment des Marientodes.

Besonderheiten der Fresken: In der Geburtsszene erkennt man viele Ziegen und Schafe, bei den Heiligen Drei Königen fehlt noch der Mohr. Die Badeszene ist links, nicht rechts dargestellt. Beim Tempelgang Christi ist kein gewölbter Baldachin, sondern ein Flachdachbaldachin angegeben, in der Taufszene steht Christus in einer Grotte, bei Johannes dem Täufer fehlt das Beil (Ankündigung seiner Enthauptung). Die teilweise sehr volkstümlich gehaltenen Fresken sind gute Malereien nach Art der Ausschmückung der Periblebtos-Kirche (um 1350) in Mistra auf der Peloponnes.

Mesanaghrós

Mesanaghrós war in frühchristlicher Zeit ein wichtiges Bistum im Landesinnern (Südteil der Insel), von dem noch zwei dichtbenachbarte Gebäudekomplexe frühchristlicher Kirchen in ihren Grundmauern erhalten sind. Südöstlich der Ortschaft liegt in einer landschaftlich schönen Gegend die byzantinische Kapelle Ajios Thomás.

Kímisis Theotóku-Kirche auf den Grundmauern der Basilika A und B (Abb. 60, 77)

Die Grundmauern der Basilika A und B lassen sich nur undeutlich voneinander unterscheiden. Die *Basilika A* wurde im 5. Jahrhundert errichtet und existierte nur knapp ein Jahrhundert. Deutlich unterschneidet ihre vierseitig geschlossene Mittelapsis mit Synthronon die außen halbkreisförmig geschlossene Apsis des Mittelschiffes der *Basilika B* (Abb. 77), die Ende des 6./Anfang des 7. Jahrhunderts gebaut wurde und wohl (zumindest ruinös) bis zum 13. Jahrhundert die wechselvolle Geschichte der Insel überlebt hatte. Beide Basiliken sind ohne Apsiden in den Seitenschiffen ausgebildet; die Ostwand fluchtet an der Verschneidung mit der herausspringenden Mittelapsis. Ähnliche Apsidenausbildungen mit einer aus dem Baukörper herausspringenden Mittelapsis und in die Ostwand eingeschriebenen Sei-

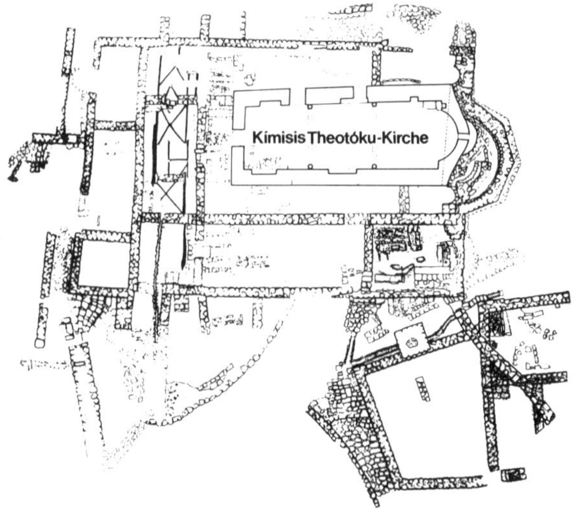

Kímisis Theotóku-Kirche mit Basilika A und B in Mesanaghrós, Grundriß

tenapsiden kennen wir z. B. von der Basilika in Emmaus und der Eufrasiana-Basilika in Parenzo-Poreč.

Beide Basiliken (A = 16,10 m × 16,10 m und B = 15,40 m × 10 m) hatten ehemals einen querliegenden Westnarthex. Während die Kirchenschiffe der Basilika A mit farbigen Fußbodenmosaiken ausgelegt waren, schmückte den Narthex ein aus Tonscherben verlegter Fußboden; von beiden sind noch Fragmente erhalten.

Schöne monolithische Säulenschäfte mit eleganten frühchristlichen Kreuzsymbolen der Basilika A wurden als Baumaterial in die Kímisi Theotóku-Einraumkapelle des 13. Jahrhunderts eingearbeitet, die sich heute über dem Mittelschiff der Basilika B und deren Vorgängerbau, der Basilika A, erhebt. Ein Säulenschaft wurde als Architrav über dem Nordportal verlegt (Abb. 60). Im Innenraum der Kirche steht eines der interessantesten frühchristlichen Marmortaufbekken der Insel Rhodos, das von der Basilika A, also aus dem 5. Jahrhundert stammt (Abb. 69). Der Marmorblock des Taufbekkens hat die äußere Grundrißform eines griechischen Kreuzes; das Becken selbst wird durch zwei konchenförmige Kreuzarme und zwei rechtwinklig geschlossene Kreuzarme gebildet. Auf der Stirnfläche der stegartigen Wandung eines der rechteckförmigen Kreuzarme ist eine griechische Inschrift mit folgendem Inhalt eingemeißelt: »Für das Wohlergehen und die Erlösung derer, deren Namen Gott kennt.«

Die korbbogenförmigen Gurtbögen der dreijochigen Einraumkapelle stützen sich auf Marmorkapitelle mit Kreuzsymbolen der Basilika A. Die vertikalen Lasten des westlichen Gurtbogens werden auf monolithische frühchristliche Säulenschäfte übertragen. Auch der Altartisch besteht aus Baumaterial der Basilika A.

Die wenigen *Freskenfragmente* im Altarraum gehören dem 14./15. Jahrhundert an: zylindrischer Teil der Apsis Apostelkommunion, darunter in der Mitte, die für Rhodos sehr seltene Melismosdarstellung (›das geopferte Lamm Gottes‹), rechts daneben Fragmente von zwei ganzfigurigen Hierarchen; im Gewölbe Reste der Himmelfahrt Christi.

Ajía Warwára (Basilika A, B und C) (Abb. 68, 74, 75)

Folgt man der Schotterstraße in Richtung Norden nach Arnítha, so erreicht man nach 4,4 km rechts einen Schotterweg, der nach ca. 500 m zu einem im Tal liegenden Hügel führt, auf dem sich das Grabungsgelände der frühchristlichen Sakralbauten von Ajía Warwára befindet.

Basilika A: Anfang des 5. Jahrhunderts errichtete man entweder zu Ehren eines Märtyrers oder im Zusammenhang mit einer frühbyzantinischen Klosteranlage im Südosten des Areals eine kleine dreischiffige Basilika (10,50 m × 10 m lichte Maße). Während das nördliche Seitenschiff und das Mittelschiff mit halbkreisförmigen Apsiden ausgebildet sind, zeigt das Südschiff einen geraden Ostabschluß. Vor dem dreistufigen Synthronon des Mittelschiffes steckt ein monolithischer Säulenstumpf in dem Ziegelfußboden des Altarraumes (Abb. 75).

Basilika B: Archäologischen Indizien zufolge scheint der Gründungsbau (Basilika A) schon bald (durch ein Erdbeben?) zerstört worden zu sein, so daß bereits Ende des 5./Anfang des 6. Jahrhunderts nordwestlich der Basilika A die große dreischiffige Anlage der Basilika B errichtet wurde. Da die Basilika B fast vollständig von den Grundmauern ihres Nachfolgebaues (Basilika C) überdeckt wird, konnte nur die Nordostecke mit der halbkreisförmigen Apsis des nördlichen Seitenschiffes freigelegt werden. Doch auch dieser frühchristliche Bau scheint nur wenige Jahrzehnte den Christen als Gemeinderaum gedient zu haben.

Basilika C: Wahrscheinlich wurde die Basilika C in ihrer Gesamtausdehnung von ca. 34 m × 17 m im dritten Viertel des 6. Jahrhunderts errichtet und noch vor ihrer Vollendung durch ein Erdbeben oder einen Piratenüberfall zerstört. Jedenfalls legt ein Kapitell mit Kreuzsymbol und ionischer Volute (Abb. 68), das an einer Seitenfläche noch völlig unbearbeitet ist, diese Vermutung nahe. Wie die Basilika in Mesanaghrós, so ist auch dieser Bau im Altarbereich nur mit einer halbkreisförmigen Mittelapsis ausgebildet, aber auch sie ist mit einem Synthronon versehen (Abb. 74). Deutlich heben sich hier jedoch die wohl als Diakonikon und Prothesis genutzten Seitenräume heraus. Das Mittelschiff und die Seitenschiffe waren ehemals durch Arkadenstellungen mit fünf Säulen voneinander getrennt, von

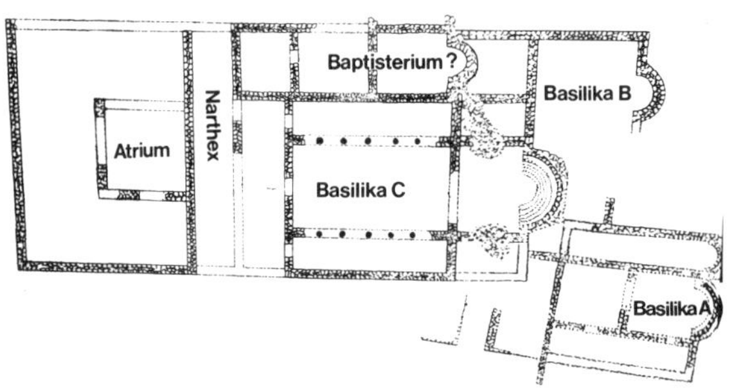

Frühchristliche Kirchen von Ajía Warwára, nördlich von Mesanaghrós, Grundriß

denen noch alle Marmorbasen erhalten sind; ebenfalls sind im Mittelschiff Fragmente eines Fußbodenmosaiks zu erkennen. Im Westen der Basilika C schließt ein querliegender Narthex (12,70 m × 3,25 i. M.) und ein Atrium an, wie wir es bereits bei der Basilika von Kolímbia kennengelernt haben. Letztlich bleibt noch das *Baptisterium* zu erwähnen, das unmittelbar an das nördliche Seitenschiff anschließt.

Die Grabung von Ajía Warwára ist noch nicht abgeschlossen, bisher konnte in der näheren Umgebung des archäologischen Geländes noch keine Siedlung entdeckt werden.

Ajios Thomás-Kirche

Folgt man von Mesanaghrós der Schotterstraße in Richtung Lachaniá, so gelangt man nach ca. 6 km links zu einer Abzweigung, die zu einem Flußbett führt, das man überqueren muß, um gleich links nach insgesamt 0,7 km zum Ajios Thomás-Kapellchen zu gelangen (von Lachaniá aus sind es bis zu der Abzweigung 5 km – dann aber rechts!); landschaftlich sehr reizvoll!

Datierung der Architektur: unbestimmbar

Datierung der Fresken: 14./15. Jahrhundert (?) mit Übermalungen (besonders in nördlicher Nische)

Kreuztonnenkirche mit durchgehender Längstonne, die aus einfachem Feldsteinmauerwerk besteht; sehr archaische Konstruktion. Die schmalen Kreuzarme brechen nur wenig aus den Längswänden heraus. Das Kirchlein liegt etwas abgesenkt im Erdreich; drei Stufen führen durch das sehr niedrige Portal in den Innenraum hinunter. Der Altar besteht aus einer frühchristlichen Altarschranke aus Marmor und einem antiken Kapitell.

Beschreibung des Freskenprogramms

Altarraum: Apsiswölbung: Christus, flankiert von Erzengeln, Michael (links) und Gabriel, im zylindrischen Teil der Apsis Johannes Chrysostomos und Basileios, zwischen ihnen gemalter Altartisch (ohne Melismos). Die beiden Hierarchen sind in Seitenansicht mit gedrehten Köpfen dargestellt. Am Triumphbogen: Mandylion, links und rechts bis zum Boden hinunterreichend ornamentale Darstellungen. *Gewölbe:* Himmelfahrt, Nordwand: vier gemalte Marmorplatten (drei sind noch erhalten); Südwand: Diakon Stephanos. Auffallend bei den Kirchenvätern und dem Diakon ist, daß ihre Füße nicht erhalten sind. Wahrscheinlich war die Kirche früher tiefer abgesenkt. Der heutige Fußboden besteht aus neuem Zementguß.

Tonnengewölbe des Kirchenraumes: Nordseite (sehr fragmentarisch): Taufe im Jordan, Kreuzigung Christi, Hadesfahrt. *Südseite:* Verkündigung an Maria, Geburt Christi, nicht identifizierbare Szene (Darbringung im Tempel?).

Nordwand: Zwei ganzfigurige Soldatenheilige unter gemalter Halbarkade, in der Nische, die außen als Querarm erscheint, Muttergottes, darunter der ungläubige Thomas (der mit seiner Hand in die Wunde des Herrn greift); Bogenlaibung; je ein halbfiguriger Heiliger, darunter je ein ganzfiguriger Heiliger.

Südwand: In der Nische sind nur noch wenige Fragmente von Heiligen erhalten; rechts daneben ein Erzengel und ein Soldatenheiliger.

Westwand (im Giebel): Marientod, ferner links Hl. Konstantin: (nur noch wenige Fragmente) und rechts Hl. Helena (?).

Moní 'Amarthu

Das 1452 gegründete **Kloster 'Amarthu** erreicht man von Kritinía (s. S. 278) aus. Südlich der Ortschaft zweigt noch auf der alten Küstenstraße rechts eine Schotterstraße ab, die nach 4,3 km in eine landschaftlich reizvolle Ebene führt, in der sich die ärmlichen Häuser des nicht mehr von Mönchen bewohnten Klosters ausbreiten. Ein Bauer lebt heute hier, der die fruchtbaren Felder des Anwesens bestellt.

Östlich des Platzes erhebt sich die verhältnismäßig große, mittelalterliche Einraumkapelle, in der viel Baumaterial eines Vorgängerbaues vermauert wurde. Die Grundmauern einer Apsis (im Südosten) gehören zu einer frühchristlichen Basilika, von der viele marmorne Bauteile im Freien herumliegen (Abb. 61).

Westlich der Klosterbauten steht ein ruinöser Turm der Ritterzeit. Ebenfalls westlich des Klosters befindet sich in den Steilfelsen der Küste die **Grotte von 'Amarthos.** Eine Lokallegende berichtet, daß noch vor Eroberung von Konstantinopel (1453) die Bauern dieser Gegend eines Nachts an den Gestaden der Insel ein helles Licht beobachteten. Als sie zur Küste hinunter eilten, fanden sie eine Ikone der Muttergottes, die sie in eine nahe gelegene Höhle brachten und dort verehrten. Als die Bauern aber mit der Ikone die Höhle betraten, fielen dicke Tropfen von der Felsendecke, die sie ›Milch der Muttergottes‹ nannten. Zwischenzeitlich kamen jedoch Bewohner von Chalkis nach Rhodos, die verzweifelt ihre heilige Ikone in der ganzen Ägäis suchten, die ihnen abhanden gekommen war; überglücklich stellten sie fest, daß die ›wundertätige‹ Ikone in der Grotte von 'Amarthos die von ihnen gesuchte war. Die Chalkier nahmen sie mit zu ihrer Insel. Doch wie ein Wunder war die Ikone am nächsten Morgen wieder in der Grotte von 'Amarthos. Zu Ehren der Muttergottes sollen die Bauern dann später dieses Kloster gegründet haben. Eine Muttergottesikone mit der griechischen Inschrift ›Panajía i Amartiáni‹ (mit der Jahreszahl 1818) befindet sich in der Klosterkirche.

Der einst sehr schöne Wanderweg durch die waldreiche Gegend von 'Amarthu (ca. 30 Minuten, Rückweg etwa 40 Minuten), wurde brutal durch eine nicht vollendete Trassenführung einer Straße zerstört; erst im letzten Drittel führt die Wanderung entlang eines landschaftlich schönen Höhenweges. Der gesamte Weg ist durch Kreuzzeichen gekennzeichnet. Alternativ sei die Wanderung von der Küste aus empfohlen. Folgt man der schlechten Schotterstraße vom Kloster aus bis zu einem freistehenden Haus an der Küste, dann erkennt man bereits im Nordosten, oberhalb eines kleinen Felsvorsprunges, ein großes Kreuz, das den Eingang zur Grotte markiert. Ein schmaler Pfad führt in ca. 20 Minuten hinauf. Ist man erst einmal in der Grotte, versteht man das ›Wunder‹ von 'Amarthos: es ist eine *Tropfsteinhöhle.*

Moní Ipsení

Etwa 0,5 km südlich von Lárdhos zweigt rechts (westlich) eine schlechte Schotterstraße ab, die nach 4,5 km zu einem Kloster aus dem 19. Jahrhundert führt.

Die *Panajía-Klosterkirche* entstand im Jahre 1855, alle übrigen Bauten im 19./20. Jahrhundert, der Campanile 1963; der Hof ist mit einem typisch rhodischen Kieselmosaik geschmückt. Das Kloster Ipsení ist ein beliebter Picknickplatz der Griechen, die hier Hochzeiten und Taufen feiern.

Moní Kámiro

Von Mássari aus zu erreichen: 2,8 km südwestlich der Ortschaft zweigt rechts der alten Küstenstraße eine sehr schlechte Schotterstraße ab, die nach 3,6 km zum Kloster führt (teilweise durch eine stark zerstörte Landschaft und durch ein Flußbett!).

Moní Kámiro wird heute nicht mehr von Mönchen bewohnt; das Alter der Klosteranlage kann nicht genau bestimmt werden. Die verschiedenen fragmentarischen Freskenschichten in der Klosterkirche erlauben jedoch eine annähernde Datierung ins 14./15. Jahrhundert. Die im Altarraum erhaltene Inschrift erwähnt die Jahreszahl 1503; damit gehört die Ausmalung in die Zeit der Ausschmückung von Kloster Thári (1506 und 1620). Rechts innen, neben dem Eingang zum Klosterhof an der Nordseite, der mit einem eleganten Kieselmosaikfußboden nach rhodischer Art ausgestaltet ist, befindet sich eine schöne Herdstelle, die früher von den Pilgern benutzt wurde (Abb. 81).

Die verhältnismäßig große Klosterkirche ist als Kuppelhalle mit Querhausbetonung errichtet worden. Der Innenraum wurde vor wenigen Jahren mit grellen Farben ausgetüncht. An einigen Stellen sind noch ältere *Freskenfragmente* sichtbar: im *Altarraum* in einer Höhe von ca. 1,20 m die Stifterinschrift mit der Jahreszahl 1503, darunter sind noch ältere Fresken mit ornamentalen Motiven zu erkennen. *Südliche Nische,* östliche Laibung: Taufe Christi, ferner Konstantin und Helena mit Übermalungen des 19./20. Jahrhunderts, die den geflügelten Johannes den Täufer darstellen. Die Wand der Nische ist mit einem großen Blech überspannt, auf dem der überlebensgroße Erzengel Michael sehr volkstümlich dargestellt ist (19./20. Jh.). Eine Restaurierung der Klosterkirche wird sicherlich wertvolle Malereien zu Tage bringen.

Moní Skiádhi

(Abb. 80, 90)

Das Kloster kann man sowohl von der Westküste aus über eine sehr schlechte Straße (3,5 km und weitere 7 km von Apolakkiá) oder von Mesanaghrós aus erreichen. Letzterer Weg ist günstiger, da der sehr freundliche Dorfpriester Papás Pandeleïmon Awghustákis den Schlüssel der Klosterkirche besitzt. Auf der südlichen Dorfausfahrt, in Richtung Kattawía, zweigt nach ca. 1 km rechts eine Schotterstraße ab, die sehr abenteuerlich zum Kloster führt (5 km).

Die nicht mehr von Mönchen bewohnte, aber dennoch sehr gepflegte **Klosteranlage** liegt zwar sehr schön, gleich einer fruchtbaren Oase an den Hängen der Westküste, aber dennoch wirken die stark zerstörte Landschaft und die Steinwüste der Berghänge sehr beklemmend. Die Klosterbauten stammen größtenteils aus dem 18./19. Jahrhundert. Nur die kleine altertümliche *Kreuzkuppelkirche* (Abb. 80) aus dem 13. Jahrhundert, die 1861 von dem Mönch Ignátios aus Kattawía nach Westen durch ein breites Kirchenschiff erweitert wurde, erinnert an das jahrhundertealte mönchische Leben, daß das Kloster einst erfüllt hat (möglicherweise wurde die alte Klosterkirche sogar auf den Grundmauern eines antiken Tempels errichtet). Eine Lokallegende berichtet jedenfalls, daß drei Eremiten in dieser Gegend nachts an der Küste eine Muttergottesikone fanden, die sie in ihre Höhlenbehausung trugen. Am nächsten Morgen war sie jedoch verschwunden; nach langem Suchen fanden sie die Ikone – von der sie glaubten, sie sei von dem Evangelisten Lukas gemalt – zwischen den Bauresten des antiken Tempels von Skiádhi: an dieser Stelle sollen die Eremiten dann später ein Gotteshaus und dieses Kloster gegründet haben. Die heute als Bema genutzte Kreuzkuppelkirche, die sich über dem Grundriß eines freistehenden lateinischen Kreuzes erhebt, ist mit wenigen Fresken des 18./19. Jahrhunderts ausgeschmückt, darunter verbergen sich aber sicherlich noch ältere Malereien, die vielleicht der komnenischen Zeit des 13. Jahrhunderts angehören.

Fresken, Altarraum, in der Apsiswölbung: thronende Muttergottes mit Christuskind, flankiert von den Erzengeln Michael (links) und Gabriel; Gewölbe: Himmelfahrt Christi, im Norden darunter: Opferung Isaaks, links davon die Hierarchen Gregorios der Theologe und Kyrillos (Abb. 90); am Triumphbogen Mandylion; *südlicher Kreuzarm:* Verkündigung an Maria, ihr gegenüber Erzengel Gabriel, ferner die Propheten Aaron und Moses.

Moní Thári

(vordere Umschlagklappe, Farbt. 45, 59, 60, Abb. 94, 100, 101)
Ausgangspunkt für die Besichtigung der Klosterkirche Thári ist Láerma (Inselmitte). Eine schöne Wanderung durch einen botanisch interessanten Landschaftsraum (Farbt. 30) führt in Richtung Profília nach 2,5 km links zu einer Schotterstraße (zweite Abzweigung), über die man nach 1,5 km zum Kloster gelangt.

Der Dorfpriester von Láerma, Manólis Russós (Farbt. 42), hütet den kostbarsten Schatz des Klosters: im Altarraum der Panajía-Kirche von Láerma bewahrt er die ›Wasilopúla‹ (= ›Königstochter‹) auf, die er für eine byzantinische Bronzeskulptur aus der Gründungszeit des Klosters hält. Damals – so erzählt eine rhodische Lokallegende – sei eine byzantinische Prinzessin aus Konstantinopel nach Rhodos gekommen, um, von einer unheilbaren Krankheit befallen, auf der Insel in der Einsamkeit der Wälder zu sterben. Doch das milde Klima der rhodischen Pinienwälder und die sprudelnden Quellen ihres Aufenthaltsortes brachten der Prinzessin Genesung von ihrer schweren Krankheit. Voller Dankbarkeit stiftete sie an dem Ort ihrer Heilung ein Kloster. Um den Standort der zukünftigen Klosterkirche zu bestimmen, warf sie ihren kostbaren Ring weit fort; dort wo der Ring gefunden wird, solle die Kirche entstehen, entschied sie! Schriftliche Quellen über die Klostergründung, die diese Legende bestätigen könnten, existieren nicht.

Die ältesten Fresken der Klosterkirche lassen sich stilistisch ins frühe 14. Jahrhundert datieren, wobei die Kirche selbst älter ist und auf den Grundmauern eines frühchristlichen (?) Vorgängerbaus steht. Die ›Wasilopúla‹ läßt sich kunstgeschichtlich nun aber überhaupt nicht mit der Gründungslegende in Zusammenhang bringen. Die beiden byzantinischen Kunstgeschichtler Otto Demus und Klaus Wessel kommen unabhängig voneinander zu der Meinung, daß es sich bei dieser kleinen Bronzefigur um ein indisches Werk des 18./19. Jahrhunderts handeln müsse.

Klosterkirche Taxiarches

Datierung der Architektur: (9. Jh. ?), 13. Jahrhundert (?) und jüngere Anbauten
Datierung der Fresken: frühes 14. Jahrhundert, Fragmente im Altarraum
Altarraum: 1506
Kuppelraum und westlicher Kreuzarm: 1620; Ikonostas: 1759

Die heutige Klosterkirche zeigt einen langgestreckten Grundriß eines freistehenden lateinischen Kreuzes, der aus mehreren Bauphasen stammt. Der älteste Teil der Kirche ist der tonnengewölbte Altarraum mit seiner außen dreiseitig geschlossenen Apsis; er stammt aus dem 13. Jahrhundert (?) und enthält vielleicht noch Reste eines Vorgängerbaus aus dem 9. Jahrhundert. Im Zentrum der Kirche steht ein einfacher Kuppelraum mit sehr kurzen Kreuzarmen im Süden und Norden, darüber erhebt sich die elegante Tambourkuppel (Farbt. 45) mit ihrer schlanken Konchengliederung, ein Anbau bzw. Umbau vielleicht aus dem 14./15. Jh. Das langgestreckte Tonnengewölbe im Westen mag kurz vor der Ausschmükkung im Jahre 1620 entstanden sein.

Beschreibung des Freskenprogramms

Altarraum (östlicher Kreuzarm): In der Apsiswölbung, die für die mittel- und spätbyzantinische Epoche sehr seltene Darstellung der *Maiestas Domini*, die auf Rhodos das einzige uns bekannte Beispiel ist. Schon in der frühchristlichen Epoche schmückte in der zweiten Hälfte des 5. Jahrhunderts ein Mosaikbild mit diesem Thema die Apsis der Hosios David-Kirche in Thessaloniki, es ist das älteste uns bekannte Vorbild. Nach 1300 wird dieses Thema nur noch vereinzelt in das ikonographische Programm der auszuschmückenden Kirchen aufgenommen. Dargestellt ist hier in der Klosterkirche von Thári der thronende Christus innerhalb zweier kreisrunder Ätherwolken (Mandorla), hinter denen die Flügel der himmlischen Lebewesen herausschauen, in die das kosmische Viereck des Alls eingeschrieben ist. An den Seiten des Vierecks erkennt man die vier Evangelistensymbole, oben links: Matthäus als Engel, Symbol für das menschen-

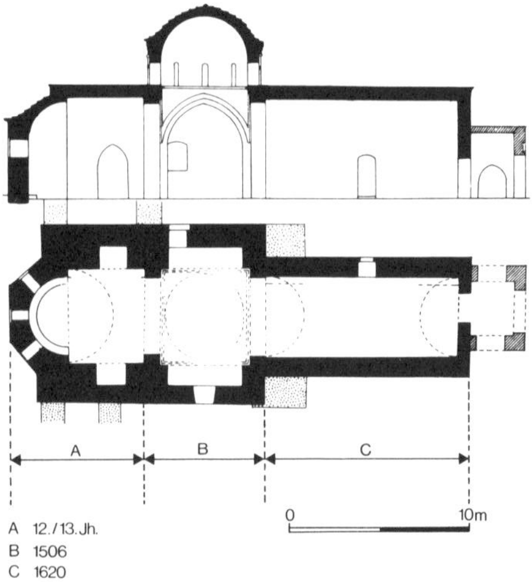

Klosterkirche Thári, Grundriß und Schnitt

gesichtige Wesen; rechts: Johannes als Adler, Symbol der Himmelfahrt; unten links; Lukas als Stier, Symbol der Opferung und rechts: Markus als Löwe, Symbol der Auferstehung. Das ikonographische Thema entspricht inhaltlich folgenden Worten der byzantinischen Liturgie: »Um dich herum stehen aber Tausende von Erzengel, Myriaden von Engeln; die Cherubim und die Seraphim, sechsflüglig, vieläugig, hocherhaben, geflügelt; den Siegeslobgesang singend, schreiend, rufend und sagend: Heilig, heilig, heilig...« (nach F. E. Brightman). In die Apsiskomposition von Thári sind zusätzlich als Mittler zwischen den Menschen und Christus eingeflossen, links: die Muttergottes und der Prophet Ezechiel, rechts: der Prophet Jesaijas, und Johannes der Täufer. Christus trägt hier die Beischriften IΣ XΣ (= Jesus Christus) und OΩN (= der Seiende).

Darunter in einer breiten Zone Apostelkommunion, darunter (v. l. n. r.): Opferung Isaaks, Fenster, zwei Engel (die eine Messe zelebrieren), Fenster, wieder zwei Engel, Fenster, Gastmahl des Abraham; *zylindrischer Teil der Apsis*: acht ganzfigurige Hierarchen in Seitenansicht (hier ist in der Mitte eine ältere Freskenschicht des 14. Jh. (?) zu erkennen: ein Cherub und der gedeckte Altartisch der Melismos-Szene); oben am Triumphbogen Mandylion; links und rechts darunter Ornamente, links unten Stifterinschrift mit der Jahreszahl 1506 (Abb. 94) und Christus der Schmerzensmann.

Gewölbe, östliches Register (v. N. n. S.): vier christologische Themen mit Wunderszenen: Heilung der zehn Aussätzigen, Heilung des Lahmen, Heilung des Blinden in zwei Szenen (Heilung durch Auflegen der Hand Christi und Augenwaschung am Siloam-Brunnen). Weiter nach Westen folgt ein breiter Gewölbestreifen mit der Himmelfahrt Christi. Im *Süden* darunter ein breiter Querstreifen, der durch den ganzen Altarraum hindurchgeht: Fußwaschung Petri, darunter links zwei ganzfigurige Kirchenväter. An der *Nordwand* unter dem Gewölbe ganz links untereinander zwei Medaillons mit Heiligen (Anna und Joachim?); rechts daneben Abendmahl, darunter links nicht identifizierbares Fragment, zwei Diakone und eine fragmentarische Inschrift. In dem Gurtbogen zum Kuppelraum hin links und rechts jeweils drei ganzfigurige Heilige.

Kuppelraum: In der Kuppelwölbung Pantokrator, darunter adorierende Engel, im Bereich des Tambours sechzehn Heilige (teilweise zerstört, die Zerstörung ist größtenteils im westlichen Teil); an den Pendentifs die vier Evangelisten: Lukas (Südosten), Johannes (Nordosten) aus dem 15. Jh. (?), Matthäus (Südwesten) und Markus (im Nordwesten) aus dem 17. Jahrhundert (?).

Nördlicher Kreuzarm: Im Scheitel ein Ornament, links darunter Johannes von Damaskus, darunter der Heilige Demetrios; im Osten rechts: ganzfiguriger Heiliger Kosmas, darunter der Heilige Georgios zu Pferde, Giebelfeld: Marientod, darunter ein Fenster, links daneben Erzengel Gabriel, rechts Maria (aus der Verkündigungsszene); unterhalb der Muttergottes die Stifterinschrift mit der Jahreszahl 1620. *Südlicher Kreuzarm,* östliche Laibung: Bekehrung Davids, Reue Davids, darunter monumental dargestellter Erzengel Gabriel; westliche Laibung: Bekehrung des Propheten Bileam (Abb. 100, 101), ›brennender Dornenbusch‹ (Gottesoffenbarung des Moses); darunter überlebensgroßer Erzengel Raphael. Giebelfeld: Fragment der Trompeten von Jericho (?), darunter ein Wandvorsprung, darunter zwei Fenster, zwei Cherubinen und drei Erzengel, ferner eine stark zerstörte Darstellung: Erzengel Michael (?); Gurtbogen zum westlichen Kreuzarm (etwa 10 cm stark und 60–70 cm breit) zwölf Medaillons.

Westlicher Kreuzarm, südliches Gewölbe: Kreuzigung Christi, Frauen am leeren Grabe, Verklärung Christi, Christus und die Samariterin am Brunnen (vordere Umschlagklappe), Christus heilt den Gelähmten. Darunter ein Fries mit insgesamt neun Heiligen in Medaillons. Wandzone (v. Osten nach Westen): der Heilige Theodorus zu Pferde tötet den Drachen, Hl. Eirene, Hl. Katerina, Hl. Kyriake, drei ganzfigurige Heilige Frauen und ganz rechts Anastasia Romana (s. S. 254).

Nördliches Gewölbe: Enthauptung Johannes des Täufers, Darbringung im Tempel, Christus erscheint Maria Magdalena, Christus rettet die Seeleute, Christus erscheint den Myrophoren; Medaillonfries mit insgesamt neun Heiligen. Wandzone: zwei ganzfigurige Heilige, rechts daneben Johannes, es folgen Soldatenheiliger Merkurios, Provos, Tarachos und Andronikos. An der Westwand im Giebel ist die Taufe dargestellt, darunter ein Fries mit geometrischen Mustern, rechts unten eine ganzfigurige Frau; es folgt das Portal, links daneben Konstantin und Helena. In der unteren Wandzone ein Marmorband, etwa 80 cm hoch, das durch die ganze Kirche verläuft.

Die guten Malereien aus dem Jahre 1506 zeigen *starken kretischen Einfluß*. Eine Restaurierung der im Jahre 1503 ausgemalten Klosterkirche von Kámiro könnte unser Wissen über die Querverbindung zur ›kretischen Malschule‹ des 16. Jh. vertiefen. Die feine Detailmalerei der Fresken aus dem Jahre 1602 ist stark ikonenhaft ausgeführt.

Moní Tsambíka

Das nicht mehr bewirtschaftete Kloster Tsambíka im Norden der Ostküste ist nur aufgrund seiner eindrucksvollen Lage sehenswert; auch für botanisch Interessierte lohnt sich eine Wanderung. Von dem Kloster sind nur noch einige Zellen und die kleine *Einraumkapelle der Panajía* erhalten (Farbt. 47). Der Blick von hier aus auf die Ostküste ist gleichermaßen nach Norden (Farbt. 23) und nach Süden (Farbt. 32) faszinierend; ein schöner Sandstrand unterhalb der schroffen Felsformation belohnt anschließend den etwa einstündigen Aufstieg.

Einer Lokallegende zufolge ist Tsambíka ein uralter ›Fruchtbarkeitsort‹; die Legende berichtet, daß ein altes Ehepaar aus Archángelos am Fuße des Berges eine Muttergottesikone gefunden habe. Als die Frau trotz ihres hohen Alters später schwanger geworden war, glaubte man an die Wunderwirkung der Muttergottesikone. Hoch oben auf dem Berg errichtete man der Gottesmutter zu Ehren ein Kirchlein und das Kloster, damit die wundertätige Ikone an einem heiligen Ort aufbewahrt werden konnte. Noch heute – so erzählt man – sei das Kloster ein Wallfahrtsort für Frauen, die sich Kinder wünschen, aber keine empfangen können.

Südwestlich der alten Klosteranlage befindet sich heute rechts der Straße nach Líndos, bei einer Spitzkehre, das *moderne Kloster Tsambíka*, zu dem die Griechen oft zahlreich pilgern.

Monólithos

Etwa 2,4 km südwestlich von der Ortschaft Monólithos liegen auf dem Plateau eines kleinen, isolierten, steilabfallenden Felsens die eindrucksvollen Reste des mittelalterlichen **Kastells Monólithos** (griechisch auch Frurio = Burg genannt). Aus dem Felsen geschlagene Stufen führen heute zu der Burg hinauf. Ein strategisch idealer Platz, um die gesamte mittlere Westküste zu kontrollieren; ein heroischer Ort, der eine dramatische Landschaft lebendig vermittelt. Die Geschichte des Kastells entspricht dem historischen Auf und Ab des Johanniterordens auf der Insel Rhodos. Reste der Wohnbauten, die kleine Ajios Pandeleïmon-Kirche, die Grundmauern einer weiteren Kirche im Nordwesten der Burg, Zisternen und die kräftigen Umfassungsmauern der Festung vermitteln einen lebendigen Eindruck der einstigen Ritterfestung. Das Kastell wurde 1476, verhältnismäßig spät, errichtet.

Folgt man der Schotterstraße ca. 1 km, so gelangt man zu einer Weggabelung, die links nach 2,2 km in südlicher Richtung zum **Kap Fúrni** (s. S. 274) führt, rechts gelangt man nach 2,6 km zu dem sehr altertümlichen

Ajios Jeórjios-Kirchlein mit weiter, halbkreisförmiger Apsis, das wahrscheinlich auf einem frühchristlichen Vorgängerbau steht.

Paradhísion

Außerhalb von Paradhísion befinden sich drei sehenswerte byzantinische Kapellen mit schönem Freskenschmuck; lohnender Ausflug von der nahegelegenen Stadt Rhodos (rund 12 km) oder bei langer Wartezeit auf dem Flughafen! – Die Schlüssel zu den Kirchen erhält man vom Dorfpriester; oft sind die Kirchen auch geöffnet.

Ajios Hábakuk-Kirche

(Prophet des alten Testaments, 7. Jh. v. Chr.) Folgt man der Küstenstraße in Richtung Kamíros, so erreicht man ca. 2,5 km nach Paradhísion (etwa am Ende der Rollbahn des Flughafens) eine schmale Asphaltstraße, die im spitzen Winkel nach Paradhísion zurückführt. Gleich rechts der Straße, oberhalb eines Brunnenplatzes, die Kirche.

Datierung der Architektur: 15. Jahrhundert

Datierung der Fresken: 15. Jahrhundert

Mit dieser Kirche verbinden sich mehrere Besonderheiten: zum einen läßt sich das Patrozinium des Propheten Habakuk im gesamten byzantinischen Reich, speziell in den griechischen Landschaftsräumen, höchst selten nachweisen; zum anderen wurde die Kapelle über eine Quelle errichtet, die bereits in der Antike durch einen unterirdischen Kanal (Abb. 78) eingefaßt war, der noch heute auf der Querachse des Gebäudes in dem Felsen unterhalb der Kirche erhalten ist; und letztlich ist die Architektur der Kirche von ganz eigenartiger – für Rhodos von singulärer – Gestalt: der gesamte Baukörper wirkt wie ein massiver Turm aus der Ritterzeit. Nur die dreiseitig geschlossene Apsis deutet an, daß es sich hier um einen Sakralbau handelt; hochgeführt bis zur umlaufenden Traufe der Kapelle, folgt sie gleich der strengen Formensprache des Hauptbaus: an keiner Stelle wird das Gewölbe oder die Dachdeckung der Kirche sichtbar. Auch im Innenraum begegnen wir etwas für Rhodos sonst Unbekanntem: der Altarraum wird durch einen (jüngeren) aus Steinen gebauten Ikonostas abgetrennt, wobei der Architrav in Metopen- und Triglyphenfelder aufgeteilt ist.

Freskenprogramm (das ikonographische Programm folgt nicht der kanonischen Anordnung orthodoxer Kirchen).

Altarraum: In der Apsiswölbung die für ganz Griechenland sehr seltene Szene ›der thronende Alte der Tage‹, eine orthodoxe Umformung des westlichen Themas ›Gnadenstuhl‹ (beispielsweise gibt es in den 1200 byzantinischen Kirchen Kretas nur zwei Darstellungen mit diesem Motiv, z. B. in der Panajía-Kirche zu Rustika/Réthimnon aus den Jahren 1381/82), darunter Fragment eines ganzfigurigen Heiligen. Die Apsis zeigt ferner Ornamentschmuck: Zickzackmotiv und isometrisch dargestellte Würfel, die von zwei Bändern eingefaßt sind. *Kirchenschiff:* Das ikonographische Programm zeigt im nördlichen und südlichen Gewölbe je ein Register mit jeweils drei großen Bildfeldern. Thematisch beginnt es im *südlichen Gewölbe,* im Osten: Verkündigung an Maria, Fragment der Geburtsszene, stark fragmentarisch Darbringung Christi im Tempel (?); *nördliches Gewölbe* gegenüber, ganz im Westen: Taufe Christi, Verklärung Christi (im Bereich des Altarraumes), Hadesfahrt Christi, *Südwand:* im westlichen Teil Fragmente von zwei ganzfigurigen Heiligen, *Nordwand:* nicht identifizierbares Fragment und Erzengel Michael.

Ajios Ioánnis Theólogos-Kirche

Das Kirchlein liegt gegenüber dem modernen Flughafen. Direkt bei der Einfahrt (von Rhodos kommend) liegt links das Terrassenrestaurant ›Kufás‹, etwa 50 m danach folge man links dem Schotterweg, nach 200 m rechts und nach weiteren 200 m links; oberhalb einer kleinen Böschung liegt links zwischen Olivenbäumen und Zypressen die Johannes-Kirche.

Datierung der Architektur: 13. Jahrhundert und spätere Ergänzungen

Datierung der Fresken: 13., 15./16. Jahrhundert und 1686 (nach einer Stifterinschrift)

Einraumkapelle, die in zwei Baustufen errichtet wurde. Eine genaue Datierung der Architektur kann erst nach Restaurierung des Gotteshauses erfolgen. Die Baufuge und das übermauerte Fresko der Taufe Christi in der Mitte der Südwand zeigen, daß der westliche Raumteil mit seinem höher liegenden Tonnengewölbe der ältere Bauteil ist. Er stammt wohl aus dem 13. Jahrhundert und wurde im 15./16. Jahrhundert erneut mit Fresken ausgeschmückt, die teilweise noch erhalten sind. Die östliche Verlängerung entstand wohl, nachdem die Apsis der alten Kapelle (durch ein Erdbeben?) zerstört worden war. Sie reicht bis zu einem niedrigen Steilfelsen im Osten, wo eine Stützwand (oder ältere Apsis?) die Apsis zusätzlich schützt. Eine Inschrift an der Nordwand erwähnt, daß dieser Teil 1686 ausgemalt wurde.

Beschreibung des Freskenprogramms

Altarraum: (aus dem Jahre 1686) in der Apsiswölbung Deesis, im zylindrischen Teil vier ganzfigurige Kirchenväter in Seitenansicht und zwei frontal dargestellte Kirchenväter ganz außen; Gewölbe: Himmelfahrt Christi; Nordwand: Opferung Isaaks (sehr dramatisch dargestellt), darunter in einer Sakramentsnische der Schmerzensmann (Akra Tapeinosis, lateinisch vir dolorum), Südwand: ganzfiguriger Kirchenvater (Papst Silvester I.).

Gewölbe des Kirchenraumes: (Mischung aus mariologischen und christologischen Themen).

Südliches Gewölbe, oberes Register (von links nach rechts): Geburt Mariens, Tempelgang Mariens, Liebkosung Mariens (sehr seltenes ikonographisches Thema!). Thematisch setzt sich der christologische Zyklus im *nördlichen Gewölbe* fort, oberes Register: Tempelgang Christi, Taufe Christi (fragmentarisch deutlich zu erkennen die Füße, der Jordanfluß, rechts die Engel; dieses Fresko vergleiche man mit der rund dreihundert Jahre älteren Taufdarstellung im westlichen Teil der Südwand); es folgt Pfingsten (bis zur Mitte des unteren Registers). Die christologischen Szenen setzen sich nun wieder im *südlichen Gewölbe* fort, unteres Register: Erweckung des Lazarus, Abendmahl, Fußwaschung Petri, Einzug in Jerusalem. Die Themen setzen sich in der nördlichen Gewölbehälfte fort, unteres Register: Kreuzigung Christi, Auferstehung Christi, ungläubiger Thomas (der mit seiner Hand grob in die Seite des Herrn hineinfaßt). *Nordwand:* unter der Pfingstdarstellung vor dem Ikonostas Kirchenpatron Johannes der Theologe unter einer gemalten Arkade, links und rechts je ein Cherub. In der Wandzone ferner drei Soldatenheilige zu Pferde: Theodoros, Demetrios und Georgios; danach folgt über dem neuzeitlichen Fenster die Stifterinschrift mit der Jahreszahl 1686; *Südseite:* ganzfigurige Heilige, u. a. Petrus und Paulus mit einem Kirchenmodell, Andreas, Lukas, Kosmas (?), Nikolaus, Sawas, Antonios, Konstantin und Helena (diese Fresken gehören einer jüngeren Stilphase an; an der Stirnseite der südlichen Wand erkennt man einen ganzfigurigen Heiligen, darunter eine ältere Freskenschicht; im Norden sind dagegen nur Ornamente dargestellt).

Westlicher Bauteil

Die Fresken im Gewölbe sind zerstört. *Nordwand:* ganzfiguriger Heiliger, Stifterbild mit fragmentarischer Inschrift, Christus, Fragment der thronenden Muttergottes mit dem Christuskind. *Südwand:* Taufe Christi (links von Christus ist Johannes der Täufer durch die Südwand der östlichen Kapelle verdeckt, darüber Fragment (Höllenstrafen?); es folgen zwei überlebensgroße Heilige (sehr grob gearbeitet, wahrscheinlich im 18. Jh. übermalt), anschließend Johannes der Täufer unter einer gemalten Arkade, darunter eine ältere Freskenschicht, die auch eine gemalte Arkade zeigt, rechts anschließend Soldatenheiliger zu Pferde.

Ipapandí-Kirche

(Darstellung Christi im Tempel)

Die Kirche liegt ebenfalls gegenüber dem neuen Flughafen. Man folge der Schotterstraße südlich des Terrassenrestaurants ›Kufás‹, lasse die Abzweigung rechts zur Johanneskirche liegen, dann führt der Weg nach einigen Kurven (ca. 600 m) zu zwei hohen Zypressen; links des Weges liegt die Ipapandí-Kirche.

Datierung der Architektur: 1489–1503

Datierung der Fresken: 1489–1503

Einfache, zweijochige Einraumkapelle, die sich mit ihrer Ostapsis gegen eine Felswand lehnt. Das Kirchlein ähnelt in seiner morphologischen Gestalt der Ajios Hábakuk-Kirche. Beide Kirchen sind sowohl hinsichtlich ihrer Architektur als auch ihrer Freskenausschmückung sehr stark vom Westen beeinflußt; in beiden Fällen handelt es sich um Gründungen von Rittern des Johanniterordens!

Altarraum: Wo sonst das Hl. Mandylion dargestellt ist, wurden hier drei Ritterwappen gemalt! Links und rechts darunter Ornamente, in der Apsiswölbung das zweite rhodische Beispiel: ›der thronende Alte der Tage‹, eine orthodoxe Umformung des westlichen Themas: ›Gnadenstuhl‹ (s. Hábakuk-Kirche, S. 296); im zylindrischen Teil der Apsis drei ganzfigurige Heilige (auch hier etwas Merkwürdiges: hier sind nicht nur Kirchenväter, sondern auf der linken Seite ein Heiliger mit einem gezogenen Schwert dargestellt). *Gewölbefresken* im östlichen Teil (im westlichen Gewölbe sind keine Fresken erhalten): Verkündigung an Maria, Geburt Christi. *Nordwand:* ganz im Osten das letzte Abendmahl (links unten in der Ecke elegante Schemel der Ritter, die auf vier Beinen stehen, die Gewänder der Heiligen und das Tischtuch sind sehr bunt und farbenfroh gestaltet). Überhaupt sind die Farben in dieser Kirche anders als jene, die wir sonst aus rhodischen Kirchen kennen: hier sind es alles helle, leuchtende Farben, sehr viel Rot und Gelb, Grün und Blau. In der Zone unter den Gewölbefresken verläuft ein Fries mit einem Mäandermotiv, das nur fragmentarisch erhalten ist; ganz im Osten auf beiden Seiten im Norden und Süden abermals ein Wappen der Ritter.

Längswände: Im Norden über der Sakramentsnische ein Diakon, an der Südwand ein rechteckiges Bildfeld mit dem Brustbild eines Heiligen. *Nordwand:* Hl. Onuphrios, Soldatenheiliger Georgios zu Pferde, Nische mit der Muttergottes und dem Christuskind; rechts daneben Fresko mit einer Heiligen.

Péfka

Kleiner Weiler südlich von Líndos; außerhalb der Ortschaft liegen zwei byzantinische Kuppelkirchen. Auf der Straße nach Líndos liegt nach 1,5 km gleich links der Straße die Ajios Ioánnis-Kirche, nach einem weiteren Kilometer erkennt man rechts an der Küste die Ajios Nikólaos-Kirche (Farbt. 41).

Ajios Ioánnis-Kirche

Datierung der Architektur: unbestimmbar
Datierung der Fresken: 15./16. Jh. (?), zwei Freskenschichten

Die Ajios Ioánnis-Kirche steht wahrscheinlich auf einem frühchristlichen Vorgängerbau, sie ist eine Kuppelhalle mit hochgezogener Tambourkuppel, die auf ihren Diagonalachsen mit Rippen verstärkt ist (einzigartig für Rhodos). Auch die Ostwand zeigt eine besondere architektonische Gestalt: sie ist mit zwei Apsiden ausgebildet. Im Innenraum ist gleich rechts in der Südwand, direkt über dem Fußboden, eine kleine Apsidiole mit einem Auffangbecken für Ölspenden (?) vorgesehen; auch diese Einrichtung ist für Rhodos singulär. Die Altartischplatte ist ein antiker Marmorblock mit einer griechischen Inschrift (von Líndos?).

Beschreibung des Freskenprogramms

Altarraum: in den Apsiden je zwei fragmentarische Kirchenväter in Seitenansicht, am Triumphbogen Gastmahl des Abraham (?), ganz unten elegantes Blumenornament; *Gewölbe:* Fragment der Himmelfahrt, *Nordwand.* zwei Diakone; *Südwand:* Nikolaus, ein Kirchenvater und Diakon Laurentius (alle Heiligen im Altarraum sind frontal dargestellt).

Kuppel: Pantokrator in der Wölbung, fragmentarische Evangelisten an den Pendentifs. *Nördliche Blendnische:* Die ältere Freskenschicht zeigt das Fragment des Marientodes, darüber der überlebensgroße geflügelte Johannes der Täufer (rechts unten in der Ecke das Haupt Johannes des Täufers); in den Bogenlaibungen oben und unten je eine ganzfigurige Frauenheilige. *Südliche Blendnische:* Fragment der älteren Freskenschicht, darüber Erzengel Gabriel, rechts von ihm eine liturgische Inschrift; in den Bogenlaibungen oben und unten je zwei ganzfigurige heilige Frauen. An der östlichen Laibung erkennt man unter der Frauendarstellung das Fragment einer älteren Malschicht.

Westlicher Bereich, südliches Gewölbe: Marientod (demnach handelt es sich bei dieser Szene um die jüngere Ausmalungsschicht, da sich der Marientod der älteren Malschicht in der nördlichen Blendnische befindet), *südliches Gewölbe:* nicht identifizierbar; *nördliche Wand:* Hl. Georgios zu Pferde, *südliche Wand:* Hl. Katharina, Hl. Prokopios, in der Apsidiole der Südwand Muttergottes mit dem Christuskind. *Westwand:* Giebel: Fragment Gastmahl des Abraham (zweite Darstellung, jüngere Stilphase?), links und rechts der Tür Fragmente von je einem ganzfigurigen Heiligen.

Ajios Nikólaos-Kirche (Farbt. 41, 44)

Kreuzkuppelkirche mit dem Grundriß eines freistehenden griechischen Kreuzes, die 1790 durch eine tonnengewölbte Einraumkapelle nach Westen verlängert wurde (die Jahreszahl ist in den Architrav des Westportals eingemeißelt). Eine Datierung der ersten Baustufe wird erst nach einer exakten Mauerwerksanalyse zu bestimmen sein. Möglicherweise befinden sich unter dem neuzeitlichen Putz der Kreuzkuppelkirche noch Fresken der Gründungszeit. Der flache, achtseitige Tambour ist auf Rhodos nicht häufig vertreten. Die Küstennähe der Kirche läßt vermuten, daß hier bereits eine frühchristliche Kirche stand.

Im *Innenraum* befindet sich ein holzgeschnitzter Ikonostas aus dem Jahre 1701, der zu den schönsten Bildwerken der ganzen Insel zählt (Farbt. 44). Die Bilderwand ist teilweise mit qualitätsvollen Ikonen des 17. und 18. Jahrhunderts geschmückt, u. a.: Christusikone, Muttergottesikone, Einzug in Jerusalem, Erweckung des Lazarus, Taufe im Jordan.

Petalúdhes (Schmetterlingstal; Farbt. 40)
Landschaftlich sehr reizvolle Schlucht südlich von Kalamón, in der zu Tausenden die seltenen weißgepunkteten Harlekin-Schmetterlinge (Callimorpha quadripunctata) leben; auch botanisch interessanter Landschaftsraum (s. S. 317).

Pétrona

Nördlich von Archángelos führt eine schlechte Schotterstraße nach ca. 1,5 km zur Ajios Jeórjios-Kirche des verlassenen Pétrona (etwa 100 m rechts der Straße bei einer weiten Spitzkehre). Bis zur Ostküste sind es dann noch 1,2 km. Hier liegt an einer sehr schönen Bucht mit langem Sandstrand der kleine Weiler **Stéjena** mit Tavernen und Fischrestaurants.

Ajios Jeórjios-Kapelle
Datierung der Architektur: 13./14. Jahrhundert
Datierung der Fresken: Frühes 14. Jahrhundert
Einfache zweijochige Einraumkapelle, die zu den kleinsten der Insel zählt.

Beschreibung des Freskenprogramms
Altarraum: In der Apsiswölbung Muttergottes mit dem Christuskind, flankiert von den Erzengeln Michael und Gabriel; im unteren Teil der Apsis von ehemals sechs in Seitenansicht dargestellten Kirchenvätern sind im südlichen Bereich noch drei stark fragmentarisch erhalten; am Triumphbogen Mandylion, darunter die Verkündigung an Maria (links der Engel, rechts Maria), darunter geometrische Motive: *Gewölbe-Nordseite*: Himmelfahrt, gegenüber Geburt Christi. Nordwand: zwei Kirchenväter unter gemalten Arkaden, an der Südseite nur noch fragmentarisch erhalten. *Gewölbe des Kirchenraumes* (im Norden und Süden sind nur jeweils zwei Bildfelder vorhanden): *Süden:* Fragment Darbringung Christi im Tempel, Taufe im Jordan; *Norden:* Kreuzigung Christi, Hadesfahrt; *Nordwand:* ganzfiguriger Soldatenheiliger, Erzengel, ganzfiguriger Heiliger (Ajios Nikólaos?), der die Bestätigung seiner Bischofsweihe von Christus und Panagia erhält. *Südwand:* links neben der Tür Heiliger Georgios zu Pferde (18. Jh.?). *Westwand:* Im Giebel; Marientod, darunter fünf thronende Heilige unter gemalten Arkaden (ganz rechts Hl. Nikolaus). Im Scheitel des Gewölbes sechs Heilige in Medaillons.

Die Malereien gehören dem Zeitstil von Mistra auf der Peloponnes an.

Plimmýri

Im südlichen Teil der Ostküste, ca. 1,5 km südlich der Küstenstraße, liegt in einer völlig einsamen Gegend die Kirche der Zoodhóchos Pijí (Maria als lebensspendende Quelle). Der heute nur noch von wenigen Fischern aufgesuchte Ort hieß in der Antike **Ixion,** von der antiken Stadt (die weiter süd-

Altarschranke, Marmorfragment der dreischiffigen Basilika von Plimmýri

lich liegen soll) und ihrem Apollon-Tempel hat man bisher noch nichts ausgegraben. Das gesamte Gelände ist archäologisch noch nicht erforscht.

Die **Kirche der Zoodhóchos Pijí** steht auf den Grundmauern einer frühchristlichen Basilika des 5./6. Jahrhunderts. Bereits im 7. Jahrhundert oder etwas später scheinen die Kirche und die Siedlung von arabischen Seeräubern und/oder durch eine Überschwemmung zerstört worden zu sein; vielleicht erhielt der Ort aufgrund einer Flutkatastrophe seinen heutigen Namen Plimmýri (= Hochwasser/Flut).

Ambofußboden, Marmorfragment der Basilika

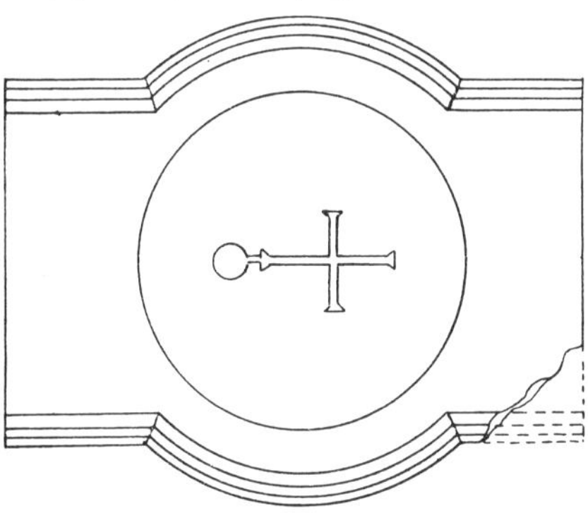

Antikes und besonders frühchristliches Baumaterial der dreischiffigen Basilika, das in die Wände der Kirche eingebaut wurde, verdeutlicht die einstige Pracht des frühchristlichen Gotteshauses. In der Westwand sind außen, direkt über dem Portal, eine schöne gekrümmte Ambo-Marmorplatte und weiter links eine reich verzierte Marmorplatte der frühchristlichen Altarschranke zu erkennen. Auf dem Fußboden des offenen Narthex liegt vor einem Brunnen das Marmorfragment des Ambofußbodens. Etwa 5 m nördlich (links) des Narthex' liegen, vom Gras überwuchert, Reste des Mosaikfußbodens aus dem nördlichen Seitenschiff. In der Kirche selbst sind monolithische Säulenschäfte und verschiedene Kapitelle vermauert.

Die verlassenen Gebäude stammen von einer 1837 gegründeten Klosteranlage.

Profília

Am östlichen Ortsrand von Profília (Inselinneres, Südteil) erhebt sich westlich der Hauptstraße auf einer leicht erhöhten Terrasse die Ajios Jeórjios-Kirche.

Ajios Jeórjios-Kirche (Abb. 89, 98)
Datierung der Architektur: unbestimmbar
Datierung der Fresken: 17./18. Jahrhundert
Einfache Einraumkapelle ohne Jochunterteilung.

Beschreibung des Freskenprogramms
Altarraum: In der Apsiswölbung Deesis, im zylindrischen Teil vier ganzfigurige Kirchenväter in Seitenansicht (die Kirchenväter ganz links und rechts sind jeweils unter einer Arkade gemalt, u. a. Johannes Chrysostomos, Basileios, Gregorios der Theologe); Triumphbogen: Mandylion, links und

rechts darunter geometrische Motive; links, in einer Höhe von ca. 1,50 m, Fragment der Stifterinschrift. *Gewölbe:* Himmelfahrt, im Norden darunter: Opferung Isaaks (fragmentarisch), darunter ein ganzfiguriger Diakon, rechts daneben Sakramentsnische mit einem gemalten Kreuzsymbol. *Südwand:* fragmentarischer ganzfiguriger Kirchenvater unter gemalter Dreipaßarkade. *Gewölbe des Kirchenraumes:* Im Scheitel des Gewölbes Fragmente von vier Heiligen, sie sind ganz nach rhodischer Art von einem vierblättrigen Kleeblatt und einem vierzakkigen Stern umrahmt, die miteinander verschnitten sind. *Süden:* Verkündigung an Maria, Geburt Christi, Taufe Christi. Das christologische Thema setzt sich im *nördlichen Gewölbe* fort: Verklärung Christi, Kreuzigung Christi (Abb. 98) und Hadesfahrt Christi. *Südwand:* Fragmente von Heiligen und zwei ganzfigurige Heilige unter gemalten Arkaden. *Nordwand:* Unter einer Dreipaßarkade die Hll. Georgios und Demetrios zu Pferde, rechts daneben Hl. Antonios (Abb. 89) unter einer Dreipaßarkade und überlebensgroßer Erzengel Michael. *Westwand,* Giebel: fragmentarisch Tod der Muttergottes.

Volkstümliche, teilweise grobe Malereien, das Apsisbild stammt aus einer etwas älteren Epoche (16. Jh.?).

Profítis Ilías

Zweithöchster Gebirgszug (900 m) der Insel, der über eine ›Ringstraße‹ ganz umfahren werden kann (Abb. 51). Landschaftlich sehr abwechslungsreich; teilweise sieht man noch Waldschäden von der Feuerkatastrophe des heißen Sommers von 1982. Der Profítis Ilías gehört zu den botanisch interessantesten Gebieten der Insel (s. S. 318).

Die Berghotels »Elafos und Elafina« oberhalb der nördlichen Steilfelsen wurden von den Italienern nach dem Stil ihrer heimischen Berghütten (Chalet-Stil) errichtet.

Psínthos

(Inselinneres, Nordteil)

Südlich von Psínthos liegen zwei mit byzantinischen Fresken ausgeschmückte Kapellen. Auf der Schotterstraße nach Archípolis liegt nach 2,3 km links leicht erhöht die Ajía Trías-Kirche. Bleibt man auf dieser Straße und fährt weiter südlich, dann gelangt man nach weiteren 3,2 km links zu einer leicht zu übersehenden Schotterabzweigung, die schon nach ca. 200 m zur Panajía-Kirche führt.

Ajía Trías-Kirche

Datierung der Architektur: 14./15. Jahrhundert

Datierung der Fresken: 1407/08 (nach einer Stifterinschrift) mit Übermalungen des 17. Jahrhunderts (Farbt. 65)

Einfache Einraumkapelle mit einer weiten, innen und außen halbkreisförmig geschlossenen Apsis. Nördlich der Kapelle liegen Reste eines Ziegelfußbodens, der vielleicht von einem (frühchristlichen?) Vorgängerbau stammt oder von der Klosteranlage, die hier einst gestanden haben soll.

Beschreibung des Freskenprogramms

Altarraum: In der Apsiswölbung Deesis mit Christus, Muttergottes und Johannes dem Täufer, im zylindrischen Teil der Apsis links und rechts je drei Kirchenväter zur Apsis zugewandt (u. a. Nikolaos und Chrysostomos), unter dem Apsisfenster der gedeckte Altartisch; der schmale Triumphbogen zeigt im Bereich der Apsiswölbung eine liturgische Inschrift, darüber ein Würfelornament, in der Mitte ein Kreis mit einem

Ornament, links und rechts weitere Ornamente; *Nordseite:* oberhalb der Sakramentsnische Brustbild eines Kirchenvaters, rechts daneben ein Diakon; im Gewölbe über dem Altarraum fehlt die übliche Darstellung von Pfingsten und/oder Himmelfahrt.

Gewölbe des Kirchenraumes (einschließlich Altarraum): nach rhodischer Tradition beginnt der christologische Zyklus im *südlichen Gewölbe* ganz im Osten: Verkündigung an Maria, Geburt Christi, Fragment Tempelgang Christi, Taufe im Jordan, *nördliches Gewölbe:* Erweckung des Lazarus (hier die sehr drastische Darstellung, daß sich einer der Trauernden die Nase zuhält, um auch getreu die Worte der Hl. Schrift darzustellen: ›Er riecht ja schon‹). Es folgen: Einzug in Jerusalem, Kreuzigung und Hadesfahrt über dem Altarraum.

Längswände, Süden: Rechts neben dem Ikonostas Deesis (wie in der Apsiswölbung), rechts anschließend drei lebensgroße Heilige, *Norden:* insgesamt fünf ganzfigurige Soldatenheilige. *Westwand:* Im Giebel Fragment des Marientodes, links neben der Tür Stifterinschrift (Farbt. 65) mit der Jahreszahl 1407/08 (die Blumenornamente sind Übermalungen des 17. Jh.), rechts Konstantin und Helena. Im Altarbereich ist unter den Sakramentsnischen jeweils im Norden und Süden noch ein gemalter Vorhang dargestellt. Der Altartisch besteht im unteren Teil aus einer Marmorsäule, ferner liegt in der Kirche ein antiker Opferaltar mit Stierköpfen.

Die Malereien der Ajía Trías-Kirche sind sehr provinziell und von nur schwacher Qualität.

Panajía Parmeniótissa-Kirche

Datierung der Architektur: 14./15. Jh.

Datierung der Fresken: 1. Hälfte 15. Jahrhundert (etwa zeitgleich mit den Fresken der Ajía Trías-Kirche; hier aber von bedeutend besserer Qualität)

Einfache, sehr hohe Einraumkapelle, wie es sie auf Rhodos nur selten gibt. Der Altarraum ist mit einem doppelten Triumphbogen ausgebildet, der erste befindet sich an der Stelle des Ikonostas, der zweite wird durch die Ostwand gebildet (möglicherweise sind hier bauliche Reste eines Vorgängerbaus einbezogen worden). Mauerfragmente einer möglichen früheren Apsis befinden sich außen an der Ostwand.

Beschreibung des Freskenprogramms

Die gesamte *Apsis* und der *Altarraum* sind ihres Freskenschmucks beraubt; es sind nur klägliche Fragmente im Gewölbe und an der Südwand erhalten. Der im südlichen Gewölbe des Altarraumes erkennbare Engel deutet darauf hin, daß hier die kanonische Himmelfahrtsdarstellung vorhanden war.

Kirchenraum, westlicher Triumphbogen, oben: Mandylion, links und rechts Ornamente; im Gewölbe vorwiegend christologische Szenen, dazu drei in das Programm integrierte mariologische Bildfelder.

Südliches Gewölbe, oberes Register (von links nach rechts): Verkündigung an Maria, Geburt Christi, Tempelgang Christi, Taufe im Jordan, inhaltlich setzt das christologische Thema am *nördlichen Gewölbe im oberen Register* fort: Verklärung Christi, Erweckung des Lazarus, Einzug in Jerusalem, Hochzeit zu Kanaa (beachtenswert der sehr üppig gedeckte Tisch); das Thema setzt sich weiter fort im unteren Register des *südlichen Gewölbes:* Judasverrat (beachtenswert die aufgebrachte Menge der Soldaten und besonders Judas, der sich um den Hals Christi schlingt und ihn zu sich herunterzerrt), rechts unten in der Ecke Petrus, der einem

Soldaten das Ohr abschneidet; ferner Verspottung Christi, Kreuzigung Christi, Beweinung Christi. Wieder wechselt der christologische Zyklus ins *nördliche Gewölbe, unteres Register:* Hadesfahrt, ungläubiger Thomas, Pfingsten, ganz im Westen ein mariologisches Thema: Tempelgang Mariens; das zweite mariologische Thema befindet sich im *Westgiebel:* Marientod.
Längswände: Im Norden und Süden, unterhalb der Gewölbefresken, je ein Medaillonfries, die mittels kleiner Schlingen miteinander verbunden sind. *Nordwand:* Soldatenheiliger Georgios zu Pferde, drei ganzfigurige Bischöfe, ein ganzfiguriger Heiliger, Deesis mit Christus und Johannes dem Täufer. An der *Südwand* (hier sind die Fresken am besten erhalten): rechts des Altarraumes ein Erzengel, neuzeitliches Fenster, darüber die Stifterinschrift, rechts davon zwei ganzfigurige Heilige, Hl. Nikolaus, Hl. Antonios, Hl. Mamas, Andreas und Pandeleimon (alle unter gemalten Arkaden).
Westwand: Unter dem Marientod Medaillonfries mit Heiligen; rechts der Tür zwei ganzfigurige Heilige unter gemalten Arkaden (rechts Hl. Onuphrios), links fragmentarisch Konstantin und Helena.

Spätpaläologische Malereien von guter Qualität mit einer eigentümlichen bühnenartigen Räumlichkeit.

Pýlon

Von Líndos kommend liegt rechts oberhalb der Straße, noch vor der Abzweigung zur Ortsmitte von Pýlon (rechts), die Kyrá Pyloná-Kirche. Folgt man dieser Hauptstraße weiter Richtung Süden, so erkennt man ebenfalls rechts oberhalb, nach ca. 1 km, die Ajios Jeórjios-Kapelle, sie liegt südöstlich der Ortschaft.

Kyrá Pyloná-Kirche (Abb. 97)
Datierung der Architektur: 15./16. Jahrhundert (?) Erste Baustufe
Datierung der Fresken: 1. Viertel 17. Jahrhundert aufgrund der sehr gelungenen perspektivischen Darstellungen (besonders bei der Treppe in der Szene Tempelgang Mariens)
Die Kyrá Pyloná-Kirche besteht heute aus zwei Baustufen; nur in der älteren Einraumkapelle im Osten sind noch künstlerisch wertvolle Fresken erhalten. Die westliche Verlängerung wurde 1926 errichtet.
Beschreibung des Freskenprogramms
Altarraum: nur noch fragmentarisch erhaltene Muttergottes mit dem Christuskind in der Apsiswölbung und darunter Apostelkommunion; im Gewölbe Himmelfahrt (?)
Gewölbe des Kirchenraumes: Süden, oberes Register: Verkündigung an Maria, Geburt Christi, Darbringung im Tempel; *unteres Register:* Einzug in Jerusalem, Kreuzigung Christi, es folgt aus dem mariologischen Zyklus: Begrüßung Annas und Joachims an der goldenen Pforte (als vertikaler Streifen von ca. 50 cm), rechts daneben als letztes Bild Geburt der Gottesmutter (Abb. 97). *Norden, oberes Register*: (christologischer Zyklus): Taufe im Jordan, Verklärung Christi, Auferweckung des Lazarus; *unteres Register* (mariologischer Zyklus): Tempelgang Mariens (mit der perspektivisch gelungenen Treppendarstellung), schließlich folgen noch zwei christologische Szenen: Hadesfahrt und Pfingsten. *Südwand:* insgesamt vier Heilige unter gemalten Arkaden (u. a. Johannes der Täufer, Hl. Nikolaos, Hl. Antonios); *Nordwand:* ein Soldatenheiliger zu Pferde und vier Soldatenheilige unter gemalten Arkaden. Im Bereich des Ikonostas als Übergang zum Altarraum Fragment einer

Deesis. Im Scheitel des Gewölbes waren ursprünglich vier Medaillons mit Heiligendarstellungen angebracht.

Ajios Jeórjios Kirche

Datierung der Architektur: unbestimmbar

Datierung der Fresken: 15./16. Jh, (?), zwei Freskenschichten

Die Ajios Jeórjios-Kirche ist eines der wenigen rhodischen Beispiele einer Einraumkapelle (Erste Baustufe) mit einem querliegenden Narthex (Zweite Baustufe), so daß sich im Grundriß die Form eines Antonius-Kreuzes abzeichnet.

Die wenigen und schlecht erhaltenen *Freskenfragmente* lassen keine Datierung zu. *Südwand* (der Einraumkapelle): Hl. Georgios zu Pferde, darunter erkennt man die aufgerauhte Fläche einer älteren Freskenschicht; *Nordwand:* zwei ganzfigurige Heilige und thronende Muttergottes (?).

Rhodos s. S. 95 ff.

Rodíni s. S. 167

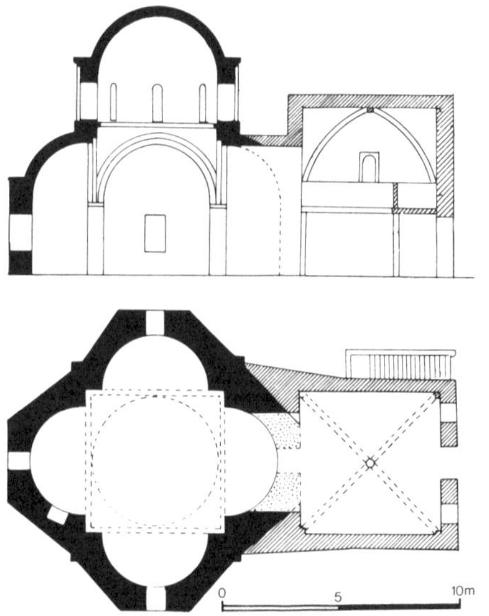

Ritterzeit, 14./15. Jh.

Abbruch

Erweiterung

Kímisis Theotóku-Kirche von Sálakos, Grundriß und Schnitt

Sálakos

(Nordrand des Profítis Ilías, Richtung Westküste)

Am nordöstlichen Ortsrand von Sálakos erhebt sich auf einem Friedhof die Kirche der Kímisis Theotóku.

Kímisis Theotóku-Kirche

Datierung der Architektur: 14./15. Jahrhundert (?)

Der verhältnismäßig große Kirchenbau gehört zu der Trilogie der rhodischen Vierkonchenanlagen. Wie die Ajios Jeórjios-Kirche in der Ritterstadt Rhodos und die Ajios Nikólaos Funtuklí-Kirche, sind auch bei diesem Beispiel die vier Konchenarme des freistehenden griechischen Kreuzes außen dreiseitig geschlossen; ebenfalls ist auch der Tambour der Kímisis Theotóku-Kirche durch schlanke Apsidiolen außen vertikal gegliedert; vielleicht stammen sie aus der Gründungszeit? Der Fußboden ist nach rhodischer Art mit einem Kieselmosaik ausgelegt. Der Narthex mit Kreuzrippengewölbe stammt aus dem 19. Jahrhundert.

Skala Kamíros s. Kamíros Skala

Skíadhi s. Moní Skiádhi

Stéjena s. Pétrona

Thári s. Moní Thári

Théologos (Tholos)

(Nordküste zwischen Rhodos und Kamíros)

Von der Küstenstraße kommend , liegen ca. 1 km vor der Ortschaft rechts und links der Straße spärliche Reste einer *antiken Stadt*, teilweise wild überwuchert. Südlich von Tholos stand einst ein dem Apollon Erethimos geweihter *Tempel*, von dem sich heute Fragmente des Architravs im Archäologischen Museum von Rhodos befinden. Balducci entwarf 1931 zwei alternative Rekonstruktionsvorschläge des Tempels: zum einen legte er den Plan eines dorischen Prostylos mit vier Frontsäulen, aber ohne Säulen zwischen den Anten, vor, zum anderen stellte er einen dorischen Doppelantentempel zur Diskussion; erstere Tempelform wird heute allgemein von den Archäologen aufgrund der Krepis mit ihrem Stylobat und den Tempelwänden mit ihren Anten als verbindlicher Lösungsvorschlag anerkannt.

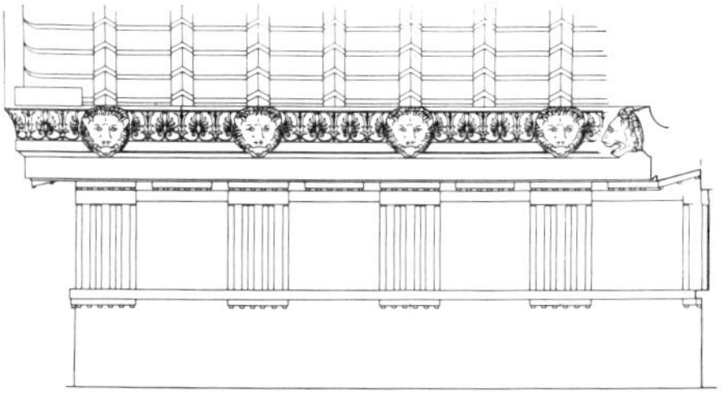

Architrav des Apollon Erethimos-Tempels von Tholos

Zwei Rekonstruktionsvorschläge des Apollon Erethimos-Tempels: Prostylos und Doppelantentempel

Tríanda

Vom Ortskern, dort wo sich die Hauptkirche befindet, folge man westlich der kleinen Straße dorfauswärts ca. 500 m, auf der rechten Seite liegt bei einer großen Platane die Ajios Nikólaos-Kirche.

Ajios Nikólaos-Kirche

Datierung der Architektur: Anfang 16. Jahrhundert

Datierung der Fresken: Frühes 16. Jahrhundert

Weiträumige Einraumkapelle (4,97 m × 6,67 m) mit einem sehr hohen Tonnengewölbe.

Beschreibung des Freskenprogramms (Farbt. 61)

Altarraum: In der Apsiswölbung ist nur noch ein Fragment eines Thrones und eine

darauf sitzende Gestalt zu erkennen, unter dem Apsisfenster gemalter Altartisch (ohne Melismos), links und rechts Fragmente von ganzfigurigen Kirchenvätern, rechts der Apsis Fragmente von Kirchenvätern, links eine Apsidiole und ein Fragment des Schmerzensmannes.
Gewölbe des Kirchenraumes: auf der Nordseite ist mit Ausnahme von wenigen Fragmenten nur noch das untere Register erhalten. An der Südseite sind das mittlere und das untere Register erhalten, das obere nur noch fragmentarisch. Die *Nordwand* zeigt unter dem letzten Register eine gemalte Arkadengliederung (mit guter perspektivischer Darstellung), Hauptthema der Malereien sind Szenen aus dem christologischen Zyklus; *Süden* (an der Ostwand beginnend): Fragmente der Himmelfahrt Christi (gehört ikonographisch zum Altarraum), nicht identifizierbares Thema. Fresken des *Kirchenschiffes, oberes Register:* Geburt Christi, Taufe Christi: *mittleres Register* (christologischer Zyklus mit verschiedenen Wunderheiligen): Blindenheilungen (in zwei Teilen: Christus heilt die Augen durch Auflegen seiner Hand, der Geheilte wäscht sich am Brunnen die Augen). Heilung einer Frau, Erweckung eines Toten, Versuchung Christi (?); *unteres Register:* Fragmente von fünf christologischen Themen: Abendmahl, Fußwaschung, zwei nicht identifizierbare Szenen, Petrus verleugnet Christus (drei Szenen).

Der christologische Zyklus setzt sich im unteren Register an der Nordwand fort: Christus vor dem Hohenpriester, Christus vor Pilatus, (der sich die Hände wäscht), Verspottung Christi (Farbt. 61), Simon von Kyrenia trägt das Kreuz Christi, Kreuzbesteigung, Hadesfahrt (im Bildfeld der Hadesfahrt sind im erzählenden Stil zusätzlich dargestellt: das leere Grab, die schlafenden Soldaten, die Frauen am leeren Grab mit den Engeln, Christus erscheint den Myrophoren).

Die Malereien zeigen eine gute Raumperspektive. Ikonographische Details (z. B. das offene Grab in der Hadesfahrt) und die Rüstungen der Ritter (z. B. bei der Verspottung Christi) machen den stark westlichen Einfluß deutlich.

Tsambíka s. Moní Tsambíka

Wruliá (Vroulia)
Von Kattawía aus erreicht man über eine sehr schlechte Schotterstraße nach ca. 9 km die Südspitze der Insel Rhodos. Südöstlich des Friedhofes von Kattawía mit der Panajía-Kirche zweigt von Rhodos kommend links eine Schotterstraße ab; nach 5,9 km halte man sich bei der Weggabelung rechts, dann gelangt man nach weiteren 2,4 km zu den schönen Sandstränden der schmalen Landzunge, die zur Halbinsel Prassoníssi hinüberführt; bei der Ikonostássia (Bildsäule) rechts dem Höhenweg entlang der Küste folgen, nach 0,7 km (am Ende der westlichen Bucht) liegen oberhalb der Steilfelsen die für den gesamten ägäischen Raum sehr interessanten Grundmauern der **Stadt Wruliá** aus der Zeit um 700 v. Chr., die der dänische Archäologe Kinch bereits 1908 archäologisch erforscht hat.

Die Anlage scheint ganz nach militärischen Gesichtspunkten angelegt und organisiert gewesen zu sein: eine fast 300 m lange Stadtmauer verläuft in einem Abstand von ca. 80 m bis 100 m nahezu parallel zur Südküste; nach Süden sind in additiver Reihung megaronartige Zwei-Zimmer-Wohnbauten angebaut, die wahrscheinlich nach Süden

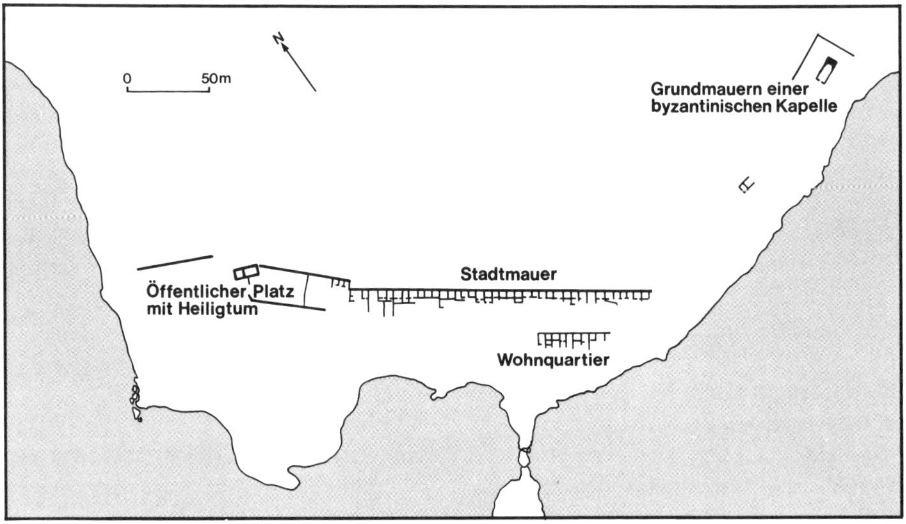

Die antike Stadt Wruliá an der Inselsüdpitze, Lageplan

eine offene Vorhalle hatten. Da von den Archäologen in einigen der Haustypen keinerlei Fundmaterial entdeckt wurde, nimmt man an, daß diese Mauern lediglich Substruktionen einer Verteidigungsplattform gewesen sind. Eine zweite, mit zehn Wohnbauten freigelegte Häuserzeile, konnte weiter zur Küste hin im Osten freigelegt werden. Ganz im Westen breitet sich ein freier Platz aus, der wahrscheinlich die Funktion einer Agora hatte. Auf diesem öffentlichen Gemeindeplatz fand man Altäre und Grundmauern eines Heiligtums.

Die baulichen Reste der antiken Stadt sind in dem kargen, steinigen Gelände nur sehr schwer auffindbar. Als Orientierungspunkt dient am besten die kleine Bucht am Ende der Schotterstraße; von hier aus sind es nur ca. 100 m oberhalb der südlichen Steilfelsen bis zu dem Grabungsgelände.

Wruliá, Hausgrundrisse

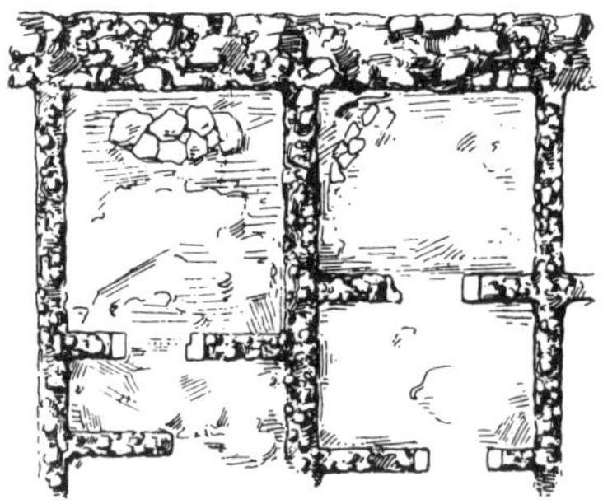

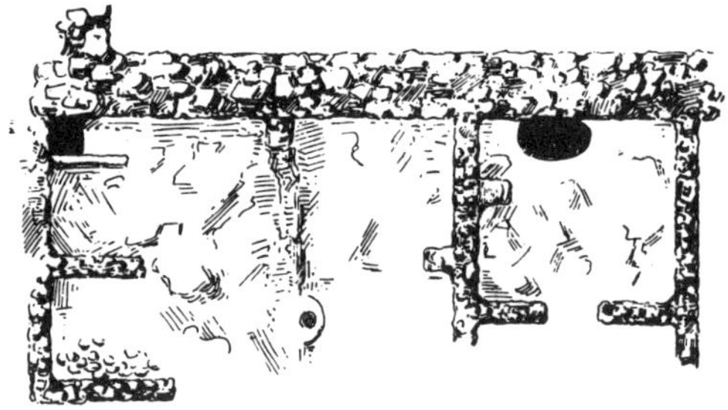

Große Inselrundfahrt

Routenvorschläge mit Abstechern ins Landesinnere

Die Insel Rhodos kann bequem an einem Tag mit dem Auto auf der Küstenstraße (ohne intensives Besichtigungsprogramm) umfahren werden (insgesamt Rhodos – Líndos – Kattawía – Kamíros – Rhodos ca. 210 km).

Die hier aufgeführten Besichtigungen sind als Tagestouren jeweils für einen ganz bestimmten Landschaftsraum mit den bedeutendsten Sehenswürdigkeiten zusammengestellt, die während eines vierzehntägigen Aufenthalts besucht werden können.

Rhodos: mindestens 2 Tage

Líndos (ohne Umgebung): mindestens 1 Tag

Filérimos und **Kamiros:** 1 Tag

Profítis Ilías: 1 Tag
Kunstgeschichtliche Sehenswürdigkeiten und botanisch interessante Region. Empfehlenswerte Besichtigungen: *Eleússa-Kirche* in *Eleússa* und *Ajios Nikólaos Funtuklí-Kirche*

Paradhíson und **Triánda:** 1 Tag
Empfehlenswerte Besichtigungen: *Ajios Ioánnis-Kirche* und *Ajios Hábakuk-Kirche* in *Paradhísion; Ajios Nikólaos-Kirche* in *Triánda.*

Maritsá und **Petalúdhes:** 1 Tag
Schöne Wanderung von *Maritsá* zum Ajios Nikólaos-Kirchlein und zu der frühchristlichen Basilika nördlich des Kúmuli-Gebirges. Das *Schmetterlingstal Petalúdhes* hat am Nachmittag die beste Sonne.

Mittlere Westküste: 2 Tage

1. Empfehlenswerte Besichtigungen: Ajios Ioánnis-Kirche von **Kritinía** (hier Gelegenheit zu reizvollen Wanderungen, so daß man in und außerhalb der Ortschaft einen ganzen Tag verweilen kann)
2. **Kap Fúrni** (schöne Strände) und **Monólithos** (Übernachtungsmöglichkeit)

Nördliche Ostküste: 2 Tage

1. Schöne Landschaften (teilweise botanisch sehr interessant): **Kolímbia** mit den Grundmauern einer frühchristlichen Basilika; **'Epta Pijí** (quellreiches Waldgebiet); **Moní Tsambíka** (reizvolle Wanderung und schöne Strände)
2. Empfehlenswerte Besichtigungen: **Archángelos** mit der Ajioi Theodhóroi-Kirche; **Málona** mit der Ajía Iríni-Kirche; **Charáki** mit der Höhlenkirche Ajía Aghàthi; **Mássari** mit der Ajios Jeórjios Lórima-Kirche

Südliche Inselhälfte: 3 Tage
Sehr gute Üernachtungsmöglichkeiten in **Péfka;** auch in Lindos einige Tage zu leben, ist sehr reizvoll, der Ort ist jedoch sehr stark überlaufen.

1. Klosterkirche **Thári;** sehr schöne Wanderungen, botanisch interessant.
2. **Asklipiïon** mit der Kímisis Theotóku-Kirche und **Jenádhion** mit der Ajía Anastasía-Kirche
3. **Mesanaghrós** und die frühchristlichen Kirchen von **Ajía Warwára; Arnítha** mit dem frühchristlichen Bischofssitz **Ajía Iríni; Apolakkiá,** schöne Wanderung zur Ajios Jeórjios o Wárdhas-Kirche.

Vegetation und Naturräume

Von Robert Breiner

Die Pflanzenwelt einer Landschaft wird von den geologischen Gegebenheiten, das sind die chemische und morphologische Zusammensetzung des Bodens, seine Wasserdurchlässigkeit und sein Feuchtigkeitshaltevermögen, dem Klima wie tages- und jahreszeitlicher Temperaturrhythmus, dem Zeitpunkt und der Menge der Niederschläge und nicht zuletzt durch den Eingriff des Menschen, wie Viehhaltung, Ackerbau und der damit verbundenen Waldrodung, sowie schließlich der Industrialisierung mit all ihren Folgen bestimmt.

Die Flora der Insel Rhodos nimmt eine deutliche Mittelstellung zwischen zentralmediterraner und ostmediterraner, anatolischer Pflanzenwelt ein. Dies führt zu einem vermehrten Vorkommen von Pflanzen asiatischen Ursprungs neben bekannten Arten des Mittelmeerraumes.

Geologische und naturräumliche Gliederung

Die Inseln der Süd- und Südostägäis sind als die Verbindungsglieder des Dinarischen Gebirgszuges der Balkanhalbinsel (auf dem griechischen Festland: Pindos, auf der Peloponnes-Halbinsel: Taigetos und Parnon) über die Inseln Kithira und Kreta mit dem kleinasiatischen Taurusgebirge anzusehen. Wie die geologische Karte zeigt, ist die Entstehung der Insel Rhodos in mehreren, zeitlich recht großen Abständen mit Hebungen und Senkungen der Erdoberfläche verbunden gewesen. Die erdgeschichtlich ältesten Teile der Insel stammen aus dem Erdmittelalter (Mesozoikum), einer Zeitepoche vor ca. 160–100 Millionen Jahren. Das Mesozoikum wird in drei Unterabschnitte, Trias, Jura und Kreide, unterteilt. In diesem Zeitabschnitt entstanden die höchsten Erhebungen der Insel, wie der Akramítis (825 m), das mächtige Attáwiros-Massiv mit drei Erhebungen von 851 m, 1063 m und dem höchsten Gipfel der Insel mit 1215 m sowie die beiden Profítis Ilías-Berge bei Sálakos mit 900 m und bei Archángelos mit 512 m Seehöhe. Die Bergmassive verlaufen von Südwest kommend parallel mit der Küste und teilen sich beim Profítis Ilías (Sálakos). Die Hauptkette verläuft ab hier in östlicher Richtung und erreicht die Ostküste bei Archángelos. Eine niedrigere Hügelkette reicht in nordöstlicher Richtung über den Psínthos bis zum Kap Wódhi, wenige Kilometer südlich von Rhodos-Stadt. Diese Berge sind größtenteils von tertiären Ablagerungen überschichtet, nur die höchsten Erhebungen bestehen noch aus den ursprünglichen Kreidekalken.

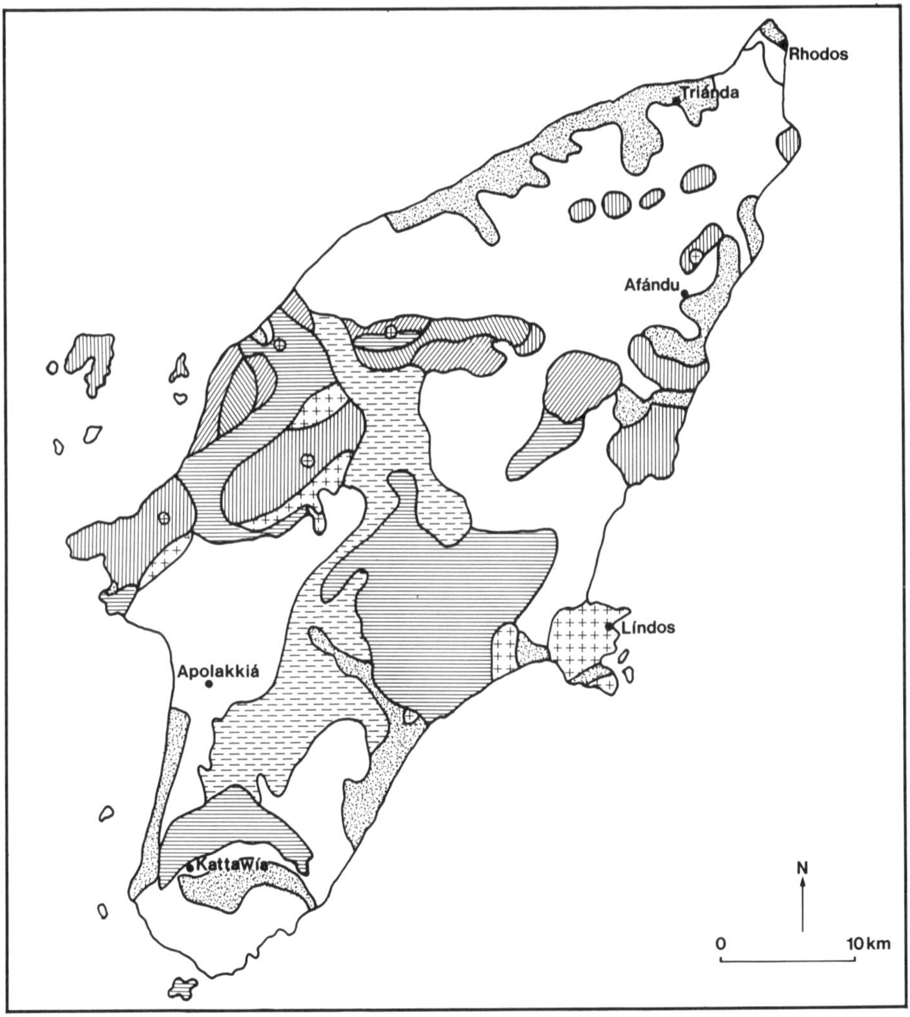

Mesozoikum	Trias		Silikatschiefer, Kalksteine
	Jura		Kalksteine, Hornsteine
	Kreide		komp. Kalksteine mit Hippurit
Flysch			Olonos-Pindos-Flysch
			Adriatisch-Ionischer Flysch
Tertiär	Eocen		Sand-, Kalk-, Hornsteine
	Neogen		Sande, Tone, Mergel, Sandsteine
Quartär	Holocen		Sand, Ton, Lehm, Schutt, Dünen

Geologische Karte der Insel Rhodos (36° nördliche Breite, 28° östliche Länge)

Das botanisch reichste Gebiet der Insel um Sálakos und den Profítis Ilías besteht aus Materialien aller drei Epochen des Mesozoikums.

Zwischen dem Erdmittelalter und dem Tertiär, beginnend vor ca. 35 Millionen Jahren, bildeten die Ablagerungen des Flysch-Meeres vor allem das Innere im Südteil und den Südosten der Insel.

Das Norddrittel und die Küstenregionen im Süden bestehen aus tertiären Sanden, Tonen und Kalken.

Aus der jüngsten geologischen Zeitepoche, dem Quartär, stammen die Küstenebenen und die wenigen, nicht allzu breiten Sandstrände der Insel. Es sind dies der Strand an der Nordspitze der Neustadt von Rhodos, die Küste zwischen Triánda und Kap Minás bei Kamíros, die Ostküste zwischen Kap Wódhi und Faliráki, bei Kolímbia und im Südteil der Insel.

Klima

Das ägäische Klima stellt den Übergang des westlichen und zentralen Mittelmeerklimas (Olivenklima) zum vorderasiatischen Steppenklima (Traganthklima) her. Es zeichnet sich durch eine Zunahme der täglichen und jährlichen Temperaturschwankungen und eine Abnahme der relativen Luftfeuchtigkeit und der Niederschlagsmenge aus.

Rhodos, die größte südostägäische Insel, nimmt durch ihre geografische Lage, die Entfernung zum türkischen Festland beträgt nur etwa 18 km, eine Sonderstellung ein. Die hohen Taurusberge schirmen die Insel vor kalten Nordwinden ab, bilden aber auch für feuchte, wolkenreiche Südströmungen einen Stau. Dies bewirkt insgesamt ein milderes Klima mit höheren Niederschlags- und Bewölkungswerten gegenüber den ägäischen Inseln. Dem Besucher, der die übrige griechische Inselwelt bereits kennt, wird auffallen, daß die Insel mehr Grün, mehr geschlossene Waldflächen und deutlich ausgeprägte Flußläufe aufweist.

Vergleichswerte mit der Insel Santorin und dem griechischen Festland (Athen) zeigen das auf:

	mittlere Temperatur °C		*mittlere Feuchtigkeit % rel.*		*mittlere Bewölkung Tage/Jahr oder Monat*		*Regentage Jahr oder Monat*		*Regenmenge cm*	
	Dezember	August	Dezember	August	Dezember	Juli	Dezember	Juli	Dezember	Juli
Rhodos	12–13	26,8	70		155		57		70	
Santorin	10,4	24,8	75	61	67	0,3	14	0	36	
Athen	6–13	27	75	46	59	11	13	3	39	

Das Klima des Mittelmeerraumes zeichnet sich durch eher trockene, fast wasserlose Sommer mit hohen Temperaturen, einen regenreichen Herbst und Winter (ab Ende Oktober – Februar) und einen milden Frühling (von März bis etwa Mitte Mai) aus. Dieser spezifische Klimazyklus führte zur Entwicklung besonderer Bäume, Sträucher und Pflanzen, der Mittelmeerflora.

Die Pflanzengesellschaften

Durch Anpassung sichern die Pflanzen ihr Fortbestehen. So speichern z. B. Iris, Schachblumen und Orchideen in Zwiebeln und Knollen Vorratsstoffe und Wasser. Sie blühen im Frühjahr, sind Ende Mai meist verblüht und treiben in der Herbst-Winterzeit erneut aus. Andere Pflanzen haben Pfahlwurzeln entwickelt, um im trockenen Sommer die Bodenfeuchtigkeit nutzen zu können, wiederum andere haben besondere Blattformen (Hartlaub), Dornen etc. ausgebildet, um den Wasserverlust in der Trockenperiode so klein wie möglich zu halten.

So entstanden in der Mittelmeerregion Pflanzengesellschaften mit spezifischen Leit- oder Zeigerpflanzen. Für den gesamten Mittelmeerraum gelten der Öl- oder Olivenbaum (Olea europea), die Aleppokiefer (Pinus halepensis), die Kermeseiche (Quercus coccifera), die salbeiblättrige Zistrose (Cistus salviaefolius) und der Mastixstrauch (Pistacia lentiscus) als Zeigerpflanzen.

Für das östliche Mittelmeergebiet sind folgende Arten spezifisch: Walloneneiche (Quercus macrolepis), Dornbibernelle (Sarcopoterium spinosum), Dornsproßginster (Genista acanthoclados), griechischer Erdbeerbaum (Arbutus andrachne) und der dreilappige Salbei (Salvia triloba).

Die natürlichen Pflanzengesellschaften teilt man nach Naturräumen und Höhenstufen ein, wobei geografische Lagen oft eine entscheidende Rolle spielen. Zwischen den einzelnen Vegetationszonen gibt es keine scharfen Grenzen, sondern fließende Übergänge.

Die **Strandvegetation** mit Sand- und Felsküstenflora ist die unterste der Höhenstufen. Als Beispiel seien einige spezifische Vertreter für die rhodischen Küsten genannt.

An den *Sandstränden* finden sich das Samtgras (Lagurus ovatus), der gelbe Hornmohn (Glaucium flavum), die Stranddistel (Eryngium maritimum), der Strandschneckenklee (Medicago marina), das Zwergedelweiß (Evax pygmea) und die kleine Levkoje (Matthiola sinuata).

Für die *Felsküsten* seien erwähnt: die Strandpappel (Lavatera unguiculata und punctata), der Strandstern (Asteriscus aquaticus), das gewöhnliche Greiskraut (Senecio vulgaris), die sizilische Strohblume (Helichrysum siculum), die griechische Steinimmortelle (Phagnalon grecum) und der Hornklee (Lotus cytisoides).

Die nächsthöhere natürliche Vegetationsstufe stellen die **immergrünen Wälder** dar, die der Botaniker nochmals in Hartlaub- und Flaumeichenwälder unterteilt. Hierher gehören auf Rhodos die Kermeseiche (Quercus coccifera), der Erdbeerbaum (Arbutus unedo und die östliche Form andrachne), das Geißblatt (Lonicera etrusca), der Kreuzdorn (Rhamnus alaternus), die Stechwinde (Smilax aspera), der Mäusedorn (Ruscus aculeatus), der Wacholder (Juniperus phoenicea und macrocarpus), der Lavendel (Lavandula stoechas), der Mastixstrauch (Pistacia lentiscus) und die Zistrosen (Cistus salviaefolius var. rhodensis und C. villosus ssp. creticus).

Durch den Eingriff des Menschen hat sich diese ursprüngliche Pflanzengesellschaft bei mäßiger Beweidung und in feuchteren Lagen in eine dichte Dornbuschsteppe umgewandelt, die man als *Xerovumi* (im Westen als Macchia bekannt) bezeichnet. Mit zunehmender Nutzung und in Trockenlagen degeneriert sie zu einer niederen, lichten Dornbuschsteppe, der *Phrygana* (im Westen als Garigue bezeichnet). Dornbibernelle (Sarcopoterium spinosum), ein rotblütiger, niedriger Dornenstrauch, die Dornenwolfsmilch (Euphorbia acanthothamnus), Zistrosen (Cistus), Ginster (Genista acanthoclados), Pfriemenginster (Spartium junceum) sowie eine Reihe der schönsten Blütenpflanzen der Insel wie Iris-Arten, Schachblume (Fritillaria) und Orchideen haben ihren Lebensraum in dieser Pflanzengesellschaft gefunden, in der auch die meisten Kulturflächen der Insel liegen.

Bei extremer Beweidung und Rodung der Phrygana entstehen steinige *Affodill-Fluren* mit geringem Grasbewuchs, die durch die hier dominierenden Affodill-Arten (Asphodelus microcarpus und fistulosus), benannt sind. Auch hier sind, wie in der Phrygana, Blütenpflanzen wie Mohn, Ranunkeln und Orchideen angesiedelt. Die Endstufe der Überweidung bilden kahle Felssteppen.

In den Übergangszonen zum geschlossenen Wald findet man die Edelkastanie (Castanea sativa) neben Stechwinde und Mäusedorn.

Die **subalpine Waldstufe** bilden auf Rhodos bevorzugt die anatolische Varietät der Aleppokiefer (Pinus halepensis var. brutia), die Aleppokiefer (Pinus halepensis) und Zypressen (Cupressus sempervirens var. horizontalis).

Alpine Dornpolster-Gesellschaften, über der Waldregion liegend, findet man nur in den Gipfelregionen des Attáwiros.

Eine eigene Flora hat sich auch um **bebaute Gebiete,** um das Kulturland und an Straßen- und Wegrändern gebildet. So lieben z. B. Orchideen, Irisarten und Gladiolen die von höherem Bewuchs befreiten Flächen zwischen Äckern und Obstbäumen. Viele der eingebürgerten Bäume oder Blütenpflanzen sind hier zu finden. Als Beispiele mögen gelten: die Akazie (Acacia; Farbt. 28), ein aus Australien eingebürgerter Baum, die Quitte (Cydonia oblonga; Farbt. 29), der Granatapfelbaum (Punica granatum), beide asiatischen Ursprungs, die aus Amerika stammenden Feigenkakteen (Opuntia ficus indica) und die Agave (Agave americana) sowie der aus Südafrika stammende gelbe Sauerklee (Oxalis pes caprae), der in Ölbaumhainen häufig bodendeckend auftritt und die roten und gelben, ebenfalls aus Südafrika stammenden Mittagsblumen (Carpobrotus).

Rhodos, die Roseninsel trägt diesen Namen aus botanischer Sicht völlig zu Unrecht, denn es gibt in der ursprünglichen Flora der Insel keinen Vertreter der Gattung Rosa und nur zwei Arten der Familie der Rosaceen, nämlich die ulmenblättrige Brombeere (Rubus ulmifolius) und die Dornbibernelle (Sarcopoterium spinosum), eine spezifische Pflanze der ostmediterranen Phryganen. Vielleicht hat die rosenähnliche Abbildung einer Blüte auf einer antiken Münze der Stadt Rhodos zu dieser Bezeichnung geführt.

In isolierten Gebieten, z. B. Gebirgstälern oder auf Inseln haben sich Pflanzenarten entwickelt, die sich deutlich von den verbreiteteren Arten ihrer Familien unterscheiden. Man nennt solche Arten Endemiten und gerade der Mittelmeerraum und seine Inseln sind besonders reich an diesen endemischen Arten. Sie sind botanische Kostbarkeiten und da sie häufig nur auf ganz begrenzten Arealen wachsen und die Individuenzahl meist sehr gering ist, bedürfen sie eines besonderen Schutzes. Einige Beispiele sind die rhodische Schachblume (Fritillaria rhodia; Farbt. 26), die rhodische Pfingstrose (Paeonia rhodia; Farbt. 24), die kretische Osterluzei (Aristolochia cretica) und die Spiegelragwurz König Ferdinands (Ophrys speculum ssp regis-ferdinandii; Farbt. 27).

Typisch für Rhodos ist eine Vielzahl von östlichen, kleinasiatischen Gewächsen: die Aleppokiefer (Pinus halepensis var. brutia) aus Anatolien, das goldgelbe Bilsenkraut (Hyoscyamnus aureus), der griechische Erdbeerbaum (Arbutus andrachne) und das heilige Knabenkraut (Orchis sancta).

Nachfolgend werden dem botanisch interessierten Leser einige *Routen-Vorschläge* gemacht, wobei gleichzeitig archäologisch, kunstgeschichtlich oder auch nur landschaftlich besonders schöne Gebiete besucht werden. Als beste Zeit dafür empfiehlt sich Ende März bis Mitte Mai.

Stadt Rhodos, Monte Smith und Kap Wódhi

Wer die Sehenswürdigkeiten der *Stadt* besucht und dabei seine Aufmerksamkeit auch der Pflanzenwelt schenkt, wird überrascht auf eine Reihe seltener und interessanter Gewächse stoßen. So blühen im Garten des Archäologischen Museums Glyzinien (Wistaria sinensis), eine aus China stammende Holzliane, deren blaue Blütentrauben den Garten wie einen Wandteppich begrenzen und die mit den gelben Blüten der Acacia farblich wunderbar harmonieren.

Zwischen der Süleiman-Moschee und der dahinterliegenden Kirche kann man in den alten Stützmauern der Kirche das goldgelbe Bilsenkraut (Hyoscyamnus aureus) entdecken, dessen Extrakte im Mittelalter von Hexen für ihre Zaubereien verwendet wurden, das aber tatsächlich eine medizinisch verwendete Substanz, das Hyoscyamin, enthält.

Westlich der Ajios Ioánnis-Straße fallen einige hohe Bäume mit schuppenartigen Blättern auf. Es sind südamerikanische Araucarien, die im rhodischen Klima prächtig gedeihen.

Ein Spaziergang durch die Diagoridon-Straße mit dem Besuch des antiken Stadions und des Apollon-Tempels sollte nicht ohne Besteigung des *Monte Smith* beendet werden. Unter Ölbäumen, Kiefern, Pinien und den rot blühenden Judasbäumen (Cercis siliquastrum) breitet sich ein bunter Teppich von gelben Wucherblumen (Chrysanthemum), Geranien, Malven u. a. aus. Ein herrlicher Blick auf die Stadt, die Steilküste, die hotelbesetzte Bucht von Triánda und bei klarem Wetter auf die türkische Küste belohnen die Mühen des Aufstiegs.

Ein Besuch von *Kap Wódhi* ist aus zweierlei Gründen empfehlenswert. Aus der Stadt kommend, fällt bei der ersten größeren Steigung rechts ein Hügel mit beweideter Phrygana auf. Einige Pfade führen auf gleicher Höhe ins Gelände. Hier finden sich nicht nur die ersten Orchideen, wie das Schmetterlingsknabenkraut (Orchis papilionacea) und einige Ragwurzarten, sondern auch ein spätmykenisches Gräberfeld.

Am höchsten Punkt der Straße führt links ein Feldweg zum Kap. Hier stellt man das Auto ab und kann sich über den ersten Endemiten, die Spiegelragwurz König Ferdinands von

Bulgarien (Ophrys speculum ssp. regis-ferdinandii) freuen. In der Phrygana findet man neben den üblichen Pflanzen einen dornigen, niedrigen Strauch mit hübschen hellblauen Blütchen, den borstigen Steinsamen (Lithodora hispidula) und etwas weiter, in Richtung Faliráki, leuchtet das kleine Zwergedelweiß mit seinen Blütensternen.

Die Sieben Quellen ('Epta Pijí) und Líndos

Die Fahrt nach Líndos auf der neuen Schnellstraße führt größtenteils durch Kulturland, unterbrochen von Phryganen. Ein Aufenthalt bei Ölbaum-Pflanzungen zwischen Afándu und Archángelos dient der Suche nach Gladiolen (Gladiolus illyricus var. anatolicus), die im Schatten der Olivenbäume in stattlichen Exemplaren und in größeren Populationen blühen. Häufig wächst in der Nachbarschaft auch das rote Adonisröschen (Adonis annua).

Bei Kolímbia zweigt rechts eine Teerstraße ins *Lutáni-Tal* ab. Im lichten Kiefernwald kommt der Orchideen-Liebhaber auf seine Rechnung, denn eine große Anzahl der schönsten Arten geben sich hier ein Stelldichein: Salepknabenkraut (Orchis morio), dessen stärkehaltige Knollen im Orient als Nahrungs- und Heilmittel verwendet werden, das Schmetterlings- und das italienische Knabenkraut (Orchis papilionacea und italica), Zungenstendel (Serapias vomeracea ssp. laxiflora und lingua) und eine Fülle von Ragwurzarten (Ophrys ferrum-equinum, speculum ssp. regis-ferdinandii, reinholdii).

Nach einigen Kilometern Fahrt zweigt man links zum Restaurant der *Sieben Quellen* ab. Das idyllisch inmitten eines Kiefernwaldes liegende Gebäude mit den darunterliegenden Quellfassungen, die durch mehrere Steige zu begehen sind, birgt einige botanische Raritäten. So zeigt die Alraune (Mandragora officinalis) ihre hellblauen Blüten, umgeben von großen gewellten Blättern, deren Wurzel der Gestalt eines Menschen ähnelt und der man im Mittelalter magische Kräfte nachgesagt hat. Sollte man später im Jahr die 'Epta Pijí besuchen, so wird man die pflaumengroßen gelben Füchte der Alraune bestaunen können.

Auch der blattgrünlose Dingel (Limodorum abortivum) ist in besonders großen Exemplaren vertreten und streckt dem Besucher seine violetten Orchideenblüten entgegen. Einige Ragwurzarten verstecken sich unter den Kiefern am Waldrand.

Zurück zur Straße nach Líndos. Am höchsten Punkt, in einem Bergsattel öffnet sich der Blick auf den Ort, die Bucht und die Burg. Hier lohnt ein Stop zum Fotografieren und zur Betrachtung der Pflanzen. Neben den hohen, weißen Affodill-Pflanzen (Asphodelus microcarpus), deren stärkehaltige Knollen früher gegessen oder zur Kleisterherstellung verwendet wurden, leuchtet es rot zwischen den steinigen Grasflächen. Es sind die gelackten, tiefroten Blüten des asiatischen Ranunkels (Ranunculus asiaticus; Farbt. 25, 30), den man auch an der Straße von Láerma zum Kloster Trís finden kann.

Im Ortsgebiet von *Líndos* sind noch einige Pflanzen zu erwähnen, so der aus dem Libanon stammende Aronstab (Arum dioscoridis) mit seinem hellgrünen, dunkelbraun gefleckten Hüllblatt und die bizarre, große Drachenwurz (Dracunculus vulgaris). Beide riechen recht unangenehm nach Aas, um Insekten zur Bestäubung anzulocken. Sie lieben steinige, aber etwas schattigere Standorte.

Beim Aufstieg zur Burg blüht in Felsspalten eine seltene Glockenblume (Campanula drabifolia var. rhodensis), neben der neugierige Geckos die Besucher von oben herab beäugen.

Filérimos-Berg, Schmetterlingstal (Petalúdhes) und Psínthos

Am Waldrand, an einem der Parkplätze an der Zufahrtsstraße von Triánda, kurz unterhalb des Ausgrabungs-Parkplatzes findet man neben Stechwinde und Mäusedorn das hellviolette, geschweiftblättrige Alpenveilchen (Cyclamen repandum) und etwas tiefer im Wald zwischen Felsen und antiken Mauerresten den violetten Dingel.

Um das Kloster und die Ausgrabungsstätte von *Iályssos* auf dem *Filérimos-Berg* geben sich das gelb violette, dreiblättrige Leinkraut (Linaria triphylla) neben Mohn (Papaver rhoas), das Hügel-Knabenkraut (Orchis collina) und Ragwurzarten ein Stelldichein. Gegen den Ostabhang hin erwecken die Riesenexemplare einer selteneren Fenchelart (Ferula chiliantha) das Interesse des Botanikers.

Im Sommer ist der Besuch des *Schmetterlingstales* (Petalúdhes) ein Muß (Farbt. 40). Das schmale, von einem kleinen Bach durchflossene Tal kann auf einem Steig durchwandert werden. Es ist von einem lockeren Laubwald umgeben, der für sich eine weitere botanische Seltenheit der Insel darstellt. Es handelt sich um Amberbäume (Liqiambar orientalis), die ein wohlriechendes Holz liefern. Aber auch der orientalische Styrax, ein Balsam, der in der Parfümindustrie Verwendung findet, wird aus den Bäumen gewonnen. Möglicherweise ist dieser Duftstoff ein Lockmittel für die vielen Schmetterlinge aus der Familie der Bären (Spanische Flagge Panaxia quadripunctaria), die im Sommer in großer Zahl das Tal bevölkern.

Auf teils sehr schlechter Straße fährt man weiter in Richtung Psínthos. An der Straße fallen Bäume mit glatter, brauner Rinde auf, die große, weiße, heidekrautähnliche Blütchen oder später im Jahr rote, erdbeerähnliche Früchte tragen. Es sind Erdbeerbäume (Arbutus unedo), deren Früchte zwar genießbar, aber gar nicht schmackhaft sind; daher auch der Name un-edo: eine essen ist genug!

Vor Erreichen einer Paßhöhe zeigen sich die Stendel des anatolischen Knabenkrautes (Orchis anatolica) und die kleinen zarten Blüten der braunen Ragwurz (Ophrys fusca) im Schutze eines geschlossenen Kiefernwaldes.

Der Osthang der Hügelkette besteht aus Phrygana mit einzelnen windzerzausten Kiefern. Am Rande des Ortes *Psinthos* findet der Mutige, der sich einige Schritte in die dornige Phrygana wagt, einen weiteren Endemiten der Insel, die rhodische Schachblume (Fritillaria rhodia; Farbt. 26). Die Pflanze unterscheidet sich wesentlich von unserer heimischen Schachblume mit den großen rot-weiß gemusterten Blütenglocken. Ihre Blüten sind zart, nur 2,5 bis 3 cm groß und gelb bis grüngelb und tief unter oder zwischen Dornbüschen versteckt. Vielleicht wurde sie deshalb erst 1960 entdeckt. – Weiter in Richtung Afándu findet der Orchideenliebhaber neben anderen Ragwurzarten die große Hummelragwurz (Ophrys holosericea var. maxima).

Der Profítis Ilías bei Sálakos

Den botanischen Höhepunkt eines Rhodos-Aufenthaltes bietet der Besuch des *Profítis Ilías*. Man wird ihn wohl mehrfach besuchen, um alle Aspekte seiner einmaligen Flora erforschen zu können. Die Anfahrt von Kalawárdha über Sálakos bietet die beste Gelegenheit, alle Höhenstufen der rhodischen Flora kennenzulernen. Man durchfährt zuerst ein Flußtal mit großen Flächen von Kulturland. Am Straßenrand stehen große Stendel der Schnepfenragwurz (Ophrys scolopax). Nach dem Ort Sálakos befindet man sich auf einer Geländestufe mit herrlichem Blick auf das Meer. Nach Süden zu erhebt sich der mit Xerovumi-Vegetation bedeckte Steilhang des Berges mit allen nur erdenklichen Baum- und Straucharten der Insel. In feuchten höhergelegenen Tälchen versteckt sich die seltene kretische Osterluzei (Aristolochia cretica) mit ihren saxophonähnlichen, graubraun behaarten Blüten. Im Bereich des Hochwaldes, durch den sich die Straße in steilen Serpentinen aufwärts windet, fallen zuerst eine Reihe von Orchideen auf: die Mastorchis (Barlia robertiana), die zierliche Keuschorchis (Neotinea maculata) und eine Reihe von Ragwurzarten. Etwas weiter bedecken neben den schon bekannten Alpenveilchen zahlreiche Pflanzen der wunderschönen rhodischen Pfingstrose (Paeonia rhodia; Farbt. 24) eine feuchtere Senke im Wald. Ihre Blüten sind im Gegensatz zur üblichen Art des Mittelmeerraumes nicht rosaviolett, sondern schneeweiß. Eine große Zahl der schönsten Blütenpflanzen wie die kleine Sandiris (Iris sisyrinchium), die kretische Iris (Iris cretica), die hellblauen Blütensterne der griechischen Anemone (Anemone blanda) und der Gelbstern (Gagea) besiedeln die lichteren Stellen des Waldes. Hinter bewachsenen, umgestürzten Baumstämmen leuchtet das gelbe, provençalische und das milchweiße Knabenkraut mit weißlichen, rot und grünlich getüpfelten Blüten (Orchis provincialis und lactea). Zahlreiche verschiedene Ragwurzarten, gelbe, braune, Omega-, Reinholds- und die argolische Ragwurz runden die Fülle der Kostbarkeiten ab.

An der talwärts führenden Straße begleiten Erdbeerbäume, das Alpenveilchen, die großblütige Hummelragwurz, die Keuschorchis und das anatolische Knabenkraut bis zur Funtuklí-Kirche.

Kamíros und 'Embonas

Aus Rhodos kommend, zweigt man von der Küstenstraße links nach *Kamiros* ab und hält nach den Serpentinen an der bergan führenden Straße in einem lichten Kiefernwald. Hier hat sich das im Libanon, Israel, Zypern und der Türkei verbreitete heilige Knabenkraut (Orchis sancta) mit seinen schlanken, hellvioletten Blütenständen neben der Pyramidenorchis (Anacamptis pyramidalis) angesiedelt. Im Ausgrabungsgelände empfängt den Besucher rund um die Ausgrabungsstätte eine üppige Phrygana. Gelbe Strohblumen (Helichrysum siculum), Reseda (Reseda lutea), Zistrosen in weiß und hellviolett umrahmen die alten Mauerreste. Einige uralte Schirmpinien (Pinus pinea) spenden Schatten. Auch die Schnepfenragwurz (Ophrys scolopax) und die schon bekannte Spiegelragwurz König Ferdinands mit ihrer, einem Insektenkörper so täuschend ähnlichen Blüte stehen am Wegrand.

Die Route führt in südwestlicher, später südlicher Richtung die Küste entlang und schließlich bergwärts über Kritinía nach links abzweigend nach *'Embonas.* Nach der Durchquerung von Obst- und Ölbaumhainen erreicht man den Hochwald. An seinem Rand wachsen hellblaue, griechische Anemonen, die hellvioletten Alpenveilchen, das anatolische Knabenkraut und Ragwurzarten, darunter besonders große Exemplare der Omega-Ragwurz (Ophrys omegaifera), deren Name vom hell-blaugrauen omegaförmigen Mal auf der Blütenlippe abgeleitet ist.

Beim Ort 'Embonas, der auch als Ausgangspunkt für eine Besteigung des Attáwiros geeignet ist, ist deutlich eine beginnende Versteppung, die Auswirkung zu starker Beweidung festzustellen.

Monólithos, Apolakkía, Kattawía und Lachaniá

Am Westhang des Attáwiros führt die neue Straße in vielen Kehren nach *Monólithos.* Der Bau der Straße hat mächtige Gesteinsschichtungen, die den Gebirgsstock aufbauen, freigelegt. Einige karge Gebirgstäler quert man auf der Fahrt. Anatolisches und Schmetterlingsknabenkräuter, sowie Reinholds- und die Hufeisenragwurz leuchten häufig an Waldrändern oder in der Phrygana.

Zwischen Monólithos und *Apolakkía* wachsen an den Feldrändern die gewöhnliche Spiegelragwurz (Ophrys speculum) und die Ophrys mammosa.

Die seltsam schöne und einsame Sandküste zwischen Apolakkía und *Kattawía* mit gelben Ginsterbüschen inmitten von Sandflächen und der hellrötlichen Pyramidenorchis an felsigeren Stellen lädt zum geruhsamen Betrachten der anrollenden Wellen des Mittelmeeres ein.

Ein Umweg nach *Lachaniá* über Mesanaghrós führt auf schlechter Straße durch eine großartige, stille Phrygana-Landschaft mit einzelnen Ackerterrassen und einer schneeweißen Kapelle an beherrschender Stelle mit herrlichem Rundblick auf die Hügellandschaft des Inselsüdens.

Von Mesanaghrós aus gelangt man durch ein steiles Tal, das bald in eine breite Neubaustraße mündet, nach Lachaniá oder auf einsamer Straße durch unberührten Kiefernwald zurück nach Apolakkía.

Anmerkungen

1 Nilsson, Martin P., Geschichte der griechischen Religion Bd. I, S. 25. München ^{4}1976

2 Die Berichte über Helenas Tod sind sehr unterschiedlich, worauf Pausanias selbst schon hinwies

3 Nach H. van Gelder, Geschichte der alten Rhodier, S. 42. Haag 1900

4 Karl Krumbacher, Griechische Reise, S. 101 ff. Berlin 1886

5 776 v. Chr. = Beginn der Olympia-Siegerlisten; die Spiele selbst haben wahrscheinlich schon viel früher begonnen

6 Die beiden genannten Vasen befinden sich im Nationalmuseum von Athen

7 Zur Klassifizierung s. A. Rumpf, Zu den klozomenischen Denkmälern, 1933

8 G. Kaschnitz von Weinberg, ausgewählte Schriften, Band 3: Mittelmeerische Kunst. Eine Darstellung ihrer Strukturen, S. 325/26. Berlin 1965

9 W. Fuchts, Die Skulptur der Griechen, S. 380. München 1969

10 K. Gallas, K. Wessel, M. Borboudakis, Byzantinisches Kreta. München 1983

11 Diodoros, XIX 45, 3 ff., XX 83 ff.; Strabon XIV, 654 u. a. berichten ebenfalls über die antike Stadt Rhodos

12 Aelius Aristeides (117–187 n. Chr.) XLIII, 3 ff., nach Chr. Karusos: Rhodos, S. 59. Athen 1973

13 Die Straßenbezeichnungen P31, P5a, P14 usw. sind die offiziellen archäologischen Benennungen; sie sind auch für den antiken Stadtplan (s. Fig. S. 96) verwendet worden.

14 Diesen Hinweis entnehmen wir älteren Reisebeschreibungen; über eine solche Anordnung sind uns keine Quellen der Ritterzeit bekannt

15 Gruben, G.: Tempel der Griechen, S. 418 und 420. München ^{2}1976

16 Die sogenannte ›lindische Tempelchronik‹ wurde 1904 von dem dänischen Archäologen Chr. Blinkenberg gefunden und befindet sich heute im Museum von Kopenhagen

17 Aus antiken Quellen wissen wir, daß es noch ältere Tempelchroniken gegeben hat, z. B. 408 v. Chr. von dem Priester des Poseidon Hippios-Heiligtums in Líndos; 330 v. Chr. von den Priestern des Athena Polias-Heiligtum in Kamíros; 106/05–79/78 v. Chr. des Apollon Erethimios in Kamíros/Thoĺós und um 100 v. Chr. Poseido Isthmios von Halikarnassos

18 In den dorischen Gebieten Griechenlands war Artamitios ein häufiger Monatsname

19 Nach K. und Y. von Bolzano: Das andere Rhodos, S. 162. Salzburg 1977

20 Nach K. Gallas, K. Wessel, M. Borboudakis: Byzantinisches Kreta, S. 486. München 1983

Ausgewählte Literatur

Ahrweiler, H.: *Byzance et la Mer.* Paris 1966

Baumann, H.: *Die griechische Pflanzenwelt.* München 1982

Berg, Albert: *Die Insel Rhodos.* Braunschweig 1861, 2. Bd.

Berthold, R. M.: *Rhodian Foreign affairs 205 – 164 B.C.,* Diss. Cornell Univers. Ann Arbor 1971

Biliotti-abbé Cottret, E.: *L'île de Rhodes.* 1881

Blinkenberg, Chr., Kinch, J. K.: *Lindos. Fouilles de l'aeropole 1902–1914* (1. Textband, 2. Planband). Berlin 1931

von Bolzano, Klaus und Yvonne: *Das andere Rhodos.* Salzburg 1977

Booth, C. D. – Booth, I. B.: *Ityla's Aegean possessions.* London 1928

Bradford, E.: *Kreuz und Schwert. Der Johanniter/Malteser-Ritterorden.* Berlin 1972
Brockmann, E.: *The two sieges of Rhodes 1480–1522.* London 1969
Caoursín, Guillelmus: *Rhodium Uicecancellarij: obsidionis Rhodie Urbis descriptio;* deutsch: Passau 1480–81
Casson, L.: *Die Seefahrer der Antike.* München 1979
Currie, Jean: *Rhodos und die Inseln des Dodekanes.* Stuttgart 1972
Desborough, A.: *The last mycenaeans and their successors.* Oxford 1964
Durrell, L.: *Leuchtende Orangen.* Rowohlt Taschenbuch 1045. Hamburg 1982
Flandini, E.: *L'isola di Rodi e le Sporadi.* Mailand 1912
Gabriel, Albert: *La cité de Rhodes 1310–1702.* Paris 1921/23, 2 Bd.
von Gaertringen, H.: *Art. ›Rhodos‹: Paulys Realencyclopädie der class. Altertumswiss.,* neube. G. Wissowa. Suppl. V, 1931, Sp. 731–840
van Gelder, H.: *Geschichte der alten Rhodier.* Haag 1900
Gerola, Giuseppe: *I monumenti medioevali delle tredici sporadi,* in ASA, 1, 1914 (Annuario della Scuola Archeologica di Atena)
Kalpaxis, A. E.: *Früharchaische Baukunst in Griechenland und Kleinasien.* Athen 1976
Kinch, Johansen K.: *Vroulia.* Berlin 1914
Kinch, Johansen K.: *Exochi. Ein frührhodisches Gräberfeld;* in Acta Archaeologica, Bd. 28, 1957, S. 1–192
Kohlhaupt, P.: *Mittelmeerflora.* Bozen 1980
Kolodny, E. Y.: *La population des iles de la grèce,* Edisud 1974 (3 Bde.)
Kóllias, Elías: *Wandmalereien der Ritterzeit (1309–1522) auf Rhodos* (neugr.) in: AAA, Bd. 6, 1973, S. 265ff.
Kóndis, Ioánnis D.: *Zum antiken Stadtbauplan von Rhodos,* in: Mitteilungen des deutschen archäologischen Instituts, Athenische Abteilung, Bd. 73. Berlin 1958, S. 146–158
Langlotz, E.: *Eine Nachbildung des Helios von Rhodos.* in: Rend Pont Acc. 1975/76
Lasarides, P.: *Beitrag zum Studium der altchristlichen Monumente des Dodekanes* (neugr.) in: IX. Intern. Byzantinisten-Kongreß. Thessaloniki 1954
Lutrell, A.: *The Hospitallers in Cyprus, Rhodes, Greece and the West.* London 1978
Merker Gloria, S.: *The Hellenistic sculpture of Rhodes.* Studies in Mediterranean Archeology XL. Göteburg 1973
Nick, Dagmar: *Rhodos.* München 1976
Orlandos. Anastasios, K.: *Altchristliche und byzantinische Monumente auf Rhodos* (neugr.) in: ABME, Bd. 6, 1948
Papachristodulu, Ch. I.: *Historia tes Rhodu* (neugr.). Athen 1972
Polunin, O., Huxley, A.: *Blumen am Mittelmeer.* München 1974
Rechinger, K. H.: *Flora Aegaea.* Wien 1943. Reprint O. Koeltz, Königstein 1973
Reisigl, H., Danesch, E. u. O.: *Mittelmeerflora.* Bern 1977
Rostovtzeff, M.: *Gesellschafts- und Wirtschaftsgeschichte der hellenistischen Welt,* 3 Bde. Darmstadt 1955/56
Rottiers, Bernard E. A.: *Description des Monuments de Rhodes.* 2 Bde. Brüssel 1830
Rumpf, A.: *Zu den klazomenischen Denkmälern,* in: JdI 48, 1933, S. 55f.
Schiering, Wolfgang: *Werkstätten orientalisierender Keramik auf Rhodos,* Berlin 1957
Schweitzer, Bernhard: *Die geometrische Kunst Griechenlands,* Köln 1969
Sfikas, G.: *Die Wildblumen Griechenlands.* Athen 1980
Sinos, Stefan: *Die vorklassischen Hausformen in der Ägäis.* Mainz 1971

Sachwortverzeichnis

Abakus Rechteckige Abdeckplatte über einem Säulenkapitell

Acheiropoietos Nicht von Menschenhand gemachtes Bild Christi, Mariä oder eines Heiligen (s. auch Mandylion)

additiv Etwas hinzufügend; in der Architektur mehrere Gebäude aneinanderreihend

Adorant Männliche oder weibliche Gestalt, eine Gottheit anbetend

Adyton Allerheiligster Raum in einem griechisch-römischen Tempel, der nur von Priestern betreten werden durfte

Agorá Marktplatz einer antiken Stadt, auf dem sich das öffentliche Leben abspielte

Akathistus-Hymnus Marienhymnus, der während der ersten fünf Wochen der Fastenzeit jeden Freitag in 24 Strophen (Alpha bis Omega) in der orthodoxen Kirche gesungen wird. Er steht im Zusammenhang mit einer durch die Anrufung Mariä aufgehobenen Belagerung Konstantinopels. Der Hymnus wurde im Stehen gesungen, daher sein Name (= nicht niedergesetzt)

Akra Tapeinosis Der Schmerzensmann (lateinisch vir dolorum, seit dem 15. Jh. Ecce-Homo-Darstellungen). Dieses ikonographische Thema, das auf die Eucharistie Bezug nimmt, wird vorwiegend in der Prothesis dargestellt (in Einraumkapellen meist in den Apsidiolen des nördlichen Bereichs der Ostwand)

Akropolis Burgberg mit Stadtanlage oder heiligem Bezirk (z. B. Akropolis von Athen)

Ambitus Vorhof einer Kirche

Ambo Lesebühne in frühchristlichen und romanischen Kirchen, erhöht vor der Chorschranke stehend

Amphiprostylos Griechischer Tempel mit Vorhalle und Säulenhalle an der Vorder- und Rückseite (s. Fig. S. 324)

Analepsis Himmelfahrt Christi

Anapeson Christus im Typus des Emanuel; er liegt stets auf einem Lager, den Kopf auf den Ellenbogen gestützt, die Beine meist gekreuzt, die Augen geöffnet

anikonische Malerei Nichtfigurale (= ornamentale) Motive; vorwiegend ist damit die Malerei des Ikonoklasmus gemeint

Ante Stirnseite einer Wand, die bei griechischen Tempeln durch Mauervorsprünge gekennzeichnet ist (s. Fig. S. 324)

antithetisch In Plastik und Malerei zwei sich gegenüberstehende symmetrisch angeordnete figurale Motive

Anuli (Meist) drei ringförmige Profile auf dem Echinus des dorischen Kapitells (s. Fig. 323)

Apotheose Ein Mensch wird zu einem Gott erhoben

Apsidiole Halbkreisförmige Nische, ›kleine Apsis‹

Apsis Halbkreisförmige Nische im Altarraum christlicher Kirchen; erscheint in den islamischen Gotteshäusern (Moscheen) als Mihrab

Aquädukt Wasserleitungsbrücke zur Überquerung von Tälern; in der römischen Baukunst monumentale, oft mehrstöckige Bogenreihen

Architrav Im Querschnitt rechteckiges Konstruktionselement aus Holz oder Stein für horizontale Abdeckungen von Fenster- und Türöffnungen oder über Säulenstellungen

Atrium Innenhof des römischen Privathauses; in der frühchristlichen und mittelalterlichen Epoche ein der Basilika vorgelagerter, von einer Säulenhalle umstandener Hof

Autochthone Alteingesessene und bodenständige Urbevölkerung eines Kulturkreises
Baiophoros Einzug in Jerusalem
Baptesis Taufe Christi
Basilika Mehrschiffiger frühchristlicher Kirchenbau, auf die Bauform der römischen Gerichtsbasilika zurückgehend. In frühchristlicher Zeit und bis heute im katholischen Westen können Kirchen jeden Bautyps die Bezeichnung ›Basilika‹ bekommen
Basis Sockel von Statuen, Säulen und Pfeilern
Blacherni(o)tissa siehe Panagia
Bema In der orthodoxen Kirche der erhöht liegende Altarraum im Osten
Bosse Rauh bearbeitete Außenfläche eines Quadersteines
Brephoktonia Der Kindermord zu Bethlehem
Beleuterion Rathaus der Griechen in der Antike
Caldarium Römisches Warmbad
Cella Hauptraum eines griechisch-römischen Tempels
chthonisch Erdverbunden, zum Bereich der Erde gehörig
Ciborium Baldachinartiger Überbau von Altären
Deesis (= Fürbitte) Muttergottes und Johannes der Täufer (Prodomos) beiderseits von Christus dargestellt als Mittler zwischen diesem und den Menschen
Deutera Parusia Das Jüngste Gericht, triumphierender Christus
Devotionskunst Kunstgegenstand für den liturgischen Gebrauch
Diakonikon Südlicher Nebenraum im Osten der frühchristlichen Basilika; heute Bestandteil jeder mehrschiffigen, orthodoxen Kirche. Raum, in dem der Priester für den Gottesdienst vorbereitet wird
Diáchora Gerahmtes Bildfeld
Dipteros Tempel mit zwei umlaufenden Säulenreihen und mindestens acht Frontsäulen (s. S. 324)
Dodekaorton Festkalender der orthodoxen byzantinischen Kirche mit den zwölf (gr. dodeka) Hauptfesten: Verkündigung, Geburt Christi, Darstellung im Tempel, Taufe Christi, Verklärung Christi, Erweckung des Lazarus, Einzug in Jerusalem, Kreuzigung, Hadesfahrt Christi, Himmelfahrt Christi, Pfingsten, Tod der Maria

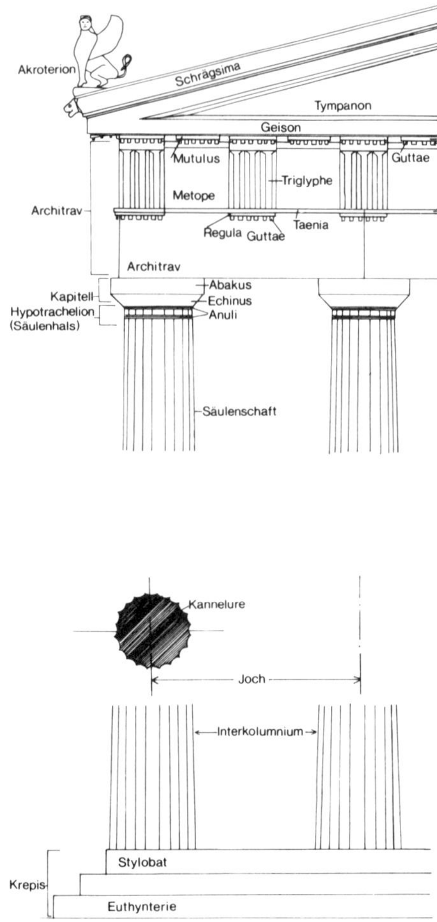

Dorische Säulenordnung

Dromos Korridor unter freiem Himmel zu einer Grabkammer
Egersis Lazaru Erweckung des Lazarus

Ekklesia Personifikation der Kirche, die in spätbyzantinischer Zeit manchmal das Blut des gekreuzigten Christus auffängt
Eklektizismus Rückgriff auf unterschiedliche Stilmittel von Künstlern vergangener Epochen
Ektypoma Abdruck
Elkomenos Gefangenführung Christi oder Christus beim Besteigen des Kreuzes
Emanuel Nach Jesaja 7.14: Bezeichnung für den verheißenen Messias; Bild des präsistenten Gottessohnes
Enklave Einschluß eines Gebiets
Entaphiasmos Grablegung Christi
Entasis Leichte konvexe Schwellung dorischer Säulen
Epiphanie Erscheinung einer Gottheit
Epistyl Architrav
Epitaphios Liturgisches Tuch mit dem Bild des toten Christus auf dem Salbstein
Epitaphios Threnos Beweinung Christi
Eroten Geflügelte knabenhafte Jünglinge, aus dem griechischen Liebesgott Eros entstanden (römisch: Amor wird zu Amoretten; in der Renaissance: Putten)
Euangelismos (Evangelismos) Verkündigung an Maria
Euthynterie Unterstes Fundament der Krepis
Evangelistensymbole Die vier Wesen nach Apok. 4.7. Sie wurden als Sinnbilder der Evangelisten gedeutet; später galten sie darüber hinaus als Symbole der Menschwerdung: menschengesichtiges Wesen (Engel für Matthäus); Opfer (Stier für Lukas); Auferstehung (Löwe für Markus); Himmelfahrt (Adler für Johannes). In der orthodoxen Kirche jedoch selten vorkommend
Exedra Halbkreisförmiger oder dreiseitig geschlossener Versammlungsplatz unter freiem Himmel
Exonarthex Außen gelegene Vorhalle, Vorhalle zum Narthex
Flamboyant-Stil Spätgotischer Stil Frankreichs, bei dem die Maßwerkrippen ›geflammt‹ in die Höhe gestreckt werden
Fresko Wandmalerei auf feuchtem Putz
Genesis Geburt Christi
Genesis Theotoku Geburt der Gottesmutter
Glykophilusa siehe Panagia
Grafitto In die Wand eingeritzte Inschrift

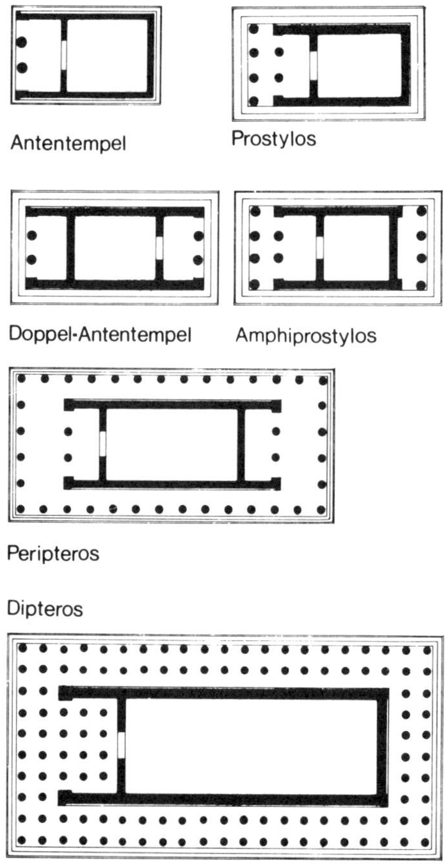

Griechische Tempelformen Entwicklungsstufen vom Antentempel bis zum Dipteros

Gurtbogen Konstruktives Bogenelement zur Unterstützung von Gewölben (meist Tonnengewölben) und zur Jochunterteilung von Innenräumen; der Gurtbogen ruht entweder auf Pilastern oder auf Konsolen
Gynaikaien Emporen

Hagiologischer Zyklus Szenen aus einem Heiligenleben
Hagia Trias Heilige Dreifaltigkeit
Hexapterygon Sechsflügeliger Engel
Hierarchen Kirchenväter: frühchristliche Theologen, deren Werke für die orthodoxe Kirche allgemeinverbindlich anerkannt werden. Athanasius der Große, Kyrillos von Alexandrien, Basileios der Große, Gregor von Nazianz, Johannes Chrysostomos u. a.
Hieratisches Programm Älteres Programm kirchlicher Ausschmückung ohne szenische Bilder, nur mit Figuren Christi, Mariä, der Engel, Propheten und Heiligen. Vornehmlich literarisch bezeugt
Hippodamos von Milet Griechischer Architekt und Städtebauer des 5. Jahrhunderts v. Chr., der erstmals eine Stadt nach einem rechtwinkligen Straßensystem anlegte
Hodegetria siehe Panagia
Hypapante Darstellung Christi im Tempel
Idol Abbild einer Gottheit
Ikonographie Lehre von den Bildinhalten
Ikonoklasmus Bilderfeindschaft, Bilderzerstörung. Das Zeitalter des Ikonoklasmus der byzantinischen Welt dauerte von 726 – mit einer Pause zwischen 780 (787 7. Ökumenisches Konzil zu Nikaia) und 815 – bis 843.
Ikonostas Bilderwand zwischen Altar- und Gemeinderaum in einer orthodoxen Kirche
Inkarnat Hautfarbe
in situ Am ursprünglichen Ort
Interkolumnium Zwischenraum zwischen zwei Säulen
Isokephalie Kompositionsschema, nach dem alle dargestellten Personen nebeneinander aufgereiht sind, die Köpfe auf einer Höhe
Joch Säulenabstand von Achse zu Achse
Johannes der Theologe (Theologos) Ehrenname für Johannes Evangelista
Johannes der Täufer Johannes Prodomos (= Vorläufer). Johannes wird auch als Engel dargestellt (s. Markus 1,2)
Kanneluren Vertikale konkave Ausarbeitung des Säulenschaftes (s. Fig. S. 323)
Kapitell Oberstes Architekturglied einer Säule oder eines Pfeilers
Katholikon Klosterkirche
Kline Bettartige Liege, die in der Antike (speziell bei den Römern) sowohl zum Schlafen und Essen als auch als Totenbett diente
Koimesis Tod der Maria
Koinonia ton Apostolon Apostelkommunion
Konche Halbkreisförmige Nische oder im Grundriß halbkreisförmiger Bauteil (z. B. halbkreisförmiger Kreuzarm einer Drei-Konchenanlage)
Konsole Konstruktives Element zur Unterstützung von auskragenden Bauteilen (z. B. zur Unterstützung eines Gurtbogens)
Krater Mischkrug für Wein
Kreuzgratgewölbe Durchdringung von zwei Tonnengewölben: an ihrer Verschneidungskurve entstehen Grate, die diagonal zu den Ecken des überwölbten Raumes verlaufen
Kreuzrippengewölbe Kreuzgratgewölbe, dessen Grate zu Rippen verstärkt wurden
Krypta Unterirdischer Kultraum
Libation Trankopfer für die Gottheit
Lithos Die Frauen am Grabe
Mandylion Nicht von Menschenhand gemachtes Bild Christi (Acheiropoietos); das bekannteste ist das sog. Abgar-Bild von Edessa, das 944 von Konstantin VII. Porphyrogenetos nach Konstantinopel geholt worden war; 1204 wurde das Abgar-Bild (nun meist Mandylion genannt) von den Kreuzfahrern verschleppt. Paris (Ste. Chapelle), Rom und Genua erheben den Anspruch, heute im Besitz des Mandylion zu sein
Maphorion Über den Kopf gezogener Frauenmantel
Mega Archiereus Christus, der große Hohenpriester
Megaron Hausform von länglichem Grundriß mit einer Vorhalle an der Schmalseite, durch die man den Innenraum betreten kann
Melismos Zwischen den die Liturgie mitfeiernden Hierarchen ist das geopferte Lamm Gottes (Christus) dargestellt, stets in der Apsis
Menologia Festkalender für jeden Monat

Metadosis Christus reicht bei der Apostelkommunion Petrus das Brot (meist linke Bildhälfte)
Metalepsis Christus reicht bei der Apostelkommunion Johannes oder Paulus den Wein (meist rechte Bildhälfte)
Metamorphosis Verklärung Christi
Metope Platte, die den Raum zwischen zwei Triglyphen verkleidet
Mihrab Gebetsnische, die nach dem Vorbild der im christlichen Kirchenbau üblichen Ostapsis für die islamische Moschee übernommen wurde
Mohammad (570? – 632 n. Chr.) Arabischer Prophet, Stifter der islamischen (mohammadanischen) Weltreligion
Monolith Säule oder Pfeiler aus einem einzigen Werkstein
Myrophores Die Frauen am Grabe (auch als Lithos bezeichnet)
minysch Kunst der Minyer, altgriechischer Volksstamm in Boiotien mit der Hauptstadt Orchomenos, die von dem mythischen König Minyos gegründet wurde
Mystikos Deipnos Das letzte Abendmahl
Naos Cella eines griechischen Tempels (s. Fig. S. 324); in der christlichen Kirche Kirchenschiff (Gemeinderaum)
Narratives Programm Erzählende Bildzyklen
Narthex Ursprünglich Vorhalle einer frühchristlichen Basilika, später allgemein Vorhalle
Nekropole Totenstadt, Begräbnisstätte
Neolithikum Vorgeschichtliche Zeiteinteilung: Jungsteinzeit
Nomarchó (neugriech.) Präfekt einer Provinz
Nymphaion Brunnen, der einer Nymphe geweiht ist
Odeion Theaterähnliches Gebäude der Antike für musikalische oder schauspielerische Aufführungen
Opisthodom Rückhalle eines griechischen Tempels (s. Fig. S. 324)
Orchestra kreisrundes Zentrum des griechischen Theaters
Orthostaten Unterste Schicht einer Mauer (Tempelwand), bestehend aus hochkant stehenden Quadern
Ossilegium Begräbnisstätte für die Gebeine vieler Toter
Palaios Hemeron Nach Daniel 7,9: Der Alte der Tage
Panagia (= die Allerheiligste) Muttergottes
Panagia Blacherni(o)tissa Stehend betende Maria (ohne Kind), benannt nach der Blachernen-Kirche in Konstantinopel; auch ›unerschütterliche Mauer‹ genannt, weil das Bild in der Blachernen-Kirche beim Sturm der Kiewer Rus auf die Straße im Jahre 860 vom Patriarchen Photios zum Schutz angefleht wurde: die angeblich tausend russischen Schiffe zogen ab (daher auch der seltene Name ›Theotokus der tausend Schiffe‹).
Panagia Eleusa Gottesmutter des Erbarmens
Panagia Glykophilusa Das Kind liebkosende Maria
Panagia Hodegetria Bild der stehenden Gottesmutter (oft als Halbfigur) mit dem segnenden Christus-Knaben auf dem linken Arm. Das Urbild gilt als vom Evangelisten Lukas geschaffen. Benannt nach dem Hodegon-(Wegleiter-)Kloster in Konstantinopel, wo sich das Bild des Lukas befunden haben soll
Panagia Nikopoia(os) Siegbringende Muttergottes
Panagia Platytera Die Muttergottes als Symbol der Inkarnation. Der Name stammt aus einem Marienhymnus, in dem es heißt, Gott habe Mariens Schoß weiter (gr. platytera) gemacht als den Himmel, um den aufzunehmen, der Himmel und Erde geschaffen hat. Dargestellt wird die Platytera betend, vor der Brust ein Tondo mit dem Bild des segnenden Christus Emanuel
Panagia Skepe Gottesmutter des Schutzes, marianischer Ehrentitel
Panagia Zoodhochos Pege Maria als lebensspendende Quelle. Sie sitzt mit dem Kind in einer Brunnenschale
Pantokrator Christus als Weltenherrscher und -erhalter
Paraklesis (= Trost). Ehrentitel für Maria, dargestellt mit Schriftrolle als Symbol des vermittelnden Dialogs mit Christus zur Erlösung der Menschheit

Parekklesion Kleine Seitenkapelle einer Kloster- oder Bischofskirche, auch kleine, vom Kloster entlegene Land- oder Friedhofskapelle

Parusia (Deutera) Das Jüngste Gericht

Pektorale Kostbarer Brustschmuck, der oftmals mit mythischen oder religiösen Motiven verziert ist

Pendentif Konstruktives Element in Form eines sphärischen Dreiecks, das von einem quadratischen Raumteil zu einem im Grundriß kreisförmigen Bauteil (Tambour einer Kuppel) überführt

Pentekoste Pfingsten

Peribolos Umfriedung eines Heiligtums

Peripteros Tempel mit einer Säulenhalle (s. S. 324)

Peristasis Säulenhalle des Peripteros

Peristyl Säulenhalle, die einen Innenhof umschließt

Philoxenia (ton Angelon) Bewirtung der Engel durch Abraham

Photodotes Christus der Lichtspender

Pilaster Vertikale, im Grundriß meist rechteckige Stützgliederung in Form einer Wandvorlage

Platytera siehe Panagia

Plinthe Rechteckige oder quadratische Standplatte unter Säulenbasen, Pfeilern und Statuen

Polychromie Bemalung mit kräftig abgesetzten Farben

Polystauria Das mit Kreuzen geschmückte Meßgewand der Bischöfe

Polythron Wandfläche, die von mehreren nebeneinanderstehenden Türen durchbrochen ist

Portikus Säulenhalle

Prätorium Amtssitz eines römischen Statthalters

Prodosia Judaskuß (Verrat/Gefangennahme Christi)

Prodomos (= Vorläufer): Johannes der Täufer

Pronaos Vorhalle eines griechischen Tempels (s. S. 324)

Proskynese(sis) Demütige Ehrenbezeigung in Form eines Kniefalls, oft mit einem Fußkuß verbunden

Prothesis Nördlicher Nebenraum im Osten der frühchristlichen Basilika, heute Bestandteil jeder orthodoxen Kirche. Ort der Vorbereitung der eucharistischen Elemente

Risa tu Jesse Die Wurzel Jesse

Rotunde Gebäude über einem runden Grundriß

Rhyton Trink- oder Opfergefäß

Satrap Altpersischer Statthalter

Schildwand Stirnwand unter einem Gewölbe

Sima Architekturdetail am Giebel eines Tempels

Skene Bühnengebäude des griechisch-römischen Theaters

Soter Heiland

Soteriologie Heilslehre

soteriologisches Dogma Lehre von der Erlösung durch Christus

Staurosis Kreuzigung

Stylobat Oberste Stufe des dreistufigen Unterbaus (Krepis) eines griechischen Tempels, auf der direkt die dorischen Säulen bzw. die Basen der ionisch/korinthischen Säulen aufgestellt sind

Sylliturguntes Hierarches Die Liturgie feiernde Kirchenväter

Symmachie Bundesgenossenschaft altgriechischer Städte

Synaxarion Liturgischer Kalender mit Lebensbeschreibungen von Kirchenheiligen

Synoikismus In der griechischen Antike räumlicher und rechtlicher Zusammenschluß von verschiedenen Städten (oder Orten) zu einer bereits bestehenden oder zu einer völlig neu zu gründenden Polis (z. B. Synoikismus von Rhodos im Jahre 408 n. Chr., s. S. 95)

Taenia Vorspringendes Profil am Architrav des dorischen Tempels

Tambour Zylinderförmiger Unterbau einer Kuppel

Temenos Umfriedeter Bezirk eines Heiligtums

Terrakotta Aus gebranntem Ton hergestellte Plastiken, Gefäße und Architekturglieder

Thalassokratie Herrschaft über das Meer; ein Land (z. B. das minoische Kreta), das seine politische und wirtschaftliche Stärke aufgrund seiner Flotte erzielt.

Theotokos siehe Panagia
Tholos Rundbau
Thysia tu Abraam Abrahams Opfer (Opferung Isaaks)
Torus Gewölbtes Rundglied einer Säulenbasis
Trapeza Speisesaal der orthodoxen Klosteranlage, entsprechend dem westlichen Refektorium
Tribelon Mit drei Arkaden gegliederter Wandteil zwischen Langhaus und Narthex einer Basilika
Triglyphe ›Dreischlitz‹, viereckige, durch drei senkrechte Stege gegliederte Platte mit Relief zwischen zwei Metopen (dorische Ordnung)
Trikonchos Dreikonchenanlage: Kirche mit im Osten, Norden und Süden halbkreisförmig (konchenartig) ausgebildeten Kreuzarmen
Trompe Konstruktives Element in Form einer Viertelkuppel, die von einem quadratischen Raumteil zu einem im Grundriß kreisförmigen Bauteil (Tambour einer Kuppel) überführt
Tumulus Vor- und frühgeschichtliches Hügelgrab
Viadukt Straßenbrücke über eine Schlucht
Zeitangaben Oftmals gaben die Byzantiner Zeitangaben statt in arabischen Ziffern mit großen Buchstaben des griechischen Alphabets an. Zahlen bis 999 erhalten stets rechts oben einen Beistrich (Oxía genannt), Zahlen über 1000 links unten davor; bei mehrstelligen Zahlen erhalten nur der erste und letzte Buchstabe einen Beistrich. Die Zeitangabe bezieht sich auf das apokryphe Nikodemus-Evangelium, nach dem Christus 5500 Jahre ›nach Erschaffung der Welt‹ geboren wurde, historisch etwa acht Jahre vor unserer Zeitrechnung[20]

Unzialschrift	*Minuskelschrift*	*Zahlenwert:*
A'	α	1
B'	β	2
Γ'	γ	3
Δ'	δ	4
E'	ε	5
ς' στ'		6
Z'	ζ	7
H'	η	8
Θ'	ϑ	9
I'	ι	10
K'	ϰ	20
Λ'	λ	30
M'	μ	40
N'	ν	50
Ξ'	ξ	60
O'	ο	70
Π'	π	80
ϟ'		90
P'	ϱ	100
Σ'	σ	200
T'	τ	300
Y'	υ	400
Φ'	φ	500
X'	χ	600
Ψ'	ψ	700
Ω'	ω	800
Ϡ (σαμπί)		900
,A	α	1000
,B	β	2000
,Γ	γ	3000
,Δ	δ	4000
,E	ε	5000

Zahlenbeispiele

IA'	–	11
IΘ'	–	19
MΔ'	–	44
,ΣIΓ'	–	213
,APKZ'	–	1127
,AΦΠB'	–	1582
,AϠMA'	–	1941
,EXNΘ'	–	5659

Ziste Kastenförmige Vertiefung, meist mit Platten ausgekleidet
Zyklopenmauerwerk Aus unbehauenen und unregelmäßigen Felsblöcken sorgfältig geschichtetes, monumentales Mauerwerk

Praktische Reisehinweise

Anreise nach Rhodos

Mit dem eigenen Auto und Schiffsfähre

Von Deutschland aus führt der direkte Weg nach Griechenland über Österreich und Jugoslawien:
Köln – München – Klagenfurt (972 km); Klagenfurt – Loibl-Paß – Zagreb – Belgrad (614 km); Belgrad – Nis – Skopje – Evzoni – Thessaloniki (602 km); Thessaloniki – Olymp – Tempetal – Larissa – Thermopylen-Paß – Athen (539 km); *insgesamt Köln – Athen: 2727 km.*

Von Athen/Piräus verkehren täglich *Fährschiffe* zu der Dodekanes-Inselgruppe und nach Rhodos; die Fahrtzeit beträgt ca. 20 Stunden. Die angegebenen Fahrtzeiten gelten für die Monate März bis Oktober und unterliegen ständigen Änderungen; nähere Auskünfte:

Hafenamt Piräus ✆ 0030-1-4 51 13 11

	ab Piräus	*an Rhodos*
Mo: ›Omiros‹ über Patmos, Leros, Kalymnos und Kos	13 Uhr	9 Uhr
Di: ›Kamiros‹	13 Uhr	8 Uhr
Mi: ›Omiros‹	13 Uhr	9 Uhr
›Ialysos‹	14 Uhr	9 Uhr
Do: ›Kamiros‹	13 Uhr	8 Uhr
Fr: ›Omiros‹	13 Uhr	9 Uhr
›Ialysos‹	14 Uhr	9 Uhr
Sa: ›Kamiros‹	13 Uhr	7 Uhr
So: ›Ialysos‹	9 Uhr	1 Uhr

Mit der Autofähre von Italien aus

Wer die lange Autofahrt durch Jugoslawien vermeiden möchte, der wähle den Weg über Italien (Köln – Venedig = 1110 km). Von hier aus gibt es im Sommer (April bis Oktober) folgende Möglichkeiten, mit der Autofähre nach Rhodos zu gelangen:
Direktverbindung nur von *Ancona* aus (über Korfu und Piräus). Von *Venedig* oder *Brindisi* nach Piräus und dann weiter mit den innergriechischen Fährschiffen. Für die Hauptreisezeit ist eine Reservierung empfehlenswert!

Mit dem Zug

Von Deutschland aus verkehren täglich drei Reisezüge mit Schlaf- und Liegewagen nach Griechenland/Athen:
Athen-Expreß: München – Athen
Hellas-Expreß: Köln – Athen
Akropolis-Expreß: München – Athen
Für die Strecke München – Athen benötigt

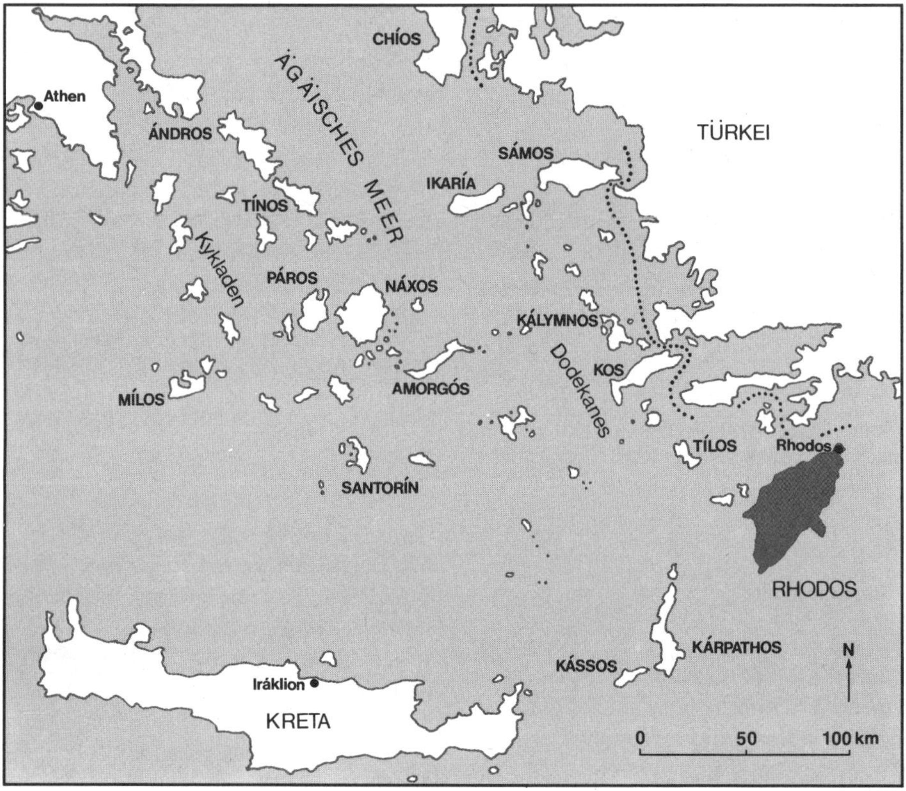

Die Lage der Insel Rhodos in der südöstlichen Ägäis

der Akropolis-Expreß ca. 34 Stunden Fahrtzeit.

Mit dem Flugzeug
Von Deutschland aus fliegt die *Lufthansa* (LH 315) täglich von Düsseldorf über München nach Athen (ca. 2,5 Stunden Flugzeit).

Von fast allen deutschen Flughäfen gibt es von April bis Oktober *Chartermaschinen,* die die Insel Rhodos direkt anfliegen.

Von Athen aus fliegen täglich mehrere Maschinen der *Olympic Airways* nach Rhodos (für die Hauptreisezeiten: Ostern, Pfingsten und die Monate Juli, August und September sind unbedingt langfristige Reservierungen erforderlich!).

Günstigste Reisezeiten und Klima

In den Monaten Ende März, April und Mai herrscht Frühling auf Rhodos mit Tagestemperaturen von 19° bis 25° C und Wassertemperaturen zwischen 16° und 22° C; dies ist die schönste Reisezeit für die Insel.

Die Sommermonate sind sehr heiß, aber gut erträglich, da ständig ein frischer Wind über die Insel weht; Tagestemperaturen im Sommer 28° bis 34° C, Wassertemperaturen im Sommer 22° – 26° C. Mitte September bis Anfang Oktober ist wieder eine klimatisch günstigere Reisezeit für Rhodos.

Wintertourismus ist nur teilweise für Griechenland und Rhodos empfehlenswert. Auf Rhodos ist zwar das Klima von Dezember bis Februar besonders günstig (Lufttemperaturen zwischen 12° und 18° C), der Wind kann jedoch oftmals so stark sein, daß es keine Flugverbindungen zwischen Rhodos und Athen gibt. Auch sind die griechischen Museen gerade in den Wintermonaten nicht selten wegen Umstellungen etc. geschlossen!

Klima

Monat	*Luft* °C	*Wasser* °C
Januar	11,6	16,5
Februar	12	16,8
März	13,3	17
April	16,6	17,8
Mai	20,6	19,4
Juni	25	22,4
Juli	27,2	25,5
August	27,6	26,6
September	24,9	25,4
Oktober	20,4	22,3
November	16,4	22,6
Dezember	13,2	18,6

Verkehrsverbindungen auf der Insel Rhodos

Die *Busverbindungen* auf der Insel Rhodos sind so günstig, daß man von der Stadt Rhodos aus nahezu alle sehenswerten Ortschaften erreichen kann. Im Zentrum der Neustadt, diekt an der Néa Agorá, gibt es zwei Bushaltestellen; von der einen erreicht man die Ortschaften der Ostküste und von der anderen die Dörfer der Westküste. Die Abfahrtzeiten sind im Sommer und Winter unterschiedlich.

Bushaltestelle für die Ostküste (am Eingang von ›Ton und Licht‹)
Rhodos – Líndos – Rhodos: 5–6 × täglich
Rhodos – Afándu – Archángelos – Rhodos: 10 × täglich, so 8 × täglich
Rhodos – Kalithié – Rhodos: 10 × täglich, so 7 × täglich
Rhodos – Kalithié – Psínthos – Rhodos: 3 × täglich
Rhodos – Mássari – Rhodos: 6 × täglich
Rhodos – Faliráki: 11 × täglich; Faliráki – Rhodos: 5 × täglich
Rhodos – Láerma – Rhodos: 1 × täglich
Rhodos – Kálathos – Rhodos: 1 × täglich
Rhodos – Pylón – Rhodos: 1 × täglich
Rhodos – Mesanaghrós – Rhodos: 1 ×täglich, außer mo (über Lárdhos, Asklípiïon, Lachaniá, Kattawía)
Rhodos – Apolakkiá – Rhodos: 1 × täglich (über Profília, 'Istrios, Arnítha)

Bushaltestelle für die Westküste (Westseite des ›Neuen Marktes‹ Odhos Awerof)
Rhodos – Koskinú – Rhodos: 16 × täglich, so 14 × täglich
Rhodos – *Filérimos* (Iálysos) – Rhodos: jede halbe Stunde (über Triánda, Kremastí, Paradhísion)
Rhodos – Kalawárdha – Rhodos: 7 × täglich, so 2 × täglich
Rhodos – Monólithos – Rhodos: 1 × täglich (über Sálakos und 'Embonas)
Rhodos – *Kamíros* – Rhodos: 1 × täglich (über Kamíros Skála, Kritinía, 'Embonas)

Stadtbus (Odhos Awerof/Neuer Markt)
Nr. 3 Rodini Park: jede halbe Stunde
Nr. 4 Monte Smith (Ajios Ioánnis): jede halbe Stunde

Ausflüge zu nahegelegenen Inseln
Mit dem Flugzeug (nur mit Olympic Airways)
Rhodos – Iráklion (Kreta) – Rhodos
Rhodos – Kárpathos – Rhodos
Rhodos – Kássos – Rhodos
Rhodos – Kos – Rhodos
Rhodos – Santorin – Rhodos

Mit dem Schiff
Symi: täglich
Hýdrofoils, Pátmos, Tílos, Níssyros, Sámos
Kós – Kálymnos – Léros – Ikária – Sámos
Kastellórizon (Megisti)
Chálki – Kárpathos (Dhiáfani) – Kássos

Wichtige Adressen

Griechische Zentrale für Fremdenverkehr (GFZ)
Bundesrepublik Deutschland
Neue Mainzer Straße 22
6000 Frankfurt/Main 1
Ø 069/236562–3, Telex 412034

Pacellistraße 2
8000 München 2
Ø 089/222035–6, Telex 528126

Österreich
Kärntner Ring 5
A-1015 Wien
Ø 0043 222/525317–18, Telex 111816

Schweiz
Gottfried-Keller-Straße 7
CH-8001 Zürich
Ø 0041 1/2518487–9, Telex 57720

Auf Rhodos (EOT)
Odhos Archipiskopú Makáriu 5
Ø 0241/23655 und 23255

Diplomatische Vertretungen
Auf Rhodos (Rhodos-Stadt)
Bundesrepublik Deutschland
Deutsches Konsulat
Odhos Kennedy 43, Ø 0241/29730

Österreich
Österreichisches Konsulat,
Odhos 25- Martiu 17, Ø 0241/20831

Schweiz
Schweizer Staatsangehörige werden vom österreichischen Konsulat betreut

In Athen
Bundesrepublik Deutschland
Deutsche Botschaft
Odhos Lukiánu 3, Ø 01/36941

Österreich
Österreichische Botschaft
Leoforos Alexandras 26, Ø 01/811036 und 816800

Schweiz
Schweizer Botschaft, Odhos Iasiu 2, Ø 01/730364–6

Touristenpolizei
Odhos Ethn. Markáriu 31
Rhodos-Stadt
Ø 0241/27423

Krankenhaus (auch für Dialyse-Patienten)
Genikó Nosokomeïo (Allgemeines Krankenhaus),
Odhos Eríthru Stawrú
✆ 0241/25555

Notdienst (vom 1. April – 31. Oktober)
Stathmós Próton Withión, Odhos Faliráki,
✆ 0241/85555

Ärzte (deutschsprechend)
Allgemeinmedizin
Maria Volanákis, Odhos Ippoton (Ritterstraße),
✆ 0241/24258

Kinderarzt
Níkos Chatzidhiákos, Paléon Pátron Jermanú 60,
✆ 0241/29624

Frauenarzt
Ioánnis Wasilákis, Odhos Dhimokratiás 9,
✆ 0241/21041

Augenarzt
Wasílios Búras, Alexandru Dhiáku 4 A,
✆ 0241/24342

Urologe
Christós Panajiótis, Odhos Amerikís 95,
✆ 0241/25444

Röntgenologe
Níkos Papajiánnopulos, Odhos Iéru Lochú 14, ✆ 0241/24453

Olympic Airways
Rhodos-Stadt
Odhos Iéru Lochú 9, ✆ 0241/24571–5

Schiffsagenturen (Reservierungen)
Rhodos-Stadt
Red. Sea Agency
Odhos Amerikís, ✆ 0241/27721
D.A.N.E. Agency
Odhos Amerikís, ✆ 0241/30930
Kydon Agency
Odhos Ethelondon Dodekaníssu,
✆ 0241/23000

Museen

Rhodos
Stadtmauer
(Farbt. 3, 11, 13, Abb. 12–14, 17, 26)
Der Eingang befindet sich an der Westseite des Hofes, vor dem Großmeisterpalast, direkt beim Kanonentor.
Sommer: Einlaß 17 Uhr
Winter: Einlaß 15 Uhr
nur montags und samstags. Pünktlichkeit ist unbedingt erforderlich, da das Tor nach etwa 15 Minuten wieder verschlossen wird.

Museum für dekorative Volkskunst
(Farbt. 18–22)
Arjyrokástru-Platz
Montags, mittwochs und freitags
9–13 Uhr

Byzantinisches Museum
(in der Panajía tu Kástru-Kirche)
Museumsplatz
z. Zt. geschlossen

Archäologisches Museum
(Abb. 22, 30–39)
Museumsplatz
Dienstags – samstags

Sommer: 8.30 – 19 Uhr
Winter: 8.30 – 18 Uhr
Sonntags ganzjährig 10 – 14.30 Uhr.
Montags geschlossen

Großmeisterpalast
(Farbt. 5, 14–16, Abb. 1, 2, 27–29, 43)
Kleobúlos-Platz
Dienstags – samstags
Sommer: 8.30 – 19 Uhr
Winter: 8.30 – 17 Uhr
Sonntags ganzjährig 10 – 14.30 Uhr,
montags geschlossen

Líndos
(Umschlagvorderseite, Farbt. 34, 36, 37, Abb. 85)
Akropolis
Täglich 8 – 15 Uhr

Filérimos/Iálysos
(Farbt. 38, Abb. 73)
Burgberg
Montags – samstags 9 – 15.15 Uhr,
sonntags 9 – 14 Uhr

Kamíros
(Farbt. 39, Abb. 46–49)
Ausgrabungsgelände der antiken Stadt
Sommer (1. 4. – 31. 10.)
Montags – samstags 8.30 – 18 Uhr,
sonntags 10 – 14.30 Uhr
Winter (1. 11. – 31. 3.)
Täglich 10 – 16.30 Uhr

Essen und Trinken

Vorspeisen

Anginámes mé domátes	Artischocken mit Tomaten und Kartoffeln, gewürzt mit Zwiebeln, Dill, Salz und Pfeffer
Dolmádhes	frische oder in Salzlake eingelegte Weinblätter, gefüllt mit Lammhack und Reis, gewürzt mit Dill, Salz, Pfeffer, Tomatenmark und Pinienkernen; wird warm und kalt gegessen!
Kokorétsi	Leber mit Knoblauch und Oregano in Blätterteig
Kolokithiákia jachnistá	Geschmorte Zucchini mit Schalotten und Tomaten, gewürzt mit Dill, Salz und Pfeffer
Oktapódhi krasáto	Polyp in Weinsoße, gewürzt mit Lorbeerblättern, Salz und Pfeffer
Saganáki	gebratener Hartkäse (Kefalotíri)
Spanakórizo	Frischer Spinat mit Schalotten und Reis, gewürzt mit Oregano, Salz und Pfeffer
Spanakotrígona	Strudelteig (Fíllo) gefüllt mit Spinat, gewürzt mit Salz, Pfeffer und Zwiebeln
Taramás	Fischrogen mit Mayonnaise und Öl, Zwiebeln und Zitronensaft

Tirotrígona	Strudelteig (Fíllo) gefüllt mit Schafskäse (Féta) und Topfkäse aus Molke (Mizíthra), gewürzt mit Petersilie und weißem Pfeffer
Tzatzíki	Joghurt mit geraspelten Gurken, Knoblauch, Olivenöl und Weinessig

Suppen

Fakí	Linsensuppe
Fasoládha	Bohnensuppe
Majirítza	Ostersuppe; Innereien von jungen Lämmern, gekocht mit Reis, Zwiebel, Dill, Weißwein und Zitronensaft
Psaró-Súpa	Fischsuppe
Revítha-Súpa	Kichererbsensuppe
Súpa Avgolémono	Hühnerbrühe mit Reis, getrennten Eiern und Zitronensaft, gewürzt mit Pfeffer und Salz

Hauptgerichte

<u>*Fleisch*</u>

Arnáki jachnistó	Lammgulasch
Arní païdhákia	Lammkotelett
Arní psitó	Lammkeule mit Knoblauch gewürzt, im Ofen gebacken
Arní suwlá	Gegrilltes Lamm
Chirinó me séllino avgolémono	Schweinefleisch mit frischem Sellerie in einer Ei-Zitronensoße
Jirós	Spießbraten; dünne Schweinefleischscheiben an einem vertikalen Spieß, gewürzt mit Majoran, Knoblauch, Salz und Pfeffer, wird häufig in einem Pfannkuchen mit Zwiebeln, Tomaten und frischen Kräutern im Straßenverkauf angeboten
Keftédhes	Lamm-Fleischbällchen, gewürzt mit Minze, Parmesan, Salz und Pfeffer
Kokorétsi	Spießbraten aus Därmen, die mit Lamminnereien gefüllt sind, gewürzt mit Knoblauch, Majoran, Salz und Pfeffer
Kotópulo tu fúrnu	Backhuhn
Musakás	Auberginen-Hackfleisch-Auflauf mit Lamm- und Rinderhack, gewürzt mit Knoblauch, Zwiebeln, Salz und Pfeffer
Pastítsio	Nudel-Hackfleisch-Auflauf mit Lamm-, Hammel- und Rinderhack, gewürzt mit Weißwein, Knoblauch, Zimt, Salz und Pfeffer

Stifádho	Rindergulasch mit viel Zwiebeln, gewürzt mit Tomaten, Knoblauch, Lorbeer, Weinessig, Salz und Pfeffer
Suvláki	Schaschlik

Gemüse

Bámies	Okras-Bohnen
Domátes jemistés	Gefüllte Tomaten
Kolokithákia jachnistá	Geschmorte Zucchini
Patátes jachnistés	Geschmorte Kartoffeln
Piperiés jemistés	Gefüllte Paprika
Turlú-Briámi	Gemüseeintopf

Salate

Angurisaláta	Gurkensalat
Chorjiátiki	Bauernsalat mit Schafskäse und Oliven
Domatasaláta	Tomatensalat
Láchano saláta	Krautsalat
Marúlo saláta	Grüner Salat nach Jahreszeit (Endivien- und Löwenzahnsalat)
Pantzariá-saláta	Salat aus Rote Bete und Zwiebeln

Süßspeisen

Amigdalotá	Mandelgebäck
Baklawás	Strudelteig, gefüllt mit gemahlenen Walnüssen, Orangensirup, Zitronensaft, Zimt und Muskat
Chalvás spitísios	Gemahlener Sesamsamen mit verschiedenen Getreidesorten, Trockenobst, Nüssen und Zitronensirup
Kadaïfi	Türkisches Gebäck mit Nußfüllung
Kidhóni glikó	Quitten-Konfitüre
Kréma Karamélla	Karamelpudding
Lemonópitta	Zitronenkuchen
Lukumádhes	Hefeteigbällchen in Öl gebacken, in Honig eingetunkt und mit Sesam bestreut
Melópitta	Honig-Käse-Pastete aus einer Art Blätterteig, gefüllt mit gesüßtem Molkekäse (Mizíthra)
Plakúndes	Nußröllchen
Rawaní	Walnußkuchen mit Orangenscheiben und Rum
Rizógalo	Reispudding mit Zimt
Sumádha	Mandelgetränk (sehr süß)
Tirópitta	Blätterteig gefüllt mit süßem Molkekäse (Mizíthra), mit Zimt und Zucker bestreut

Weine

Weißweine

Ilios Aspro (trocken)
Muscat de Rhodos
Rhodos Lefkos

Retsina (geharzter Wein)

Rotweine

Chevalier de Rhodos (trocken)
Rhodos Erythros

Rosé

Moylin Rosé
Emery

Likörwein

Amandia

Rhodischer Festkalender

(Die Feste finden jeweils am Vorabend statt!)

6. Januar	*Ajía Theofaní* in Rhodos, Mandraki-Hafen
März	›*Katharà Dheftéra*‹ = ›Rosenmontag‹ (40 Tage vor Ostern) besonders schön in Afándu, Archángelos und Triánda
25. März	*Nationalfeiertag Evangelismós* in Rhodos, Mandraki-Hafen
April/Mai	*Orthodoxes Osterfest,* fällt nur selten mit dem lateinischen Osterfest auf den gleichen Tag
April/Mai	*Ajios Pnéwmata* (Fünfzig Tage nach dem orthodoxen Osterfest)
23. April	*Ajios Jeórjios* in Kritinía
15. Juni	*Ajios 'Amos* in Faliráki
29. Juni	*Ajioi Pétros und Páwlos* in Líndos
17. Juli	*Ajía Marína* in Asghurú, Koskinú und Paradhísion
20. Juli	*Profítis Ilías* auf dem Profítis Ilías-Berg (900 m)
27. Juli	*Ajios Pandeleïmon* in Siánna
6. August	*Metamorphosis* (›Verklärung Christi‹) in Maritsá
15. August	*Kímisis Theotóku* (›Muttergottes Himmelfahrt‹), eines der bedeutendsten rhodischen Kirchenfeste; besonders schön in 'Embonas und Kremásti (verbunden mit einer Volkskunst-Handarbeitsausstellung vom 13.–23. 8.)
8. September	*To' Jenésio tis Theotóku* (›Geburt der Muttergottes‹) im Neuen Kloster Tsambíka
14. September	*Tímios Stavrós* (›Heiliges Kreuz‹) in Kalithié
26. September	*Ajios Ioánnis Theólogos* im Kloster Artamítu (Ajios Isídhoros)
18. Oktober	*Ajios Lukas* in Afándu
8. November	*Michaíl Archángelos* auf der Insel Sými

Kurzinformationen von A bis Z

Antiquitäten

Die Einfuhr von Kustgegenständen ist erlaubt, die Ausfuhr von in Griechenland gefundenen oder gekauften Antiquitäten ist strengstens verboten. In Ausnahmefällen kann die Ausfuhr aber vom Ministerium für Kultur und Wissenschaft (Abteilung Antiquitäten-Verkäufe, Athen, Odhos Polygnotu 13) genehmigt werden.

Autoreisende
Der ADAC hat in Zusammenarbeit mit dem griechischen Straßenhilfsdienst ELPA eine *Notrufstation* in Athen eingerichtet: ✆ 01/7775644.
ELPA-Vertretung auf Rhodos:
Ioánnis Kurós, Odhos Gallias 16, ✆ 0241/22400 und 24377.
Internationaler Führerschein und Grüne Versicherungskarte erforderlich.

Banken
Die griechischen Banken sind montags bis freitags von 8 bis 13.30 Uhr geöffnet. Einige Banken haben im Sommer einen Touristenservice eingerichtet und sind dann auch nachmittags und samstags geöffnet.

Camping
Auf Rhodos soll im Sommer 1984 bei Lárdhos (sehr schöne Landschaft, südlich von Líndos) ein Campingplatz eröffnet werden.

Devisen
Unbegrenzte Ein- und Ausfuhr ausländischer Währungen. Einfuhr griechischer Drachmen auf 1500 DR pro Person begrenzt. Meiden Sie es, Bargeld mitzunehmen, die Gefahr des Verlustes ist zu groß; auch werden Euro-Schecks günstiger gewechselt als Barbeträge.

Einreise (bei einem Aufenthalt bis zu drei Monaten)
Für Staatsbürger der Bundesrepublik, Österreichs und der Schweiz ist ein noch drei Monate gültiger Reisepaß oder Personalausweis erforderlich; Kinder benötigen einen Personalausweis mit Lichtbild oder eine Kinder-Reise-Kennkarte.

Eintritts-Ermäßigung
Archäologen, Architekten, Historiker, bildende Künstler und Studenten dieser Fachrichtungen erhalten bei persönlicher Vorsprache und einer entsprechenden Universitätsbescheinigung sowie zwei Lichtbildern bei der *Generaldirektion für Archäologie,* Athen, Odhos Aristídhu 14, geöffnet montags bis freitags 11 bis 14 Uhr, einen Ausweis, der zum kostenlosen Eintritt in alle griechischen Museen und zu allen archäologischen Grabungsplätzen berechtigt.

FKK
Wird von der griechischen Bevölkerung sehr ungern gesehen und war bis 1981 grundsätzlich strafbar. Heute ist FKK nur dort erlaubt, wo die griechische Bevölkerung dadurch nicht belästigt wird.

Golf
Golf in Xenía Afándu, 19 km südlich von Rhodos, ✆ 0241/51255. Golfplatz mit: 18 Loch, 5540 m und PAR 70, 6135 m für Herren / 18 Loch, 5090 m und PAR 73, 5540 m für Damen.

Haustiere
Haustiere benötigen ein *Gesundheitszeugnis* mit folgenden Eintragungen:
Hunde: gegen Tollwut geimpft, mindestens 15 Tage vor Reiseantritt, längstens vor einem Jahr
Katzen: frei von ansteckenden Krankheiten
Vögel: seit mindestens 6 Monaten frei von Psitakose

Telefon (OTE, Odhos Amerikis)
Von Rhodos aus kann man von jeder Telefonzelle aus Ferngespräche führen.

Vorwahlnummern: Bundesrepublik Deutschland 0049
Österreich 0043
Schweiz 0041

Nach der Länder-Vorwahl entfällt die Null (z. B. bei München 089 wird gleich nach 0049 mit 89 weitergewählt).

Stromspannung
220 Volt Wechselstrom; auf den Schiffen oft auch 110 Volt.

Zeit
Winterzeit vom 25. September bis 1. April MEZ + 1 Stunde (München 12 Uhr = Rhodos 13 Uhr)
Sommerzeit vom 2. April bis 24. September MEZ + 1 Stunde.

Abbildungsnachweis

Farbtafeln und Schwarzweiß-Abbildungen

Die Umschlagabbildungen, der Farbteil und der größte Teil der Schwarzweiß-Abbildungen (mit Ausnahme der nachfolgend aufgeführten) stammen von Klaus Gallas.

Robert Breiner, Neusäß   Farbt. 26, 27
Klaus D. Francke, Hamburg   Abb. 1, 2
Griechische Zentrale für Fremdenverkehr, Frankfurt/M. (N. Tombazi)   Abb. 51
Hirmer-Verlag, München   Abb. 31, 34–43

Abbildungen im Text

(die Zahlen bezeichnen die Seiten im Buch)

Balducci, H. in: J. Jacopi, Clara Rodi. Rhodos 1932   236, 306
Berg, A.: Die Insel Rhodos, 2 Bände. Braunschweig 1861   104, 108, 164, 213 unten, 214
Bibliothèque nationale, Paris   Frontispiz S. 2, 43
Bildarchiv Preußischer Kulturbesitz, Berlin   63
Nach Blinkenberg, Chr., Kinch, J. K.: Lindos. Fouilles de l'aeropole 1902–1914 (1. Textband, 2. Planband). Berlin 1931   169
Nach Dyggve, E.: Lindos III   170, 213
Eforia des Dodekanes, Rhodos   52, 54
Flandini, E.: L'isola di rodi e le sporadi. Mailand 1912   121, 122
Gabriel, A.: La cité de rhodes 1310–1702, 2 Bände. Paris 1921/23   103, 106 (nach Gabriel): 40/41, 102, 113, 123 unten, 146
Gruben, G.: Die Tempel der Griechen. München 1976   173
Hirmer-Verlag, München   11, 16, 62, 84, 87
Kaehler, H.: Lindos. Zürich 1971   171, 222
Kinch, J. K.: Exochi, in: acta archaeologica, Bd. 28, 1957   250
Kinch, J. K.: Vroulia. Berlin 1914   308
Kóllias, E.: Rhodos. Athen o. J.   100
nach Kondis, I. D., in: MDAI, Bd. 73. Athen 1958   96
Konstantinopoulos, G.: Die Museen von Rhodos, I, II   112, 116, 127, 231
Orlandos, A.: Byzantinische und mittelbyzantinische Denkmäler von Rhodos, neugriechisch, in: ABME. Athen 1948   152, 156, 210, 251, 276, 277, 281, 301 (nach Orlandos): 149, 151, 157, 163, 235, 243, 293, 305
Rottiers, Bernard E. A.: Description des Monuments de Rhodes, Tafel X, Band 2. Brüssel 1830   117, 123 oben, 124, 128, 147, 153, 160, 162, 166, 233
nach Tataki, A. B.: Rhodos. Athen 1980   209, 225
Schweitzer, B.: Die geometrische Kunst Griechenlands. Köln 1969   55, 56, 57, 58, 82
Staatliche Antikensammlungen, München   81
Staatliche Museen Preußischer Kulturbesitz, Berlin   63
Volanákis, I., in: AAEA. Athen 1981   287, 288
Volanákis, I.: Frühchristliche Denkmäler des Dodekanes. Athen 1981   273
Volanákis, I., in: Praktika, Fig. 1/27. 1979   241

Karten und Pläne: DuMont Buchverlag (Karten in den Umschlagklappen: Heinz-Josef Schmitz)

Zitat in der vorderen Umschlagklappe: Lawrence Durrell, Leuchtende Orangen. Rhodos – Insel des Helios. Rowohlt-Verlag, Reinbek 1982

Über die Autoren der Beiträge ›Historische Einführung‹ und ›Vegetation und Naturräume‹:
Dr. Dr. habil. Günter Weiß, Historiker mit dem Spezialgebiet der oströmisch-byzantinischen Geschichte. Studium in München, lehrt heute an der Universität Köln.
Dr. Robert Breiner, Studium der Chemie, Spezialinteresse für die Flora des Mittelmeerraumes. Er bereiste u. a. Griechenland und die Inseln Rhodos, Kreta und Zypern.

Raum für Reisenotizen

Anschriften neuer Freunde, Foto- u. Filmvermerke, neuentdeckte gute Restaurants, etc.

Raum für Reisenotizen

Anschriften neuer Freunde, Foto- u. Filmvermerke, neuentdeckte gute Restaurants, etc.

Raum für Reisenotizen

Anschriften neuer Freunde, Foto- u. Filmvermerke, neuentdeckte gute Restaurants, etc.

Raum für Reisenotizen

Anschriften neuer Freunde, Foto- u. Filmvermerke, neuentdeckte gute Restaurants, etc.

Register

Personen

Orte